HERZLICHEN GLÜCKWUNSCH

Und Dankeschön für den Kauf dieses Buches. Als besonderes Schmankerl* erhalten Sie das Buch exklusiv und kostenlos als eBook.

10180-05p6u-
nr301-cn2da

Registrieren Sie sich einfach mit Ihrem persönlichen Code unter **www.hanser.de/ciando** und laden Sie sich das eBook direkt auf Ihren Rechner.

KOMPETENZ · HANSER · GEWINNT

* Bayrisch für eine leckere Kleinigkeit; ein Leckerbissen

Haas

Oracle Tuning in der Praxis

Frank Haas

Oracle Tuning in der Praxis

Rezepte und Anleitungen für Datenbankadministratoren und -entwickler

2., erweiterte und aktualisierte Auflage

HANSER

Frank Haas, Baden (Schweiz)
Senior Principal Consultant bei Orcacle Software (Schweiz) GmbH
frank.haas@gmx.net

Bibliografische Information Der Deutschen Bibliothek:

Die Deutsche Bibliothek verzeichnet diese Publikation in der Deutschen Nationalbibliografie; detaillierte bibliografische Daten sind im Internet über http://dnb.ddb.de abrufbar.

Lektorat: Margarete Metzger
Herstellung: Irene Weilhart
Umschlagdesign: Marc Müller-Bremer, Rebranding, München
Umschlagrealisation: MCP • Susanne Kraus GbR, Holzkirchen
Datenbelichtung, Druck und Bindung: Kösel, Krugzell
Ausstattung patentrechtlich geschützt. Kösel FD 351, Patent-Nr. 0748702
Printed in Germany

ISBN-10: 3-446-40725-1
ISBN-13: 978-3-446-40725-1

dem einsamen DBA in der Nacht

Inhalt

Vorwort

Es freut mich sehr, dass mein Tuning-Buch in einer zweiten Auflage veröffentlicht wird – bietet sich mir doch so die Chance, zum einen Fehler und Irrtümer der ersten Auflage zu korrigieren (und neue zu machen ...), zum andern es somit auch auf den neuesten Stand zu bringen. Zum Zeitpunkt der Drucklegung der ersten Auflage war ja Oracle Version 10*g* noch relativ frisch und Version 10.2 stand noch in den Sternen. Danken möchte ich an dieser Stelle ganz besonders auch all meinen Lesern, die mir mit Kritik und Anregungen halfen.

Das bedeutet jetzt aber nicht, dass es ein vollkommen neues Buch wurde. Tuning ist meiner Meinung nach eine Aufgabe mit zwei wesentlichen Aspekten. Der erste Aspekt ist die Methodik und die bleibt sich bisher – und hoffentlich auch in Zukunft – meiner Meinung nach gleich. 10046 Traces und das Wait Interface existieren jetzt schon seit einigen Jahren, und das sind für mich die Tools der Wahl beim Tuning. Zwar existieren auch andere Tools, die hier selbstverständlich auch besprochen werden, doch sehe ich diese eher als unterstützende Hilfsmittel. Wobei der Weg aber schon ganz klar in Richtung GUI – d.h. also Enterprise Manager etc. – zu führen scheint. Das ist in der Softwareindustrie auch nicht anders als im Automobilbau, das neueste Modell ist immer schöner und besser. Aber es gilt immer noch: Wenn Sie einmal das Autofahren gelernt haben, können Sie das. Wenn Sie sich dann einen neuen Wagen zulegen, müssen Sie zwar ein paar neue Knöpfe und Schalter kennen lernen, aber wie man fährt, müssen Sie nicht mehr lernen. Das führt uns gleichzeitig auch zum zweiten Aspekt. Tuning und speziell Oracle-Tuning setzt auch voraus, dass Sie die Mittel kennen, die Ihnen die jeweilige Version zur Verfügung stellt. Auch diesen Punkt möchte ich an einem Beispiel illustrieren. Es ist schon einige Jahre her und Oracle Version 8.1 war damals noch relativ frisch, als ich einen Troubleshooting-Einsatz bei einem Kunden hatte. Es ging dort um eine Börsenapplikation, bei der der Benutzer die aktuellen Werte von Aktien an verschiedenen Handelsplätzen abfragen konnte. Das erste Hauptproblem dort war die berühmt-berüchtigte ALL-ALL-Abfrage. Diese Abfrage wurde so genannt, weil dort alle Aktien – das erste ALL – an allen Handelsplätzen – das zweite ALL – abgefragt wurden.

Der Kenner erkennt sofort, dass es sich hier offensichtlich um mindestens einen Full Table Scan handelt, der auch nicht zu vermeiden ist. Fragen des Designs standen – natürlich, meiner Erfahrung nach wird man immer erst dann geholt, wenn man absolut keinen anderen Ausweg mehr sieht – nicht zur Debatte, es handelte sich um ganz normale einfache Tabellen, die nicht weiter angetastet werden durften.

Diese Abfrage dauerte nach dem Startup der Datenbank 2 Minuten. Meine Lösung damals bestand aus zwei Teilen:

1. das Platzieren der Tabellen in den KEEP Buffer Cache, um ein vorzeitiges Herausaltern der Blöcke zu vermeiden.
2. einem Startup-Trigger, der die Daten schon während des Startups der Datenbank las. Dadurch wurde der unvermeidliche Full Tablescan zu einer Zeit ausgeführt, in der die Applikation ohnehin noch nicht zur Verfügung stand.

Das war innerhalb eines Tages implementiert und getestet und reduzierte die Zeit für die Abfrage auf 12 Sekunden, was sehr akzeptabel war.

Das größte Problem war hier aber nicht die technische Lösung, sondern die Akzeptanz des Projekts, hatte ich doch immerhin neue „ungetestete“ Features eingesetzt. Sicher ist es richtig, dass Neuerungen in Oracle oft noch mit Kinderkrankheiten belastet sind, aber das bedeutet ja nicht automatisch, dass man sie nicht einsetzen kann. Vielleicht sollte man sie einfach ein bisschen besser testen als das, was man bereits kennt.

Oder um noch mal mit der Autoanalogie zu sprechen: Wenn Sie sich einen neuen Wagen zulegen, ist es sehr ratsam, die Betriebsanleitung zu studieren. Könnte ja sein, das Sie dann einiges machen können, was mit dem alten Wagen nicht möglich war. Wobei sich die Autotechnik – zumindest vordergründig für mich als „Endbenutzer“, ein Autohersteller wird hier lebhaft widersprechen – zwischen zwei Versionen eines Wagens natürlich lange nicht so stark ändert wie Software.

Nach wir vor habe ich den Anspruch, Ihnen einen möglichst kompakten Überblick zu bieten, was auch bedeutet, das manche Themen nach wie vor nur kurz angerissen werden. Eine Einführung in Oracle bietet dieses Buch nicht, sondern es soll als Überblick für den Praktiker dienen. Ich setze bei allem voraus, dass Sie Oracle und vor allem SQL bereits kennen und damit auch vertraut sind.

Das Buch ist in zehn Kapitel aufgeteilt. Im ersten Kapitel werden die unterschiedlichen Tuning-Möglichkeiten, die in Oracle für das Design zur Verfügung stehen, vorgestellt. Das ist gleichzeitig das umfangreichste Kapitel. Im nächsten Kapitel werden dann die Details der Optimierung innerhalb von Oracle vorgestellt. Begriffe wie Optimizer oder Ausführungsplan werden in diesem Kapitel erläutert. Im dritten Kapitel werden die verschiedenen Kennzahlen für das Tuning innerhalb der Datenbank vorgestellt. Das ist langweilig, aber notwendig. Dafür ist das anschließende Kapitel sehr kurz, dort werden die verschiedenen Vorgehensweisen für das Tuning knapp vorgestellt, und wir überlegen uns, wann welche Methode eingesetzt werden sollte. Im nächsten Kapitel werden dann die verschiedenen Tracingmethoden, die Sie für das Tuning benötigen, im Detail erläutert. Die restlichen Kapitel behandeln ausgewählte Aspekte des Tuning: In Kapitel 6 werden die Beziehungen zwischen Performanz und physikalischer Speicherung untersucht. Kapitel 7 widmet sich der Parallelisierung und allem, was damit zusammenhängt. Die Kapitel 8 bis 10 gehen dann noch auf ausgewählte Bereiche ein: Kapitel 8 behandelt die Optimierung über Outlines, Hints und den SQL Profiler. Diese Features sind vor allem Hilfsmittel für den Notfall, um bestehende Anweisungen zu beeinflussen. Kapitel 9 stellt das Tuning über Parameter dar. Diese Parameter können an verschiedenen Stellen gesetzt werden, entweder in den Oracle-Parameterdateien – das ist dann die init.ora Datei oder das spfile – oder direkt im laufenden Betrieb entweder für die ganze Datenbank oder auch nur für spezifische Sessions. Das abschließende Kapitel 10 untersucht die Zusammenhänge zwischen Performanz und Hochverfügbarkeit und die Einstellungen für spezifische Betriebssysteme. Dieses letzte Kapitel ist sehr kurz, da es sich hier um sehr spezifische Einstellungen handelt. Abschließend noch ein kleines Glossar, das einige Oracle-Abkürzungen erläutert.

Alle Scripts für das Buch können Sie direkt beim Hanser Verlag herunterladen unter http://downloads.hanser.de; ich habe mich bemüht, die Beispiele so einfach wie möglich zu halten.

Ich hoffe, das Buch ist Ihnen nützlich.

Dättwil, im Sommer 2006 *Frank Haas*

1 Oracle-Design

Thema des ersten Kapitels ist, welche Möglichkeiten Oracle Ihnen für ein Design, das eine gute Performance gewährleistet, zur Verfügung stellt.

Performance ist idealer weise nichts, was man nachträglich auf die Datenbank aufpfropft, sondern sie sollte von Anfang an im Design berücksichtigt werden. Das setzt natürlich voraus, dass Sie bereits beim Design der Applikation mit den Möglichkeiten, die das jeweilige Datenbanksystem anbietet, vertraut sind.

Unabhängig davon, welchen Typ von Objekten Sie verwenden – wobei es sich zum großen Teil um Tabellen und Indizes handeln wird, müssen Sie diese Objekte physikalisch abspeichern. Mit der physikalischen Organisation treffen Sie auch Entscheidungen, die sich auf die Performance auswirken. Dieses Thema wird noch in einem separaten Kapitel im Detail besprochen.

Während sich der Rest des Buches vornehmlich der Untersuchung und Analyse bestehender Applikationen widmet, behandelt dieses Kapitel, wie Sie Applikationen bauen, die bereits im Design Performance berücksichtigen. Dabei liegt der Schwerpunkt auf der Datenbank und SQL. Gleichzeitig ist es wohl auch das Kapitel des Buches, das sich am stärksten an den Entwickler richtet.

1.1 Datenhaltung in Oracle

1.1.1 Tabellen

Für die Speicherung der applikatorischen Daten bietet Oracle verschiedene Möglichkeiten an. Im Regelfall werden Sie ganz normale relationale Tabellen verwenden. Es existieren zwar auch Objekttypen, aber diese sollten Sie nicht zur Speicherung verwenden, weil dort zuviel hinter der Bühne passiert. Wenn Sie beispielsweise eine Nested Table oder eine Object Table anlegen, dann generiert Oracle im Hintergrund versteckte Spalten, die Sie der Tabelle erst mal nicht ansehen. Für die Applikationsentwicklung sind diese Typen exzellent geeignet, nicht aber für die Persistenz. Im Regelfall sollten Sie ganz normale relationale Tabellen verwenden. Die einfache CREATE TABLE-Anweisung erzeugt eine relationale Tabelle, genauer gesagt, eine Heap-Tabelle. Ein Heap ist in der konventionellen Programmierung eine bekannte Struktur. Eine Heap-Tabelle hat keine eingebaute Reihenfolge der Einträge, letztere können dynamisch hinzugefügt und gelöscht werden. 95% oder mehr der Tabellen in Ihrer Applikation werden solche Tabellen sein. Theoretisch könnten Sie auch beim Anlegen der Tabelle angeben, dass es sich um eine Heap-Tabelle handelt: CREATE TABLE .. ORGANIZATION HEAP. Aber da das ohnehin die Voreinstellung ist, macht (und braucht) das niemand. Weitere Details finden Sie in der offiziellen Oracle-Dokumentation in [OraCon 2005] und [OraSql 2005].

Temporäre Tabellen

Es gibt auch temporäre Tabellen, die zur Speicherung von Zwischenresultaten verwendet werden können, diese werden mit CREATE GLOBAL TEMPORARY TABLE erzeugt. Diese Tabelle ist dann für alle Sessions, also global innerhalb der Datenbank, sichtbar. Im Bereich Performance ist der Unterschied zwischen temporären und regulären Tabellen aber oft nicht so signifikant. Betrachten Sie temporäre Tabellen also vor allem als applikatorische Möglichkeit, nicht als Mittel zur Steigerung der Performance. Zwar generiert eine temporäre Tabelle kein Redo. Das ist gut für die Performance. Bei mehrstufigen Abfragen – also Query A ist Input für Query B und B ist potenziell wieder Input für eine neue Query etc. – sind sie sicher eine sehr naheliegende Lösung. Aber Sie haben – teilweise versionsbedingt – auch keine Statistiken, was wiederum unter Umständen einen schlechten Zugriffsplan verursacht. Allerdings lässt sich dieses Problem dann durch manuelles Setzen der Statistiken über DBMS_STATS oder das dynamische Sammeln der Statistiken (ab 9.2) lösen. Bei einer temporären Tabelle müssen Sie angeben, ob die Daten nur für die Transaktion oder für die ganze Session gültig sein sollen. Dies erfolgt über die ON COMMIT-Klausel: ON COMMIT DELETE ROWS löscht die Daten nach jedem COMMIT, das ist auch die Voreinstellung. Bei ON COMMIT PRESERVE ROWS bleiben die Daten während der ganzen Session erhalten. Temporäre Tabellen können indiziert werden, aber Fremdschlüssel sind nicht erlaubt. Temporäre Tabellen sind immer relationale Tabellen. Temporäre Tabellen können auch nicht parallelisiert werden. Sehr gut geeignet sind temporäre Tabellen für die Speicherung von Zwischenergebnissen oder Abfragen auf die dynamischen Performance Views, die V$-Views. Die V$-Views werden uns später noch öfters begegnen. Das sind alles Views, deren Name mit V$ beginnt. Sie enthalten die aktuellen Betriebsdaten der Datenbank. So erfahren Sie über V$SESSION, welche Benutzer gerade in der Datenbank angemeldet sind, V$PROCESS zeigt Ihnen die Prozesse der Datenbank, V$INSTANCE zeigt Ihnen, seit wann die Datenbank läuft, und so weiter und so fort. Diese V$-Views sind aber keine „normalen" Views, sondern Strukturen, die in der Datenbank eingebaut sind. Das kann dazu führen, dass Abfragen auf diese Views, die Sie mit Abfragen auf normale Tabellen joinen, ungültige oder falsche Ergebnisse bringen. Um dieses Problem zu vermeiden, müssen Sie zuerst die Daten der V$-View in eine Zwischentabelle übertragen.

Externe Tabellen

Externe Tabellen wurden mit Oracle 9*i* eingeführt. Eine externe Tabelle ist eine Tabelle, die in Form einer Datei auf dem Betriebssystem vorliegt. Die Datei ist dann nur lesbar. Das spart zum einen Platz, weil man die Tabelle dann ja nicht noch auch in die Oracle-Datenbank laden muss. Zum andern spart man auch Zeit, die Zeit für das Laden der Daten entfällt ja auch. In Oracle-Versionen vor 9*i* können Sie dasselbe mit BFILEs erreichen. Dabei folgt das Format der Dateien den Formaten, wie sie im SQL*Loader verwendet werden:

```
CREATE TABLE dept_external
(deptno number(2), dname varchar2(14), loc varchar2(13))
ORGANIZATION EXTERNAL
(TYPE oracle_loader
DEFAULT DIRECTORY DATA_DIR
ACCESS PARAMETERS (
records delimited by newline characterset WE8ISO8859P1
badfile ' dept_external.bad'
logfile 'dept_external.log'
fields terminated by "," optionally enclosed by '"' ldrtrim
reject rows with all null fields (
deptno char(25),
dname char(25),
loc char(25))
LOCATION ('dept_external.ctl'))
REJECT LIMIT UNLIMITED;
```

Berücksichtigen Sie externe Tabellen besonders im Data Warehouse-Bereich, wenn verschiedene Daten auf und von unterschiedlichen Systemen miteinander abgeglichen werden müssen.

Seit Version 10*g* können externe Tabellen auch geschrieben werden, das erfolgt über den ORACLE_DATAPUMP-Treiber. Die entstandene Datei ist aber nicht im ASCII-Format; auch hier ein Beispiel:

```
CREATE TABLE dept_external_unload O
RGANIZATION EXTERNAL
(TYPE oracle_datapump
DEFAULT DIRECTORY TEMP_DIR
LOCATION ('dept_external_unload.ctl'))
AS Select * from dept;
```

Primärschlüssel

Ein Primärschlüssel definiert eindeutig jeden Datensatz in einer Tabelle und verhindert somit Duplikate. Sie können als Primärschlüssel eigentlich alles verwenden, was die Row eindeutig definiert. Dabei kann das Schlüsselfeld natürlich vorkommende Werte annehmen – sofern es solche in der Tabelle gibt, oder man nimmt ein eigens erzeugtes Schlüsselfeld. Letzteres ist vorteilhafter, da es die Applikationslogik von der technischen Implementierung abkoppelt. Sie vermeiden dadurch Probleme, falls aus irgendwelchen Gründen das Schlüsselfeld verändert werden muss. Dies sollte zwar in der Theorie nicht vorkommen, tut es in der Praxis dann aber doch. Mit einem technischen Schlüssel ist das und manches andere leichter. Steht die Tabelle in einer hierarchischen Beziehung, sind auch zusammengesetzte Primärschlüssel interessant. Nehmen wir als Beispiel die zwei Tabellen Rechnungskopf und Rechnungsdaten. Im Rechnungskopf sind dann die allgemeinen (einmaligen) Daten wie Kunde, Zahlungsziel, Gesamtsumme, Kontoverbindung etc. abgespeichert, während in den Rechnungsdaten die zugeordneten Rechnungsposten abgespeichert werden. Als Schlüssel im Rechnungskopf wird eine fortlaufenden eindeutige Rechnungsnummer verwendet. Das Schlüsselfeld in der Tabelle Rechnungsdaten wird dann aus dem Schlüsselfeld im Rechnungskopf und einem weiteren Feld, das den zugeordneten Rechnungsposten eindeutig identifiziert, gebildet.

Generell sollte also jede Tabelle in der Datenbank zumindest einen Primärschlüssel haben. Oracle realisiert den Primärschlüssel dann über einen eindeutigen B*-Baum-Index. Sie sind nicht verpflichtet, einen Primärschlüssel festzulegen. Manchmal scheint es auch nicht unbedingt notwendig. Extra einen Index anlegen für eine Tabelle mit nur 100 Datensätzen? Legen Sie aber trotzdem einen Primärschlüssel an. Das ist eine Investition in die Zukunft. Angenommen, in einem Jahr wird beschlossen, dass noch eine Standby-Datenbank neben der Produktion aufgebaut werden soll. So weit, so schön, aber: Tabellen, die in Standby-Umgebungen repliziert werden sollen, müssen einen Primärschlüssel haben. Bedeutet also konkret, dass Sie Ihre Applikation einem Redesign unterziehen müssen. Das wäre aber nicht notwendig gewesen, wenn die Tabellen gleich von Anfang an mit Primärschlüsseln versehen worden wären. Abgesehen davon geben Sie dem Optimizer damit mehr Informationen, und je mehr Informationen der Optimizer hat, desto bessere Zugriffspläne kann er erzeugen.

Bei künstlichen Schlüsselfeldern empfehlen sich fortlaufende Nummern. Mit Sequenzen und Triggern lassen sich die Schlüsselfelder dann fast automatisch nachführen, das sehen wir später dann noch im Detail. Beherzigen Sie die Empfehlungen, die im Kapitel 6 von [OraAppDev 2005] für Primärschlüssel gegeben werden:

- Verwenden Sie eine Spalte, deren Werte eineindeutig sind. Ein Primärschlüssel dient dazu, eine Zeile eindeutig zu identifizieren.
- Verwenden Sie eine Spalte, deren Wert später nicht mehr verändert wird. Der Primärschlüssel sollte lediglich dazu dienen, den Datensatz eindeutig zu kennzeichnen. Er sollte keine andere (zusätzliche) Bedeutung haben.
- Verwenden Sie eine Spalte, die als NOT NULL deklariert werden kann. NULL-Werte sind in Primärschlüsseln nicht zulässig.
- Verwenden Sie einen numerischen Datentyp, dann können die Werte für den Primärschlüssel über eine Sequenz bereitgestellt werden.
- Vermeiden Sie Primärschlüssel, die aus mehreren Feldern zusammengesetzt werden; die Wartung ist in diesem Fall wesentlich aufwändiger.

Bei der Spezifikation der Primärschlüsselspalte ist NOT NULL nicht zwingend, aber sehr zu empfehlen, wie das folgende Beispiel anschaulich zeigt:

```
SQL> create table pk_example (x number primary key);
Table created.

SQL> insert into pk_example values (1);
1 row created.
```

```
SQL> insert into pk_example values (null);

insert into pk_example values (null)
                               *

ERROR at line 1:
ORA-01400: cannot insert NULL into ("SYSTEM"."PK_EXAMPLE"."X")

SQL> commit;

Commit complete.

SQL> select * from pk_example;

         X
----------
         1
```

Die Implementation des Primärschlüssels erfolgt hier über einen eindeutigen Index. Das ist aber nicht zwingend. Existieren bereits Indizes, schaut Oracle zuerst, ob der Primärschlüssel über diese bestehenden Indizes realisiert werden kann. Diese Indizes müssen nicht einmal eindeutig sein.

Wie Sie hier sehen, können Sie einen NULL-Wert nicht eingeben; also ist es auch nicht sinnvoll die Spalte so zu deklarieren, es gibt ja einen Fehler, wenn Sie einen NULL-Wert einfügen wollen.

Das ist übrigens nicht das Gleiche wie ein eindeutiger Index auf dieser Spalte, wie man hier sieht:

```
SQL> create table unique_example (x number);
Table created.

SQL>  create unique index uniq_ix on unique_example (x);
Index created.

SQL> insert into unique_example values (1);
1 row created.

SQL> insert into unique_example values (null);
1 row created.

SQL> commit;
Commit complete.
```

Sie können also in diesem Fall trotz des eindeutigen Index NULL-Werte eingeben. Es kommt aber noch besser, das lässt sich auch (beliebig oft) wiederholen:

```
SQL> insert into unique_example values (null);
1 row created.

SQL>  commit;

Commit complete.

SQL> select * from unique_example;

         X
----------
         1


3 rows selected.
```

Es gibt jetzt drei Werte in der Tabelle und zweimal ist es der Wert NULL. Wie kann das sein, wenn wir einen eindeutigen Index haben?

Hier die Antwort: NULL ist nicht gleich NULL, NULL bedeutet ja nur, dass ein Wert nicht vorhanden ist. NULL ist kein konkreter Wert, der Wert NULL selbst ist undefiniert. Deshalb können Sie im Unterschied zum Primärschlüssel beliebig viele NULL-Werte hier eingeben. NULL ist nicht definiert, d.h die normale zweiwertige Logik, mit der Sie in Oracle sonst operieren, ist nicht mehr gültig. Das Ergebnis einer Abfrage wie z.B. PLZ = VAL ist beliebig, wenn hier NULL-Werte vorkommen. Da kann zwar auch das herauskommen, was Sie erwarten, aber das muss nicht so sein. Unter diesen Umständen haben Sie keine Wahl, Sie müssen die Prüfung IS NOT NULL in die WHERE-Klausel mit aufnehmen, um immer korrekte Ergebnisse zu garantieren.

1.1.2 Referentielle Integrität

Referentielle Integrität sichert die Datenkonsistenz zwischen zumindest zwei Tabellen, die über (eine) gemeinsame Spalte(n) miteinander verbunden sind. Allgemein wird darunter die Primär-Fremdschlüssel-Beziehung zwischen verschiedenen Tabellen verstanden. Diese Art der Beziehung kommt in der Praxis recht häufig vor. Nehmen wir mal als Beispiel eine Tabelle RECHNUNG und eine zweite Tabelle RECHNUNGSDETAIL. In der Tabelle RECHNUNG sei die komplette Rechnung für einen Kundenauftrag und in der Tabelle RECHNUNGSDETAIL seien die einzelnen Rechnungspositionen gespeichert. Der Primärschlüssel für RECHNUNG sei RECHNUNGSNR und RECHNUNGSNR, DETAILNR für RECHNUNGSDETAIL. Die Tabelle RECHNUNGSDETAIL hat somit einen Primärschlüssel, der aus zwei Spalten zusammengesetzt wird. Die erste Spalte bezieht sich dabei auf den Wert aus RECHNUNG und der zweite wird benötigt, um die einzelne Rechnungsposition eindeutig zu identifizieren. Die erste Spalte ist gleichzeitig auch ein Fremdschlüssel, der sich auf den Primärschlüssel der Tabelle RECHNUNG bezieht. Es sind nun mehrere Szenarien möglich, was bei den verschiedenen DML-Operationen passieren kann; schauen wir die gängigsten genauer an. In der Standardeinstellung können Sie aus der Tabelle RECHNUNGSDETAIL Daten nur löschen oder verändern, wenn die entsprechenden Sätze in der Tabelle RECHNUNG auch gelöscht oder verändert werden. In diesem Fall erfolgt die Definition des Fremdschlüssels über FOREIGN KEY (RENR) REFERENCES RECHNUNG.

Sie können auch angeben, dass bei einem Löschen der Daten in der Tabelle RECHNUNG gleich die entsprechenden Rechnungspositionen in RECHNUNGSDETAIL mitgelöscht werden. Für diese Bedingung müssen Sie FOREIGN KEY (RENR) REFERENCES RECHNUNG ON DELETE CASCADE angeben. Schließlich ist auch noch das Setzen der Fremdschlüsselwerte auf NULL beim Löschen möglich, dies legen Sie über FOREIGN KEY (RENR) REFERENCES RECHNUNG ON DELETE SET NULL fest. Dies ist in der Regel notwendig, wenn die entsprechende Spalte mehrfach als Nichtschlüsselfeld erscheint.

Egal, was Sie machen, legen Sie einen Index auf den Fremdschlüssel. Oracle macht das nicht automatisch für Sie. Oracle verhält sich unterschiedlich, je nachdem, ob Sie einen Index haben oder nicht, die Details hierzu finden Sie auch in Kapitel 21 [OraCon 2005], hier in Kürze:

Nehmen wir zuerst mal an, Sie hätten keinen Index auf Ihrem Fremdschlüssel. Wenn Sie jetzt ein INSERT/UPDATE/DELETE auf RECHNUNGSDETAIL ausführen, wird Oracle die Tabelle RECHNUNGSDETAIL mit einem Share Row Exclusive Table Lock (= Share-subexclusive table lock oder kurz SSX) sperren, um weitere DML-Operationen zu verhindern. Im Gegensatz dazu wird bei einem indizierten Fremdschlüssel nur ein Share Table Lock (= Subshare table lock oder kurz SS) benötigt. Damit ist DML immer noch möglich, nur das exklusive Sperren der Tabelle wird verhindert.

Die dadurch bedingten Unterschiede in der Performance können beträchtlich sein. Ich habe es schon erlebt, dass bei einer Verarbeitung, die die ganze Nacht dauerte, nur durch das Indizieren eines Fremdschlüssels die Verarbeitungszeit auf wenige Minuten gesenkt wurde. Achten Sie also bei referentieller Integrität immer darauf, dass die Fremdschlüssel indiziert sind.

Die Informationen, welche Tabellen über referentielle Integrität miteinander verbunden sind, finden Sie im Data Dictionary. Hier als Beispiel ein Script, das Ihnen alle Primär- und Fremdschlüssel für den aktuellen Benutzer anzeigt:

```
select a.owner child_owner, a.table_name child_table,
a.constraint_name child_constr, b.owner parent_owner,
b.table_name parent_table, b.constraint_name parent_constr
from user_constraints a, user_constraints b
where a.r_constraint_name = b.constraint_name
 and a.constraint_type = 'R' and b.constraint_type = 'P';
```

Zum Schluss noch ein zweites Script, das Ihnen nichtindizierte Fremdschlüssel anzeigt. Falls Sie hier etwas zurückbekommen, sollten Sie die angezeigten Spalten schleunigst indizieren, um möglichen Performance-Problemen vorzubeugen:

```
select a.owner child_owner, a.table_name child_table,
       a.constraint_name child_constr
from user_constraints a, user_constraints b, user_cons_columns c
where a.r_constraint_name = b.constraint_name
and a.constraint_type = 'R' and b.constraint_type = 'P'
and c.constraint_name = a.constraint_name
and c.table_name = a.table_name
and c.column_name not in (select column_name from user_ind_columns);
```

1.1.3 Trigger

Ein Trigger stellt quasi eine Erweiterung einer Tabelle dar. Ein Trigger definiert eine Aktion, die typischerweise beim Einfügen, Löschen oder Verändern von Daten geschehen soll. Das ideale Einsatzgebiet für Trigger sind Geschäftsregeln, die auf Datenbankebene, also unabhängig von der jeweiligen Applikation, gültig sind. Trigger sollten nicht dazu verwendet werden, Integritätsregeln (wie beispielsweise eine NOT NULL-Deklaration oder ein Primärschlüssel), die bereits mit eingebauten Oracle-Methoden realisiert werden können, zu implementieren. Im Unterschied zu den eingebauten Integritätsmechanismen ist ein Trigger teurer, d.h. er wirkt sich auch auf die Performance aus.

Zur Veranschaulichung ein kleines Beispiel, das beim Einfügen von neuen Datensätzen in die Tabelle MY_DATA automatisch den Primärschlüsselwert für die Spalte ID über eine Sequenz setzt:

```
create trigger my_data_insert_trigger
before insert on my_data
for each row
begin
  select my_data_seq.nextval into :new.id from dual ;
end;
/
```

Eine direkte Transaktionskontrolle, also durch die Befehle COMMIT oder ROLLBACK, ist in Triggern nicht möglich. Sie können zwar ein COMMIT in einen Trigger einbauen, erhalten dann aber zur Laufzeit einen Fehler. Das COMMIT muss außerhalb des Triggers erfolgen, die Aktionen im Trigger sind automatisch Bestandteil der Transaktion. Es gibt allerdings eine Ausnahme, dies sind die autonomen Transaktionen, die unabhängig von der ausgeführten Transaktion laufen.

Aus Performancegründen sollten Sie natürlich so wenig wie möglich in Triggern machen, da Sie ja dadurch alle Transaktionen auf der Tabelle komplexer und auch zeitaufwändiger gestalten. Der zusätzliche Zeitaufwand kann oder kann nicht bemerkbar sein, das hängt einfach davon ab, wie viel Sie in den Trigger packen. Alle Aktionen innerhalb des Triggers erweitern ja die bereits bestehende Transaktion. Allerdings muss man auch sagen, dass Trigger ein erprobtes und vielgenutztes Datenbank-Feature sind, das sollte Sie also nicht von ihrem Einsatz abhalten.

Im Online-SQL finden Sie in der Datei 1_test_trigger_geschwindigkeit.sql ein kleines Beispiel, mit dem Sie den Zeitaufwand mit und ohne Trigger vergleichen können. Im Test wird eine Kopie der Tabelle EMP für Historisierungszwecke und eine autonome Prozedur LOG_EMP_HISTORY, die diese Kopie mit Werten füllt, angelegt. Danach werden 1000 Datensätze eingefügt und die Zeit gemessen. Dies ist der erste Test. Danach kommt der zweite Test: Es wird ein Trigger angelegt, der die Prozedur LOG_EMP_HISTORY beim Einfügen von Datensätzen aufruft und wieder wird die Zeit für das Einfügen von 1000 Datensätzen gemessen. Abschließend wird noch getestet, wie es aussieht, wenn der Trigger im Hauptspeicher gepinnt wird. Bei meinen Tests ergaben sich dadurch Zeitunterschiede von gut 20 Prozent. Allerdings wird hier ein AFTER ROW Trigger verwendet, ein BEFORE ROW Trigger sollte noch etwas effizienter sein, da er im Unterschied zum AFTER ROW Trigger nicht auch noch die neuen Werte im Trigger lesen muss.

Eine weitere Optimierungsmöglichkeit bietet das bereits erwähnte Pinnen von Triggern im Hauptspeicher mittels des Packages DBMS_SHARED_POOL; darauf wird später noch detaillierter eingegangen. Vorweggenommen sei aber angemerkt, dass Trigger ein exzellentes Einsatzgebiet für dieses Feature sind.

Achten Sie auch auf kaskadierende Trigger. Kaskadierende Trigger sind Trigger, die wiederum selbst DML auf andere Tabellen, die Trigger haben, auslösen Das kann seinerseits dann natürlich dazu führen, das wieder ein Trigger ausgelöst wird, der wieder einen anderen Trigger auslöst etc.

Ein anderes potenzielles Problem kann auftreten, wenn Sie referentielle Integrität und Trigger mischen. Das lässt sich sehr schön am Beispiel zeigen:

```
create table parent (pk number constraint ppk primary key);
create table child (fk number constraint ffk references parent);

insert into parent values(1);
insert into parent values(2);
insert into parent values(3);
commit;
insert into child values(1);
insert into child values(2);
insert into child values(3);
commit;
```

Wir haben jetzt also zwei Tabellen, die über referentielle Integrität verbunden sind. Jetzt fügen wir einen Trigger hinzu, der die Werte in der Tabelle CHILD bei Veränderungen in der Tabelle PARENT nachführt:

```
create or replace trigger parent_trigger
after update on parent
for each row
begin
update child
set fk = :new.pk
where fk = :old.pk;
end;
/
```

So weit, so schön. Die Idee ist klar, der Trigger soll die Veränderungen in der Tabelle PARENT in der Tabelle CHILD nachführen. Was passiert jetzt, wenn der Trigger und damit die Anweisung UPDATE PARENT SET PK=PK+1 ausgeführt wird? Das Ergebnis überrascht Sie vielleicht:

```
SQL> select * from parent;

        PK
----------
         2
         3
         4

SQL> select * from child;

        FK
----------
         4
         4
         4
```

Die Werte in PARENT sind korrekt, aber in CHILD nicht mehr. Was ist passiert? Überlegen wir uns das Schritt für Schritt für dieses UPDATE. Im ersten Schritt wurde in PARENT der Wert 1 auf 2 verändert. In der Tabelle CHILD wurde diese Veränderung durch den Trigger nachgeführt, dort haben wir dann also zweimal den Wert 2 und einmal den Wert 3! Danach wird in PARENT der Wert 2 auf 3 erhöht. In der Tabelle CHILD werden aufgrund des Triggers die beiden Werte mit 2 auf 3 geändert. Wir haben jetzt also in der Tabelle CHILD dreimal den Wert 3. Schließlich wird in der Tabelle PARENT noch 3 auf 4 geändert und in der Tabelle CHILD werden alle Werte mit 3 in 4 geändert. Die referentielle Integrität ist nach wie vor intakt, aber die Beziehungen gingen verloren! Das ist doch ein guter Grund, warum Primärschlüsselwerte nicht verändert werden sollten.

Wir lernen daraus: Trigger sind ein hervorragendes Instrument, sollten aber mit Bedacht eingesetzt werden. Aus Performance-Günden sollten Sie auch nicht Trigger verwenden, um Integritätseinschränkungen, die Sie mit Constraints implementieren können, nachzubilden.

1.1.4 Views

Eine View ist das Ergebnis einer Abfrage auf eine oder mehrere Tabellen (oder andere Views). Views können verschiedenen Zwecken dienen, sie können sogar unter bestimmten Bedingungen Veränderungen der darunter liegenden Tabellen zulassen. Häufig werden sie eingesetzt, um Sicherheitsanforderungen zu genügen oder komplexe Repräsentationen vor dem Benutzer zu vereinfachen. Bei einer Abfrage, die eine View involviert, versucht Oracle zuerst die Abfrage so umzubauen, dass die Abfrage, die die View definiert, mit eingebaut wird, so dass nur noch auf die darunter liegenden Tabellen zugegriffen wird.

In punkto Performance können Views auf verschiedene Weise eingesetzt werden. Eine interessante Möglichkeit hier sind Inline Views. Diese werden zumeist bei Abfragen verwendet und dort in der FROM-Klausel erzeugt:

```
SELECT x....
FROM (SELECT ... FROM... ) x, ....
WHERE x...
```

Wenn Sie solch ein Konstrukt verwenden, möchten Sie oft dem Optimizer verbieten, dass er versucht, die View aufzulösen. Das muss dann über einen NO_MERGE Hint erfolgen. Eine anderes Einsatzgebiet für Views zur Performancesteigerung sind rollende Views. Diese sind zum Beispiel im Zusammenhang mit partitionierten Tabellen äußerst nützlich. Dort haben Sie manchmal das Problem, dass Abfragen und Zugriffe nicht so formuliert sind, dass der Optimizer nicht betroffene Partitionen eliminieren kann. Idealerweise verwendet die Abfrage die gleiche WHERE-Klausel wie sie in der Definition der Partitionen verwendet wird. Sehen Sie sich das folgende Beispiel an:

```
CREATE VIEW...
AS
SELECT ...
FROM ...
WHERE datums_feld between to_char(sysdate,'DD-MON-YYYY')
and to_char(sysdate - 14,'DD-MON-YYYY')
```

Offensichtlich greift diese View über die Spalte datums_feld auf die Daten der letzten 2 Wochen zu. Wenn die Basistabelle der View nach Wochen in der Form:

```
... VALUES LESS THAN(TO_CHAR('01-APR-2004','DD-MON-YYYY') ...
```

partitioniert ist, wird die Abfrage über die View immer sicherstellen, dass der Optimizer nur die beiden letzten Partitionen nimmt. Auf der anderen Seite erschweren es Views dem Optimizer manchmal, den besten Ausführungsplan zu generieren, vor allem wenn Views auf Views definiert und mit diesen dann gejoined werden. Verwenden Sie nicht zu viele

Ebenen hier, das kann es dem Optimizer sehr schwer machen, den besten Plan zu berechnen. Mit Ausnahme ihrer Definitionsdaten – also im Wesentlichen die CREATE VIEW-Anweisung – belegen Views physikalisch keinen Speicherplatz.

Snapshots und Materialized Views

Oracle führte Materialized Views bereits mit Oracle 7 ein und nannte dies damals Snapshot, in Oracle 8*i* wurde dies dann in Materialized View umbenannt. Das ist aber das Gleiche. Im Unterschied zu einer normalen View ist eine Materialized View physikalisch wie eine Tabelle und kann mit denselben Speicherungsstrukturen angelegt werden. Die Datensätze in einer Materialized View werden aber wie bei Views über Abfragen aus einer oder mehreren referenzierten Tabellen abgefüllt. Dies kann periodisch zu bestimmten Zeiten erfolgen oder immer, wenn sich etwas in der referenzierten Tabelle verändert. Materialized Views können Read Only angelegt werden, das ist die häufigste Form, die sich ganz ausgezeichnet zur Verteilung von Referenzdaten, insbesondere über das WAN, eignet. Daneben existiert noch die Möglichkeit, Materialized Views veränderbar anzulegen, was aber den Einsatz der Advanced Replication Option erfordert, da in diesem Fall mögliche Konflikte beim Schreiben behandelt werden müssen. In diesem Fall kann es doch vorkommen, dass Benutzer zur gleichen Zeit denselben Datensatz in der referenzierten Tabelle und in der Materialized View verändern wollen. In Oracle-Version 9.2 kam dann noch die Möglichkeit hinzu, eine Materialized View als WRITEABLE zu deklarieren. Das bedeutet: die Datensätze in der Materialized View können verändert werden, werden aber beim nächsten Auffrischen der Materialized View aus der Referenztabelle wieder überschrieben. Diese Technik ist sehr gut geeignet für die Verteilung von Testdaten. Da sich beliebige Abfragen in einer Materialized View speichern lassen, ist auch so etwas möglich:

```
CREATE MATERIALIZED VIEW sum_verkaeufe (
...
)
..
ENABLE QUERY REWRITE
...
AS SELECT SUM(umsatz), ...
FROM verkaeufe...
GROUP BY ...
```

Die Materialized View wurde mit ENABLE QUERY REWRITE angelegt. Diese Klausel muss explizit angegeben werden. Die Voreinstellung ist DISABLE QUERY REWRITE. Optimizer-Statistiken müssen auch erstellt und Query Rewrite selbst muss vor Version 10*g* über den Parameter QUERY_REWRITE_ENABLED freigeschaltet werden. Sind diese Voraussetzungen erfüllt, kann Oracle die Abfrage SELECT SUM(umsatz) FROM verkaeufe GROUP BY ... auch aus der Materialized View beantworten. In OLTP-Anwendungen werden Materialized Views auf Gruppierungsfunktionen zwar eher die Ausnahme sein, aber behalten Sie diese Möglichkeit auch im Hinterkopf. Materialized Views können beispielsweise sehr gut in OLTP-Systemen für Referenzdaten, die nur periodisch (und dann immer komplett) nachgeführt werden müssen, verwendet werden. Ein gutes Beispiel hierfür ist eine Mitarbeitertabelle. Die wird nur im Personalbüro gepflegt, und es reicht im

Normalfall vollkommen aus, wenn jede Nacht die darauf basierenden Materialized Views nachgeführt werden.

1.1.5 Partitionierung

Die wichtigste Entscheidung bei großen Tabellen betrifft die Partitionierung. Partitionierung ist eine zusätzliche Option, die nur in der Enterprise Edition erhältlich ist. Partitionierung bedeutet nichts anderes, als eine Tabelle oder einen Index in kleinere Einheiten, die so genannten Partitionen, zu zerlegen. Diese Partitionen können dann individuell verwaltet werden. Diese Zerlegung hat auch den Vorteil, dass der Optimizer darüber Bescheid weiß. Partitionierung ist also für die Administration gut und für die Performance. Partitionierung wurde mit Oracle 8*i* eingeführt. In 8*i* können Sie nach einem Bereich oder nach einem Hashwert oder nach beidem partitionieren. In Oracle 9*i* kam dann noch die Möglichkeit hinzu, nach Listenwerten zu partitionieren. Am gängigsten ist aber sicher die Partitionierung nach Bereichswerten. Dazu ein Beispiel:

```
CREATE TABLE verkaufsdaten
  ( produkt    NUMBER
  , kunde   NUMBER
  , datum   DATE
  , menge NUMBER
  , summe_menge    NUMBER
  )

PARTITION BY RANGE (datum)
 (PARTITION VERKAUF_Q1_2004 VALUES LESS THAN (TO_DATE('01-APR-2004','DD-MON-YYYY')),
 PARTITION VERKAUF_Q2_2004 VALUES LESS THAN (TO_DATE('01-JUL-2004','DD-MON-YYYY')),
 PARTITION VERKAUF_Q3_2004 VALUES LESS THAN (TO_DATE('01-OCT-2004','DD-MON-YYYY')),
 PARTITION SALES_Q4_2004 VALUES LESS THAN (MAXVALUE));
```

Beachten Sie hier die letzte Partition, die MAXVALUE verwendet. MAXVALUE wird benötigt, wenn Sie Daten haben, die nicht in die Partitionierungsbereiche fallen, und wenn Sie in den Partitionierungswerten NULL Werte haben können. Wann immer möglich, vermeiden Sie dies, MAXVALUE erschwert Ihnen nur alles.

Partitionen können unabhängig von der Tabelle verwaltet werden. So können Sie zum Beispiel individuellen Partitionen unterschiedliche Tablespaces zuweisen. Eine einzelne Partition kann über ALTER TABLE … DROP PARTITION in Sekundenbruchteilen entfernt werden. Es existiert auch ein ALTER TABLE …TRUNCATE PARTITION. Sie können eine Partition auch in eine Tabelle umwandeln und umgekehrt. Insofern ist es kein Problem, eine Partition in Sekundenbruchteilen zu laden:

```
alter table verkaufsdaten
exchange partition VERKAUF_Q1_2004 with table quartal_2004
including indexes
without validation;
```

Beachten Sie hier bitte auch die 'including indexes without validation'-Klausel. Damit sagen Sie Oracle, dass die Indexdaten auch gleich mitgenommen werden sollen und in Ordnung sind. Die meisten Partitionierungsoperationen sind sehr schnell, da es sich um DDL handelt. Eine Ausnahme hiervon sind Operationen wie SPLIT PARTITION oder MERGE

PARTITION, bei der Sie eine Partition in zwei Partitionen aufteilen oder zwei Partitionen zusammenmischen; das kann dauern.

Der Performancevorteil, den Sie mit partitionierten Tabellen und Indizes haben, basiert auf mehreren Faktoren. Wie bereits ausgeführt, können einzelne Partitionen über DDL-Kommandos, die sehr schnell sind, verwaltet werden. Full Table Scans können leicht parallelisiert werden, ab 9.2 kann auch innerhalb einer Partition parallelisiert werden. Abfragen, die sich auf die Partitionierungsschlüssel beziehen, lesen nur die spezifizierten Partitionen. Das nennt sich Partition Elimination oder Partition Pruning. Ein einfacher Test für diese Behauptung besteht darin, eine Tabelle anzulegen, bei der jeder Partition ein eigener Tablespace zugewiesen ist. Dann nehmen Sie alle Tablespaces OFFLINE bis auf die, die Sie in Ihrer Abfrage lesen wollen. Wenn Ihre Abfrage dann mit einem Fehler endet, wissen Sie, dass die Partition Elimination nicht geklappt hat.

Die Partitionierung nach einem Hashwert ist vor allem dann interessant, wenn es keine Möglichkeit gibt, die Tabelle nach Bereichs- oder Listenwerten vernünftig zu partitionieren. Allerdings hat die Partitionierung nach Hashwerten den Nachteil, dass Sie im Regelfall nicht wissen, in welchen Partitionen die Daten landen, also auch keinen Performancegewinn aus dieser Partitionierung holen. Sie können eine Hashpartition nicht mit ALTER TABLE … DROP PARTITION entfernen; das würde auch wenig sinnvoll sein. Oracle empfiehlt stark, dass die Anzahl der Hashpartitionen ein Vielfaches von 2 ist. Falls Sie das nicht tun, sollten Sie sich nicht wundern, wenn manche Hashpartitionen doppelt so groß sind wie andere.

Partitionen können Subpartitionen haben. In 8*i* konnten Sie dafür nur Partitionierung nach Bereich mit Partitionierung nach einer Hashfunktion kombinieren. In Oracle 9*i* kam die Partitionierung nach Listenwerten hinzu; diese Variante kann auch mit Partitionierung nach Bereich oder Partitionierung nach einer Hashfunktion kombiniert werden. Dabei kann die Anzahl der Subpartitionen jeweils unterschiedlich sein, was überhaupt nicht stört.

Indizes auf partitionierten Tabellen gibt es in mehreren Varianten. Es gibt lokale und globale Indizes. Bei lokalen Indizes wird der Index auch partitioniert. Ideal sind hier Indizes, die mit den Partitionierungsspalten der indizierten Tabelle übereinstimmen. Das sind dann Local Prefixed-Indizes. Es gibt auch noch Local Nonprefixed-Indizes, die zwar partitioniert sind, aber nicht dem Partitionierungsschema der indizierten Tabelle folgen. Globale Indizes schließlich sind Indizes, die über alle Partitionen der Tabelle indizieren. Globale Indizes sind bis Oracle 10*g* relativ nutzlos, da viele Operationen auf einzelnen Partitionen immer gleich den ganzen Index unbrauchbar machen. Dann muss der Index neu gebaut werden, was gerade bei sehr großen Tabellen sehr lange dauern kann. Diese Restriktion wurde glücklicherweise in Oracle 10*g* entfernt. Ein Beispiel für einen lokalen Index, bei dem die Tabelle nach dem Feld HERSTELLER partitioniert wurde:

```
CREATE INDEX IDX_KFZNR
on KFZ_DATA(HERSTELLER)
LOCAL
```

Partitionierte Bitmap-Indizes sind immer lokal. Abgesehen von partitionierten Indizes, bei denen infolge der verschiedenen Unterhaltsarbeiten einzelne Partitionen unbrauchbar werden, müssen Sie Indizes in Oracle eigentlich nie neu erstellen! Die Oracle Implementation des B*-Baum-Index ist bereits ausbalanciert. Was es allerdings geben kann ist, dass es quasi Löcher in der Datenverteilung gibt, falls viele Daten nach dem Einfügen wieder gelöscht werden. Der Index ist dann immer noch ausbalanciert, die Löcher können aber sozusagen rausgeschnitten werden. Dazu verwenden Sie dann das Kommando ALTER INDEX COALESCE. Ein weiterer Grund, den Index neu zu bauen, ist ein ungünstiger Clustering Factor, dazu später mehr. Ganz generell gilt aber, das es sehr viel weniger Gründe für das Neuanlegen eines Index gibt, als man gemeinhin annimmt.

1.1.6 Cluster

Sie verwenden Cluster bei jeder Oracle-Datenbank, mit der Sie arbeiten. Oracle verwendet intern schon seit ewigen Zeiten Cluster. Ansonsten tut's so gut wie niemand, obwohl Cluster immer noch gepflegt und erweitert werden. Beispielsweise wurde mit Oracle 10*g* das sortierte Hash Cluster eingeführt. Der seltene Einsatz von Clustern hat mehrere Gründe. Einer davon ist sicher, dass Sie heutzutage mit partitionierten Tabellen so viel erreichen können. Ein anderer liegt darin, dass Cluster – zumindest früher – auch administrativen Mehraufwand bedeuteten. Dann ist noch die Frage der Cluster-Parameter, die bereits während der Definition richtig gesetzt sein müssen. Abgesehen davon sind Cluster auch kaum bekannt und gelten als höchst exotisches Feature. Cluster können auch nicht partitioniert werden, was sie in meinen Augen für sehr große Tabellen und Indizes ungeeignet macht.

Im Unterschied zu „normalen“ Tabellen werden bei Clustern benachbarte Werte im selben Block abgespeichert. Arbeitet man also applikatorisch oft mit denselben Daten, kann ein Cluster interessant sein. Sinn ergibt das nicht nur, wenn man oft über die gleichen Joins auf verschiedene Tabellen zugreift. Auch für eine einzelne Tabelle kann der Cluster sinnvoll sein. In einem Cluster-Block wird der Cluster-Wert zusammen mit den Daten abgespeichert, das spart also Platz. Zeit kann es auch sparen, vor allem beim Löschen, aber dafür ist das Einfügen und Verändern langsamer. Der Einsatz eines Clusters erfordert auch, dass der Cluster zuerst definiert wird. Bei der Definition des Clusters können Sie über den SIZE Parameter (in Byte) angeben, wie groß jeder Cluster-Schlüssel werden wird. Geben Sie dort nichts an, reserviert Oracle einen Block pro Cluster-Schlüssel. Die Größe des Cluster-Schlüssel muss ein Teiler der Blockgröße sein, das rundet Oracle entsprechend auf oder ab. Wenn Sie nicht wissen, wie groß der Cluster werden wird, arbeiten Sie mit der Voreinstellung. Das kann hier dann zwar in Platzverschwendung resultieren, andererseits sparen Sie ja durch den Cluster ohnehin Platz, und es ist immer noch besser als ein zu kleiner Wert für SIZE. Damit erreichen Sie nur migrierte/verkettete Datensätze, und die sind schlecht für die Performance. In der Definition des Clusters geben Sie außer SIZE nur an, welche Spalten (bis zu 16) den Cluster-Schlüssel ausmachen.

```
CREATE CLUSTER ORT_CLU( kanton char(2)) SIZE 8192 TABLESPACE CLU_DATA;
```

Hier wird also der Kanton (das ist quasi das Schweizer Pendant zum deutschen Bundesland) als Cluster-Schlüssel verwendet, bei der Clustergröße habe ich die Blockgröße genommen. Alle Storage Parameter, die Sie verwenden, beziehen sich auf den Cluster, nicht auf die beteiligten Tabellen. Nach dem Anlegen des Clusters müssen Sie noch einen Cluster-Index definieren. Dieser Index wird vor dem Hinzufügen der Tabellen zum Cluster benötigt:

```
CREATE INDEX ORT_CLU_IDX ON CLUSTER ORT_CLU TABLESPACE CLU_IDX;
```

Das ist ein ganz normaler B*-Baum-Index. Auch dort können Sie wie gewohnt allfällige Storage Parameter festlegen. Dieser Index liefert uns dann die Blockadresse zurück, wo die Daten zu finden sind. Wenn Sie jetzt eine Tabelle anlegen, müssen Sie nur noch sagen, welche Spalte dem Cluster-Schlüssel entspricht. Die Spaltennamen in der Tabelle und im Cluster müssen nicht übereinstimmen, aber der Datentyp schon. Sie können bis zu 32 Tabellen in einem Cluster aufnehmen:

```
CREATE TABLE CH_ORT (...
Kantons_kurzzeichen CHAR(2),...
...
)
CLUSTER ORT_CLU(Kanton);
```

Wurde der Cluster für Abfragen mit Equijoins oder Bereichsabfragen gebaut, aber der tatsächliche Zugriff später erfolgt vornehmlich über Full Table Scans, wird die Performance – wenn es sich nicht um einen Cluster auf einer einzigen Tabelle handelt – leiden. In einem Clusterblock sind ja Daten aus mehreren Tabellen, der Full Table Scan dauert dann also länger. DML-Anweisungen dauern auch länger, weil die Daten ja physikalisch zusammen abgelegt werden. Cluster sind also – wie IOTs – nicht gedacht für Tabellen, die oft modifiziert werden. Eine weitere wichtige Restriktion ist auch, dass Cluster über TRUNCATE nicht gelöscht werden können.

Neben dem „normalen“ Cluster, das einen Index benötigt (über den so genannten Cluster Key) gibt es noch das Hash Cluster. Beim Hash Cluster braucht es keinen Index, da wird über eine Hashfunktion auf die Daten zugegriffen. Das ist gleichzeitig eine Einschränkung, da es im Wesentlichen nur mit Equijoins funktioniert. Ein Problem mit Hash Clustern ist die Tatsache, dass Sie beim Anlegen des Hash Cluster für immer und ewig festlegen, wie viele Hash-Schlüssel es geben wird. Das ist ein bisschen hart, für immer und ewig ist ja schon eine lange Zeit. Oracle wird zu diesem Zeitpunkt auch bereits den Platz für den Hash Cluster belegen. Sie geben beim Anlegen über den HASHKEYS-Parameter an, wie viele Hash-Schlüssel Sie erwarten, und über SIZE, wie groß der durchschnittliche Datensatz ist. Oracle reserviert dann (HASHKEYS/trunc(db_block_size/SIZE)) Byte an Platz. HASHKEYS wird immer zur nächstgrößeren Primzahl aufgerundet. Kollisionen im Hash-Schlüssel können hier durchaus In Ordnung sein. Nehmen wir mal an, Sie bauen den Hash-Schlüssel auf Staat und reservieren 200 Werte dafür. In den Hash Cluster packen Sie neben dem Staat auch den Ort. Je nach Staat wird es sehr viele Orte geben, aber wenn der Zugriff immer über Staat/Ort erfolgt, ist es ja genau das, was Sie wollen:

```
CREATE CLUSTER CLU_STAAT (STAAT VARCHAR2(50))
HASHKEYS 200
SIZE 4092;
```

Problematisch wird es jetzt, wenn sich die Welt politisch so weit verändert, dass es plötzlich 300 Staaten gäbe. Dann würde es sicher einige Staaten geben, die den gleichen Hash-Schlüssel als Wert verwenden, was wiederum zu verketteten Rows führen würde.

Es muss noch mal betont werden, dass der Zugriff immer über Equijoins beziehungsweise den Hash-Schlüssel erfolgen sollte, sonst kommt es leicht zu Full Table Scans, und die wollen Sie hier ja nicht. Eine besondere Form des Hash Cluster ist der Single Table Hash Cluster. Hier können Sie nur eine einzige Tabelle in das Hash Cluster packen. Das ist interessant für solche Tabellen, auf die immer und jedes Mal nur über den Primärschlüssel zugegriffen wird. In folgendem Beispiel wird als Hashfunktion die Postleitzahl verwendet. Das stellt sicher, dass es zu keinen Kollisionen in der Hashfunktion kommt. Sie können dort aber auch eine eigene Funktion angeben:

```
CREATE CLUSTER CLU_PLZ (PLZ NUMBER(10))
HASHKEYS 50000
SIZE 100
SINGLE TABLE
HASH IS PLZ;
```

Oracle 10*g* schließlich führte noch das Sorted Hash Cluster ein. Wenn Sie Daten in ein sortiertes Hash Cluster einfügen, werden Sie in der Reihenfolge eingefügt, die Sie beim CREATE CLUSTER angegeben haben. Das ist gleichzeitig die Reihenfolge, in der Sie die Daten auslesen. Wenn Sie eine Sorted Hash Cluster verwenden, brauchen Sie also keine ORDER BY-Klausel mehr. Damit stehen Sorted Hash Cluster zwischen IOTs und Clustern. Sorted Hash Cluster sind sehr effizient, wenn auf die Datensätze einzeln zugegriffen wird. Voreingestellt ist, dass alle Spalten, die nicht als Sortierungsspalten ausgegeben werden (über das Schlüsselwort SORT), für den Hash-Schlüssel verwendet werden:

```
CREATE CLUSTER CLU_KONTO (KONTO VARCHAR2(10),
MONAT DATE SORT,
SUMME NUMBER SORT)
HASHKEYS 100000
HASH IS KONTO
SIZE 8192;

CREATE TABLE KONTO_SUMMEN (
KONTO VARCHAR2(10),
MONAT DATE SORT,
SUMME NUMBER SORT,
...
)
CLUSTER CLU_KONTO;
```

Beachten Sie unbedingt die Reihenfolge der Spalten beim Sorted Hash Cluster, Sie wollen hier ja das ORDER BY nicht mehr angeben müssen.

Cluster können genau wie normale Tabellen in den Buffer Cache geladen werden.

1.1.7 Datentypen

CHAR, NUMBER und DATE

Die Datentypen, die Sie in Ihrer Applikation verwenden, sind durch die Applikation bestimmt. Performance ist hier erst mal zweitrangig. Oracle verwendet intern im Wesentlichen drei Datentypen, obwohl es weit mehr gibt. Aber die lassen sich alle mehr oder weniger auf drei grundsätzliche Typen zurückführen: CHAR, NUMBER und DATE. Datentypen, die beliebige Zeichen abspeichern können, sind CHAR und VARCHAR2. Die Definitionen CHAR(30) und VARCHAR2(20) definieren beide eine Spalte, die bis zu 30 Zeichen speichern kann. Allerdings ist die bei CHAR fix und bei VARCHAR2 variabel. Wenn Sie also den Buchstaben a dort jeweils eingeben, wird die erste Spalte mit Leerzeichen aufgefüllt, die zweite aber nicht:

```
SQL> create table foo(f1 char(10),f2 varchar2(10));
Tabelle wurde angelegt.

SQL> insert into foo values('a','a');
1 Zeile wurde erstellt.

SQL> commit;
Transaktion mit COMMIT abgeschlossen.

SQL> select vsize(f1),vsize(f2) from foo;

VSIZE(F1) VSIZE(F2)
---------- ----------
        10      1

SQL> select dump(f1),dump(f2) from foo;

DUMP(F1)                                                    DUMP(F2)
--------------------------------------------------------------------------------
Typ=96 Len=10:97,32,32,32,32,32,32,32,32,32                 Typ=1 Len=1:97
```

Es ist also, wie man hier deutlich sieht, ein großer Unterschied, ob Sie CHAR oder VARCHAR2 verwenden. In beiden Spalten wird der Buchstabe a eingeführt, aber im VARCHAR2-Feld wird dafür lediglich ein Byte belegt, während es im CHAR-Feld 10 Byte sind: 1 Byte für den Buchstaben und 9 Byte für die Leerzeichen. Das kann in der Folge dann natürlich auch die Performance beeinflussen. Es ist ein Unterschied, ob Sie 100 Datenböcke lesen müssen oder 10000.

Es sei noch erwähnt, dass es noch NCHAR und NVARCHAR2 als Datentypen gibt; aber diese Typen brauchen Sie nur, wenn Sie mit National Character Sets arbeiten, was selten der Fall sein wird. CHAR und VARCHAR2 beeinflussen auch Abfragen, da Sie bei CHAR-Feldern auch Leerzeichen mit berücksichtigen müssen. Dies ist der Hauptgrund, warum ich Ihnen nur empfehlen kann, immer VARCHAR2 zu verwenden; am besten vergessen Sie, dass es den Datentyp CHAR überhaupt gibt.

LONG und LOB

Bei allen anderen Datentypen außer LONG und LOB spielen Performance-Überlegungen keine Rolle. Die internen Repräsentationen von numerischen Daten sowie Datums- und Zeitfeldern ist effektiv genug. Bei den Datentypen LONG und LOB, die zur Speicherung großer Daten (LONG bis zu 2 GB und LOB bis zu 4 GB) dienen, ist Performance aber sehr wohl ein Thema.

Zu LONG gibt es nicht viel zu sagen, außer dass Sie LONG nie verwenden sollten. Den Datentyp gibt es zwar seit ewigen Zeiten, aber er wird nur noch aus Kompatibilitätsgründen mitgeführt und hat ziemlich viele Einschränkungen, so können Sie beispielsweise keine SQL-Funktionen wie SUBSTR() oder INSTR() auf ein LONG-Feld anwenden. Worauf Sie insbesondere bei LONG achten sollten, ist die Tatsache, dass das Feld das letzte Feld der Tabelle ist. Da in einem LONG-Feld ja potenziell große Datenmengen abgelegt sind, die größer als ein Block sind, wird der Zugriff auf das LONG-Feld öfter über mehrere Blöcke gehen. Migrierte und verkettete Zeilen sind bei LONG- und LOB-Feldern immer zu erwarten. Steht jetzt aber das LONG-Feld mitten in der Tabelle, ist auch die Wahrscheinlichkeit größer, dass andere Felder nach dem LONG in anderen Blöcken zu finden sind. Das macht den Zugriff also langsamer. Deshalb sollte das LONG-Feld immer das letzte Feld in der Tabelle sein.

Bei einem LOB funktioniert das alles ein bisschen anders, dort haben Sie auch nicht die ganzen Einschränkungen, die bei LONG gültig sind. Wenn Sie eine Tabelle mit einem LOB anlegen, werden zwei zusätzliche Segmente angelegt, das LOB-Segment für die Daten des Index und der LOB-Index für den Zugriff auf das LOB. Sie können einen eigenen Tablespace für das LOB (und den Index) angeben, was zu empfehlen ist, ansonsten wird das LOB mit der Tabelle im gleichen Tablespace abgespeichert. Bei LOBs gibt es einige Speicherparameter, die es sonst nicht gibt:

- CHUNK. Mit CHUNK geben Sie die kleinste Einheit an, in der im LOB-Segment gespeichert wird. Das muss immer ein Vielfaches der Oracle Blockgröße sein. CHUNK bezieht sich nicht auf Inline LOBs, die zusammen mit der Tabelle abgespeichert werden. CHUNK kann später nicht mehr geändert werden. Hier sollten Sie einen Wert wählen, der bei bester Performance nicht allzu viel Platz verschwendet. Experimentieren Sie, ein guter Startwert ist die Größe des durchschnittlichen Update auf dem LOB. Für schnelles Laden ohne Rücksicht auf den Platz ist CHUNK 32K (aktuell das Maximum) NOCACHE NOLOGGING sehr zu empfehlen.
- LOBs, die kleiner als 4000 Byte sind, können zusammen mit der Tabelle im Datenblock gespeichert werden. Dazu muss ENABLE STORAGE IN ROW bei der Definition angegeben werden. Das kann später nicht geändert werden. Solche Tabellen verlangen Tablespaces mit großen Blockgrößen. Verwenden Sie ENABLE STORAGE IN ROW außer in Fällen, in denen die LOB-Spalte selten abgefragt wird.
- Wenn Sie DISABLE STORAGE IN ROW angeben, wird nur ein Locator (20 Byte) in der Tabelle abgespeichert, der dann auf das LOB-Segment verweist. In diesem Fall wird UNDO nur für Modifikationen des LOB Locators und des LOB-Index benötigt, aber sehr viel REDO, da immer REDO für den ganzen CHUNK geschrieben wird. Wenn Sie also 1 Byte verändern und DISABLE STORAGE IN ROW CHUNK 16K angegeben ist, werden 16 Kilobyte an REDO für diese 1 Byte-Modifikation geschrieben. Außer in Fällen, in denen auf die LOB-Daten nur sehr sporadisch zugegriffen wird, sollte aber immer ENABLE STORAGE IN ROW verwendet werden.

- CACHE und NOCACHE haben bei LOBs eine spezielle Bedeutung. CACHE bedeutet, dass auf LOBs über den Buffer Cache zugegriffen wird, während bei NOCACHE über Direct-Path gelesen und geschrieben wird. Normalerweise sollten Sie CACHE verwenden, es sollte die bessere Performance bringen. Dann brauchen Sie aber auch den Platz im Hauptspeicher im Buffer Cache. Den füllen Sie hier ganz leicht.
- Consistent Read für LOB-Segmente wird über einen besonderen Mechanismus erreicht. Dazu kann entweder RETENTION oder PCTVERSION verwendet werden. RETENTION ist ab 9.2 mit automatischem UNDO-Management die Voreinstellung. Dabei basiert RETENTION auf ZEIT und PCTVERSION gibt an, wie viel Prozent des LOB-Segments für ältere Versionen des LOB Segments beiseite gestellt werden sollen. Falls die LOBs nicht häufig modifiziert werden, ist RETENTION die bessere Wahl.
- LOGGING und NOLOGGING kann auch angegeben werden. Diese Einstellung kann später verändert werden. NOLOGGING sollten Sie nur bei großen Ladeoperationen verwenden (und hinterher gleich einen Backup ziehen).
- In Oracle 9*i* kam neu die Möglichkeit hinzu, FREEPOOLS zu setzen. Das brauchen Sie aber nur in OPS/RAC-Umgebungen und nur, wenn Sie kein automatisches UNDO-Management verwenden.
- Die physikalische Speicherung von LOBs wird über die LOB() ... STORE AS-Klausel angegeben. Nehmen Sie einen eigenen LOB-Tablespace, und setzen Sie die anderen Parameter wie hier besprochen.

Es lohnt sich fast immer, hier mit verschiedenen Einstellungen zu experimentieren; die Unterschiede in der Performance, insbesondere beim Laden der LOBs, können gewaltig – manchmal sogar unheimlich – sein.

LONG und LOBs gibt es in verschiedenen Ausprägungen: BLOB für binäre Daten, CLOB für Daten, die im ASCII-Zeichensatz vorliegen, und NCLOB für Daten, die im National Character Set abgespeichert werden müssen. Neben LONG gibt es noch LONG RAW für binäre Daten. Eine Tabelle darf nur ein LONG-Feld enthalten, kann aber mehrere LOB-Felder haben. Ein kleines Beispiel für die Syntax:

```
CREATE TABLE RESUMEE (
...
Resumee_text CLOB,
...
)
LOB (resumee_text) STORE AS
  (TABLESPACE LOB_TBS ENABLE STORAGE IN ROW CHUNK 32K)
```

Falls Sie Daten haben, auf die wirklich nur lesend zugegriffen wird, verwenden Sie External Tables. In Oracle 8*i* müssen Sie sich mit BFILE behalfen..

Datenkonvertierung

Abschließend zu den Datentypen noch eine Anmerkung zur Datenkonvertierung. Oracle konvertiert immer implizit zwischen verschiedenen Datentypen, wenn Sie keine Konvertierungsfunktionen mitgeben. Die Abfrage SELECT ... WHERE number_feld = '2' wird also in ein SELECT ... WHERE number_feld = to_number('2') umgewandelt. Oracle macht das zwar sehr gut und effizient, aber unter Umständen kann es dazu führen, dass plötzlich ein Full Table Scan statt eines Index Scans durchgeführt wird. Achten Sie darauf, und vermeiden Sie die implizite Konvertierung. Gelegentlich müssen Sie dann in diesem Fall einen funktionsbasierten Index anlegen, das sehen wir später auch noch im Detail.

1.1.8 Grundsätze für effektives Tabellendesign

Die Entscheidung, wann Sie welche Tabelle einsetzen, wird im Wesentlichen zwar durch applikatorische Gesichtspunkte bestimmt, die spätere Performance sollte aber auch von Anfang an mit berücksichtigt werden. Wenn eine Tabelle später 40 Millionen Einträge haben wird, sollten Sie die Tabelle partitionieren oder eventuell ein Cluster verwenden. Wenn Sie es nicht tun, müssen Sie mit aufwändigen Reorganisationen rechnen. Jetzt lässt sich natürlich einwenden, dass die späteren Mengen und Zugriffszahlen einer Applikation oft nicht von vornherein bekannt sind. Zugegeben, das ist oft der Fall, aber dann sollten Sie ohnehin mit Murphys Law rechnen und immer das Schlimmste annehmen: Nach dem ersten Jahr sind es 2000 Benutzer und nicht 200 und statt 20 GB werden 500 GB an Platz benötigt. Planen Sie die Applikation von Anfang an so, dass sie auch plötzliches Wachstum gut verkraftet. Für applikatorische Tabellen bedeutet das:

1. Der Normalfall für Tabellen ist die relationale Tabelle.
2. Tabellen, die zum großen Teil indiziert werden, sollten als Index-Organized-Tabelle angelegt werden.
3. Für die Speicherung von Zwischenresultaten und Abfragen auf dynamische V$-Views sollten temporäre Tabellen verwendet werden.
4. Daten aus anderen Oracle-Datenbanken, die nur Read-only benötigt werden, sollten als Materialized Views zur Verfügung gestellt werden.
5. Prüfen Sie, ob Query Rewrite in Ihrer Applikation sinnvoll ist, und definieren Sie dann die entsprechenden Materialized Views.
6. Strukturierte Daten, die bereits als Datei vorliegen und auf die Read-only zugegriffen wird, können als Externe Tabellen definiert werden. Dies ist ab Oracle 9*i* möglich.
7. Tabellen, die stark wachsen oder großen Mengenschwankungen unterliegen, sollten partitioniert werden.
8. Sehr große Partitionen sollten noch in Subpartitionen unterteilt werden. Dabei kann eine Partitionierung nach Bereich mit einer Partitionierung nach Hash-Werten oder eine Partitionierung nach Bereich mit einer Partitionierung nach Listen verwendet werden. Beachten Sie, dass die Anzahl der Subpartitionen unterschiedlich sein kann.
9. Tabellen benötigen Statistiken, damit Oracle den besten Zugriffspfad ermitteln kann. In Oracle 10*g* erfolgt das automatisch. In früheren Versionen müssen diese Statistiken über das DBMS_STATS-Package oder den ANALYZE-Befehl erstellt werden.
10. Cluster sollten Sie in Erwägung ziehen, wenn Sie schon im Voraus wissen, wie Sie auf die Tabellen zugreifen werden und mit wie vielen Daten Sie zu rechnen haben.

1.2 Zugriffshilfen

1.2.1 Indizes

Neben Tabellen brauchen Sie Zugriffshilfen, die Ihnen einen effektiven Zugriff auf Ihre Daten erlauben. In relationalen Datenbanken sind dies vor allem Indizes. Indizes erlauben einen sehr schnellen Zugriff auf die indizierten Datensätze, und dies selbst bei sehr großen Datenmengen. Klar lässt sich jetzt auch argumentieren, dass man die Zugriffszeit ja nicht verlangsamen muss, wenn es nicht sein muss. Denn es gilt zu beachten: beim Zugriff über einen Index werden zwei I/Os notwendig, wo vorher einer gereicht hat. Oracle wird also zuerst auf den Index zugreifen und dann anhand des Indexeintrags auf die Werte in der Tabelle. Falls nur auf indizierte Spalten zugegriffen wird, reicht natürlich der alleinige Zugriff auf den Index, aber das ist eher die Ausnahme. Indizieren Sie nur so viel wie nötig. Durch das Anlegen eines Index wird jedes INSERT, UPDATE und DELETE teurer. Bei INSERT muss ein neuer Indexeintrag generiert werden. DELETE erfordert das Löschen des Indexeintrags. Ein UPDATE bewirkt das Löschen des alten Indexeintrags und das Einfügen eines neuen. MERGE bewirkt entweder das Anlegen eines neuen Eintrags oder das Löschen des alten Eintrags, gefolgt vom Anlegen des neuen.

Sind mehrere Indizes auf einer Tabelle, erhöht sich der Aufwand entsprechend. Ziehen Sie in diesem Fall konkatenierte Indizes in Betracht. Konkatenierte Indizes sind Indizes, die mehrere Felder indizieren. Müssen alle Felder indiziert werden oder zumindest die allermeisten, kann auch eine Index-Organized Table (IOT) verwendet werden. Das ist eine Tabelle, die vollständig indiziert ist. Dann kann, salopp ausgedrückt, die Tabelle weggeschmissen werden, und es existiert nur noch der Index. Bei den Indizes werden Sie in den meisten Fällen die bekannten B*-Baum Indizes verwenden. Die heißen so, weil sie intern eine Baumstruktur realisieren. Es gibt eine Wurzel, den Root Block, von dem aus dann über mehrere Ebenen Blätter, die Leaf Blocks, ausgehen.

Diese Struktur erlaubt einen sehr effizienten und schnellen Zugriff . Eine einfache CREATE INDEX-Anweisung ohne weitere Optionen legt solch einen B*-Baum-Index an. Das ist der Standardindex für relationale Tabellen. Er kann auf ein einzelnes Feld gelegt werden oder auch auf mehrere, das sind dann konkatenierte Indizes. Bei konkatenierten Indizes müssen Sie aufpassen. Oracle kann sie nur verwenden, wenn die ersten indizierten Felder auch in der WHERE-Klausel der Abfrage vorkommen. Nehmen wir mal an, Sie haben die Felder A, B und C in einen konkatenierten Index in dieser Reihenfolge. Wenn Sie jetzt abfragen WHERE A = ... AND B = ..., dann kann Oracle den Index verwenden, nicht aber, wenn Sie das erste Feld oder die ersten Felder weglassen, also nach WHERE B = ... AND C = ... fragen.

Das gilt so allerdings nur bis Oracle 9, dort führte Oracle Index Skip Scan ein. Damit berücksichtigt Oracle manchmal auch konkatenierte Indizes, wenn es die ersten Felder nicht hat.

Konkatenierte Indizes können komprimiert werden. Das ist interessant, wenn Sie viele sich wiederholende Werte haben. Dadurch wird der Index kleiner. Ein Index auf die beiden Felder VORNAME und NACHNAME kann gut komprimiert werden. Vornamen wiederholen sich oft. Dann wird nur noch abgespeichert, wie oft jeder VORNAME im jeweiligen Block vorkommt. Zwar kann das Verwalten und Nachführen des Index dadurch langsamer werden, aber durch die bessere Platzausnutzung wird das wieder wettgemacht. Das Löschen kann sogar schneller werden, da der Index insgesamt ja kleiner wird. Ob ein Index Komprimierung verwendet oder nicht, sehen Sie in der COMPRESSION-Spalte in DBA_INDEXES/ALL_INDEXES/USER_INDEXES. Für Tabellen können Sie ab 9*i*R2 auch komprimieren, da gilt das Gleiche. In dieser Version wurde die Information, ob die Tabelle komprimiert wurde oder nicht, noch nicht externalisiert. Da müssen Sie dann das Feld SPARE1 in TAB$ direkt konsultieren. Seit Version 10 ist dann aber die Information in der Spalte COMPRESSION auch in DBA_TABLES verfügbar.

In jedem Fall sollten Sie auch Fremdschlüssel indizieren. Tun Sie das nicht, muss Oracle bei Veränderungen die abhängige Tabelle immer vollständig sperren, da ohne Index die betroffenen Datensätze nicht eingeschränkt werden können. Ich habe einmal eine Verarbeitung, die nachts 10 Stunden lief, nur durch das Anlegen eines Fremdschlüsselindex auf 10 Minuten beschleunigt. Das Lob, das ich dann erhielt, tat gut! Das ist also eine wichtige Optimierungsmaßnahme.

Reverse Key Indizes

Oracle 8 führte auch die Möglichkeit, Reverse Key Indizes zu definieren, ein. Bei dieser Art von Index wird der Schlüsselwert von hinten abgearbeitet. Die brauchen Sie im Wesentlichen aber nur für Oracle Parallel Server beziehungsweise RAC, weshalb wir diese Indexart auch erst im letzten Kapitel, das auch RAC behandelt, besprechen.

Bitmap Index

Bereits mit Oracle 7.3 wurden so genannte Bitmap Indizes eingeführt. Bei diesen Indizes wird dann die Information, wo eine Zeile zu finden ist, in einer Bitmap verwaltet. Bitmap-Indizes sollten Sie dann verwenden, wenn Sie eine Spalte haben, die über wenige unterschiedliche Werte verfügt. Paradebeispiel ist hier eine Spalte, die das Geschlecht einer Person dokumentiert, da haben wir nur männlich und weiblich. Grob gesagt erwarten wir in diesem Fall ja 50% männliche Einträge und 50% weibliche. Normalerweise wird Oracle in diesem Fall die ganze Tabelle lesen, auch wenn die Spalte indiziert ist. Das ist dann die billigste Variante, da der Zugriff über den Index nicht sehr selektiv ist. Haben wir aber einen Bitmap-Index, wird Oracle auch diesen berücksichtigen.

Bitmap-Indizes sind dann interessant, wenn es wenige unterschiedliche Datenausprägungen gibt. „Wenige unterschiedliche Werte“ ist hierbei nicht fest definiert: Sie können einen Bitmap-Index auch verwenden, wenn Sie 10000 unterschiedliche Werte haben. Wenn die zugrunde liegende Tabelle 100 Millionen Rows hat, ist das immer noch nicht sehr selektiv.

Bitmap-Indizes sollten nicht auf Tabellen gelegt werden, auf die häufig von mehreren Benutzern gleichzeitig zugegriffen wird. Die typische OLTP-Anwendung ist also kein Kandidat für Bitmap-Indizes. Die Kosten für das Nachführen eines Bitmap-Index sind sehr viel höher als die Kosten eines B*-Baum-Index. Beim gleichzeitigen Zugriff auf den gleichen Block kann es beim Bitmap-Index auch zu Deadlocks kommen. Das sehen Sie dann daran, dass Sie eine Trace-Datei erhalten, in der ORA-60 (Deadlock detected) mit der kryptischen Meldung: No row vermerkt ist. Dieses Problem existiert bei normalen B*-Baum-Indizes nicht, dort werden immer nur einzelne Sätze von einem Indexeintrag verwaltet. Aufgepasst: Deadlocks lassen sich auch programmieren! In Oracle deuten Deadlocks normalerweise auf einen applikatorischen Fehler hin.

Neu hinzu in Oracle 9.2 kam die Möglichkeit, einen Bitmap Join-Index zu definieren. Hier wird ein Bitmap-Index auf Felder gelegt, die häufig gejoined werden. Großartig für Data Warehouses, in OLTP-Anwendungen eher ungeeignet.

Bitmap-Indizes speichern auch NULL-Werte, was es ermöglicht, bei Abfragen auf NULL den Index zu verwenden.

Funktionsbasierte Indizes

Eine weitere Variante von Indizes schließlich sind funktionsbasierte (Function-Based) Indizes, die es seit Oracle 8*i* gibt. Hierbei wird ein Index auf eine Funktion gelegt. Nehmen wir mal an, Sie speichern Vorname und Nachname einer Person in zwei verschiedenen Spalten. Dort herrscht Wildwuchs. So finden Sie die verschiedenen Namen in allen möglichen Schreibvarianten. Es gibt also Veronika, VERONIKA, VerOnika etc.. Sie möchten jetzt dem Benutzer die Möglichkeit geben, nach Namen zu suchen, aber selbstverständlich sollten die verschiedenen Schreibweisen nicht berücksichtigt werden. Das könnte dann ein funktionsbasierter Index auf UPPER(VORNAME) sein. Implementiert wird dieser funktionsbasierten Index dann über eine versteckte Spalte in der Tabelle. Das kann unter Umständen zu Problemen führen, zum Beispiel, wenn Sie die Datenbank mit Oracle Streams replizieren wollen. Damit der Index verwendet werden kann, müssen Statistiken angelegt sein.

Indexüberwachung

Das Anlegen eines Index ist die eine Seite, die andere ist die Frage, ob er überhaupt verwendet wird. Das lässt sich seit Version 9*i* über Index Monitoring erreichen. Dazu schalten Sie das Monitoring in einem ersten Schritt ein (mit ALTER INDEX ... MONITORING USAGE). Sie lassen es so lange eingeschaltet, bis Sie sicher sind, dass der Index genutzt wurde. Dann schalten Sie das Index Monitoring wieder aus (mit ALTER INDEX ...NO MONITORING USAGE). Danach sehen Sie in der Spalte USED in V$OBJECT_USAGE, ob der Index wirklich benutzt wurde. Zugegeben, das ist nicht allzu viel Information, aber immerhin besser als nichts.

1.2.2 Index-Organisierte Tabellen (IOTs)

IOTs (Index Organized Tables) sind salopp gesagt Tabellen, die indiziert sind und bei denen dann die Tabelle weggeschmissen werden kann. Die Daten in IOTs sind in Indexblöcken, nicht in Datenblöcken. Die Indexeinträge sind damit deutlich länger als bei einem normalen B*-Baum-Index. Es wird nicht nur der Verweis auf den physischen Ort des Datensatzes gespeichert, der Datensatz ist Teil des Indexeintrages. Damit sparen Sie sich potenziell I/O. Beim lesenden Zugriff reicht der Indexeintrag, dort sind ja bereits alle Daten. Sie brauchen keinen zweites I/O, um die Daten zu lesen. Wenn Sie einen IOT verwenden, können Sie ein OVERFLOW-Segment definieren. Dort hinein kommen die Daten, die nicht mehr in den Indexblock passen. Prinzipiell haben Sie zwei Möglichkeiten: Entweder geben Sie die Spalten an, die mit in den Index sollen, oder Sie bestimmen einen Prozentsatz für den Füllgrad. Wenn dieser Prozentsatz im Block überschritten wird, wird der Rest des Datensatzes im OVERFLOW-Segment gespeichert. Im folgenden Beispiel werden Postleitzahl und Ort im Indexblock gespeichert:

```
CREATE TABLE plz_ort(
    plz varchar(10),
    ort varchar2(100),
    bundesland varchar2(100),
    staat (varchar2(100)
    CONSTRAINT pk_plz_ort_index PRIMARY KEY (plz))
  ORGANIZATION INDEX
  TABLESPACE data_1
  INCLUDING ort
  OVERFLOW TABLESPACE data_2;
```

Der Primärschlüssel besteht hier in der Postleitzahl. Dieser wird zusammen mit dem Indexwert und allen Spalten bis zu derjenigen, die in INCLUDING angegeben ist, im Indexblock abgespeichert. Hier ist es nur die ort-Spalte. INCLUDING sollten Sie verwenden, wenn auf diese Spalten sowieso immer gleichzeitig zugegriffen wird. Zwar wird damit ein sehr breiter Indexeintrag erzeugt, aber man kann den IOT dann ja ab Oracle 9*i* in Tablespaces mit 16 KB oder 32 KB Blockgröße packen. In das OVERFLOW-Segment werden dann die übrigen Spalten gepackt. Beim Zugriff auf diese Spalten wird dann also zusätzlich I/O notwendig: Zuerst greift Oracle auf die Daten im Indexblock zu, dann auf die Daten im OVERFLOW-Segment. Eine Alternative zur INCLUDING-Klausel bildet PCTTHRESHOLD. Damit geben Sie einen Prozentsatz an, der sich auf die Größe des Blocks bezieht. Nehmen wir mal an, Sie definieren dort 5 und die Blockgröße beträgt 8 KB. Dann wird jeder Datensatz, der über rund 400 Byte ist, teilweise im OVERFLOW-Segment gespeichert.

Die Deklaration über die PCTTHRESHOLD-Klausel ist nicht so schön wie die Deklaration über die INCLUDING-Klausel, ist es hier doch nicht von vornherein klar, welche Spalten im Indexblock sind und welche nicht. Die Angabe des OVERFLOW-Segments ist optional. Wenn Sie eine neue Zeile einfügen, kein OVERFLOW-Segment definiert ist, und die Zeile zu groß für den aktuellen Block ist, passiert das Gleiche wie bei jedem anderen Index: der Block wird in zwei Blöcke aufgeteilt. Die neue Zeile kann in diesem Fall aber nicht größer als der Block sein, das wird bereits beim Anlegen der IOT sicher gestellt. Bereits beim CREATE TABLE prüft Oracle jede Spaltenlänge und errechnet so die maximale Größe einer Zeile. Ist dieses Maximum größer als der Block, gibt es einen Fehler, wenn Sie kein OVERFLOW-Segment angegeben haben. Damit wird garantiert, dass nachfolgende DML-Operationen nicht mangels OVERFLOW-Segment fehlschlagen können.

IOTs können wiederum indiziert werden, das nennt sich Secondary Index. Der Secondary Index darf in 8*i* kein Bitmap-Index sein, diese Restriktion existiert ab Oracle 9*i* nicht mehr. Mit dem Secondary Index können die Spalten, die nicht im Indexblock sind, indiziert werden. Solch ein Index ist ein wenig ineffizienter als ein regulärer B*-Baum-Index, weil er einen zusätzlichen Scan erfordert. Das kommt daher, dass ein Secondary Index nicht die physikalische ROWID enthält. Ein Datensatz in einem IOT kann sich bewegen und wird über eine logische ROWID adressiert. Praktisch sollte das für Sie aber nicht relevant sein. In Oracle 10*g* werden Spalten in einem Secondary Index, die bereits im IOT existieren, eliminiert.

Falls eine ORDER BY-Klausel nur den Primärschlüssel bzw. die erste(n) Spalte(n) des Primärschlüssels verwendet, muss bei einem IOT nicht mehr sortiert werden, die Ergebniszeilen werden sortiert zurückgegeben.

IOTs erzwingen eine bestimmte Ordnung in den Daten. Das macht sie ungeeignet für OLTP-Anwendungen mit vielen modifizierenden Zugriffen. Wo sie aber sehr gut geeignet sind, ist für Tabellen, die einmal oder auch periodisch immer wieder als Ganzes geladen werden. Wenn sie dann nur noch selten modifiziert werden, wird der Zugriff auf die IOTs nicht langsamer. Bei den Einstellungen spielen FREELISTS und PCTFREE keine große Rolle und PCTUSED überhaupt nicht. Beim OVERFLOW-Segment allerdings sollten Sie PCTFREE und PCTUSED wie bei ganz normalen Tabellen einrichten. Verwenden Sie hier wie überall Locally Managed Tablespaces, dann müssen Sie sich eigentlich nur noch um eine gute Einstellung für PCTFREE kümmern. IOTs können partitioniert werden. Gerade bei IOTs ist die COMPRESS-Option interessant, da es sich dort oft um Tabellen mit sich wiederholenden Typen handelt.

Nehmen wir mal an, wir entwickeln eine Tabelle mit Daten für den KFZ-Handel. Als Primärschlüssel dient uns dabei die Kombination aus Fahrzeugtyp, Hersteller, Modell und Baujahr. Beim Typ erwarten wir nur wenige unterschiedliche Werte wie PKW, Motorrad, Kleinlaster und so weiter und so fort. Beim Hersteller wird es auch oft die gleichen Werte geben, wie beim Modell. Diese drei Spalten ließen sich also prima komprimieren. Das ist gleichzeitig auch ein gutes Beispiel für die Art von Daten, für die IOTs gut geeignet sind, da hier die Daten nur nachgeführt werden müssen, wenn die Hersteller mit neuen Fahrzeugen kommen. Die meisten Zugriffe aber erfolgen lesend und nicht modifizierend.

Der typische Einsatzort für IOTs sind Daten, die starken Mengenschwankungen unterliegen wie zum Beispiel Streaming-Daten. Wenn Sie also ein Tabelle haben, die morgens leer ist, dann im Laufe des Tages mit 10 GB gefüllt und weiterverarbeitet wird und am Ende des Tages werden dann wieder 99% der Tagesdaten gelöscht, haben Sie einen typischen Kandidaten für eine IOT.

1.2.3 Sequenzen

Eine Sequenz in Oracle ist nichts anderes als ein Zahlengenerator. Den braucht man vor allem, um sehr schnell Schlüsselwerte für Indizes (inklusive Primär- und Fremdschlüssel) zu erzeugen. Erzeugt wird eine Sequenz mit der Anweisung CREATE SEQUENCE. Dann kann man mit SELECT <Sequence Name>.CURRVAL auf den aktuellen Wert der Sequence zugreifen und mit SELECT <Sequence Name>.NEXTVAl auf den nächsten Wert der Sequence. Ein Beispiel:

```
SQL> create sequence my_sequence;
Sequenz wurde angelegt.

SQL> desc user_sequences;
 Name                                      Null?    Typ
 ----------------------------------------- -------- ---------------------
 SEQUENCE_NAME                             NOT NULL VARCHAR2(30)
 MIN_VALUE                                          NUMBER
 MAX_VALUE                                          NUMBER
 INCREMENT_BY                              NOT NULL NUMBER
 CYCLE_FLAG                                         VARCHAR2(1)
 ORDER_FLAG                                         VARCHAR2(1)
 CACHE_SIZE                                NOT NULL NUMBER
 LAST_NUMBER                               NOT NULL NUMBER

SQL> select * from user_sequences where sequence_name = 'MY_SEQUENCE';


SEQUENCE_NAME MIN_VALUE MAX_VALUE INCREMENT_BY C O CACHE_SIZE LAST_NUMBER
-----------   --------- --------- ------------ - - ---------- -----------
MY_SEQUENCE   1         1,0000E+27           1 N N    20       1
```

Die Beispielsequenz startet also mit 1 (MIN_VALUE), wird immer um 1 erhöht (INCREMENT_BY) und hat kein Maximum (das ist die Bedeutung des 1,0000E+27).

Unter dem Aspekt der Performance ist die Größe des Cache wichtig, per Default ist hier 20 eingestellt.

Das bedeutet, Oracle hat immer 20 Sequenzwerte in der SGA und damit im Hauptspeicher. Die Applikation braucht damit für diese Werte nicht auf die Disk zuzugreifen, was natürlich wesentlich schneller ist. Das lässt sich natürlich alles übersteuern oder auch später ändern.

Der Nachteil bei der Geschichte ist, dass man Nummern verlieren kann. Falls beispielsweise die Datenbank mit einem SHUTDOWN ABORT heruntergefahren wird, verlieren Sie die aktuellen Nummern aus dem Cache. Wobei Oracle 10*g* das ein wenig entschärft hat mit der Möglichkeit, Sequenzen über DBMS_SHARED_POOL.KEEP im Cache zu pinnen.

Apropos Sequenzen: Passen Sie auf, falls Sie die SEQUENCE()-Funktion im SQL*Loader verwenden. Das ist nicht dasselbe, wie wenn Sie eine echte Sequence verwenden (zumindest in manchen 8*i*-Versionen), und ist auch aus der Dokumentation nicht ersichtlich. Beim Loader gibt es eine SEQUENCE-Funktion. Es gibt SEQUENCE(COUNT), das bedeutet aber nicht, dass eine Sequenz angelegt und CURRVAL selektiert wird. Stattdessen wird ein SELECT COUNT(*) ausgeführt. Es gibt auch ein SEQUENCE(MAX), dann wird ein SELECT MAX() ausgeführt. Katastrophal für die Performance, das führt zu Full Table Scans für jedes einzelne Insert. Viel effizienter ist es hier, wenn Sie vorher eine Sequenz anlegen und dann diese Sequenz im Loader Controlfile verwenden.

Falls Sie Oracle Parallel Server oder RAC verwenden, stellen Sequenzen ein echtes Problem dar, dort dürfen Sie nicht gecached sein, wenn Sie Eindeutigkeit garantieren wollen. Das Problem hier kann umgangen werden, indem man dann verschiedene Sequenzen mit sich nicht überschneidenden Nummernkreisen anlegt.

1.2.4 Einsatz von Indizes und Sequenzen

Indizes sind ein wichtiges Optimierungsinstrument in jeder Datenbank. Beherzigen Sie bei Ihrer Verwendung die folgenden Regeln:

- Jede Tabelle benötigt zumindest einen Index für den Primärschlüssel. Das gilt ohne Ausnahme.
- Fremdschlüssel müssen ebenfalls indiziert werden, um Full Table Scans bei Modifikationen zu vermeiden.
- Für die Erzeugung von Indexwerten sind Sequenzen sehr gut geeignet.
- Definieren Sie so viele Indizes, wie Sie brauchen, aber nicht mehr als notwendig. Bedenken Sie, dass der schreibende Zugriff auf die Tabelle mit jedem zusätzlichen Index langsamer wird. Viele Entwickler glauben, sie brauchen nur einen zusätzlichen Index anzulegen, wenn eine bestimmte Abfrage zu langsam ist, und bedenken dabei nicht, dass die Pflege des Index sich negativ auf die Performance auswirkt.
- Für jeden Index brauchen Sie ungefähr dreimal soviel Ressourcen wie für die eigentliche DML-Operation. Das heißt, nur durch einen einzigen Index wird der schreibende Zugriff dreimal langsamer als ohne. Wenn Sie also eine Tabelle mit fünf Indizes haben, ist der schreibende Zugriff 15-mal langsamer als ohne diese Indizes!
- Falls Sie mehrere Felder indizieren müssen, überlegen Sie, ob ein zusammengesetzter Index verwendet werden kann. Ab Oracle 9*i* kann Index Skip Scan verwendet werden, davor müssen Sie gegebenenfalls mehrere Indizes für nicht-führende Spalten zusätzlich anlegen.
- Verwenden Sie den richtigen Indextyp. Neben B*-Baum-Indizes stehen auch Bitmap-Indizes, Bitmap Join-Indizes (ab 9.2) und funktionsbasierte Indizes zur Verfügung.
- Bitmap-Indizes sollten dann verwendet werden, wenn es wenige unterschiedliche Werte in einer Spalte gibt. Wenig ist hierbei relativ und immer im Zusammenhang mit der Anzahl der Zeilen in der Tabelle zu sehen. Hat eine Tabelle zum Beispiel 100 Millionen Sätze mit 1000 unterschiedlichen Sätzen, ergibt ein Bitmap-Index Sinn.
- Falls Felder, die über einen Bitmap-Index indiziert sind, immer zusammen abgefragt werden, können Sie ab Oracle 9.2 auch einen Bitmap Join-Index definieren. Dies ist ein Bitmap-Index mit Spalten aus mehreren Tabellen.
- Sowohl Bitmap-Indizes als auch funktionsbasierte Indizes sind beides Features, die den Costbased Optimizer voraussetzen. Sie sollten also unbedingt Statistiken erstellen, wenn Sie diese Indextypen verwenden.
- Benötigen Sie sehr viele Indizes auf einer Tabelle, verwenden Sie am besten gleich eine Index-organisierte Tabelle.
- Wird eine IOT immer vollständig geladen, können Sie so viel Daten wie möglich in den Index-Block packen. Wird der IOT häufiger modifiziert, müssen Sie die richtige Größe für das OVERFLOW-Segment finden.
- IOTs können wieder indiziert werden.

- Große Indizes und IOTs sollen und können partitioniert werden.
- Indizes auf partitionierten Tabellen sollten, wenn möglich, immer auch gleich wie die Tabelle partitioniert werden. Das vereinfacht Administration und Wartung. Globale Indizes sollten vermieden werden. In Oracle 10*g* sind globale Indizes attraktiver, weil dort nicht gleich der ganze Index unbrauchbar wird durch eine Partitionierungsoperation, sondern nur die betroffenen Partitionen.
- In Oracle 10*g* können globale Indizes auch nach Hashwerten partitioniert werden.

1.3 Statistiken

Ganz egal, was Sie machen, Sie brauchen Statistiken. Eine Oracle-Datenbank ist ja von Natur aus dynamisch, und das trifft auch oft auf den Zugriff auf die Datenbank über SQL zu. SQL ist die Sprache, mit der Sie Oracle sagen, was Sie wollen. Im SQL sagen Sie nur, was Sie wollen. Wie es Oracle machen soll, Ihnen das Ergebnis zu liefern, ist Ihnen dabei erst mal egal. Wenn Sie also eine Anweisung wie SELECT * FROM EMP absetzen, dann wird Oracle erst mal herausfinden müssen, wie es am besten zum Ergebnis kommen kann. Das macht der so genannte Optimizer. Der Optimizer arbeitet mit verschiedenen Statistiken wie zum Beispiel, wie viele Zeilen in der Tabelle sind und wie viel Platz die einzelne Zeile belegt. Anhand dieser Statistiken generiert Oracle dann einen Ausführungsplan für Ihr SQL, und erst dann wird es ausgeführt. Ohne diese Statistiken kann der Optimizer keine vernünftigen Ausführungspläne erzeugen. Deshalb ist es vital, dass diese Statistiken erzeugt werden. In Oracle 10*g* ist das kein Thema mehr, dort führt Oracle – sofern niemand die Voreinstellungen für die beiden Parameter STATISTICS_LEVEL und OPTIMIZER_DYNAMIC_SAMPLING geändert hat – die Statistiken automatisch über die GATHER_STATS_JOB-Prozedur nächtlich nach und generiert sie, falls sie noch nicht existieren.

In Versionen vor Oracle 10*g* müssen Sie die Statistiken selbst erzeugen. Dazu dienen das ANALYZE-Kommando und die Prozeduren im Package DBMS_STATS. Verwenden Sie DBMS_STATS, ANALYZE wird nicht mehr weiterentwickelt. So müssen Sie zum Beispiel für List-Partitionen DBMS_STATS verwenden, um korrekte Statistiken zu bekommen. Ob eine Tabelle oder ein Index Statistiken hat, können Sie im Data Dictionary in den Views DBA_TABLES/ALL_TABLES/USER_TABLES überprüfen. Dort gibt es die Spalten NUM_ROWS und LAST_ANALYZED. Wenn dort keine Werte zu sehen sind, fehlen die Statistiken. In diesem Fall wird Oracle zwar auch einen Ausführungsplan erzeugen, aber der ist zumeist suboptimal.

Neu hinzu in Version 9*i* kamen auch die sogenannten Systemstatistiken, die mit Version 10*g* noch einmal ausgebaut wurden. Hierbei werden auch die Werte für den Zugriff über Disk beziehungsweise die CPU ermittelt und in der Tabelle SYS.AUX_STATS$ abgelegt. Systemstatistiken werden mit der Prozedur GATHER_SYSTEM_STATS gesammelt.

Es sei noch erwähnt, dass Sie Statistiken auch setzen und in eigenen Statistiktabellen verwalten können. Da spricht überhaupt nichts dagegen. Je mehr Informationen Sie dem Optimizer geben können, desto besser. Der Optimizer ist nur so gut wie die Informationen, die er hat. Oft sind so genannte Oracle Bugs, in denen der Optimizer nicht das macht, was man erwartet, einfach Situationen, in denen der Entwickler oder Anwender mehr weiß als der Optimizer und annimmt, der Optimizer „müsste" das dann doch auch wissen.

1.4 Der Zugriff auf Oracle

Für den Zugriff auf Oracle können verschiedene Programmiersprachen verwendet werden. An erster Stelle steht hier SQL. SQL hat den Vorteil, dass es vom ANSI-Institut normiert ist. Falls Sie ANSI SQL schreiben, können Sie Ihre Applikation also ganz leicht von Datenbank A nach Datenbank B übertragen, zumindest in der Theorie, praktisch sieht's dann doch anders aus. In der Praxis müssen Sie immer die Feinheiten der jeweiligen Implementierung beachten. Es ist nicht normiert, wie etwas zu implementieren ist!

SQL ist großartig für Ad-hoc-Auswertungen, da es relativ einfach zu lernen ist. Sie können SQL als eine Art Pidgin-Englisch betrachten. Allerdings ist SQL eingeschränkt, es ist keine prozedurale Sprache, wie man sie aus der konventionellen Programmierung kennt. In SQL sagen Sie nur, was Sie wollen, aber nicht, wie. Wichtige Kontrollkonstrukte wie Schleifen oder IF-THEN-ELSE-Anweisungen sind in SQL nicht so ohne weiteres möglich.

Deshalb gibt es PL/SQL, das ist Oracles prozedurale Erweiterung zum SQL. Dort ist das dann alles möglich. PL/SQL ist meiner Meinung nach die Sprache der Wahl für Programmierung nahe an der Datenbank. Sie können seit Oracle 8*i* auch Java in der Datenbank verwenden, allerdings ist dort die Anbindung an die Datenbank nicht so gut gelöst wie im PL/SQL. Andererseits ist Java besser für die Präsentation geeignet, und graphische Programmierung ist dort kein Thema. Numerische Anwendungen lassen sich mit Java auch besser realisieren, und die Integration mit dem Betriebssystem ist vorhanden, die ist in PL/SQL ziemlich dürftig.

Daneben existiert auch C als Programmiersprache. Oracle ist in C geschrieben. Für C-Programmierer stellt Oracle eine umfangreiche Bibliothek von Funktionen zur Verfügung. Das Ganze wird dann OCI genannt und steht für Oracle Call Interface. OCI hat den Vorteil, dass Sie dort wirklich alles machen können. Wenn Sie die maximale Kontrolle brauchen, sollten Sie OCI verwenden. Allerdings muss dann ein sauberer Programmierstil eingehalten werden, sonst wird die Wartung der OCI-Programme zum Albtraum.

Portabilität ist mit OCI-Programmen natürlich auch nicht so einfach gegeben wie mit einem PL/SQL-Programm. Dem PL/SQL-Programm ist es egal, ob es unter Windows oder unter Unix läuft. Beim C-Programm dagegen müssen Sie jeweils eine eigene Version linken. Daneben bin ich noch ein großer Fan der Precompiler. Wenn Sie einen Precompiler verwenden, haben Sie alle Möglichkeiten ihrer Programmiersprache (C, COBOL oder Fortran sind möglich), gleichzeitig haben Sie die Einfachheit von SQL. Idealerweise verwenden Sie den Pro*C-Precompiler. Dann schreiben Sie ein ganz normales C-Programm, aber für die ganzen Datenbankzugriffe betten Sie den SQL-Code, PL/SQL ist auch möglich, direkt ins Programm über EXEC SQL-Anweisungen ein. Wenn Sie das Programm dann durch den Precompiler jagen, wandelt der diese Anweisungen in C-Aufrufe um. Ein Pro*C-Programm kann somit wesentlich besser gewartet werden als ein reines OCI-Programm. Der Precompiler ist aber kein Ersatz für OCI, da er andere Routinen verwendet. Allerdings können Sie auch OCI und Pro*C im gleichen Programm mischen, das funktioniert prima.

In der Java-Welt gibt es auch eine Art Precompiler, das nennt sich dort allerdings SQLJ bzw. Jpublisher ab Oracle 10 und kann nur für statische Abfragen verwendet werden. SQLJ/ Jpublisher ist relativ unbekannt, JDBC dagegen kennt jeder Java-Programmierer. In JDBC-Programme können sowohl statische wie auch dynamische SQL-Anweisungen eingebettet werden. Falls Sie JDBC verwenden, sollten Sie unbedingt beim Start Ihres Programms das voreingestellte AUTOCOMMIT über setAutoCommit(false) ausschalten. Tun Sie das nicht, wird jede einzelne SQL-Anweisung mit einem COMMIT abgeschlossen; das muss nicht sein.

Egal, welches Betriebssystem Sie fahren und welche Oracle-Version Sie verwenden, das Maximum an Geschwindigkeit wird immer noch durch den Code bestimmt, der in der Applikation verwendet wird. Spektakuläre Erfolge wie das Verkürzen der Laufzeit einer Verarbeitung von ursprünglich 9 Stunden auf 2 Minuten erreichen Sie nur durch das Tuning der applikatorischen SQL-Anweisungen. Weit über 80% der Performance wird durch den applikatorischen Code bestimmt.

1.4.1 SQL*Net

Wiewohl reine Client/Server-Anwendungen heute immer mehr durch Applikationen, die auf Web-Servern basieren, abgelöst werden, hat SQL*Net nach wie vor sein Einsatzgebiet, insbesondere in der direkten Kommunikation zwischen Datenbanken. Beim Tuning von SQL*Net gibt es nicht sehr viele Möglichkeiten, allerdings können sich diese äußerst markant auf die Geschwindigkeit auswirken. Deshalb sollten Sie immer auf diesen Punkt achten. Eine Geschwindigkeitsverdoppelung oder -verdreifachung kann hier mit einfachsten Mitteln möglich sein.

Ganz allgemein gesprochen existieren zwei Möglichkeiten für den Zugriff auf Oracle: Sie können auf dem gleichen Rechner arbeiten, auf dem die Oracle-Datenbank läuft, das ist dann ein lokaler Zugriff, oder über das Netzwerk auf Oracle zugreifen, dann spricht man von Remote-Zugriff. Für die Performance ist dieser Unterschied extrem wichtig. So kann derselbe Zugriff lokal 1 Sekunde dauern, remote aber 5 Sekunden. Dabei wird die Unterscheidung, ob Sie lokal oder remote arbeiten, über Umgebungsvariable gefällt. Diese stehen unter Unix meistens im .profile oder .login, zuweilen auch im .kshrc oder .bashrc im HOME-Verzeichnis des Benutzers. Auf dem PC finden Sie diese Variablen in der Registry in den verschiedenen HOME-Unterverzeichnissen unter HKEY_LOCAL_MACHINE\SOFTWARE\ORACLE. In Batchdateien auf dem PC, die Sie also als .bat-Datei in einer DOS-Shell ausführen, können Sie auch direkt gesetzt sein. Es handelt sich hier im Wesentlichen um zwei Variabeln, die bestimmen, ob lokal oder remote zugegriffen wird.

Die eine Variable nennt sich ORACLE_SID. ORACLE_SID steht für Oracle System Identifier. ORACLE_SID wird beim lokalen Zugriff benutzt. Salopp gesagt, steht ORACLE_SID für den Namen der Datenbank.

Dass es diese Variable gibt, hat vor allem historische Gründe. Anfang der 90er Jahre war die Technik noch nicht so weit fortgeschritten, dass es einfach möglich gewesen wäre, verschiedene Datenbanken, die auf dem gleichen Rechner laufen, einfach voneinander zu differenzieren. Deshalb wurde diese Variable entwickelt, die es erlaubt, über die Umgebung Datenbanken voneinander zu unterscheiden, und das unabhängig vom jeweiligen Namen der Datenbank. Es hindert Sie niemand, ORACLE_SID auf einen anderen Wert als den Namen der Datenbank zu setzen. Da dies aber leicht zu Verwirrung führt, empfehle ich es nicht. Setzen Sie ORACLE_SID und den Datenbanknamen immer gleich, das ist am einfachsten.

Die zweite Variable hier ist TWO_TASK. Sie wird für den Remote-Zugriff benötigt und steht für ein SQL*Net-Alias. Ein SQL*Net-Alias ist einfach ein Name, den Sie vergeben, der für eine bestimmte Datenbank auf einem bestimmten Rechner steht. Diese Namen werden in den meisten Fällen in der Datei tnsnames.ora festgelegt. Statt die Alias in einer Datei festzulegen, kann aber auch ein ausgewiesener Dienst verwendet werden: Das ist dann entweder Oracle Names (aber nur bis Oracle 9.2, Oracle Names ist in Version 10*g* abgekündigt) oder Oracle Internet Directory, das ist dann ein LDAP-Server. Neben der Datei tnsnames.ora existieren noch andere Konfigurationsdateien wie zum Beispiel die Datei listener.ora, die den SQL*Net Listener konfiguriert. Diese Dateien finden Sie unter Unix in dem Verzeichnis, auf das die Umgebungsvariable TNS_ADMIN zeigt. Voreingestellt ist network\admin unter dem ORACLE_HOME-Verzeichnis. Wiewohl es sich empfiehlt, die Voreinstellung wann immer möglich beizubehalten, spricht nichts dagegen auch benutzer- oder besser noch applikationsspezifische Konfigurationsverzeichnisse zu verwenden. Damit können dann leicht individuelle Einstellungen realisiert werden.

Der Name für das SQL*Net-Alias kann natürlich auch der gleiche Name sein, den Sie auch in ORACLE_SID verwenden. Im SQL*Net-Alias wird auch noch angegeben, über welches Protokoll auf diese Datenbank zugegriffen werden soll, zum Beispiel TCP/IP. Das SQL*Net-Alias kann direkt beim Verbindungsaufbau angegeben werden. Das kann direkt bei der Angabe von Benutzer und Passwort geschehen oder auch im CONNECT-Befehl.

Wenn ich in SQL*Plus den Befehl CONNECT SCOTT/TIGER@A angebe, wird mich Oracle als Benutzer SCOTT mit dem Passwort TIGER auf die Datenbank A verbinden. Ist kein SQL*Net-Alias für A definiert, wird es einen Fehler geben. Das SQL*Net-Alias wird auch in Datenbank-Links verwendet. Sie legen einen Datenbank-Link mit dem Befehl CREATE DATABASE LINK an. Sie können neben dem Namen des Datenbank-Links auch noch Benutzer und Passwort angeben. In der USING-Klausel des Befehls spezifizieren Sie dann das SQL*Net-Alias, das verwendet werden soll. Der Befehl: CREATE DATABASE LINK A USING 'A' definiert also einen Datenbank-Link A, der das gleichnamige SQL*Net-Alias verwendet. Den Datenbank-Link verwenden Sie dann in der FROM-Klausel Ihrer SQL-Anweisung. Die SQL-Anweisung: SELECT * FROM DUAL@A holt also alle Daten aus der Tabelle DUAL aus derjenigen Datenbank, die über den Datenbank-Link A angesprochen wird.

Zurück zur TWO_TASK-Variable. Ist diese gesetzt, wird die Verbindung über das SQL*Net-Alias aufgebaut. Der Befehl: sqlplus scott/tiger wird dann also automatisch als: sqlplus scott/tiger@A interpretiert, und die Verbindung zur Datenbank wird über SQL*Net aufgebaut. Dabei ist es unerheblich, ob sich die Datenbank wirklich auf einem anderen Rechner oder auch auf der gleichen Maschine befindet. Ist das SQL*Net-Alias definiert, wird die Verbindung darüber aufgebaut.

Sind sowohl TWO_TASK als auch ORACLE_SID gesetzt, hat TWO_TASK Vorrang. Nehmen wir mal an, Sie sind auf dem Rechner, auf dem die Datenbank A definiert ist, angemeldet. Die Datenbank heißt also A, und dann gibt's noch ein SQL*Net-Alias, das auch A heißt. Je nachdem, wie die Umgebung aufgebaut wurde, kann es das schnell geben, und es ergibt ja auch Sinn. Warum soll man die Datenbank anders nennen, nur weil man im einen Fall lokal und im andern Fall über das Netzwerk auf sie zugreift? Ist ja in beiden Fällen immer noch die gleiche Datenbank. Nur mit dem kleinen, aber feinen Unterschied, dass die Verbindung sehr schnell ist, wenn Sie lokal arbeiten, aber sehr langsam, wenn der Zugriff über das Netzwerk erfolgt. Noch einmal zur Betonung: Es ist hierbei vollkommen unerheblich, ob die Datenbank lokal auch existiert oder nicht. Sobald ein SQL*Net-Alias verwendet wird, erfolgt die Verbindung immer über SQL*Net. Achten Sie darauf vor allem bei Stapelverarbeitungen.

Jetzt kann es manchmal notwendig sein, dass Sie ein SQL*Net-Alias verwenden müssen, aber Applikation und Datenbank sind nach wie vor auf dem gleichen Rechner. Das kann zum Beispiel ein Webserver sein, der dies für den Zugriff auf die Datenbank verlangt. O-der Sie haben mehrere Datenbanken auf dem gleichen Rechner und möchten diese über Datenbank-Links miteinander verbinden. Unter diesen Voraussetzungen können Sie dann ein „schnelles" SQL*Net-Alias anlegen, das seinerseits IPC oder das Bequeath Protokoll verwendet. IPC funktioniert nur auf Unix und auch mit MTS/Shared Server, Bequeath erfordert immer eine dedicated-Verbindung. Wenn Sie diese Protokolle verwenden, gehen Sie nicht über ein Netzwerkprotokoll, sondern greifen direkt auf den Hauptspeicherbereich zu, in dem die andere Datenbank residiert. Das funktioniert aber selbstredend nur, wenn die andere Datenbank auf dem gleichen Rechner ist. Hier ein Beispiel für ein IPC-Alias:

```
my_alias =
  (DESCRIPTION=
   (ADDRESS=
     (PROTOCOL=IPC)
     (KEY=A)
   )
   (CONNECT_DATA=
     (SID=A)
   )
  )
```

Im vorigen Beispiel wird als Name für das SQL*Net-Alias my_alias verwendet. Der KEY-Wert muss dem IPC-Wert in der Datei listener.ora entsprechen. In dieser Datei wird immer ein KEY-Wert definiert, den übernehmen Sie also von dort. SID in der CONNECT_DATA Sektion ist natürlich ORACLE_SID.

Jetzt ein Beispiel für ein Bequeath Alias. Im Unterschied zu IPC kann dies zum Beispiel auch auf PCs oder OpenVMS verwendet werden. Bequeath erfordert aber immer eine Verbindung über Dedicated Server. Im folgenden mal ein Beispiel von meinem PC:

```
my_alias =
 (DESCRIPTION =
  (ADDRESS_LIST =
  (ADDRESS =
   (PROTOCOL = BEQ)
   (PROGRAM = oracle)
   (ARGV0 = oracleORCL)
   (ARGS = '(DESCRIPTION=(LOCAL=YES)(ADDRESS=(PROTOCOL=beq)))')
  )
  )
  (CONNECT_DATA =
 (SID = ORCL)
 (SERVER = DEDICATED))
```

Hier muss im Unterschied zu IPC einiges mehr angegeben werden: PROGRAM identifiziert das Oracle Executable, das heißt einfach oracle unter Unix, und hier auch beim PC (in Version 9.2, in der 8*i* hieß das Executable oracle8). Unter ARGV0 geben Sie den Namen des Oracle Executable zusammen mit dem Wert von ORACLE_SID an, der auch unter SID angegeben ist. Wichtig ist dann die ARGS-Zeile, die festlegt, dass die Verbindung lokal über Bequeath erfolgt. Diese Zeile ermöglicht uns dann auch speziell unter Unix, über das Betriebssystem zu ermitteln, ob eine Verbindung lokal erfolgte oder nicht. Der folgende Check gibt alle lokalen Verbindungen aus:

```
ps -ef | grep oracle$ORACLE_SID | grep LOCAL
```

Anschließend noch die Erfassung aller Verbindungen, die über das Netzwerk kommen:

```
ps -ef | grep oracle$ORACLE_SID | grep -v LOCAL
```

Der Eintrag: (SERVER=DEDICATED) ist optional, eigentlich brauchen Sie ihn nicht. Falls Sie allerdings in der Datenbank den gleichen Servicenamen für MTS/Shared Server konfiguriert haben, brauchen Sie ihn doch. Bequeath funktioniert ja nur über Dedicated Server.

Für das Tuning des Netzwerkprotokolls beschränken wir uns hier auf TCP/IP. TCP/IP ist das Protokoll der Wahl und wird in den allermeisten Fällen verwendet. TCP/IP verwendet für die Nachrichtenübermittlung so genannte Pakete, die per Voreinstellung auf 2048 Byte eingestellt sind. Das bedeutet also: Wenn ich den Befehl: SELECT * FROM DBA_OBJECTS über das Netzwerk absetze, wird mein Befehl sicher in einem Paket an die Datenbank geschickt.

Ich möchte alle Daten aus DBA_OBJECTS, und da die Tabelle sehr groß ist, werden es mehr als 2048 Byte sein. Oracle wird also die Ergebnismenge in Pakete zu 2048 Byte unterteilen und mir diese Pakete senden. TCP/IP erfordert, dass die Sendungen bestätigt werden. Oracle wird also das erste Paket schicken, und mein Client-Programm wird an den Server zurückschicken, dass es alles erhalten hat, Oracle schickt das zweite Paket, der Client bestätigt wieder den Empfang zurück, und so geht das weiter. Es ist offensichtlich, dass es vorteilhafter wäre, wenn man größere Pakete schicken könnte. Das kann man auch, das lässt sich einstellen. Damit es gut funktioniert, müssen allerdings auch die entsprechenden Einstellungen im TCP/IP auf Netzwerkebene gemacht werden. Es nützt Ihnen nichts, wenn Sie dies im Oracle konfigurieren und das darunter liegende Netzwerk dann doch wieder kleinere Pakete verwendet. Allerdings sind heutzutage oft auch größere Werte als 2048 eingestellt, probieren schadet also nichts. Im Oracle konfigurieren Sie diese Größe in der so genannten Session Data Unit (SDU). Es ist wichtig, dass dieser Parameter auf der Client-Seite ebenso wie auf der Datenbankseite gesetzt ist. Auf der Client-Seite legen Sie dies im SQL*Net-Alias, also im Regelfall in der tnsnames.ora, fest. Sie geben die Größe in Byte in der DESCRIPTION an Hier ein Beispiel:

```
V92.world=
  (DESCRIPTION=
    (SDU=8192)
     (ADDRESS=(PROTOCOL=tcp)(HOST=fhaas_ch)(PORT=1521))
    (CONNECT_DATA=
     (SERVICE_NAME=V92))
  )
```

Auf der Datenbankseite legen Sie dies im SID_LIST_ Parameter in der listener.ora fest. Auch hier wieder ein Beispiel:

```
SID_LIST_listener=
    (SID_LIST=
     (SID_DESC=
      (SDU=8192)
              (SID_NAME=V92)))
```

Falls Sie dynamische Registrierung verwenden, also ohne listener.ora auskommen, können Sie SDU allerdings nicht anpassen. Dynamische Registrierung ist allerdings auch etwas, das man meiner Meinung nach nicht braucht. Ich bevorzuge explizite Kontrolle über den SQL*Net Listener.

Falls Sie MTS/Shared Server verwenden, müssen Sie die SDU-Größe im DISPATCHERS Parameter festlegen. Auch hier wieder ein Beispiel, diesmal für Version 10*g*:

```
DISPATCHERS="(DESCRIPTION=(ADDRESS=(PROTOCOL=tcp))(SDU=8192))"
```

In Oracle 10*g* können Sie SDU wie oben gezeigt konfigurieren oder eine Voreinstellung für die SDU-Größe vornehmen. Dazu müssen Sie DEFAULT_SDU_SIZE auf Client- und Serverseite in der Datei sqlnet.ora setzen. Das sieht dann einfach so aus:

```
DEFAULT_SDU_SIZE = 8192
```

In Oracle 10*g* sind die Voreinstellungen auch anders: Dort gilt bereits 8 KB für Verbindungen über Dedicated Server und 32 KB für Verbindungen über Shared Server. Wichtig ist hier wieder, dass Client und Server den gleichen Wert in ihrer jeweiligen sqlnet.ora verwenden.

Oracle 10*g* hat darüber hinaus noch die Möglichkeit eingeführt, die Puffergrößen beim Senden/Empfangen zu definieren. Das ist möglich für TCP/IP, TCP/IP über SSL und SDP. Alle diese Protokolle verwenden Puffer, in denen sie Daten zwischenspeichern, während Sie Daten an über- oder untergeordnete Schichten im Netzwerkprotokoll senden oder empfangen. Sie können zwei Größen festlegen, zum einen die Größe des Puffers beim Senden, das ist der SEND_BUF_SIZE-Parameter, zum andern die Größe des Puffers beim Empfangen, das ist der RECV_BUF_SIZE-Parameter. Bei der SDU wurde die Verbindung für ein spezifisches SQL*Net-Alias festgelegt. Im Unterschied hierzu sollten die Puffer fürs Senden und Empfangen groß genug sein, um alle Verbindungen, die zur gleichen Zeit aktiv sind, zu befriedigen. Ein guter Wert lässt sich hier berechnen. Verwenden Sie dazu die folgende Formel aus dem Oracle Net Services Reference Guide 10*g* Release, Kapitel 14 (Optimizing Performance):

```
<Bandbreits in bits>    1 byte <Roundtrip Zeit>
--------------------- x ------ x ------------ = Puffergröße in Bytes
1 Sekunde                8 bits    1000
```

Die Roundtrip-Zeit ermitteln Sie am einfachsten über das ping-Kommando, für die Bandbreite fragen Sie den Netzwerkadministrator beziehungsweise werfen Sie einmal einen genauen Blick auf das Netzwerkkabel. Wichtig ist hier auch wieder, dass RECV_BUF_SIZE auf der Client-Seite mit SEND_BUF_SIZE auf der Datenbankseite korrespondiert. Auf der Client-Seite können Sie den Parameter entweder in der tnsnames.ora unter ADDRESS beziehungsweise ADDRESS_LIST auch in der sqlnet.ora angeben. Hier wieder ein Beispiel:

```
V10.world=
  (DESCRIPTION=
(SDU=8192)
 (ADDRESS=
(PROTOCOL=tcp)
(HOST=fhaas_ch)
(PORT=50000)
(RECV_BUF_SIZE=15290)
)
    (CONNECT_DATA=
     (SERVICE_NAME=V10))
  )
```

Auf der Seite des Datenbankservers geben Sie es entweder auch unter ADDRESS_LIST beziehungsweise ADDRESS in der Datei listener.ora an oder setzen es in der sqlnet.ora. Auch hier wieder ein Beispiel:

```
LISTENER=
(DESCRIPTION=
(ADDRESS=
(PROTOCOL=tcp)(HOST=srvgugus)(PORT=5000)
(SEND_BUF_SIZE=15290)
(RECV_BUF_SIZE=15290)
)
(ADDRESS=(PROTOCOL=ipc)(KEY=extproc)
(SEND_BUF_SIZE=15290)
(RECV_BUF_SIZE=15290)
))
```

Wird Shared Server verwendet, muss wieder der DISPATCHERS-Parameter angepasst werden:

```
...DISPATCHERS="(ADDRESS=(PROTOCOL=tcp)(SEND_BUF_SIZE=65536))"
```

Ein Wort zur Warnung: Seien Sie vorsichtig mit diesen Parametern, schränken Sie sich nicht zu sehr ein. Das hätte dann negative Folgen für die Performance. Abgesehen davon ist es sehr stark von der Applikation abhängig, wie viel und wie oft Daten über das Netz übertragen werden. Das beste Tuning ist hier immer noch, wenn Sie diese Zahlen reduzieren können.

Oracle 10*g* hat schließlich noch die Möglichkeit eingeführt, SDP zu verwenden. SDP ist ein Protokoll, das in Cluster-Umgebungen und spezifisch in SANs verwendet wird. Dazu benötigen Sie allerdings auch noch spezifische Hard- und Software, insbesondere Infiniband, und spezifische Konfigurationen. Ich verweise deshalb hier auf die Oracle-Dokumentation für weitere Details.

Falls Sie öfters Stapelverarbeitungen vom Client aus starten und TCP/IP als Netzwerkprotokoll verwenden, können Sie noch eine kleine Optimierung in der sqlnet.ora vornehmen. Normalerweise können Sie über SQL*Net so genannte „Break"-Meldungen schicken. Das ist nichts anderes als der Abbruch der laufenden Verarbeitung über die Tastenkombination CTRL-C. Damit dieses Abbrechen überhaupt klappen kann, muss das darunter liegende Protokoll, also zuerst SQL*Net, diese Meldung auch verarbeiten. Wenn Sie CTRL-C drücken, wird eine „ganz eiliges" Paket mit der Abbruchmeldung über das Netz geschickt. Wenn Sie interaktiv arbeiten, ergibt das Sinn. Wie gesagt, bei Stapelverarbeitungen können Sie es getrost ausschalten, die wollen Sie ja im Regelfall nicht mittendrin wieder stoppen. Der entsprechende Parameter heißt DISABLE_OOB (der Name kommt daher, dass es sich um Out-Of-Band-Meldungen handelt) und muss in der sqlnet.ora gesetzt werden:

```
DISABLE_OOB = ON
```

SQL*Net Tuning

Zusammengefasst sollten Sie also beim Tuning von SQL*Net die folgenden Grundregeln beherzigen:

- Erfolgt der Zugriff lokal, sollte immer auch direkt auf die Datenbank zugegriffen werden und nicht über ein SQL*Net-Alias.
- Prüfen Sie, ob TWO_TASK gesetzt ist. TWO_TASK darf für den lokalen Zugriff nicht gesetzt sein.
- Falls ein SQL*Net-Alias definiert werden muss, obwohl die angesprochene Datenbank auf dem gleichen Rechner ist, verwenden Sie IPC oder Bequeath anstelle von TCP/IP.
- Für Datenbank-Links, die zwischen verschiedenen Datenbanken auf dem gleichen Rechner gültig sind, verwenden Sie IPC oder Bequeath anstelle von TCP/IP.
- Die Größe der TCP/IP-Pakete kann und sollte über SDU angepasst werden. Die Voreinstellungen in Oracle 10*g* sind wahrscheinlich in den meisten Fällen ausreichend, in früheren Versionen ist 8192 Byte ein guter Ausgangswert. Bitte beachten Sie, dass das darunter liegende Netzwerk auch große Pakete unterstützen muss.
- In Oracle 10*g* kann die Größe der Puffer beim Senden und Empfangen für die Zwischenspeicherung von Daten über RECV_BUF_SIZE und SEND_BUF_SIZE angepasst werden.
- Bei Batchverarbeitungen sollte DISABLE_OOB verwendet werden.

1.5 SQL

1.5.1 Shared SQL

Wenn Sie eine Applikation schreiben wollen, die skaliert, müssen Sie Shared SQL verwenden. Schauen wir uns dazu diese Abfrage an:

```
SELECT datum, region, sum(umsatz)
FROM verkaeufe
WHERE datum between :B3 and :B4
GROUP by umsatz;
```

:B3 und :B4 sind jetzt keine konstanten Werte, sondern Variablen, die erst zur Laufzeit ausgefüllt werden. Die erkennen Sie im SQL, zum Beispiel in Trace-Dateien, an den vorangestellten Doppelpunkten. Solche Variablen nennt man Bind-Variablen. Das ist eine feine Sache, wenn die gleiche Abfrage immer wieder mit unterschiedlichen Werten läuft. Oracle braucht dann die Abfrage nur einmal im Speicher zu halten und nur noch die Werte der Bind-Variable zur Laufzeit austauschen. Die Verwendung von Bind-Variablen ist eine der wichtigsten Tuning-Möglichkeiten in Oracle. Gleichzeitig ermöglichen Sie dadurch eine viel bessere Skalierung der Applikation. Ohne sie kann es leicht zu Problemen im Shared Pool kommen, der bei steigender Benutzer- und Zugriffszahl fragmentieren kann.

Wichtig:
Applikationen ohne Bind-Variablen skalieren nicht. Punkt. Noch mal: Applikationen ohne Bind-Variablen skalieren nicht, da werden Sie immer an Grenzen stoßen.

Beachten Sie bitte, dass Bind-Variablen auch in allen DML-Anweisungen und auch bei Einsatz von dynamischem SQL in PL/SQL sowie in allen Precompiler- und sonstigen Programmen möglich sind. Bind-Variablen sollten immer verwendet werden, wenn die gleiche Anweisung mehr als ein paar Mal ausgeführt wird. Bind-Variablen sollten Sie unbedingt benutzen, das ist eines der besten Features von Oracle.

Wenn jetzt B3 und B4 die Datumswerte haben wie in der Abfrage vorher, würden wir erwarten, dass auch nur auf die entsprechenden Partitionen zugegriffen wird. In Oracle 8*i* passiert das aber nicht. Die Verwendung von Bind-Variablen hat den Effekt, dass Oracle bis zur Ausführung nicht weiß, auf welche Partitionen es zugreifen muss. Oracle greift also auf alle Partitionen zu, nicht nur auf die durch die WHERE-Klausel angegebenen. Das ist bis Oracle 9 das Verhalten. In Oracle 9 wurde Bind Peeking eingeführt. Bind Peeking bedeutet, dass Oracle beim ersten Ausführen der Abfrage schaut, welcher Wert in der Bind-Variablen steht, und dann mit dieser Information entscheidet, auf welche Partitionen zugegriffen wird. Allerdings nur beim ersten Mal. Das ist zu beachten, wenn die Abfrage oft mit extrem unterschiedlichen Werten ausgeführt wird. Es kann also notwendig sein, dass Sie die Anweisung noch mit Hints versehen müssen, damit der Optimizer den richtigen Ausführungsplan auswählt.

1.5.2 Hints, Outlines und SQL-Profile

Hints sind Empfehlungen für den Optimizer, wie etwas auszuführen ist. Hints können Sie in den meisten SQL-Anweisungen verwenden, die Syntax ist: ... /*+ HINT /... Beispielsweise sagen Sie mit SELECT /*+ PARALLEL */ ...., dass Sie eine Abfrage parallel ausführen wollen. Hints sollten sparsam eingesetzt werden, denn Hints funktionieren nicht immer. Es kann also immer noch sein, dass eine Anweisung trotz Hint ganz anders ausgeführt wird. Wenn dies der Fall ist, haben Sie im Regelfall einen Syntaxfehler im Hint oder zu wenige/nicht ausführbare Hints.

Mit Outlines gehen Sie noch ein Stück weiter. Wenn Sie ein Outline verwenden, sagen Sie Oracle ausdrücklich, wie etwas auszuführen ist. Damit wird also der Ausführungsplan für eine Anweisung ein für allemal festgelegt. Eine Zwischenstellung nehmen SQL-Profile, die es erst seit Oracle 10*g* gibt, ein. Mit einem SQL-Profil legen Sie zwar auch einen Ausführungsplan fest, aber Oracle berücksichtigt noch neuere Statistiken. Die Details besprechen wir später in einem eigenen Kapitel. Hier sollten Sie sich nur merken, dass Outlines und SQL-Profile Möglichkeiten bieten, wie Sie Anweisungen, die Sie sonst nicht tunen können, doch noch beeinflussen.

1.5.3 Lesende Operationen

Damit stellt sich die Frage, was gutes und was schlechtes SQL ist. Absolute Antworten sind hier nicht möglich, da es immer von den Umständen abhängt. Allerdings sollten die Informationen hier Sie in die Lage versetzen, schlechtes SQL besser zu erkennen. Im folgenden werden vor allem Abfragen diskutiert. Diese können natürlich auch in UPDATE-, INSERT-, DELETE- und MERGE-Anweisungen auftauchen, was hier aber erst mal nicht explizit behandelt wird. Die Diskussion zu diesen Anweisungen wird im Anschluss geführt. Schauen wir zuerst, welche Abfragen es überhaupt gibt. Beginnen wir mit etwas ganz Einfachem:

```
SELECT * FROM EMP;
```

Diese Anweisung bedeutet, alle Datensätze aus der Tabelle EMP zu holen. Oracle muss also die ganze Tabelle lesen, das nennt sich Full Table Scan oder FTS in Kürze. Ein Full Table Scan ist an sich nichts Schlechtes, aber sicherlich sehr ineffektiv, wenn die Tabelle 10 000 000 Sätze hat.

Wenn es jetzt aber um Verdichtungen und Auswertungen geht, bleibt Oracle gar nichts anderes übrig, als alle Sätze zu lesen. Die Abfrage SELECT SUM(sal) FROM EMP muss einen Full Table Scan ausführen, da ja die Summe aller Zeilen gefragt ist. Im Allgemeinen sind die Gruppierungsfunktionen in Oracle Kandidaten für Full Table Scans. In Oracle 10*g* sind dies zahlreiche Funktionen wie zum Beispiel SUM(), COUNT(), MIN(), MAX() etc.. Die vollständige Liste finden Sie immer in der jeweiligen Oracle SQL Reference. Gruppierungsfunktionen arbeiten immer auf einer Resultatmenge. Die Gruppierungsfunktionen erfordern aber nicht immer einen Full Table Scan. Manche dieser Funktionen können auch über einen Index realisiert werden. So können MIN- und MAX-Abfragen über einen Index

Full Scan beantwortet werden, wenn die entsprechende Spalte bereits indiziert ist. Diese Funktionen lassen sich natürlich auch über den Index beantworten, falls Sie einen entsprechenden funktionsbasierten Index angelegt haben und die Statistiken vorhanden sind.

Mit Oracle 8*i* führte Oracle analytische Funktionen ein. Was Sie mit diesen Funktionen machen können, können Sie normalerweise auch direkt in SQL mit Unterabfragen und Joins erreichen. Der Vorteil der analytischen Funktionen besteht aber darin, dass Sie fast immer schneller sind als die ausprogrammierten Varianten. Nachteilig ist, dass Sie mehr sortieren, Sie brauchen also vielleicht mehr Platz im Temporary Tablespace. Die Syntax dieser Funktionen ist allerdings ein wenig gewöhnungsbedürftig, was mit der Hauptgrund sein dürfte, dass letztere nicht so oft verwendet werden. Die Syntax der analytischen Funktionen ist generell: <Funktion> OVER (<PARTITION-BY-Klausel> <ORDER-BY-Klausel> <Bereichsklausel>)

Dabei steht <Funktion> für die Funktion, also beispielsweise SUM oder AVG. Mit OVER zeigen Sie dann an, dass es sich um eine analytische Funktion handelt. Mit der <PARTITION-BY-Klausel> werden die Daten gruppiert. Persönlich finde ich es relativ unglücklich, dass hier der Ausdruck „Partition“ verwendet wird, weil analytische Funktionen mit Partitionierung nichts zu tun haben. Mit dieser Klausel gruppieren Sie die Daten. Mit der <ORDER-BY-Klausel> wird sortiert und mit der Bereichsklausel schließlich geben Sie ein Fenster an, das sich mit den Daten bewegt. Da können Sie zum Beispiel angeben, dass Sie die beiden Datensätze vor und nach dem berechneten Datensatz auch mit ausgeben wollen. Hier ein kurzes Beispiel, das eine laufende Summe und eine laufende Summe pro Abteilung für die Gehälter ausgibt:

```
SQL> select ename "Name" , deptno "Abteilung", sal "Gehalt", sum(sal)
over(order by deptno, ename) "Laufend",
 2 sum(sal) over (partition by deptno order by ename) "Abteilungstotal"
 3 from emp
order by deptno,ename;

Name       Abteilung  Gehalt     Laufend    Abteilungstotal
---------- ---------- ---------- ---------- ---------------
CLARK      10         10         10         10
KING       10         10         20         20
MILLER     10         10         30         30
ADAMS      20         20         50         20
FORD       20         20         70         40
JONES      20         20         90         60
SCOTT      20         20         110        80
SMITH      20         20         130        100
ALLEN      30         30         160        30
BLAKE      30         30         190        60
JAMES      30         30         220        90
MARTIN     30         30         250        120
TURNER     30         30         280        150
WARD       30         30         310        180
```

Versuchen Sie, das mit „normalem“ SQL zu erreichen, da wird der Code schnell wesentlich komplizierter als mit den analytischen Funktionen. Für die weiteren Details verweise ich Sie auf die Dokumentation, insbesondere den Data Warehousing Guide. Dort gibt es ein ganzes Kapitel über Analytic Functions.

In Data Warehouses werden Sie oft mit Full Table Scans konfrontiert. Wenn Sie den Full Table Scan nicht vermeiden können, können Sie ihn entweder beschleunigen oder vorab berechnen lassen. Beschleunigen lässt sich der Full Table Scan durch Partitionierung und den Einsatz von Parallel Query. Dann können mehrere Prozesse zur gleichen Zeit arbeiten. Die verschiedenen Prozesse arbeiten jeder für sich die einzelnen Partitionen ab und zum Schluss wird das Ergebnis zusammengefasst. Das ist dann sehr viel effizienter als ein einzelner Prozess, der die ganze Tabelle abarbeiten muss. Im Parallel Query-Kapitel wird dieses Thema detailliert behandelt. Last but not least gibt es schließlich noch die Möglichkeit, das Ergebnis des Full Table Scans vorab zu berechnen und in einer Materialized View abzulegen.

Neben dem Full Table Scan gibt es sehr viele Varianten des Zugriffs über einen Index. Auch der Index kann vollständig gelesen werden, das ist der Index Full Scan. So kann die Abfrage SELECT MAX(deptno) FROM DEPT über einen Index Full Scan beantwortet werden, falls die Spalte deptno indiziert ist. Da hier nach dem Maximum gefragt wird, müssen alle Werte in der Tabelle berücksichtigt werden, was wiederum einen Full Scan erfordert. Neben dem Index Full Scan existiert auch der Index Range Scan, wo dann nur Teilbereiche des Index abgefragt werden. Dort sehen Sie dann typischerweise in der WHERE-Klausel Konstrukte wie:

```
WHERE umsatz BETWEEN 10000 AND 50000
```

oder

```
WHERE umsatz >= 10000 AND umsatz <= 50000
```

oder

```
WHERE umsatz >= 50000
```

Die Hauptzugriffsart in der typischen OLTP-Anwendung wird aber der Zugriff auf einzelne Sätze sein, bei dem nur einzelne Indexwerte angesprochen werden. Vermeiden Sie die Anwendung von SQL-Funktionen auf Spalten in der WHERE-Klausel wie zum Beispiel:

```
WHERE TO_NUMBER (SUBSTR(a.bunummer,5))
= TO_NUMBER (SUBSTR(b.bunummer,5))
```

Wenn Sie eine Funktion verwenden, wird der Optimizer (außer bei Funktionsbasierten Indizes und MIN/MAX-Zugriff) keinen Index für den Ausführungsplan in Betracht ziehen. Aufpassen müssen Sie auch bei impliziten Typkonvertierungen. Nehmen wir einmal an, Feld1 ist vom Typ VARCHAR2(30) und indiziert und Feld2 vom Typ NUMBER. Die folgende Abfrage wird den Index nicht verwenden:

```
WHERE Feld1 = Feld2
```

Oracle übersetzt diese Klausel dann so:

```
WHERE TO_NUMBER(Feld1) = Feld2
```

Das Problem hier lässt sich natürlich leicht lösen, indem man die Konvertierungsfunktion auf die nicht indizierte Spalte anwendet:

```
WHERE Feld1 = TO_CHAR(Feld2)
```

Generell sollten Sie mit Funktionen wie TO_CHAR(), TO_NUMBER(), TO_DATE() und NVL() aufpassen, das verhindert oft den Zugriff über den Index.

Im Index hat Oracle die physikalische Adresse des referenzierten Satzes gespeichert, die so genannte ROWID. Die ROWID gibt an, in welchem Extent und in welchem Block der entsprechende Datensatz liegt. Falls die ROWID bekannt ist, kann auch direkt über sie auf den Datensatz zugegriffen werden. Das ist im Wesentlichen in der CURRENT OF-Klausel möglich, die Sie in PL/SQL und im Precompiler verwenden können, um DELETE oder UPDATE auf Datensätzen auszuführen, die vorher mit SELECT FOR UPDATE ausgewählt wurden. Ein Beispiel hierzu:

```
EXEC SQL DECLARE dept_cursor CURSOR FOR
SELECT dname
FROM DEPT
FOR UPDATE;
...
EXEC SQL OPEN dept_cursor;
...
for(;;) {
 ...
 EXEC SQL FETCH dept_cursor INTO :new_deptname;
 ...
 EXEC SQL UPDATE dept SET dname = `ITI``
 WHERE CURRENT OF dept_cursor;
}
```

Seit Oracle 9*i* kann im SELECT ... FOR UPDATE in der WAIT-Klausel auch angegeben werden, wie lange gewartet werden soll. Der Befehl SELECT ... FOR UPDATE WAIT 5 wartet also, falls der ausgewählte Datensatz bereits gesperrt ist, bis zu 5 Sekunden, um auf den Satz zugreifen zu können. Das ist in früheren Versionen leider nicht möglich. Wenn Sie in ORACLE 8*i* ein SELECT ... FOR UPDATE WAIT absetzen, wartet Oracle, bis der Satz freigegeben ist. Dabei ist es ganz egal, wie lange das dauert – prinzipiell ewig. Das beschränkt den Einsatz dieser Klausel drastisch. Falls Sie überhaupt nichts angeben beim SELECT ... FOR UPDATE, wird das immer als SELECT..FOR UPDATE NOWAIT übersetzt. Dort bekommen Sie dann gleich einen Fehler, falls Oracle den ausgewählten Satz nicht sperren kann.

Der Zugriff über die ROWID ist immer der schnellste, da die physikalische Adresse im Wert bereits angegeben ist. ROWID existiert in verschiedenen Varianten, es gibt eine einfache und eine erweiterte ROWID. Es besteht auch die Möglichkeit, ROWID als Datentyp zu verwenden. Allerdings ist dieser Datentyp nicht zur Speicherung von Daten geeignet. Da ROWIDs physikalische Adressen sind, können solche Daten nicht einfach von Computer zu Computer übertragen werden. Eine Reorganisation der Daten kann ebenfalls dazu führen, dass die gespeicherten ROWIDs ungültig werden.

Oracle ist eine relationale Datenbank, was bedeutet, dass sie mit Mengen operiert. Eine Tabelle ist nichts anderes als eine Menge. In SQL stehen für Operationen mit Mengen drei Operatoren zur Verfügung: UNION, INTERSECT und MINUS. Die Abfrage SELECT DEPTNO FROM DEPT UNION SELECT DEPTNO FROM EMP wird alle Werte der DEPTNO-Spalte zurückliefern, die in EMP und DEPT vorkommen. Doppelte Werte werden unterdrückt. Sollen allen Werte einschließlich der Duplikate angezeigt werden, muss

UNION ALL verwendet werden. INTERSECT errechnet den Durchschnitt. Die Abfrage SELECT DEPTNO FROM DEPT INTERSECT SELECT DEPTNO FROM EMP liefert also nur jene Werte, die sowohl in EMP wie auch in DEPT vorkommen. Mit MINUS wird das ausschließende OR realisiert. Die Abfrage SELECT DEPTNO FROM DEPT MINUS SELECT DEPTNO FROM EMP liefert also alle Werte, die nur in DEPT oder nur in EMP vorkommen, aber nicht in beiden Tabellen.

Graphisch lässt sich das sehr gut veranschaulichen. Die Tabellen werden als Ellipsen gezeichnet. Wenn sich Bereiche überlappen, dann sind dort die Datensätze, die in beiden Tabellen vorkommen. Denjenigen unter Ihnen, die in der Schule Bekanntschaft mit Mengenlehre gemacht haben, dürften diese Bilder vertraut sein. Gestrichelt erscheinen die jeweiligen Mengen, zuerst das MINUS:

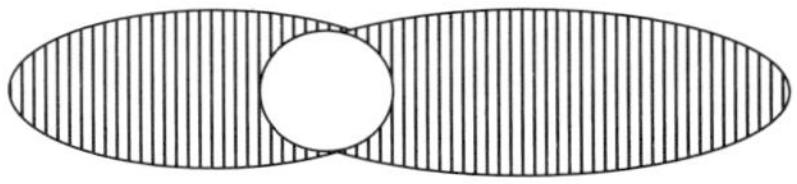

Beim INTERSECT sieht es dann so aus:

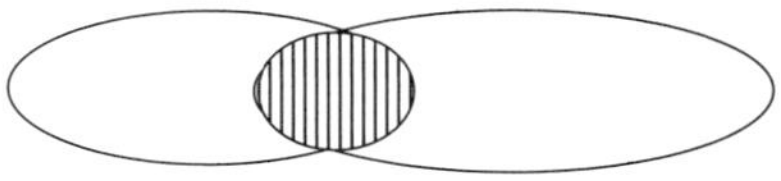

Beim UNION ist dann natürlich alles gestrichelt, da wird ja auf alle Daten zugegriffen:

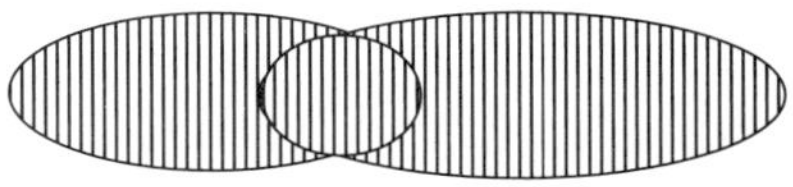

Bei Operationen mit Mengen kommt es auf die Reihenfolge meistens nicht an. Die Abfragen SELECT DEPTNO FROM DEPT UNION SELECT DEPTNO FROM EMP und SELECT DEPTNO FROM EMP UNION SELECT DEPTNO FROM DEPT liefern also das gleiche Ergebnis. Wann immer möglich, sollten Sie mit Mengen operieren, nicht mit einzelnen Sätzen, obwohl die Einzelsatzverarbeitung vielen Programmierern erst einmal näher liegt. Was Sie im Normalfall vermeiden sollten, sind kartesische Produkte. Kartesische Produkte entstehen, wenn Sie Werte aus mehreren Tabellen abfragen und keine Verbindung zwischen den Tabellen angegeben wird. Ein einfaches Beispiel:

```
SELECT E.ENAME, D.DNAME FROM EMP E, DEPT D;
```

Bei einem kartesischen Produkt gibt es keine Beschränkung, Oracle liefert also alle Werte aus Tabelle EMP und alle Werte aus DEPT in jeder Kombination. Wenn EMP 100 Datensätze hat und DEPT 50, dann ergibt das 100 x 50 = 5000 Datensätze. Die Ergebnismenge wächst hier also exponentiell: 10 x 10 ergibt 100 Datensätze, 100 x 100 bereits 10000 und 1000 x 1000 bereits 1000000. Kartesische Produkte sollten deshalb in der Regel vermieden werden.

In Data Warehouses werden allerdings gelegentlich kartesische Produkte verwendet, dies betrifft die so genannte Star Query. In Data Warehouses existiert typischerweise eine oder mehrere sehr große Faktentabelle(n). Diese Faktentabelle enthält die wesentlichen Daten. Daneben existieren mehrere kleinere Tabellen mit Referenzdaten. Die Referenzdaten sind über Fremdschlüssel mit der Faktentabelle verbunden. Damit Star Query funktioniert, muss die Fremdschlüsselbeziehung über einen konkatenierten Bitmap-Index indiziert sein. Statt eines konkatenierten Index können auch mehrere einzelne Indizes verwendet werden. Wird jetzt die Faktentabelle zusammen mit den Referenzdaten abgefragt, kann es effizienter sein, zuerst das kartesische Produkt der Referenztabellen zu bilden und dann die Faktentabelle gegen dieses Produkt abzufragen.

Es gibt neben der Star Query noch die Star Transformation. Dies ist eine Optimierung, die durch den Optimizer vorgenommen wird. Diese verwendet allerdings kein kartesisches Produkt.

Neben den einfachen Abfragen gibt es auch die komplexen, bei denen verschiedene Tabellen über bestimmte Kriterien in der WHERE-Klausel miteinander verbunden werden. Diese Verbindungen nennt man ganz allgemein Joins. Es werden verschiedene Klassen von Joins unterschieden:

Beim Equijoin wird auf Gleichheit geprüft. Die Abfrage SELECT E.ENAME, D.DNAME FROM EMP E, DEPT D WHERE E.DEPTNO = D.DEPTNO liefert als Resultat alle Mitarbeiter aus der EMP-Tabelle zusammen mit dem Namen der zugeordneten Abteilung aus der DEPT-Tabelle. Ist ein Mitarbeiter keiner Abteilung zugeordnet, erscheint er nicht im Ergebnis. Heißen die Spalten in beiden Tabellen, die auf Gleichheit geprüft werden, identisch, spricht man auch von einem Natural Join. Falls Indizes auf den beteiligten Spalten vorhanden sind, kann der Equijoin über diese Indizes erfolgen.

Der Selbst-Join (Selfjoin) ist der Join einer Tabelle mit sich selbst. Die Abfrage SELECT E.ENAME, M.ENAME as Manager FROM EMP E, EMP M WHERE M.EMPNO = E.MGR liefert also die Namen aller Mitarbeiter und die Namen des jeweiligen Vorgesetzten. Was Sie hier im Ergebnis nicht haben werden, ist KING. KING ist der Name des Präsidenten in der EMP-Tabelle, und KING hat keinen Vorgesetzten mehr.

Wenn Sie jetzt alle Mitarbeiter der Firma – inklusive desjenigen, der keinen Vorgesetzten mehr hat – wollen, müssen Sie einen Outer Join verwenden. Ein Outer Join liefert alle Werte zurück, die spezifiziert wurden, und zusätzlich NULL-Werte für diejenigen Felder, die nicht existieren. Dabei wird der Outer Join auf dem jeweiligen Feld mittels des (+)-Operators angegeben. Die Abfrage SELECT E.ENAME, M.ENAME as Manager FROM EMP E, EMP M WHERE M.EMPNO(+) = E.MGR liefert also alle Mitarbeiter inklusive des Präsidenten. Bei diesem Operator kommt es darauf an, wo er steht: WHERE M.EMPNO(+) = E.MGR ist nicht das Gleiche wie WHERE M.EMPNO = E.MGR (+)! Seit Oracle 8*i* kann aber auch die ANSI SQL-Syntax verwendet werden, wobei der Outer Join in der FROM-Klausel angegeben wird. Dies ist die empfohlene Syntax. Sie hat auch den Vorteil, dass dort ein FULL OUTER JOIN angegeben werden kann, also ein Outer Join auf beiden Seiten. Dies ist mit der (+)-Syntax nicht möglich, dort ist nur ein linker oder ein rechter Outer Join möglich. Im ANSI SQL würde obige Abfrage SELECT E.ENAME, M.ENAME as Manager FROM EMP E LEFT OUTER JOIN EMP M ON

M.EMPNO = E.MGR lauten. Wenn möglich, vermeiden Sie Outer Joins, damit sparen Sie Full Table Scans.

Daneben gibt es noch Antijoins, bei denen das Ergebnis über eine Subquery mit NOT IN eingeschränkt wird, und Semijoins, bei denen das Ergebnis über eine Subquery mit EXISTS eingeschränkt wird. Subqueries sind Abfragen, die in Abfragen eingebettet sind. Das kann auch in der FROM-Klausel geschehen, nicht nur im WHERE-Teil. Wenn Sie Subqueries verwenden, wird Oracle versuchen, die Subqueries in die eigentliche Abfrage einzubetten, sofern das möglich ist.

Oft werden Sie Abfragen mit EXISTS sehen, beziehungsweise auch mit der gegenteiligen Anweisung NOT EXISTS. Wann immer möglich, verwenden Sie die positiven Formen, also EXISTS und IN. Oft lassen sich die entsprechenden Ausdrücke mit ein wenig Arbeit in die umgekehrte Form umwandeln. Das ist nicht immer möglich, aber prüfen Sie die Anweisung entsprechend. Bei einem EXISTS-Test muss Oracle nur prüfen, ob der Datensatz beziehungsweise die Bedingung existiert und kann das Resultat beim ersten positiven Ergebnis zurückliefern. Bei einem NOT EXISTS-Test kann es hingegen gut vorkommen, dass Oracle die ganze Tabelle absuchen muss, bevor Sie das negative Ergebnis erhalten. EXISTS ist also erst mal günstiger, um schneller an ein Resultat zu kommen. Oft kann auch IN statt EXISTS und NOT IN statt NOT EXISTS verwendet werden. Experimentieren Sie damit, die Laufzeiten können sehr unterschiedliche sein. Oft werden Sie nicht wissen, wie viele Daten Ihre Abfrage liefern wird, aber falls doch, können Sie die Abfrage noch weiter optimieren: Verwenden Sie IN, wenn die meisten Sätze in der Subquery ausgefiltert werden. Wenn die meisten Sätze bereits in der Hauptquery ausgefiltert werden, ist EXISTS günstiger.

1.5.4 Schreibende Operationen

Eine umfangreiche Auswahl von Optionen steht für schreibende Operationen zur Verfügung, bei denen Daten auf der Datenbank verändert werden. In Oracle haben Sie nicht nur die Standard-SQL-Befehle für die Datenmanipulation, also INSERT, UPDATE und DELETE, zur Verfügung, sondern es gibt noch ein paar mehr. Dies erlaubt eine sehr effiziente Programmierung.

Generell sollten Sie so programmieren, dass nur jene Datensätze angesprochen werden, die Sie benötigen. Oracle hat seit Version 6 Row Level Locking eingebaut. Row Level Locking bedeutet, dass bei Veränderungen einzelner Datensätze nur die betroffenen Datensätze gesperrt werden, benachbarte Datensätze werden nicht gesperrt. Generell sollten Sie in Oracle Tabellen über die LOCK TABLE-Anweisung nicht sperren. In anderen Datenbanksystemen mag das manchmal sinnvoll und erforderlich sein, in Oracle ist es das nicht. In Oracle gilt:

- Oracle sperrt nur einzelne Datensätze, niemals ganze Blöcke.
- Oracle sperrt niemals Datensätze, die nur gelesen werden.
- Eine schreibende Transaktion blockiert keinen lesenden Zugriff. Viele andere Datenbanksysteme können das nicht.

- Eine schreibende Transaktion wird nur blockiert, wenn eine andere Transaktion bereits den entsprechenden Datensatz gesperrt hat. Lesende Transaktionen sperren nie schreibende Transaktionen.

In Oracle ist es also generell besser, das ganze Locking der Datenbank zu überlassen. So vermeiden Sie auch am ehesten Deadlocks. Was ist ein Deadlock? Zu einem Deadlock gehören immer 2 Prozesse, die gleichzeitig schreiben. Prozess A hat Datensatz 1 verändert und möchte jetzt auf Datensatz 2 verändernd zugreifen. Prozess B hat soeben Datensatz 2 verändert und möchte jetzt auf Datensatz 1 verändernd zugreifen. Eine klassische Sackgasse, aus der keiner mehr herauskommt. Wenn dies passiert, erkennt Oracle den Deadlock und fährt eine der beiden Transaktionen zurück. Welche der beiden Transaktionen das ROLLBACK bekommt, lässt sich nicht im voraus bestimmen. Es erscheint dann der Fehler ORA-60 Deadlock detected, und die Details der Transaktionen werden in eine Trace-Datei geschrieben. Deadlocks deuten generell zuerst auf ein applikatorisches Problem hin. Aufgrund des Row Level Locking sind Deadlocks in Oracle aber eher selten. Falls Sie also Deadlocks in der Applikation bekommen, untersuchen Sie zuerst den applikatorischen Code.

Daneben existiert nur noch der Fall, dass Deadlocks entstehen, weil gleichzeitig INSERTs passieren und die betroffenen Spalten mit Bitmap-Indizes versehen sind. Allerdings sehen Sie in diesem Szenario in der Trace-Datei zum Ora-60 keine Details, sondern nur die Meldung „No Row". Somit kann dieses Szenario einfach erkannt werden. Dies ist auch mit ein Grund, warum Sie Bitmap-Indizes nur eingeschränkt für OLTP-Anwendungen verwenden können.

Falls Sie in Ihrer Applikation zuerst die Daten, die Sie modifizieren wollen, überprüfen müssen, verwenden Sie unbedingt SELECT ... FOR UPDATE. Wenn Sie nur SELECT verwenden, blockiert das ja keinen schreibenden Zugriff. Deshalb ist hier SELECT ... FOR UPDATE zwingend. Damit sperren Sie die selektierten Sätze und können sicher sein, dass die Datensätze zwischen dem SELECT und der anschließenden Modifikation über INSERT/UPDATE/DELETE/MERGE nicht verändert wurden. Sie können es sich so vorstellen, dass nach dem SELECT ... FOR UPDATE für alle anderen die Ampel Rot zeigt und Sie mit der grünen Welle fahren. Wie schon vorher erwähnt, können Sie ab Oracle 9*i* auch angeben, wie lange gewartet werden soll.

Im Laufe der Jahre hat Oracle die Routinen für die Verwaltung des Platzes sehr geändert. Ursprünglich wurde der Platz in ganz normalen Tabellen im Data Dictionary nachgeführt, die UET$-Tabelle für den benutzten und die FET$-Tabelle für den freien Platz wurden verwendet. Für Objekte, die Dictionary Managed verwaltet werden, gibt es viele Tuning-Möglichkeiten in der STORAGE-Klausel. Details hierzu und zu den anderen Optionen, die hier erwähnt werden, finden Sie im Kapitel über physikalische Speicherung.

Mit Oracle 8*i* wurden Locally Managed Tablespaces eingeführt. Bei diesen Tablespaces existieren Bitmaps in den Dateien der Tablespaces, welche die Verwaltung des freien Platzes übernehmen. Bitmaps zur Verwaltung des freien Platzes stellen ein bewährtes Konzept dar, sie werden oft auch in Betriebssystemen für diesen Zweck verwendet. Es existieren verschiedene Bitmaps, die angeben, ob ein Block bis zu 25%, bis zu 50%, bis zu 75% oder bis zu 100% belegt ist. Locally Managed Tablespaces haben auch den Vorteil, dass die

UET$- und FET$-Tabellen im Data Dictionary nicht mehr zum Engpass werden können. Es existieren auch Routinen, die erlauben, einen Dictionary Managed Tablespace in einen Locally Managed Tablespace umzuwandeln und umgekehrt.

In Oracle 9.2 kam dann noch Automatic Segment Space Management (ASSM) hinzu, das die Notwendigkeit, die STORAGE Parameter PCTUSED, FREELISTS und FREELIST GROUPS zu setzen, eliminiert. Für die beste Performance sollten Locally Managed Tablespaces mit Automatic Segment Space Management verwendet werden. In Version 10 schließlich kam noch Automatic Storage Management (ASM) hinzu. ASM ist vor allem für kleine und mittlere Unternehmen gedacht, ASM ist quasi ein eingebauter Oracle Volume Manager. Das erlaubt, dass Sie nur noch angeben, welche Festplatten zur Verfügung stehen. Oracle erledigt dann den Rest für Sie.

Bei der INSERT-Anweisung gibt es mehrere Varianten, die zur Auswahl stehen. Falls mehrere Sätze in den gleichen Datenblock kommen können, ist zu empfehlen, dass Sie FREELISTS und INITRANS erhöhen. Am besten nehmen Sie die Anzahl schreibender Operationen, die parallel arbeiten können. Dies entfällt, falls Sie ASSM und Locally Managed Tablespaces verwenden. Sie können INSERT mit der VALUES-Klausel ausführen, dann wird nur ein Datensatz geschrieben. Viel effektiver ist es, wenn Sie die Daten bereits in Tabellen haben und mit SELECT auswählen können. Dann kann INSERT INTO... SELECT... verwendet werden, was viel effektiver ist. Statt eines konventionellen INSERT können Sie in Oracle auch ein so genanntes Direct-Path INSERT nehmen; dazu müssen Sie den /*+ APPEND */ Hint im INSERT verwenden. Wenn Sie das INSERT so durchführen, schreibt Oracle statt einzelner Sätze ganze Datenblöcke. Das ist sehr viel effektiver, kann aber mehr Platz beanspruchen und hat einige Restriktionen, zum Beispiel Cluster können Sie so nicht füllen.

Beim Direct-Path schreiben Sie die Blöcke über der Highwatermark. Die Highwatermark ist der Block, bis zu dem maximal mal Daten im Tablespace waren. Die Highwatermark wird immer erhöht, wenn Daten hinzukommen. Heruntersetzen können Sie die Highwatermark allerdings nur durch DROP TABLE oder TRUNCATE TABLE bis zur Version 10. In Version 10 kam glücklicherweise das ALTER TABLE.. SHRINK SPACE hinzu. Mit dieser Operation kann die Highwatermark auch heruntergesetzt werden, ohne dass Sie gleich die ganze Tabelle neu bauen müssen. Die Highwatermark kann bei bestimmten Applikationen zum Problem werden. Stellen Sie sich mal eine Applikation vor, die täglich Zahlungsbelege einliest und diese dann verarbeitet. Am Ende des Tages sind 99% der Zahlungsbelege verarbeitet und ein DELETE FROM ... WHERE.. wird durchgeführt. Hier wird die Highwatermark kontinuierlich wachsen und die einzige Möglichkeit, zumindest vor Oracle 10, sie wieder herunter zu bekommen, besteht in einer Reorganisation der Tabelle. Das INSERT kann noch parallelisiert werden, allerdings müssen Sie dazu explizit parallel DML über ALTER SESSION aktivieren. Das SELECT beim INSERT INTO ...SELECT ... kann unabhängig vom INSERT-Teil parallelisiert werden.

Oracle 9.2 führte noch das Multitable INSERT ein. Damit füllen Sie in einer einzigen Anweisung gleich mehrere Tabellen. Sie können dabei auch noch Bedingungen setzen, hier mal ein kleines Beispiel, das selbsterklärend sein sollte:

```
INSERT ALL
WHEN LAND ='CH'
INTO SCHWEIZ_ORTE
WHEN LAND='D'
INTO DEUTSCHLAND_ORTE
SELECT * FROM ALL_ORTE WHERE LAND IN ('CH','D');
```

Sehr oft werden Sie vornehmlich beim Einfügen von Daten aufsteigende Schlüsselwerte benötigen. Dafür sollten Sie die bereits oben erwähnten Sequenzen benutzen.

Eine andere Möglichkeit für das Laden von Daten bietet der SQL*Loader. Der SQL*Loader ist dafür gebaut, Daten aus irgendwelchen Dateien aus dem Betriebssystem zu laden. Normalerweise sind es Dateien im ASCII-Format, es können aber auch binäre proprietäre Datenformate wie zum Beispiel Microsoft Word- oder Acrobat-Dateien in LOBs geladen werden. Allerdings benötigen Sie dann auch spezielle Programme und Utilities, um solche Daten in der Datenbank zu verarbeiten. Für Word- und Acrobat-Dateien zum Beispiel könnten Sie Oracles interMedia/Text-Option verwenden. SQL*Loader kann in verschiedenen Modi betrieben werden. Im konventionellen Modus werden die Daten einfach über INSERT-Befehle eingefügt. Sind bereits Daten in der Tabelle, haben Sie drei Möglichkeiten zur Auswahl: mit APPEND werden Sätze einfach hinzugefügt, bei TRUNCATE wird die Tabelle vorher über den entsprechenden DDL-Befehl gelöscht und im REPLACE-Modus werden bestehende Daten überschrieben. Es handelt sich hier nicht um ein kombiniertes INSERT und UPDATE, Oracle ersetzt stattdessen die komplette Tabelle.

Weiter bietet der SQL*Loader die Möglichkeit, Daten in ganzen Blöcken direkt über der Highwatermark zu laden, wozu Sie die Option DIRECT=TRUE verwenden müssen. Wann immer möglich, verwenden Sie diesen so genannten Direct-Path Load. Er ist sehr viel schneller als das konventionelle Laden. Der Direct-Path Load hat allerdings einige Einschränkungen: Referential Integrity Constraints und CHECK Constraints werden während des Load genauso wie Trigger ausgeschaltet. Mit Clustern funktioniert es auch nicht, und globale Indizes auf partitionierten Tabellen müssen neu gebaut werden, wobei diese Restriktion in Version 10 gelockert wurde.

Wenn Sie nur wenige Daten in sehr große Tabellen laden, ist es oft schneller und besser, einen normalen Load durchzuführen. Bei großen Datenmengen ist aber der Direct-Path Load inklusive anschließendem Aktivieren der Constraints immer noch die schnellste Variante. Der Load kann auch parallelisiert werden, dazu muss nur PARALLEL=TRUE auf der Kommandozeile mitgegeben werden. Parallel Loads sind aber nur im APPEND-Modus möglich.

Nach dem Laden müssen Sie die Constraints auf der oder den Tabellen, die Sie gerade geladen haben, mit ALTER TABLE wieder einschalten. Das kann ziemlich lange dauern. Unter bestimmten Bedingungen lässt sich das aber auch noch beschleunigen: Wenn Sie wissen, dass die Daten, die Sie geladen haben, keine Constraints verletzen, können Sie das Oracle mitteilen. Dazu müssen Sie die DISABLE VALIDATE-Option beim Reaktivieren der Constraints verwenden. Dann ist allerdings kein DML mehr gegen die Tabelle möglich, alle Veränderungen müssen dann über DDL erfolgen. Sie können auch Constraints verwenden, selbst wenn das Constraint nicht zur Validierung der Daten verwendet wird. Diese Option ist vor allem für Query Rewrite gedacht. Voraussetzung hierfür ist, dass die

Daten vor dem Laden bereits bereinigt sind. Dann geben Sie DISABLE RELY NOVALIDATE für das Constraint an. Wenn Index-Daten bereits vorsortiert sind, können Sie beim Laden die SORTED INDEXES-Option verwenden. SORTED INDEXES kann auch auf Verdacht verwendet werden. Wenn's nicht klappt, sortiert Oracle die Indizes ohnehin. Beim Wiederaktivieren der Constraints nach dem Load sollten Sie eine Exceptions-Tabelle verwenden, in der Oracle dann die Sätze ablegt, die gegen die Constraints verstoßen.

Die schnellste und beste Variante für das Laden haben Sie, wenn Sie partitionierte Tabellen verwenden. Dann können Sie ALTER TABLE ... EXCHANGE PARTITION verwenden. Sie laden also zuerst in eine Zwischentabelle, welche die gleiche Struktur und die gleichen Constraints wie die neu anzulegende Partition hat. Erst wenn die Tabelle korrekt geladen ist und alle Indizes vorhanden sind, laden Sie in die eigentliche Tabelle.

Dazu vertauschen Sie einfach die Inhalte der Zwischentabelle und der neuen Partition über ALTER TABLE ... EXCHANGE PARTITION. Das ist dann eine DDL-Anweisung und geht in Sekundenbruchteilen. Der Zugriff auf die übrigen Partitionen ist in dieser Zeit nach wie vor gegeben, und wenn Sie keine globalen Indizes haben, müssen Sie auch keine aufwendigen Index Rebuilds durchführen.

Eine andere Möglichkeit, Daten zu laden wären noch die Oracle Export und Import Utilities exp und imp. Das ist zwar nicht unbedingt die schnellste Variante, aber dafür wird auch ein Check während des Export durchgeführt, der es erlaubt zu überprüfen, ob die Daten korrupt sind oder nicht. Export dient zum Entladen der Daten in eine oder mehrere Dateien, und mit Import laden Sie diese dann wieder. Das Dateiformat ist proprietär, achten Sie also darauf, dass Sie Binary FTP verwenden, wenn Sie die Dateien verschieben. Außerdem haben die Dateien, die vom Export erzeugt werden, den großen Vorteil, dass sie unabhängig vom Betriebssystem sind. Sie können also einen Export auf einem AIX-Server durchführen und die Daten dann auf einem Linux-Rechner laden. Sie können die ganze Datenbank, einzelne Benutzer oder einzelne Tabellen oder Partitionen exportieren. Export/Import kann auch im Direct-Path-Modus betrieben werden. Dazu müssen Sie beim Export wieder die Option DIRECT=TRUE angeben. Nachdem der Export dann ausgeführt wurde, kann die Exportdatei kann dann vom Import im Direct-Path geladen werden. Beim Import können Sie nicht DIRECT=TRUE angeben. Die Option existiert dort nicht, weil der Import nur Daten, die über einen Direct-Path Export entladen wurden, im Direct-Path-Modus laden kann. Der Import bestimmt also selbst, ob die Daten konventionell geladen werden müssen oder eben nicht.

Es gibt auch noch die Möglichkeit, ganze Tablespaces über Export/Import zu verschieben. Das nennt sich in Oracle Transportable Tablespaces. Der entsprechende Tablespace muss dazu zuerst auf READ ONLY gestellt werden. Diese Restriktion wurde allerdings in Version 10.2 gelockert, dort können Sie mittels RMAN Transportable Tablespaces aus Backupsets erzeugen, für die Details verweise ich auf Kapitel 14 in [OraAdvBck 2005]. Danach werden per Export nur die Metadaten zum Tablespace exportiert, das sind sehr wenige Daten. Die resultierende Exportdatei ist also sehr klein. Dann werden die eigentlichen Datendateien des Tablespace über Betriebssystemkommandos, zum Beispiel ftp oder cp, zum neuen Ort in der neuen Datenbank transferiert. Falls Sie auf einem SAN arbeiten, käme hier eventuell noch die Möglichkeit hinzu, die Dateien einfach durch ein remount am Zielserver anzuhängen. Das wäre eine sehr elegante und gleichzeitig sehr schnelle Methode. Danach werden über den Import noch die Metadaten geladen, und schon ist der ganze Tablespace an einem neuen Ort.

Bis zu Oracle 10*g* müssen allerdings Quell- und Zielsystem auf dem gleichen Betriebssystem laufen. In Oracle 10*g* existiert diese Beschränkung nicht mehr, da können Sie dieses Feature auch zum Transport zwischen verschiedenen Plattformen verwenden, wenn diese gleich sind in Bezug auf das Byteformat, d.h. Little Endian oder Big Endian. Das können Sie in V$TRANSPORTABLE_PLATFORM überprüfen. Transportable Tablespaces werden vor allem als administratives Feature wahrgenommen, sind aber sicher die schnellste Variante für das Verschieben großer Datenmengen. Allerdings handelt es sich um eine Variante, die ausprogrammiert werden muss. Der Aufwand dafür hält sich aber in Grenzen. In der einfachsten Form sind die folgenden Schritte bereits ausreichend:

- Der Tablespace wird auf Read Only gesetzt:

```
alter tablespace … read only
```

- Die Metadaten werden exportiert. Bitte beachten Sie, das Sie hier mit dem Benutzer SYS arbeiten und das der Benutzername und das Passwort in einfachen Hochkommas angegeben werden. Letzteres ist notwendig, weil Sie als Benutzer SYS sich mit der Klausel AS SYSDBA anmelden müssen:

```
exp userid='sys/x as sysdba' file=… tablespaces=… transport_tablespace=y
```

- Danach werden die Datei(en) des Tablespace und der Export auf das Zielsystem kopiert. Dazu können Sie entsprechende Betriebssystem-Tools wie ftp oder scp verwenden.
- Die Metadaten werden importiert und die Datei(en) angehängt. Handelt es sich um mehrere Tablespaces oder Dateien, werden die Namen durch Kommas getrennt:

```
imp userid=system/x file=… tablespaces=… datafiles=… \
              transport_tablespace=y
```

- Jetzt muss nur noch der Tablespace wieder auf Read Write gesetzt werden und die Daten stehen wieder uneingeschränkt zur Verfügung:

```
alter tablespace … read write
```

Sie können Tablespaces auch komfortabel mit Hilfe des Enterprise Managers in Grid Control/Database Control von einem System auf das andere übertragen. Dazu müssen Sie natürlich die entsprechenden Credentials für den Login auf die Quell- bzw. Zielmaschine haben. Im Enterprise Manager klicken Sie auf der Startseite dann auf den Reiter Wartung. Auf der Wartungsseite klicken Sie auf den Link Transportable Tablespaces und schon sind Sie auf der richtigen Seite, wie man im Bild auf der nächsten Seite sieht.

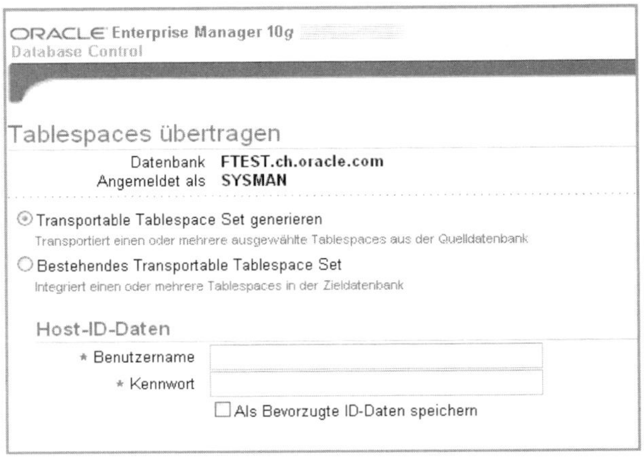

Oracle-Version 10 bietet daneben noch eine schnelle Variante für das Laden und Entladen von Daten in Form des DATAPUMP API. Es gibt zwei Utilities, die dieses API verwenden: expdp und impdp. Diese Utilities sehen auf den ersten Blick den bekannten Export- und Import-Utilities exp und imp sehr ähnlich, verwenden aber eine ganz andere Technologie. Der Vorteil hier liegt darin, dass es die Möglichkeit zum Restart gibt und das Ganze parallelisiert werden kann. Sie können diese Technologie auch in PL/SQL über das DBMS_DATAPUMP API direkt verwenden.

Sie müssen die Datensätze nicht immer in Oracle laden, um dort mit ihnen arbeiten zu können. Wie schon vorher erwähnt, können Sie Oracle auch einfach nur sagen, wo die Daten sind. In Oracle 8*i* müssen Sie dazu den BFILE-Datentyp verwenden, ab Oracle 9*i* stehen externe Tabellen zur Verfügung..

Das Anlegen einer Tabelle und das Füllen mit Daten kann kombiniert werden, dazu existiert der CREATE TABLE ... AS SELECT...-Befehl, oft mit CTAS abgekürzt. Wenn Sie nur die Struktur der Tabelle ohne Daten möchten, verwenden Sie einfach CREATE TABLE.. AS SELECT * FROM ... WHERE 1=2. Das erzeugt die Struktur ohne Daten, weil die Bedingung WHERE 1=2 immer ungültig ist. Sehr elegant und schnell. Das CTAS kann auch wieder parallelisiert werden, dann geht es noch schneller. Auch viele andere DDL-Operationen wie zum Beispiel der Rebuild eines Index oder verschiedene ALTER TABLE Varianten können parallelisiert werden.

Es gibt einige Operationen, die NOLOGGING betrieben werden können. Wenn Sie NOLOGGING angeben, wird kaum noch Redo geschrieben. Das ist dann natürlich extrem schnell. Der große Nachteil hier ist aber, dass eine NOLOGGING-Operation nicht Recovery-fähig ist. Wenn Sie also beispielsweise eine Tabelle mit NOLOGGING angelegt haben, und just nach dem Anlegen der Tabelle geht Ihnen die Festplatte kaputt, auf der die Tabelle angelegt wurde, können Sie die Tabelle auch im ARCHIVELOG-Modus nicht mehr recovern. Das Spiel beginnt also noch mal von vorne, die Tabelle muss erneut angelegt werden. Sie können NOLOGGING auch auf Objektebene vergeben: NOLOGGING kann für einen Tablespace, eine Tabelle, einen Index oder eine Partition verwendet werden. Für den

TEMPORARY TABLESPACE sollten Sie immer NOLOGGING verwenden, was allerdings in neueren Oracle-Versionen sowieso der Fall ist. Wenn Sie NOLOGGING für eine Tabelle, einen Index oder eine Partition verwenden, bedeutet dies nicht, dass automatisch jede Operation NOLOGGING durchgeführt wird. Die folgenden Operationen können NOLOGGING operieren:

- SQL*Loader mit DIRECT=TRUE
- INSERT /*+ APPEND */
- MERGE /*+ APPEND */
- CREATE TABLE ... AS SELECT..
- CREATE INDEX
- ALTER TABLE...MOVE PARTITION
- ALTER TABLE...SPLIT PARTITION
- ALTER INDEX...SPLIT PARTITION
- ALTER INDEX...REBUILD
- ALTER INDEX...REBUILD PARTITION
- INSERT-, UPDATE-, DELETE- und MERGE-Operationen auf Tabellen mit LOBs, die NOCACHE NOLOGGING Out of Line abgespeichert werden

In Oracle 9*i* führte Oracle den Befehl MERGE ein. MERGE ist ein kombiniertes UPDATE und INSERT. In der Praxis wird das recht häufig benötigt. Die Logik hierbei ist: Existiert ein Satz, wird er modifiziert, ansonsten wird er einfach eingefügt. In Version 10 wurde MERGE noch weiter ausgebaut, jetzt können Daten auch während des UPDATE gelöscht werden.

DML-Operationen können auch über STORAGE-Optionen und physikalische Optionen getunt werden, was noch ausführlicher im Kapitel über physikalische Strukturen beschrieben wird.

Wie schon vorher ausgeführt, brauchen Sie LOCK TABLE in aller Regel nicht zu verwenden, das macht Oracle intern im Regelfall besser. Achten Sie lieber darauf, dass Sie die richtige Operation verwenden. Wenn Sie INSERT, UPDATE und in Version 10 auch DELETE auf der gleichen Tabelle durchführen, ist MERGE besser als einzelne INSERT- und UPDATE-Anweisungen. Daten, die bereits als Dateien vorliegen, können mit SQL*Loader geladen oder, falls sie nur Read Only verwendet werden, als Externe Tabellen referenziert werden. Wenn Sie die gleichen Daten in verschiedene Tabellen füllen müssen, prüfen Sie, ob ein Multitable INSERT verwendet werden kann. Wenn Sie eine ganze Tabelle löschen, verwenden Sie TRUNCATE TABLE anstatt DELETE. TRUNCATE ist eine DDL-Anweisung, die sehr schnell ist. Es wird kein Undo generiert, damit ist auch kein Rollback dieser Operation möglich. TRUNCATE kann in Sekunden durch sein, DELETE kann Stunden brauchen. TRUNCATE hat allerdings den Nachteil, dass keine WHERE-Klausel angegeben werden kann. Wird aber der Großteil der Daten gelöscht, kann es schneller sein, zuerst mittels CTAS eine Hilfstabelle mit den Daten, die bewahrt werden sollen, anzulegen. Dann wird das TRUNCATE auf die Originaltabelle durchgeführt, und schließlich werden die Daten wieder aus der Hilfstabelle in die Originaltabelle eingefüllt. Alternativ könnte auch RENAME TABLE verwendet werden, dabei bleiben allfällige Grants erhalten.

1.6 PL/SQL

PL/SQL ist die prozedurale Erweiterung zu SQL von Oracle. PL/SQL bietet die bekannten Kontrollstrukturen wie IF-THEN-ELSE oder Schleifenkonstrukte, die aus der konventionellen Programmierung bekannt sind. Daneben bietet PL/SQL ein reichhaltiges Angebot an Objekttypen und die Möglichkeit, mit Collections, Records und Cursor-Variablen zu arbeiten. In PL/SQL eingebaut sind die DML-Befehle und SELECT, andere SQL-Anweisungen wie beispielsweise ein ALTER SESSION können über dynamisches SQL eingebunden werden. Sie können in PL/SQL Funktionen und Prozeduren definieren. Funktionen, die in PL/SQL geschrieben wurden, können auch in regulären SQL-Anweisungen verwendet werden. Prozeduren und Funktionen lassen sich in so genannte Packages zusammenfassen. Jedes Package besteht aus der eigentlichen Package-Deklaration und dem Package Body, man kann auch beides in eine Anweisung packen. In der Deklaration wird gesagt, aus welchen Funktionen, Prozeduren und Variablen das Package besteht. Es werden also die Schnittstellen nach außen definiert. Im Package Body sind diese Schnittstellen dann ausprogrammiert. Diese Trennung ermöglicht es, den Code im Package Body zu verändern, ohne dass das eigentliche Package geändert werden muss.

Bei der Optimierung von PL/SQL gelten dieselben Empfehlungen wie für jede andere konventionelle Programmiersprache wie zum Beispiel C. Mit dem PL/SQL Profiler, der später noch im Detail vorgestellt wird, existiert auch ein recht brauchbarer Debugger, mit dem untersucht werden kann, in welchen Programmschritten wie viel Zeit verbraucht wird. Mit dem PL/SQL Profiler lässt sich PL/SQL recht gut tunen, wobei hier natürlich auch der erste Blick den regulären SQL-Anweisungen im Code gelten muss. Sie sollten immer zuerst SQL tunen, bevor Sie sich dem eigentlichen PL/SQL-Code zuwenden.

In Version 10 hat Oracle einen Optimizer in PL/SQL eingebaut, der viele Optimierungen bereits bei der Kompilation durchführt. In den Versionen vorher liegen diese Optimierungen allerdings in der Verantwortung des Programmierers. Bei Kontrollstrukturen sollten Sie sich also den Ablauf des Programms vergegenwärtigen. Dazu ein kleines Beispiel. Doch wie bereits erwähnt sollte Sie das in Oracle 10*g* nicht kümmern:

```
IF ( hiredate = sysdate OR sal > 5000)
THEN
 ...mache dies
END IF
```

Das ist guter Code, falls die Bedingung hiredate = sysdate meistens zutrifft. Dann braucht Oracle den Test auf sal > 5000 nicht mehr auszuführen. Ist dagegen hiredate = sysdate eher die Ausnahme, ist der Code schlecht, denn dann müssen beide Bedingungen getestet werden. Eine andere Variante dieser Problematik existiert für Verknüpfungen mit AND:

```
IF (dept_assigned(empno) AND sal > 5000)
THEN
... tue diese
ELSE
...tue das
END IF;
```

Hier wird zuerst die Funktion dept_assigned ausgeführt und danach wird auf sal > 5000 getestet. Der Funktionsaufruf kann aber vermieden werden, wenn der Test auf sal > 5000 an erster Stelle kommt. Dann wird die Funktion dept_assigned nur ausgeführt, wenn der erste Test bereits erfolgreich war. Neben IF-THEN-ELSE existieren in PL/SQL noch Schleifenkonstrukte: LOOP, die WHILE Loop und die FOR Loop. In der Version 9*i* wurde noch CASE als Kontrollstruktur eingeführt. Alle diese Kontrollstrukturen sollten Sie auf effiziente Tests überprüfen. Bei den Schleifenkonstrukten sollten Sie auch darauf achten, dass die EXIT-Anweisung an der richtigen Stelle kommt: sobald als möglich.

In Oracle 8*i* sollten Sie NOT NULL in PL/SQL nur verwenden, wenn es unbedingt notwendig ist. Wird in der 8*i* eine Variable als NOT NULL deklariert, verwendet Oracle intern eine temporäre Variable, um auf NOT NULL zu prüfen. Diesen Check kann man sich oft sparen. Hierzu ein kleines Beispiel:

```
CREATE TABLE foo( x number not null,....
...
declare
my_x number not null;
...
begin
 for c1_rec in (select x from foo) loop
     exit when c1_rec%notfound;
     my_x := c1_rec.x;
```

Hier wird die Variable my_x als überflüssigerweise als NOT NULL deklariert, obwohl das Constraint ja bereits in den Daten der Tabelle aktiviert ist.

Funktionen, die in PL/SQL geschrieben werden, können seit Version 9*i* auch parallelisiert werden. Dazu muss die Funktion mit PARALLEL_ENABLE deklariert werden. Die Parallelisierung funktioniert aber nur richtig, wenn die üblichen Bedingungen für Parallel Query erfüllt sind.

Wenn Sie eine Datenbank aufsetzen, wird eine Vielzahl von PL/SQL-Packages installiert, die für die Programmierung recht nützlich sein können. Bevor Sie etwas selbst erfinden, werfen Sie also besser einen Blick in das PL/SQL Packages Manual, vielleicht existiert ja schon eine Lösung für Ihr Problem.

Für das Tuning von PL/SQL ist neben dem PL/SQL Profiler, der über das Package DBMS_PROFILER realisiert wird, vor allem das DBMS_SHARED_POOL-Package interessant. Mit diesem Package können Sie andere Packages, Funktionen und Trigger im Shared Pool „pinnen". Normalerweise lädt Oracle beim ersten Aufruf eines Package das Package in den Hauptspeicher in den Oracle Shared Pool. Wird das Package dort nicht dauernd verwendet, wird es wieder aus dem Shared Pool entfernt, wenn der Platz wieder benötigt wird. Dieses „Herausaltern" aus dem Shared Pool geschieht sehr schnell, Oracle behält ein Objekt im Shared Pool nur, wenn dauernd darauf zugegriffen wird. Mit DBMS_SHARED_POOL verhindern Sie das, damit sagen Sie Oracle, dass das Package im Hauptspeicher bleiben soll. Sie befestigen es quasi im Oracle Shared Pool wie an einer Pinwand. Der einzige Nachteil ist dann, dass es teilweise nicht so ohne weiteres geändert werden kann, wenn es in den Hauptspeicher geladen ist, sondern erst über DBMS_SHARED_POOL.UNKEEP freigegeben werden muss. Das betrachte ich allerdings nur als kleinen Nachteil: In Produktionsumgebungen bleiben die Packages normalerweise stabil und werden nicht dauernd verändert, und wenn doch, muss man halt vorher eventuell ein UNKEEP ausführen. Optimal setzen Sie das Package in einem ON-STARTUP Trigger ein. Dann dauert das Hochfahren der Datenbank zwar ein wenig länger, aber dafür stehen Ihnen gleich von Anfang an alle applikatorischen Packages zur Verfügung. Neben den applikatorischen Packages sind hier auch häufig verwendete interne Packages Kandidaten für das Pinnen wie zum Beispiel DBMS_STANDARD. Packages, Funktionen und Trigger werden normalerweise gepinned. Neu in Oracle 10*g* kam die Möglichkeit hinzu, Sequenzen zu pinnen.

Bereits in Oracle 8*i* wurde Bulk Binding und Bulk Collect eingeführt. Dies sind beides hervorragende Tuning-Möglichkeiten. Verwenden Sie sie. Zuerst ein kleines Beispiel für Bulk Binding. Betrachten Sie folgenden Code:

```
DECLARE
 TYPE plzList IS VARRAY(20) OF NUMBER(5);
 PLZval plzList := plzList(79761, 79731, 79771,...); -- Postleitzahlen
..
BEGIN
 ...
 FOR i IN PLZval.FIRST..PLZval.LAST LOOP
   ...
   UPDATE ort SET bundesland='Baden-Württemberg' WHERE plz = PLZval(i);
 END LOOP;
END;
```

Oracle arbeitet hier die Liste der Postleitzahlen ab, die über PLZval geliefert wird. In jeder Iteration der Schleife wird die UPDATE-Anweisung neu ausgeführt. Das muss nicht sein. Stattdessen kann man Oracle über die FORALL-Anweisung sagen, dass es alles auf einmal machen soll. Intern kreiert Oracle dann eine Nested Table, die als Ganzes übergeben wird. Die Anweisung wird nur einmal ausgeführt. Das sieht dann so aus:

```
FORALL i IN PLZval.FIRST..PLZval.LAST
 UPDATE ort SET bundesland='Baden-Württemberg' WHERE plz = PLZval(i);
```

Das sieht zwar einem Schleifenkonstrukt ähnlich, ist aber keines. Sie können auch nur eine einzige INSERT-, UPDATE- oder DELETE-Anweisung angeben, PL/SQL-Blöcke sind nicht erlaubt. Der Einsatz von FORALL lohnt sich bereits bei kleinen Datenmengen. Eine Schleife, die fünfmal durchlaufen wird, ist bereits ein Kandidat für die FORALL-Anweisung.

Das Gegenstück zur FORALL-Anweisung für schreibende Operationen ist die BULK COLLECT-Anweisung für das Lesen. Die Datensätze müssen hier dann natürlich in Collections gelesen werden. Auch hier ein Beispiel:

```
DECLARE
 TYPE plzList IS TABLE OF ort.plz%TYPE;
 PLZvals plzList ; -- Postleitzahlen
..
BEGIN
    SELECT plz
```

```
BULK COLLECT INTO PLZvals
FROM ort;
```

BULK COLLECT kann auch in der RETURNING-Klausel verwendet werden. Die RETURNING-Klausel kann für INSERT-, UPDATE- und DELETE-Anweisungen verwendet werden. Damit erhalten Sie in der gleichen Anweisung die modifizierten Daten zurück. Sie benötigen kein separates SELECT mehr. In Oracle 10*g* wurde das noch so weit erweitert, dass Sie hier auch einfache Summierungsfunktionen verwenden können.

Für dynamisches SQL können Sie in PL/SQL EXECUTE IMMEDIATE oder das DBMS_SQL-Package verwenden. EXECUTE IMMEDIATE ist schneller und einfacher zu verwenden als DBMS_SQL und kann auch mit Cursor-Variablen verwendet werden. Parameter können selbstverständlich auch übergeben werden.

OUT- und IN OUT-Parameter, die an Prozeduren und Funktionen übergeben werden, werden in PL/SQL immer als Wert übergeben. Dazu werden temporäre Variablen verwendet. Effektiver ist es natürlich, nur die Variable im Hauptspeicher zu referenzieren und dann auf diese Referenz zuzugreifen. Dann entfällt das Umkopieren in die temporäre Variable. Dazu dient der NOCOPY Hint. Hier eine kleine Beispieldeklaration:

```
PROCEDURE RET_PLZ (IN OUT NOCOPY plz number) ...
```

NOCOPY ist ein Hint, keine Direktive, und unterliegt ein paar Restriktionen. So kann NOCOPY beispielsweise nicht verwendet werden, falls eine implizite Konversion der Datentypen, wie im vorliegenden Beispiel, das die obige Prozedur verwendet, erfolgen muss:

```
declare
my_plz varchar2(10);
...
begin
  my_plz := '12345';
  ret_plz(my_plz); -- falsch. ret_plz will ein NUMBER
                   -- NOCOPY ist nicht möglich!!!
```

In Oracle 9*i* kamen Pipelined Table Functions hinzu. Damit können Sie eine Funktion, die als Ergebnis eine Menge von Datensätzen in Form eines VARRAY oder einer Nested Table zurückliefert, wie eine normale relationale Tabelle verwenden. Die Funktion kann in der FROM-Klausel oder auch in der SELECT-Liste angegeben werden. Diese Funktionen können auch parallelisiert werden. Wird die Funktion als Pipeline verwendet, kann sie Daten an den nächsten Prozess noch während der Verarbeitung weitergeben. Der nächste Prozess muss dann nicht warten, bis das komplette Ergebnis der Table Function vorliegt.

Ebenfalls in 9*i* kam Native Compilation hinzu. Damit wandeln Sie PL/SQL-Code in Shared Libraries um. Dieser Code ist dann schneller als der normale PL/SQL-Code. Native Compilation hat allerdings gewichtige Nachteile. Zum einen ist es nicht unabhängig von der Plattform und es ist auch nicht transparent gegenüber Upgrades. Die Shared Libraries müssen nach jedem Upgrade neu kompiliert werden. Auch kann die Anzahl der Shared Libraries sehr groß sein, aber in dieser Hinsicht sind Sie ja bereits durch die Oracle Installation einiges gewöhnt.

Für den Entwickler und bei Migrationen ist schließlich noch Event 10520 interessant. Wenn Sie ein PL/SQL-Package (oder eine Prozedur oder Funktion) kompilieren, überprüft

Oracle die davon abhängigen Objekte und kompiliert diese auch neu, falls nötig. Ursprünglich funktionierte das so, dass Oracle nur auf den Zeitstempel geachtet hat. Wurde also ein PL/SQL-Package ersetzt, hat Oracle automatisch den dazugehörigen Package Body und alle anderen Packages, Prozeduren und Funktionen, die von diesem Package abhängig waren, für ungültig erklärt. Beim nächsten Zugriff auf diese Objekte erfolgte dann automatisch eine Neukompilation derselben. Sie können sich vorstellen, dass das gerade bei größeren Applikationen ziemlich lange dauern kann. Abgesehen davon ist es eigentlich auch überflüssig, wenn sich im abhängigen Code nichts geändert hat. Für dieses Szenario steht dieses Event zur Verfügung. Die Syntax hierbei ist:

```
ALTER SESSION SET EVENTS ´10520 TRACE NAME CONTEXT FOREVER, LEVEL 10';
```

Ist dieses Event gesetzt, werden in allen folgenden Befehlen abhängige Packages nur auf ungültig gesetzt, wenn sich dort der Code ändert. Damit lassen sich applikatorische und Datenbank-Upgrades sehr beschleunigen.

2

2 Oracle-Tuning

Oracle-Tuning bedeutet Datenbanktuning, und das heißt, dass Sie letzten Endes irgendwann SQL (oder PL/SQL) begegnen. Jede SQL-Anweisung muss von Oracle interpretiert werden. Wie diese Interpretation erfolgt und welche Rahmenbedingungen Sie hier beachten müssen, ist Thema dieses Kapitels.

2.1 Die drei Phasen einer SQL-Anweisung

Wenn Sie mit Oracle arbeiten, verwenden Sie in erster Linie SQL. SQL ist eine Programmiersprache der 4. Generation (4GL). Das bedeutet, dass Sie dem System nur mitteilen, was Sie wollen, aber nicht, wie man zum Ergebnis kommt. Wenn Sie also im SQL*Plus den Befehl SELECT * FROM EMP absetzen, sagen Sie Oracle übersetzt: Gib mir alle Daten aus der EMP-Tabelle. Wie das passieren soll, bleibt im Dunkeln. Im Regelfall ist es Ihnen auch erst mal Wurst, die Daten kommen ja. Interessant wird das eigentlich erst, wenn die Daten eben nicht kommen ... Was geschieht also bei einer Abfrage?

Die Antwort in Kurzform: Zuerst analysiert es die Abfrage, generiert dann einen Zugriffspfad auf die Daten – den berühmten Ausführungsplan (Query Execution Plan oder kurz QEP) – und führt schließlich die Anweisung aus. Für all das ist der so genannte Optimizer zuständig.

Die Analyse der Abfrage (Query) ist der erste Schritt, das ist die so genannte Parse-Phase. Wenn ich hier von Abfrage spreche, ist das nicht ganz korrekt, andere SQL-Anweisungen werden genauso optimiert. Der Einfachheit halber und weil in der Praxis meistens doch Abfragen interessant sind, verwende ich immer diesen Ausdruck, auch wenn es sich mal um eine andere Anweisung handelt. In der Parse-Phase prüft Oracle erst mal, ob die Anweisung syntaktisch richtig ist. Dann muss natürlich überprüft werden, ob Sie die notwendigen Zugriffsrechte haben. Wenn Sie diese nicht haben, sagt Ihnen das System nicht, dass Sie die Rechte nicht haben, sondern bringt einfach den Fehler ORA-942 (Table or View does not exist). Das kann am Anfang ein bisschen verwirrend sein, aber von der Sicherheit her gesehen ist das natürlich die bessere Meldung. Diese Meldung erhalten Sie nämlich auch, wenn Sie sich vertippt haben. Wenn Sie SELECT * FROM ENP eingetippt haben, aber eigentlich EMP meinten und ENP nicht existiert, kommt auch und vollkommen einleuchtend der Fehler ORA-942.

Im zweiten Schritt wird dann der eigentliche Ausführungsplan berechnet. Man spricht immer von Ausführungsplan, egal um welche Anweisung es sich handelt. Zwischen SELECT-Abfrage und manipulierendem Zugriff auf die Daten wird also nicht unterschieden. Beim Ausführungsplan berechnet der Optimizer, wie er auf die einzelnen Daten im Detail zugreifen muss. Erinnern wir uns, wir sagen der Datenbank ja nicht, wie, sondern nur welche Daten wir wollen. Deshalb muss das System berechnen, wie es am besten auf diese Daten zugreift. Die Berechnung des Ausführungsplans ist eine knifflige Sache. Zum einen sollte es ja möglichst schnell gehen, damit dann die eigentliche Arbeit durchgeführt werden kann, zum andern sollte der Ausführungsplan möglichst optimal sein. Das sind zwar ausgefeilte Algorithmen, aber das ist etwas universitär ausgedrückt ein nicht-deterministischer heuristischer Prozess. Das bedeutet übersetzt: Man kann nicht immer hundertprozentig garantieren, dass der beste Ausführungsplan herauskommt. Der Optimizer erstellt einfach verschiedene Pläne und schaut, welcher wohl der beste ist. Das können ziemlich viele sein, und das kann gelegentlich ziemlich dauern. Dauert Ihnen diese Parse-Phase zu lange (normalerweise sollte sich das – wenn's keine Monsterabfrage ist, wo der Text der Abfrage mehrere Seiten lang ist – im Subsekundenbereich bewegen), setzen Sie den Parameter OPTIMIZER_MAX_PERMUTATIONS (ab 10*g* ist das ein undokumentierter Parameter, d.h. Sie müssen ihn mit einem Unterstrich am Anfang versehen) runter auf 2000 oder noch kleiner. Das ist ab Oracle 9 sowieso der Default, aber in Oracle 8*i* liegt der Default noch bei 80000. Im schlimmsten Fall würde da der Optimizer also 80000 verschiedene Pläne anschauen, da werden dann Parse-Zeiten von 45 Minuten schon verständlich. Wie der Dichter so schön sagt: wer sich schnell besinnt, der gewinnt.

Generell lässt sich sagen, dass die Parse-Zeit immer länger wird, je mehr Tabellen in der SQL-Anweisung hinzukommen. Das ist kein Bug, sondern ein generelles Problem, das alle Optimizer haben, also nicht nur Oracle. Dabei steigt die Zeit exponenziell an. Werden viele Tabellen verwendet, können Sie die Parse-Zeit auch mit dem ORDERED Hint verkleinern. Damit sagen Sie Oracle, dass es den besten Ausführungsplan suchen soll, ohne die Reihenfolge der Tabellen in der FROM-Klausel zu ändern.

Hat sich der Optimizer für einen Plan entschieden, kommt die Execute-Phase, in der die Anweisung ausgeführt wird. Das ist es bei den meisten Typen von SQL-Anweisungen dann schon! Nach Parse und Execute gibt es auch noch eine dritte Phase, die Fetch-Phase, in der die Daten geholt werden, aber die kommt nur bei Abfragen vor. Bei allen übrigen Anweisungen, also UPDATE-, INSERT-, DELETE-, MERGE- und CREATE/DROP-Anweisungen gibt es nur die Parse- und Execute-Phase. In der Fetch-Phase wird dann interessant, wie viele Daten wie schnell zwischen Datenbank und Applikation übertragen werden können. Hier ist die Laufzeit natürlich davon abhängig, wie viele Daten betroffen sind und wie viel I/O durchgeführt werden muss.

Highwatermarks können hier auch einen großen Einfluss haben. Das bekannteste Beispiel für eine Highwatermark ist der Füllgrad der Tabelle. Stellen Sie sich dafür eine Tabelle vor, die mehrere 1000 Extents besitzt (der Tablespace für die Tabelle sollte ganz traditionell dictionary managed sein) und eine gewisse Größe hat, sagen wir ein paar Millionen Rows. Dann führen Sie ein DELETE aus – das wird eine gewisse Weile dauern – gefolgt von einem COMMIT. Jetzt ist die Tabelle leer, Sie haben ja alle Datensätze gelöscht. Was denken Sie, wie lange jetzt wohl ein SELECT COUNT(*) auf diese Tabelle dauern wird? Ganz schön lange, kann ich Ihnen sagen: Ich habe in so einem Fall einmal 2 Stunden gewartet, bis als Ergebnis 0 zurückkam. Habe im ersten Moment auch gestaunt. Warum dauert das so lange? Jetzt kommt die Highwatermark ins Spiel. Der Name Hochwasserstand ist ganz passend. Für die Bestimmung der Wasserstände gibt es ja diese Maßstäbe, die anzeigen, auf welcher Höhe der höchste Wasserstand irgendwann einmal war. Bei einer Tabelle (oder einem Index) gibt die Highwatermark den höchsten Stand im Segment an, bis zu dem irgendwann einmal Daten vorhanden waren. Der aktuelle Füllgrad des Segments kann also weit darunter liegen. Unglücklicherweise wird die Highwatermark nur durch ein DROP oder ein TRUNCATE zurückgesetzt, nicht aber durch ein DELETE.

Bei Oracle 10*g* wird es hier ein bisschen besser dank einem ALTER TABLE ... SHRINK SPACE-Kommando, mit dem Sie die Highwatermark zurücksetzen können. Solange die Highwatermark aber oben ist, dauert das SELECT COUNT(*) lange. Oracle liest einfach alle Extents bis zur Highwatermark und kommt dann mit dem Ergebnis 0 zurück. Natürlich hätte ein Neuberechnen der Optimizer-Statistiken oder ein Coalesce des freien Platzes die Sache eventuell auch beschleunigt, aber dazu später mehr. Es gibt mehrere Highwatermarks im Oracle, aber zumeist wird der Begriff als Synonym für den Füllgrad des Segments verstanden

2.2 Der Ausführungsplan

Ein Ausführungsplan – englisch: Query Execution Plan oder kurz QEP – beschreibt, wie eine bestimmte SQL-Operation ausgeführt wird, d.h. auf welche Objekte wie z.B. Tabellen, Indizes etc. zugegriffen wird und auch, wie dieser Zugriff durch den Optimizer realisiert wird.

Den Ausführungsplan kann man sich anzeigen lassen. Dazu gibt es den SQL-Befehl EXPLAIN PLAN, der in der Form EXPLAIN PLAN FOR SELECT ... verwendet wird. Dieser Befehl führt das Select nicht aus, stattdessen wird der Ausführungsplan generiert und in einer Tabelle abgelegt. Diese Tabelle heißt sinnigerweise PLAN_TABLE und muss eine bestimmte Struktur haben. Die Tabelle kann mit dem Skript utlxplan.sql angelegt werden. Utlxplan.sql ist in $ORACLE_HOME/rdbms/admin zu finden. Für die Darstellung des Plans in gefälliger Form gibt es dort auch die entsprechenden Skripts. Utlxpls.sql für die Darstellung serieller („normaler“) Pläne und utlxplp.sql für die Darstellung paralleler Pläne, bei denen Parallel Query verwendet wurde.

Statt jedes Mal sich den Ausführungsplan über EXPLAIN PLAN generieren zu lassen, geht es auch einfacher. Im SQL*Plus (ab Oracle 7.3) gibt es da ein nettes Feature, das so genannte AUTOTRACE. Dazu sollte zum einen die PLUSTRACE-Rolle aktiviert sein.

Das geht über das Script $ORACLE_HOME/sqlplus/admin/plustrce.sql, es muss mit einem Benutzer, der DBA-Rechte besitzt, gestartet werden. Der Benutzer muss auch in seinem Schema die Tabelle PLAN_TABLE haben. Diese Tabelle kann mit dem Script $ORACLE_HOME/rdbms/admin/utlxplan.sql erstellt werden. Sind diese Voraussetzungen erfüllt, kann man sich den Ausführungsplan ganz komfortabel über das Kommando SET AUTOTRACE anzeigen lassen:

```
SQL> set autotrace traceonly explain
SQL> select * from emp;

Ausführungsplan
----------------------------------------------------------
 0 SELECT STATEMENT Optimizer=CHOOSE
 1 0 TABLE ACCESS (FULL) OF 'EMP'
```

Beim AUTOTRACE-Kommando kann man außer EXPLAIN auch noch STATISTICS angeben, dann werden die Statistiken á la V$SYSSTAT bzw. TKPROF mit angezeigt. Dies setzt voraus, dass man die PLUSTRACE-Rolle hat, im Script wird die der DBA-Rolle über das GRANT-Kommando zugewiesen. Das sieht dann so aus:

```
SQL> select * from emp;
14 Zeilen ausgewählt.

Ausführungsplan
----------------------------------------------------------
 0 SELECT STATEMENT Optimizer=CHOOSE
 1 0 TABLE ACCESS (FULL) OF 'EMP'

Statistiken
----------------------------------------------------------
 618 recursive calls
 7 db block gets
 118 consistent gets
 9 physical reads
 860 redo size
 2044 Byte sent via SQL*Net to client
 503 Byte received via SQL*Net from client
 2 SQL*Net roundtrips to/from client
 10 sorts (memory)
 0 sorts (disk)
 14 Datensätze processed
```

Aufgepasst: Wenn Sie auch Statistiken möchten, wird SELECT ausgeführt, da Oracle keine Möglichkeit hat, die Statistiken im voraus zu berechnen. Wenn Sie TRACEONLY EXPLAIN STATISTICS angeben, sehen Sie zwar nicht das Ergebnis der Abfrage, aber Sie wird dennoch ausgeführt! Dadurch wird auch verständlich warum die gleiche Abfrage mit TRACEONLY EXPLAIN beispielsweise nur 10 Sekunden dauert, mit TRACEONLY EXPLAIN STATISTICS dagegen 5 Minuten.

Ab Oracle9 gibt es übrigens die Möglichkeit, den Ausführungsplan direkt aus dem Data Dictionary zu holen. Dort gibt es jetzt die View V$SQL_PLAN, die praktischerweise ähnlich wie die Tabelle PLAN_TABLE aufgebaut ist.

Das bereits erwähnte TKPROF ist ein anderes Utility, mit dem man den Ausführungsplan untersuchen kann. TKPROF setzt allerdings voraus, dass man bereits eine SQL-Trace-Datei erzeugt hat. Das geht ganz leicht, dazu sagen Sie einfach ALTER SESSION SET SQL_TRACE = TRUE und führen dann Ihr SQL aus. Sobald Sie dann im SQL*Plus Ihre

Session verlassen haben Sie eine Trace-Datei im USER_DUMP_DEST-Verzeichnis (wo das ist, sehen Sie mittels SHOW PARAMETER USER_DUMP_DEST). Die Trace-Dateien haben recht kryptische Namen. Auf Windows unter V9.2 zum Beispiel lautet der Name: $ORACLE_SID_ora_$PID.trc. Dabei ist $ORACLE_SID der Wert der ORACLE_SID-Variable (Datenbankname, was nicht ganz exakt ist) und SPID ist die Prozess-ID für Ihre Session. Die Prozess-ID für Ihre Session wiederum bekommen Sie über folgendes Select:

```
select p.spid from v$process p, v$session s
where p.addr = s.paddr and s.sid = (select distinct sid from v$mystat).
```

Tkprof verwenden Sie in der Form:

```
tkprof <trace-datei> <output-datei> [<options>]
```

Tkprof formatiert dann die angegebene Trace-Datei und schreibt es in die Output-Datei. Im Unterschied zum EXPLAIN PLAN/AUTOTRACE zeigt der mit TKPROF formatierte Output neben dem Ausführungsplan und den Statistiken auch die Zeiten, die in den drei Phasen verbracht wurden. (Dazu muss der Parameter timed_statistics auf TRUE eingestellt sein. Er kann auch über ALTER SESSION gesetzt werden) Ich empfehle, den Parameter generell in init.ora/spfile zu setzen, wenn er es nicht bereits ist. (Es gibt zwar dadurch einen Performance Overhead, aber der ist so gering, dass Sie ihn nur in ganz seltenen Ausnahmefällen merken) Das Ergebnis kann dann so aussehen:

```
select text
from
 view$ where rowid=:1

call     count   cpu     elapsed      disk query     current  rows
-------  ------  -----   ----------   ---- ------    -------  ----
Parse    1       0.00    0.00         0      0       0        0
Execute  1       0.00    0.00         0      0       0        0
Fetch    2       0.01    0.00         0      7       0        1
-------  ------  -----   ----------   ----- -----    -------  ----
total    4       0.01    0.0          0      7       0        1
…
Misses in library cache during parse: 1
Optimizer goal: CHOOSE
Parsing user id: SYS (recursive depth: 1)


Rows Row Source Operation
------- ---------------------------------------------------
 1 TABLE ACCESS BY USER ROWID OBJ#(62) (cr=1 r=0 w=0 time=38 us)

Rows Ausführungsplan
------- ---------------------------------------------------
 0 SELECT STATEMENT GOAL: CHOOSE
 1 TABLE ACCESS (BY USER ROWID) OF 'VIEW$'
```

Wie man sieht, hat das Statement kaum CPU-Zeit verbraucht (die Angaben sind in 100tel Sekunden hier), aber das wäre für eine einzige Row auch eher verblüffend gewesen. Auf die Disk musste nicht zugegriffen werden, die Blöcke waren noch im Hauptspeicher. Was vielleicht verwundert, ist, dass es sieben Blöcke für eine einzige Row sind. Offensichtlich waren einmal mehr Daten in der Tabelle, die dann mit Delete gelöscht wurden. Das Fetch wurde zweimal ausgeführt. Das ist kein Fehler. Bei jedem Select wird zum Abschluss noch ein zusätzlicher Datensatz geholt, um sicherzustellen, dass keine weiteren Daten mehr kommen. Das gibt dann ORA-1400 (bzw. ORA-100) und ist im SQL ANSI-Standard festgelegt. Im Oracle Call Interface kann das abgeschaltet werden, indem man in OCIAttrSet() die beiden Attribute OCI_ATTR_PREFETCH_DATENSÄTZE und OCI_ATTR_PREFETCH_MEMORY auf 0 setzt. Im Pro*C Precompiler existiert dafür auch eine Option.

Die einfache Darstellung des Ausführungsplans über EXPLAIN PLAN oder AUTOTRACE funktioniert zwar immer, lässt sich aber noch verfeinern. Viele Tools verfügen über die Möglichkeit, Ausführungspläne graphisch darzustellen. Im Oracle SQL Developer beispielsweise sieht das dann so aus:

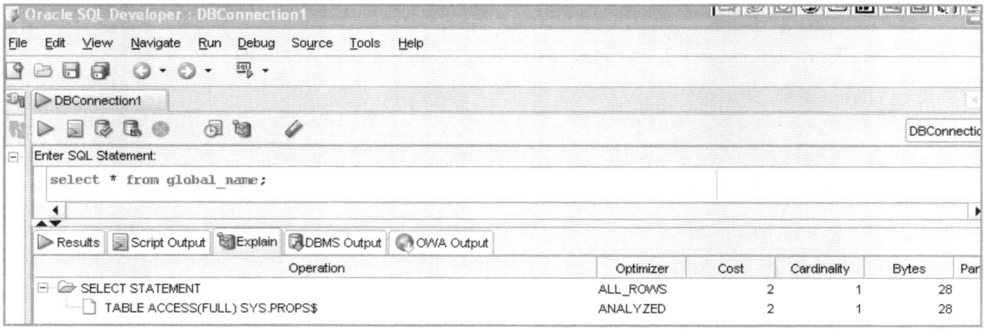

Auch der Oracle Enterprise Manager beziehungsweise Database Control verfügen über die entsprechenden Möglichkeiten. Das wird in Kapitel 5 noch genauer beschrieben.

2.3 Der Oracle Optimizer

Die drei Phasen Parse, Execute und Fetch werden für jedes Statement durchlaufen, egal welcher Optimizer verwendet wird. Es gibt verschiedene Optimizer, wobei wir bei Oracle zwischen zwei Varianten unterscheiden: dem Optimizer, der mit Statistiken operiert (Costbased Optimizer) und dem RULE-based Optimizer. Der RULE-based Optimizer wird schon lange nicht mehr weiterentwickelt und sollte generell nicht mehr verwendet werden, seit Oracle 10*g* ist er abgekündigt. Oracle entwickelt nur noch den Costbased Optimizer weiter. Der Costbased Optimizer kann bedeutend mehr als der RULE-based Optimizer, dafür ist der RULE-based Optimizer einfacher zu verstehen, weshalb wir ihn hier trotzdem noch kurz besprechen.

2.3.1 Der RULE-based Optimizer (RBO)

Bis Oracle 7 gab es in Oracle nur den so genannten RULE-based Optimizer. Dieser kennt nur bestimmte Regeln und damit hat's sich. Nach diesen Regeln wird die Abfrage optimiert. Dabei bietet die erste Regel den günstigsten Zugriffspfad, die zweite Regel ist nicht mehr ganz so günstig und so weiter und so fort bis zur letzten Regel, bei der dann einfach die ganze Tabelle gelesen wird, was im Regelfall sehr ungünstig ist. Lesen Sie mal alle Daten aus einer Tabelle mit 100 Millionen Rows, was im Regelfall länger als die Kaffeepause dauert. Die Regeln, wie der RBO arbeitet, finden Sie im Kapitel 4 des Oracle Performance Tuning Guide 8.1.6 beschrieben, Der RBO arbeitet stur diese Liste ab. Generell lässt sich sagen, dass der RBO in der Auswahl seiner Zugriffsoperationen zwar wesentlich beschränkter ist als der CBO, aber sehr viel einfacher zu verstehen. Der RBO arbeitet zum Beispiel stur von rechts nach links. Dagegen verwendet der CBO (Costbased Optimizer), der in der Abwesenheit von Statistiken teilweise auch wie der RBO funktioniert, gerade die entgegengesetzte Reihenfolge von links nach rechts.

Bei Programmierern war der RBO sehr beliebt, da der Ausführungsplan ausschließlich anhand dieser Regeln bestimmt werden konnte. Das ist beim Costbased Optimizer nicht mehr der Fall, dort kann oft nicht mehr im voraus gesagt werden, welcher Ausführungsplan genommen werden wird. Der RULE-based Optimizer existiert zwar noch in Oracle 9.2, wird aber nicht mehr weiterentwickelt und ist für Oracle 10 abgekündigt.

Als Benutzer können Sie das Verwenden des RULE-based Optimizer durch Setzen des RULE Hint erzwingen. Das Oracle Data Dictionary (also alle ALL_/DBA_/USER_ Views) arbeitet in den Versionen 8 und 9 auch mit dem RULE-based Optimizer. Falls Sie einmal schlechte Performance bei Abfragen auf das Data Dictionary erleben, probieren Sie die Abfrage einfach noch einmal, nachdem Sie vorher ALTER SESSION SET OPTIMIZER_MODE = RULE gesetzt haben. Das wirkt manchmal Wunder. Allerdings sind wohl ab Oracle 9*i* Statistiken auf dem Data Dictionary manchmal OK, und ab Oracle 10*g* werden ja ohnehin fortlaufend Statistiken gesammelt. Da wird also auch der CBO für das Dictionary verwendet.

Welcher Optimizer eingesetzt wird, kann auch über die beiden Parameter COMPATIBLE beziehungsweise OPTIMIZER_FEATURES_ENABLE beeinflusst werden. In Oracle 10*g* wird beim Aufsetzen der Datenbank ein Datenbankjob, der periodisch Statistiken sammelt, gleich mit definiert. In welchem Ausmaß dabei Statistiken zur Verfügung stehen, wird über den STATISTICS_LEVEL-Parameter gesteuert. Die Standardeinstellung ist hier TYPICAL. Diese Einstellung sollte beibehalten werden.

2.3.2 Costbased Optimizer (CBO)

Der Costbased Optimizer existiert zwar seit Oracle 7, ist aber vor Version 7.3 nicht wirklich zu gebrauchen. Richtig gut ist er ohnehin erst seit 8.1.7. Im Unterschied zum RULE-based Optimizer berücksichtigt der CBO auch die Anzahl und Verteilung der Daten. Dem RULE-based Optimizer ist das egal, der arbeitet einfach seine Regeln ab, und das war's. Der CBO wird von Oracle laufend weiterentwickelt und hat viel mehr Möglichkeiten als der RBO. Neben Angaben über die physikalische Verteilung kennt der CBO auch Histogramme, Partitionierungs- und Parallelisierungsoptionen. Der RBO kennt das alles nicht. Wie der Name schon sagt, errechnet der CBO den Ausführungsplan anhand von Kosten. Um dies korrekt tun zu können, benötigt er die so genannten Statistiken. Diese Statistiken geben im Wesentlichen an, wie viele Daten existieren und wie diese verteilt sind. Falls der

CBO verwendet wird, aber keine aktuellen Statistiken vorhanden sind, wird mit Annahmen gerechnet. Diese Annahmen können einigermaßen zutreffen, können aber auch ziemlich danebenliegen. Das führt dann zu ganz, ganz schlechter Performance (... Stunden später ...) und dürfte meiner Meinung nach der Hauptgrund sein, warum der CBO manchmal – immer noch – einen so schlechten Ruf hat. Es ist ein weit verbreiteter Irrtum anzunehmen, dass ohne Statistiken automatisch der RBO verwendet wird, wenn für den Optimizer in der init.ora CHOOSE eingestellt ist (CHOOSE ist die Voreinstellung ab Oracle 8*i* bis zur Version 10*g*). Bei partitionierten Objekten oder falls der Parallelisierungsgrad größer als 1 (oder DEFAULT bei Maschinen mit mehreren CPUs) ist, wird zum Beispiel immer der CBO verwendet, egal ob Statistiken vorhanden sind oder nicht. Ab Oracle 9 gibt es auch noch Systemstatistiken, damit kann Oracle zusätzlich auch noch die I/O-Zeiten beim Zugriff auf Disk oder RAM für die Erstellung des Ausführungsplan mit berücksichtigen. Diese Statistiken müssen allerdings gesondert erstellt werden. Ob Statistiken für ein Objekt vorhanden sind oder nicht, sieht man im Data Dictionary. Für Tabellen sind dies die Views DBA_/ALL_/USER_ TABLES, für Indizes finden Sie die Informationen in DBA_/ALL_/USER_INDEXES und für Partitionen schließlich in DBA_/ALL_/USER_TAB_PARTITIONS bzw. _IND_PARTITIONS. Es gibt dort immer ein Datumsfeld LAST_ANALYZED, welches das Datum angibt, an dem das letzte Mal die Statistiken erstellt wurden. Ist das Feld ganz leer, wurden für das Objekt noch nie Statistiken erstellt. Das gilt übrigens auch für die übrigen Felder wie NUM_ROWS, BLOCKS, EMPTY_BLOCKS etc. Bei Performance-Problemen ist es deshalb immer eine gute Idee, erst einmal zu prüfen, wie aktuell die Statistiken sind bzw. ob es überhaupt welche gibt. In Oracle 10*g* wurden dann die Systemstatistiken noch einmal erweitert: Jetzt wird auch das Netzwerk mit in Betracht gezogen.

Es gibt zwei Möglichkeiten, Statistiken zu erstellen, entweder über das ANALYZE-Kommando oder über das DBMS_STATS-Package. Am Anfang gab es nur das ANALYZE-Kommando. Das Generieren der Statistiken erfolgt dabei über den SQL-Befehl ANALYZE TABLE ... COMPUTE STATISTICS. Machen wir das einmal mit der EMP-Tabelle. Wir erhalten beispielsweise folgendes Ergebnis:

```
SQL> analyze table emp compute statistics;

Tabelle wurde analysiert.

SQL> select num_Datensätze rows,blocks,empty_blocks empty,avg_space
space,avg_row_len len
  2 ,last_analyzed from user_tables where table_name='EMP';

DATENSÄTZE BLOCKS     EMPTY        SPACE      LEN         LAST_ANA
---------- ---------- ------------ ---------- ----------- --------
 14        1          6            7483       40          03.08.06
```

Hier sehen wir also, dass die Tabelle 14 Zeilen hat und einen Block mit durchschnittlich 7483 Byte belegt. Blöcke bezieht sich natürlich auf Datenbankblöcke, deren Größe durch den Parameter DB_BLOCK_SIZE bestimmt wird. Hier im Beispiel ist das 8192. Die durchschnittliche Größe eines Datensatzes beträgt 40 Byte und der letzte Analyze erfolgte am 3. August 2006. Interessant ist der Wert von 6 für EMPTY_BLOCKS. EMPTY_BLOCKS sind leere Blöcke. Das bedeutet also, dass mehr Platz als aktuell benötigt in der Vergangenheit belegt war.

Der CBO errechnet anhand der Statistiken den Ausführungsplan. Hat er keine oder veraltete/ungenaue Statistiken, dann taugt auch der daraus generierte Ausführungsplan in aller Regel nichts.

2.3.3 Einstellungen für den Optimizer

Generell wird der Optimizer über OPTIMIZER_MODE eingestellt. Hierbei kann zwischen dem RBO und verschiedenen Varianten des CBO gewählt werden. Hier bestehen die folgenden Möglichkeiten:

- **RULE** – damit wird zumeist der RBO verwendet. Dies ist nicht mehr zu empfehlen, außer in Ausnahmefällen. Nicht mehr gültig in Oracle 10*g*.
- **CHOOSE** – Default bis 10*g*, damit wird im Wesentlichen der CBO verwendet, wenn Statistiken da sind, andernfalls der RBO. Nicht immer glücklich, aber dies war lange die Standard-Einstellung in Oracle. Dabei wird als Modell für die Kostenberechnung ALL_ROWS verwendet. ALL_ROWS bedeutet, der Optimizer versucht alle Datensätze möglichst schnell zu liefern. Nicht mehr gültig in Oracle 10*g*.
- **ALL_ROWS** kann auch explizit gesetzt werden. Maximierung des Durchsatzes ist hier die Devise. Default in 10*g*.
- **FIRST_ROWS** ist eine Variante des ALL_ROWS-Modells, bei dem der Optimizer Pläne bevorzugt, die ihrerseits die ersten Sätze möglichst schnell zurückliefern. Dafür ist eventuell der Durchsatz nicht so gut. Falls Sie Abfragen mit ORDER BY unter FIRST_ROWS laufen lassen, müssen Sie ein bisschen aufpassen, denn unter FIRST_ROWS gibt es dafür kein vernünftiges Modell für die Kosten. Das bedeutet: Der Ausführungsplan, den Sie hier erhalten, ist manchmal nicht der beste. Kann im Regelfall durch ALL_ROWS oder den ORDERED-Hint behoben werden.
- **FIRST_ROWS_1|FIRST_ROWS_10|FIRST_ROWS_100|FIRST_ROWS_1000**.
  Das gibt es erst ab Oracle 9, hier kann man beim FIRST_ROWS noch genauer angeben, wie viele Sätze möglichst rasch geliefert werden sollen.

Auf Session-Ebene können Sie das mit dem Befehl ALTER SESSION SET OPTIMIZER_MODE überschreiben. Falls Sie einen Hint in einem Statement verwenden, hat der natürlich Vorrang.

Im PL/SQL brauchen wir natürlich auch einen Optimizer, dort wird ALL_ROWS verwendet, wenn nicht explizit RULE gesetzt ist. Seit 8.0.6 kann über den versteckten Parameter _OPTIMIZER_MODE_FORCE erzwungen werden, dass die Einstellungen der aktuellen Session des Benutzers in PL/SQL übernommen werden.

Wenn wir keine Statistiken haben, benutzt Oracle Voreinstellungen, wobei ab Version 10*g* die Statistiken dynamisch gesammelt werden. Falls der Parameter OPTIMIZER_MODE explizit auf RULE gesetzt ist, wird der RBO verwendet. Das ist zwar dokumentiert, aber nicht so richtig bekannt; man kann es auch guten Gewissens nicht empfehlen: RULE kann auch noch mit Oracle 9 verwendet werden (auch auf Session Ebene mit ALTER SESSI-

ON). Das ist manchmal bei Applikationen notwendig, die unter Oracle 7 entwickelt wurden und dann ohne Umstellung auf den CBO auf Oracle 8 oder höher migriert wurden. Bei ALL_ROWS und FIRST_ROWS wird der CBO verwendet, auch wenn keine Statistiken vorhanden sind.

Standardmäßig ist der Optimizer über den OPTIMIZER_MODE aber auf CHOOSE und in Oracle 10*g* auf ALL_ROWS eingestellt. Viele Leute nehmen an, CHOOSE bedeutet: Nimm den Costbased Optimizer. Dem ist aber nicht so: CHOOSE bedeutet: Nimm den RBO, wenn keine Statistiken vorhanden sind, sonst verwende den CBO. Und: es gibt einige Ausnahmen zu dieser Regel. Falls Sie eine Tabelle mit einem Parallelisierungsgrad > 1 haben, wird automatisch der CBO verwendet (der RBO weiß nichts über Parallelisierung, das kam erst später). Das trifft auch für alle Objekte zu, die der RBO nicht kennt, zum Beispiel IOTs (Index Organized Tables). Der CBO wird in Oracle 8.0.5 und 8.1.5 (nur in diesen beiden Versionen) auch verwendet, wenn Sie einen Index mit einem Parallelisierungsgrad > 1 haben. Wenn Sie eine Tabelle mit Statistiken mit einer Tabelle ohne Statistiken joinen, werden auch die Defaults des CBO verwendet. Falls Sie irgendeinen Hint (außer RULE natürlich) verwenden, wird auch der CBO verwendet.

Eine andere Möglichkeit, den Optimizer zu beeinflussen, existiert in Form des Parameters OPTIMIZER_FEATURES_ENABLE. Wenn Sie den unter Oracle 10*g* auf 9.2 einstellen, wird sich der Optimizer wie unter Oracle 9.2 verhalten. Das ist für mich ein Parameter, der nur im Notfall verwendet werden sollte. Wenn die Datenbank auf eine höhere Version gebracht wurde und keine Zeit blieb, die Applikation gegen die neue Version zu testen, kann das zum Beispiel notwendig werden.

Unter Oracle 10*g* ist das alles noch mal anders. Dort sorgt der Parameter STATISTICS_LEVEL dafür, dass automatisch Statistiken für den CBO gesammelt werden. Dieser Parameter muss mindestens auf TYPICAL stehen, was aber auch die Voreinstellung ist. Es gibt daneben noch die Einstellungen BASIC und ALL. BASIC schaltet das automatische Sammeln der Statistiken und noch einiges andere aus, davon ist energisch abzuraten. ALL kann mal beim Tracing notwendig werden, sollte aber im Normalbetrieb nicht verwendet werden. Wenn ALL eingestellt ist, werden sehr viele Daten gesammelt, der SYSAUX-Tablespace wächst dann exponenziell schnell. ALL sollte nur auf Session-Ebene eingesetzt werden.

Jetzt müssen wir noch die Begriffe der Selektivität und der Kardinalität einführen. Selektivität bedeutet bei Datenbanken, wie gut ein Abfragekriterium den Suchraum einschränkt. Wenn ich also bei einer Tabelle mit 5000000 Datensätzen eine Abfrage durchführe, bei der mein Suchkriterium nur einen einzigen Datensatz zurückliefert, so ist das sehr selektiv. Wenn ich allerdings ein Kriterium verwende, das mehr als 2500000 Datensätze zurückliefert, so ist das wenig selektiv. Wir sehen: gerade bei potenziell großen Datenmengen sind selektive Abfragen gewünscht. Je selektiver, desto besser.

Kardinalität ist etwas ganz anderes. Oft wird es als Synonym für die Anzahl der Datensätze einer Tabelle verwendet, das stimmt aber nicht so. Genau genommen wird damit ausgedrückt, wie viele Datensätze einer Tabelle zu einem bestimmten Wert einer anderen Tabelle gehören. Ein Beispiel: Ich habe eine Tabelle, in der alle Männer gespeichert sind, und eine zweite, in der alle Frauen gespeichert sind[1]. Zwischen Männern und Frauen besteht dann eine 1:1-Beziehung für verheiratete Paare. Das bedeutet: Ein Mann ist mit genau einer Frau verheiratet und umgekehrt. Zumindest in Europa ist das die Regel. In muslimischen Ländern sind auch 1:N-Beziehungen möglich, das heißt, ein Mann kann auch mit mehreren Frauen verheiratet sein. In manchen Gegenden der Südsee soll wiederum die umgekehrte Variante möglich sein, also eine Frau hat mehrere Männer. Wie Sie sehen, gibt es da viele Varianten. Wichtig beim Design ist also, dass man sich nicht zu früh auf eine bestimmte Regel festlegt.

In Oracle 10*g* funktioniert das wieder anders. Dort ist standardmäßig der Parameter OPTIMIZER_DYNAMIC_SAMPLING auf 2 eingestellt (sofern COMPATIBLE auf 10.1.0 steht, was auch die Voreinstellung ist). In diesem Fall sammelt der Optimizer beim Analysieren einer Anweisung automatisch die fehlenden Statistiken für die Tabellen. Dabei nimmt er 64 Oracle-Blöcke pro Tabelle für die Schätzung. Je nach Level, den Sie hier verwenden, sammelt er mehr oder weniger Blöcke. Mit dem Wert 0 schalten Sie das ganz aus. Für manche Typen, zum Beispiel externe Tabellen oder Tabellen, die in einer anderen Datenbank liegen, kann er das aber nicht. In diesen Fällen, oder falls Sie das dynamische Sammeln der Statistiken ausgeschaltet haben, benutzt Oracle laut Kapitel 14 in [OraPer 2005] die folgenden Einstellungen für Tabellen:

Tabelle 2.1 Voreinstellungen des Optimizers für Tabellenabfragen

Beschreibung	Wert
Durchschnittliche Länge eines Datensatzes	100 Byte
Anzahl Blöcke	100 oder der Wert aus der Extent Man (Letzteres setzt voraus, dass das Objekt in einem Locally Managed Tablespace liegt)
Kardinalität	(Anzahl Blöcke) * (Oracle Block Größe – Cache_layer) / (durchschnittliche Länge eines Datensatzes)
Durchschnittliche Länge eines Datensatzes für Tabellen in anderen Datenbanken	100 Byte
Kardinalität für Tabellen in anderen Datenbanken	2000 Datensätze

Für Indizes werden die folgenden Werte benutzt:

Tabelle 2.2 Voreinstellungen des Optimizers für Indizes

Beschreibung	Wert
Anzahl der Level	1
Anzahl Leaf Blöcke	25

[1] Natürlich mal wieder ein vollkommen blödsinniges Beispiel, in der Praxis sind alle in der gleichen Tabelle, und es gibt noch eine Spalte, die angibt, ob Männlein oder Weiblein. Ganz weit Fortgeschrittene lassen neben diesen beiden Möglichkeiten noch weitere zu, aber na ja …

Beschreibung	Wert
Leaf Blöcke pro Schlüsselwert	1
Datenblöcke pro Schlüsselwert	1
Anzahl unterschiedliche Schlüssel	100
Clustering Factor	800

2.4 Statistiken im Detail

Richtige Statistiken sind essenziell für den CBO. Dieser Bereich wird von Oracle immer mehr automatisiert, ab Oracle 10*g* erfolgt das Sammeln der Statistiken bereits zum großen Teil automatisch.

Für das Erstellen der Statistiken stehen uns allgemein zwei Wege zur Verfügung: das ANALYZE-Kommando oder das DBMS_STATS-Package (genaugenommen drei, wenn man den automatischen Job in 10*g* mitzählt). Es gibt auch zwei Einstellungen für das Sammeln der Statistiken: Neben COMPUTE STATISTICS gibt es auch die Möglichkeit, die Statistiken schätzen zu lassen. Dies ist insbesondere bei sehr großen Tabellen interessant, da COMPUTE STATISTICS ziemlich zeitintensiv ist. Diese Schätzungen sind im Regelfall auch sehr brauchbar. Bereits zu Zeiten von Oracle 7.3 testeten wir das schon im Support mit einer Tabelle mit mehreren Millionen Zeilen. Selbst eine Schätzung mit 2% war noch zu über 95% korrekt – das beruhigt einen doch. Die Syntax für das Schätzen ist ESTIMATE STATISTICS SAMPLE <n> PERCENT. Für <n> kann irgendein Prozentsatz zwischen 0 und 100 verwendet werden. Dabei braucht es keine ganze Zahl zu sein, reelle Zahlen wie 4,56 sind auch möglich, aber das empfehle ich nicht, da gab es schon Bugs damit. Ich empfehle als Prozentsatz 5 für große Tabellen. Werte größer 50 ergeben für mich wenig Sinn. Bitte beachten Sie: Wenn Sie statt DBMS_STATS das ANALYZE-Kommando verwenden, resultiert das bei Werten ab 50 ohnehin in einem COMPUTE STATISTICS, da müssen Sie also aufpassen. Oft werden Werte wie 10 oder 20 verwendet, aber wie gesagt, auch kleinere Werte wie 5 oder 2 können noch ganz brauchbar sein. Testen Sie's. Statt einer Prozentzahl kann auch eine Anzahl von Datensätze beim Schätzen angegeben werden, das ergibt aber nur Sinn, wenn man von vornherein weiß, wie viel man ungefähr zu erwarten hat. Es macht für mich keinen Sinn, X Stunden für das Errechnen von Statistiken zu verschwenden, wenn das Ganze viel schneller erledigt werden kann.

Neben dem ANALYZE-Kommando gibt es auch noch die Möglichkeit, sich die Statistiken über das DBMS_STATS Package erstellen zu lassen. Das ist mittlerweile auch die empfohlene Methode von Oracle. So gibt es beispielsweise bei List-Partitionen (gibt es seit Oracle 9) keine Gewähr, dass korrekte Statistiken erstellt werden, wenn dies mit dem Kommando ANALYZE geschah. Insbesondere Partitionsstatistiken werden nur mit DBMS_STATS ermittelt, mit ANALYZE werden sie abgeleitet. Das sieht man dann in der Spalte GLOBAL_STATS in DBA_TABLES/DBA_INDEXES. Das kann beispielsweise zu dem „lustigen" Effekt führen, dass ein Full Table Scan durchgeführt wird, wenn Sie einen ungültigen Listenwert in der Abfrage verwenden.

DBMS_STATS hatte allerdings zu Beginn auch so seine Problemchen, es gab einige unschöne Bugs, aber ab Oracle 8.1.7 sollte das alles kein Problem mehr sein. ANALYZE können Sie nur auf einzelnen Tabellen/Indizes durchführen. DBMS_STATS bietet mit GATHER_SCHEMA_STATS und GATHER_DATABASE_STATS dagegen die Möglichkeit, alle Tabellen und Indizes für einen User bzw. die ganze Datenbank auf einmal durchzuführen. Allerdings empfehle ich generell GATHER_DATABASE_STATS nicht vor Oracle 10*g* und unter 9*i* auch nur in Ausnahmefällen. Last but not least bietet DBMS_STATS die Möglichkeit, die Statistiken in Tabellen zu speichern. Damit können Statistiken von einem System zum anderen transferiert werden. Das kann überaus nützlich sein. Sehr oft sieht man ja, dass die Datenbestände auf den verschiedenen Systemen sehr unterschiedlich sind, zum Beispiel haben wir ein Entwicklungs- und Testsystem mit einer 100 MB Datenbank, aber in der Produktion sind es dann nicht 100 MB, sondern 100 GB. In der Entwicklung hat die größte Tabelle 10000 Rows, aber in der Produktion sind's dann 100000000. Klar, dass das dann andere Execution-Pläne gibt. Lässt sich aber vermeiden, wenn man von Anfang an dem Optimizer sagt, wie es am Ende wirklich aussieht. Natürlich wird die Ausführungszeit auf dem Testsystem in diesem Fall nicht langsamer, physikalisch sind es ja nicht mehr Daten geworden. Aber zumindest der Ausführungsplan sollte sich ändern.

Für Tabellen werden die Statistiken in USER_TABLES, ALL_TABLES oder DBA_TABLES abgelegt, für Indizes oder Cluster wieder in den entsprechenden Data Dictionary Views. Das Data Dictionary sollte vor Version 10*g* nicht analysiert werden, das kann Ärger geben. Merke: Bis Oracle 10*g* wird im Data Dictionary ausschließlich der RULE-based Optimizer verwendet.

Schauen wir uns mal an, welche Statistiken vom Optimizer überhaupt verwendet werden. Die Spalte im Data Dictionary, in der die Information abgelegt wird, ist in Klammern angegeben:

- Anzahl Datensätze (NUM_ROWS).
- Anzahl der Blöcke unter der Highwatermark, egal ob dort Daten sind oder nicht (BLOCKS). Die Highwatermark gibt an, bis zu welchem Punkt Daten vorhanden waren. Dieser Wert wird immer exakt errechnet, egal ob COMPUTE oder ESTIMATE verwendet wird.
- Leere Blöcke, die zwar angefordert, aber nie benutzt wurden (EMPTY_BLOCKS). Auch dieser Wert wird immer exakt errechnet.
- Durchschnittlicher freier Platz im Block in Byte (AVG_SPACE).
- Die Anzahl von verketteten (Chained) Datensätzen (CHAIN_COUNT). Dazu benutzen Sie ANALYZE TABLE … LIST CHAINED ROWS. Falls Sie Tabellen haben, die LONG oder Inline LOBs verwenden, sind Chained-Datensätze normal, in allen anderen Fällen sollte das Grund für eine nähere Untersuchung sein.
- Durchschnittliche Länge eines Datensatzes einschließlich des Overhead in Byte (AVG_ROW_LEN). Der Overhead ist minimal.

Die Syntax für das Errechnen der Statistiken ist relativ einfach, hier ein paar Beispiele:

- `ANALYZE TABLE EMP ESTIMATE STATISTICS SAMPLE 5 PERCENT.`
  Diesmal schätzen wir die Statistiken, dabei genügen uns 5 Prozent. Hier ist der zugehörige Aufruf:

  ```
  DBMS_STATS.GATHER_TABLE_STATS (ownname=>'SCOTT',tabname=>'EMP',
  estimate_percent=>5);
  ```

- Statistiken für alle Tabellen von SCOTT, wieder mit 5 Prozent:

  ```
  DBMS_STATS.GATHER_SCHEMA_STATS (ownname=>'SCOTT',estimate_percent=>5);
  ```

DBMS_STATS kann Statistiken für Tabellen (aber nicht für Indizes) parallel sammeln. Dazu dient der Parameter degree. Der steht per Default auf NULL, was bedeutet: Der Parallel Degree der Tabelle wird verwendet, falls dort einer gesetzt ist. Es spricht aber nichts dagegen, degree hier explizit zu setzen. Bitte beachten Sie aber: Paralleles Sammeln geht nur, wenn der Defaultwert 'FOR ALL COLUMNS SIZE 1' für den Parameter method_opt nicht verändert wird.

Für Indizes werden natürlich andere Statistiken erstellt, die im Data Dictionary in USER_INDEXES, ALL_INDEXES oder DBA_INDEXES abgelegt werden. Im Einzelnen werden die folgenden Statistiken erstellt. Dabei ist wieder in Klammern die Spalte im Data Dictionary angegeben, in der die Information abgelegt wird:

- Tiefe des Index vom Root-Block zu den Leaf-Blöcken (BLEVEL). Das ist natürlich nur für B*-Baum-Indizes interessant. B*Baum-Indizes sind in Oracle immer ausbalanciert, allerdings können die Daten mit der Zeit schief werden. Es besteht also sehr selten wirklich Bedarf für ein Neuerstellen eines Index. Falls doch: Bereits in Oracle 8*i* können Sie den Rebuild im laufenden Betrieb durchführen. Das erfolgt über das Kommando ALTER INDEX ... REBUILD ONLINE; alles was Sie dazu brauchen, ist der zusätzliche Platz auf der Festplatte. Allerdings kann ein ONLINE Rebuild sehr viel länger dauern als ein OFFLINE Rebuild, ich habe da schon Unterschiede zwischen 12 Stunden OFFLINE und 4 Tagen, also 96 Stunden, ONLINE gesehen.
- Die Anzahl Leaf-Blöcke(LEAF_BLOCKS).
- Die Anzahl unterschiedlicher Indexwerte (DISTINCT_KEYS).
- Durchschnittliche Anzahl von Leaf-Blöcken pro Indexwert (AVG_LEAF_BLOCKS_PER_KEY).
- Durchschnittliche Anzahl von Datenblöcken pro Indexwert (für einen Index auf einer Tabelle).
- Der Clustering Factor (CLUSTERING_FACTOR). Dieser Wert ist wichtig für die Errechnung der Kosten von Index Range Scans und gibt an, wie gut die Indexwerte den Datenblöcken zugeteilt sind. Er wird folgendermaßen errechnet:
  1. Der Index wird Block für Block abgesucht.
  2. Der aktuelle Indexwert wird mit dem vorangegangenen verglichen. Zeigen beide auf den gleichen Datenblock, passiert nichts, sonst wird ein Zähler um 1 erhöht.
  3. Ist der ganze Index abgearbeitet, wird der Zähler in CLUSTERING_FACTOR abgelegt.

Wenn der Clustering Factor mehr oder weniger der Anzahl Datenblöcke entspricht, ist der Index gut. Nähert er sich aber der Anzahl Datensätze in der Tabelle, ist er schlecht. Dann ist ein Rebuild des Index angebracht. Sehr kleine Clustering-Faktoren deuten auf einen Bitmap-Index hin.

Es gibt neben den „normalen“ B*-Baum-Indexes noch Bitmap-Indizes und Index-Organized Tables (IOTs), aber die Statistiken werden dort genauso gesammelt. Eine Ausnahme sind Domain-Indizes (die werden zum Beispiel bei Oracle interMedia/Text verwendet), da existieren dann noch spezielle Statistiken und auch spezielle Prozeduren zum Erstellen und Verwalten der Statistiken. Die sollen uns aber hier nicht weiter bekümmern.

Die Syntax für das Berechnen von IndexsStatistiken ist genauso einfach wie die zum Erstellen der Tabellen-Statistiken. Hier zwei kleine Beispiele:

- Wir berechnen die Statistiken des Index I_EMP. Mit DBMS_STATS ist der zugehörige Aufruf:

```
DBMS_STATS.GATHER_INDEX_STATS(ownname=>'SCOTT',indname=>'I_EMP').
```

- Wir berechnen die Statistiken für alle Tabellen von SCOTT, wieder mit 5 Prozent, aber zusätzlich noch mit den Statistiken aller Indizes. Dazu muss der Parameter CASCADE auf TRUE gesetzt werden:

```
execute DBMS_STATS.GATHER_SCHEMA_STATS('SCOTT',estimate_percent=>5,
cascade=>TRUE);
```

Wenn Sie Statistiken für einen Cluster sammeln, werden automatisch die Statistiken für die beteiligte(n) Tabellen und Indizes inklusive Cluster-Index gesammelt. Die durchschnittliche Anzahl Datenblöcke per Cluster-Wert wird in AVG_BLOCKS_PER_KEY in USER_CLUSTERS/ALL_CLUSTERS/DBA_CLUSTERS festgehalten. Cluster-Statistiken müssen über das ANALYZE-Kommando gesammelt werden. Das ist ein bisschen unschön.

Jetzt wäre es natürlich auch schön, wenn man das System dazu bringen könnte, Statistiken automatisch zu erstellen. Das geht auch seit Oracle 8.1.7 und nennt sich Table Monitoring. Man sagt der Datenbank, dass sie alle Veränderungen, die über DML (also INSERT/UPDATE/DELETE) erfolgen, periodisch aus der SGA in bestimmten Data Dictionary-Tabellen nachführen soll. In einem zweiten Schritt kann man dann später nur Statistiken für die Tabellen erzeugen, wenn genügend Veränderungen für die Tabelle im Data Dictionary protokolliert wurden. Man spricht hier auch davon, dass die Statistiken STALE werden, der Schwellwert liegt hier bei 10%. Ist dieser Schwellwert überschritten, wird die Tabelle als STALE bezeichnet.

Wenn Sie das Monitoring für eine Tabelle aktivieren wollen, sagen Sie einfach ALTER TABLE … MONITORING. Um es wieder auszuschalten, gibt es dann ein ALTER TABLE … NOMONITORING. Nach dem Aktivieren des Monitoring werden alle drei Stunden (oder beim Shutdown der Datenbank) die Veränderungen in den Views USER_TAB_MODIFICATIONS, DBA_TAB_MODIFICATIONS sowie im View ALL_TAB_MODIFICATIONS nachgeführt. Nachteilig in 8.1 ist das relativ lange Zeitintervall von drei Stunden. Das ist ab Oracle 9 besser geworden, dort erfolgt das Runterschreiben der Info alle 15 Minuten, ab Oracle10*g* geschieht dies über eigene Hintergrundprozesse.

Ab Oracle 9 gibt es auch die Möglichkeit, das Monitoring über die Prozeduren DBMS_STATS.ALTER_SCHEMA_MONITORING_INFO bzw. ALTER_DATABASE_MONITORING_INFO für ein ganzes Schema oder die ganze Datenbank zu aktivieren. Zusätzlich kann man noch die Infos in dieser Version manuell mittels der Prozeduren DBMS_STATS.FLUSH_SCHEMA_MONITORING_INFO und DBMS_STATS.FLUSH_DATABASE_MONITORING_INFO in die verschiedenen *_TAB_MODIFICATIONS-Views runterschreiben lassen. Das geht in Oracle 8.1.7 leider auch nicht. Ab Oracle 10*g* wird alles automatisch durchgeführt (Voraussetzung ist wieder mindestens TYPICAL für den Parameter STATISTICS_LEVEL). Es gibt zwar noch die Möglichkeit, MONITORING oder NOMONITORING anzugeben, aber Oracle ignoriert das.

Wenn man mit Monitoring arbeitet, sammelt man die Statistiken, indem man options => 'GATHER STALE' in GATHER_SCHEMA_STATS/GATHER_DATABASE_STATS setzt. Dann sollten theoretisch nur die Statistiken für alle Tabellen – mit Status STALE – eines Schemas oder der ganzen Datenbank erzeugt werden. Das sollte man dann aber in jedem Fall gut testen, manchmal werden auch Statistiken von anderen Tabellen mit erzeugt und nicht nur die der Tabellen mit Status STALE. Beachten Sie bitte, dass options nur für das gesamte Schema oder die Datenbank verwendet wird; in DBMS_STATS.GATHER_TABLE_STATS ist das nicht möglich (was in gewisser Weise sinnvoll ist).

Neben der Option GATHER STALE gibt es noch die Option LIST STALE. Die ist ganz nützlich, damit erhalten Sie eine Liste der Tabellen, für die das Monitoring aktiviert wurde.

Wir haben bisher immer von Tabellen gesprochen, wie sieht es mit Indizes aus? In Oracle 8*i* gibt es für Indizes kein Monitoring. Ab Oracle 9 gibt es ALTER INDEX ... MONITORING USAGE bzw. ALTER INDEX ... NOMONITORING USAGE. Das hat aber eine leicht andere Bedeutung. Damit kann man überprüfen, ob ein Index überhaupt benutzt wird. Die Information kann dann aus V$OBJECT_USAGE aus der Spalte USED abgeholt werden. Sie erfahren aber lediglich ohne weitere Informationen, ob der Index überhaupt benutzt wurde.

Typischerweise aktivieren Sie das Monitoring für den Index so lange, bis Sie der Meinung sind, mittlerweile hätte er eigentlich benutzt werden müssen. Danach schalten Sie das Index Monitoring wieder aus. Wenn Sie dann im Anschluss nach dem Monitoring in der Spalte USED von V$OBJECT_USAGE nicht YES stehen haben, wissen Sie, dass der Index nicht verwendet wird. Den Index können Sie dann entweder wegwerfen oder die Applikation mal genauer anschauen, warum der Index nicht gebraucht wird. Indizes, die nicht genutzt werden, sollten entfernt werden, da sie die Applikation unnötig verlangsamen.

Ab Oracle 9*i* gibt es noch Systemstatistiken. Das sind Infos zur CPU und dem I/O-Subsystem. Folgende Daten werden gesammelt:

- cpuspeed Geschwindigkeit der CPU in MHz
- sreadtim Zeit für das Lesen eines Blocks in ms
- mreadtim Zeit für das Lesen mehrerer Blöcke in ms
- mbrc durchschnittlicher db_file_multiblock_read_count in Anzahl Blöcke

Oracle 10*g* hat das noch ein bisschen verfeinert, da kommt dann noch mehr dazu, zum Beispiel auch die Kosten für I/O über das Netzwerk. In früheren Versionen wurden nur die I/O-Kosten geschätzt. Da in Oracle 9*i* auch CPU-Kosten geschätzt werden können, kann der Optimizer genauere Abschätzungen machen. Jetzt kann er also auch berücksichtigen, wie viele CPU-Zyklen benötigt werden. Beim I/O von/zu Festplatte kennt Oracle hauptsächlich zwei Typen (man kann auch noch synchronen I/O vs. asynchronen I/O unterscheiden, aber das hängt vom jeweiligen Betriebssystem ab. Das schauen wir uns im letzten Kapitel noch genauer an): Multiblock I/O, wie er beim Full Table Scan vorkommt, und Zugriff auf einen einzelnen Block, wie er beim Index oder Rowid-Zugriff vorkommt. Vor Oracle 9*i* wurde der Multiblock I/O vornehmlich durch den Parameter DB_FILE_MULTIBLOCK_READ_COUNT bestimmt. Die Multiplikation der Parameter DB_FILE_MULTIBLOCK_READ_COUNT und DB_BLOCK_SIZE gab hier das Maximum an, wie viel in einen einzigen I/O Call gelesen bzw. geschrieben werden konnte. Das ist je nach Betriebssystem auch unterschiedlich, auf Solaris liegt das Maximum zum Beispiel bei 1 MB. Sie können DB_FILE_MULTIBLOCK_READ_COUNT ruhig sehr hoch einstellen. Oracle wird den Wert intern immer verkleinern, wenn er zu groß ist. Allerdings begünstigen höhere Werte für DB_FILE_MULTIBLOCK_READ_COUNT auch eher Full Table Scans. Seien Sie hier also vorsichtig. In der Version 10.2 wird der Parameter automatisch gesetzt, da müssen Sie sich also normalerweise nicht mehr darum kümmern.

Systemstatistiken werden per Default in der Tabelle SYS.AUX_STATS$ abgelegt und können von dort mit der Prozedur GET_SYSTEM_STATS abgerufen werden. Es gibt in frühen 9*i* Versionen einen Bug, dann dort für das Intervall Tage angezeigt statt Minuten wird . Das ist aber halb so wild, nur die Anzeige ist falsch, der Job wird korrekt in Minuten abgearbeitet. Interessant ist dort die Spalte C1, die. die Werte AUTOGATHERING, COMPLETED und BADSTATS haben kann. AUTOGATHERING bedeutet, Sie fragen die Werte ab, aber Oracle ist noch am Sammeln. BADSTAT bedeutet, es wurden zwar Werte gesammelt, aber die sind nicht brauchbar. Das könnte zum Beispiel passieren, wenn Sie nur für kurze Zeit Systemstatistiken gesammelt haben. Was Sie hier wollen, ist also Status COMPLETED. Dann sind die Statistiken brauchbar. Systemstatistiken sind generell nur brauchbar, wenn sie ein echtes Bild der Realität vermitteln. Konkret bedeutet das, sie sollten über repräsentative Zeiträume gesammelt und aktiviert werden. Nehmen wir mal an, Ihre Applikation wird tagsüber interaktiv genutzt und nachts laufen verschiedene Batch Jobs und ein Online Backup. Interaktives Arbeiten belastet ja eher die CPU, während Batch Jobs hauptsächlich die Disks belasten. Dann sollten wir tagsüber die Statistiken für den Online-Betrieb sammeln und abends die für die Batchläufe. Das Ganze läuft dann über das Job-System, deshalb müssen Sie eventuell noch vorher ALTER SYSTEM SET JOB_QUEUE_PROCESSES=1 ausführen, bevor Sie GATHER_SYSTEM_STATS aufrufen.

Mit Systemstatistiken muss man ein bisschen aufpassen, die können sich auch negativ auswirken, da gerade bei schnellen Disk-Subsystemen der Optimizer die Kosten für den logischen I/O unterschätzt. Da können dann wieder sehr viele physikalische Reads/Writes auftauchen, die Sie vorher nicht hatten. Andererseits ist das Default-Modell in Oracle 10*g* für den Costbased Optimizer CPU plus IO. Verwenden Sie also Systemstatistiken von Anfang an, um diesem Problem zu entgehen.

Was dem Optimizer recht ist, sollte uns billig sein. Oder anders ausgedrückt: Es wäre doch manchmal schön, wenn wir die Statistiken selbst setzen könnten. Alles kein Problem, dafür gibt es im DBMS_STATS einige Prozeduren, die alle das Präfix SET_ verwenden. Es gibt SET_TABLE_STATS, SET_INDEX_STATS, SET_COLUMN_STATS und ab Oracle 9 noch SET_SYSTEM_STATS. Übrigens, wenn Sie bei SET_SYSTEM_STATS mreadtim = 1,2 x sreadtim setzen und den Multiblock Read Count mbrc auf 8, dann haben Sie die I/O Kosten wie in Oracle 8*i*.

Am interessantesten von diesen Prozeduren sind sicher SET_TABLE_STATS und SET_COLUMN_STATS. Häufig kommt es ja vor, dass Daten in reinen Textdateien vorhanden sind und diese Daten dann mit SQL*Loader oder speziell entwickelten Ladeprogrammen in die Datenbank geladen werden. Sie setzen im Wesentlichen die Anzahl Zeilen (numrows) und die durchschnittliche Länge einer Zeile (avgrlen). Die Anzahl Blöcke lässt sich dann relativ einfach abschätzen Starten Sie mal mit 90% der Größe von DB_BLOCK_SIZE geteilt durch avgrlen. Das müsste eine ziemlich gute Abschätzung geben, wie viele Datensätze pro Block benötigt werden. Jetzt müssen Sie nur noch die Anzahl Datensätze nehmen und durch diesen Wert teilen, und schon haben Sie die Anzahl Blöcke.

Ein sehr nettes Feature, das von DBMS_STATS angeboten wird, betrifft den Transfer von Statistiken. Das funktioniert für die ganze Datenbank, aber auch auf Schema-, Tabellen-, Index- und ab 9*i* auch auf Systemstatistikebene und ermöglicht so den einfachen Transfer von Produktionszahlen auf Entwicklungs- und Testsysteme. Das ist sehr nützlich, wenn hier große Unterschiede vorliegen. Nehmen wir mal an, Sie entwickeln Software für eine Bank. Auf Ihrem Testsystem haben Sie aber nur künstliche Testdaten (Datenschutz!) und gerade mal 1000 Konten. Im wirklichen Leben werden es dann aber 1 000 000 Konten sein. Also Faktor 1000 mal mehr! Da können Sie also mit ganz anderen Execution-Plänen und somit auch Laufzeiten rechnen. Wenn Sie aber die Statistiken von der Produktion auf Ihrem Entwicklungssystem haben, dann können Sie zumindest mit ähnlichen Execution-Plänen rechnen. Dabei ist der Ablauf immer der gleiche:

- Sie erstellen mit CREATE_STAT_TABLE eine Speichertabelle für die Statistiken.
- Die Statistiken werden in dieser Tabelle mit den EXPORT_-Routinen, z.B. EXPORT_SCHEMA_STATS gespeichert.
- Die Speichertabelle wird mittels Oracle exp aus der Datenbank entladen (die Statistiktabelle kann auch unter dem SYS-Schema angelegt werden!).
- … und ins Zielsystem mittels Oracle imp geladen.
- Dann werden im Zielsystem die Statistiken mit den IMPORT_-Routinen geladen, das wäre hier IMPORT_SCHEMA_STATS.

So einfach kann's manchmal sein. Allerdings, einen kleinen Nachteil hat die Sache schon. Sie sagen zwar dem Optimizer, wie die Statistik aussehen soll, und der macht dann hoffentlich auch den entsprechenden Ausführungsplan. Aber die reale physikalische Verteilung kann ja ganz anders aussehen, was bedeutet: Die Ausführungszeiten können sehr wohl auch anders sein. Angenommen, Sie haben in Ihrer EMP-Tabelle 14 Rows. Wenn Sie jetzt einen Full Table Scan ausführen, kommen die Daten sofort. Jetzt setzen Sie die Anzahl Datensätze auf 10000000 und führen wieder einen Full Table Scan durch. Der dauert dann auch nicht länger als der erste, denn real sind es ja immer noch nur 14 Rows, die zurückkommen.

In Oracle 10*g* ist es dann gar kein Problem mehr, wenn sich plötzlich der Ausführungsplan ändern sollte und Sie auf den alten Stand zurückgehen wollen, dort werden die alten Statistiken automatisch gesichert. Sie können sich dann den alten Stand über DBMS_STATS.RESTORE_TABLE_STATS zurückholen. Hier ein kleines Beispiel, das für die beliebte EMP-Tabelle auf den Stand vom 28. November zurückgeht. Bitte beachten Sie, dass ein TIMESTAMP für die Zeitangabe verwendet wird:

```
begin
dbms_stats.restore_table_stats('SCOTT','EMP','28-NOV-05 04:00:00.000000 PM-04:00');
end;
/
```

Wie weit Sie zurückgehen können, hängt dabei von der Länge der Retention ab. Die ermitteln Sie über:

```
select DBMS_STATS.GET_STATS_HISTORY_RETENTION from dual;
```

Falls Sie ganz genau wissen wollen, bis zu welchem Zeitpunkt Sie die alten Statistiken wieder herstellen können, verwenden Sie:

```
select DBMS_STATS.GET_STATS_HISTORY_AVAILABILITY from dual;
```

Die Länge der Retention-Periode können Sie über die Prozedur DBMS_STATS.ALTER_STATS_HISTORY_RETENTION konfigurieren. Geben Sie dort als Parameter einfach die gewünschte Anzahl Tage mit.

2.4.1 Histogramme

Eine besondere Form von Statistiken sind die so genannten Histogramme. Histogramme geben an, wie die Daten über die einzelnen Werte verteilt sind. Nehmen wir mal an, Sie würfeln mit einem normalen Würfel 25-mal und tragen in eine Tabelle ein, wie oft die einzelnen Werte von 1 bis 6 gewürfelt wurden[2]. Dabei dürfte ungefähr eine Tabelle rauskommen, wie sie auf der nächsten Seite abgebildet ist:

---

2 Das ist zwar ein „birraweiches" (= birnenweiches) Beispiel, wie man hier im Süden so schön sagt, aber Statistiker machen solche Sachen. Außerdem lässt sich das Konzept damit ziemlich gut veranschaulichen.

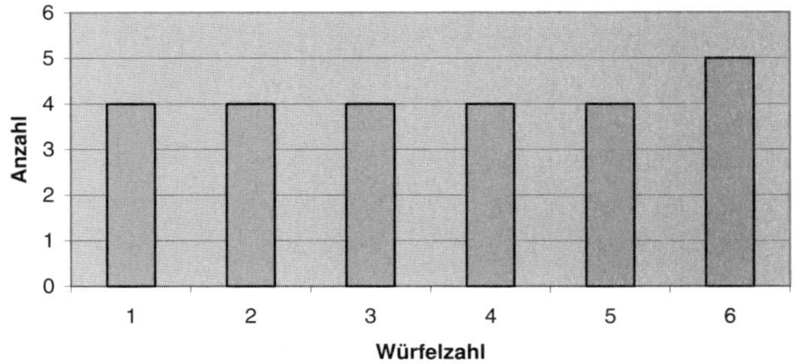

Die einzelnen Werte zwischen 1 und 6 sind hierbei gleichmäßig verteilt, jeder Wert kommt mehr oder weniger gleich oft vor. Klar wird es einige Abweichungen geben, aber im Großen und Ganzen erwarten wir doch dieses Bild. So weit, so schön, hier brauchen wir keine Histogramme. Der Optimizer wird annehmen, dass die Wahrscheinlichkeit für jeden Wert zwischen 1 und 6 gleich ist. Diese Art der Werteverteilung kann sehr oft erwartet werden, aber leider ist das Leben manchmal ungerecht. Machen wir also das Experiment noch mal, aber diesmal mit einem Glückswürfel aus dem Zauberladen. Diesmal erhalten wir eine Verteilung, wie sie im nächsten Bild angezeigt wird.

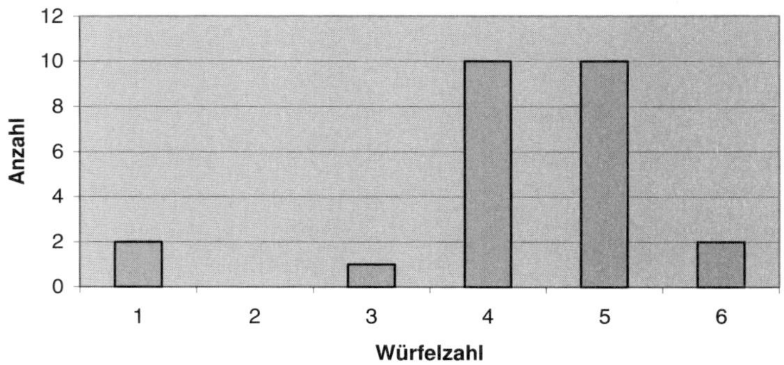

Gezinkte Würfel sind natürlich nicht schön, aber so sieht's aus. Wie man sieht, sind die hohen Zahlen 4 und 5 deutlich überrepräsentiert. Hier würde der Optimizer also ziemlich daneben liegen, wenn er eine gleichmäßige Verteilung der Werte annehmen würde. Genau für diesen Fall gibt es also die Histogramme. Histogramme geben an, wie oft ein einzelner Wert innerhalb eines bestimmten Abschnitts vorkommt. Der einzelne Abschnitt wird als Bucket bezeichnet. Für das Berechnen der Histogramme wird der Bereich zwischen dem Minimalwert und dem Maximalwert per Default in 75 Buckets unterteilt. Das passiert beim ANALYZE-Kommando über die FOR-Klausel in Verbindung mit SIZE beim Erstellen der Statistiken. Nehmen wir mal folgende bekannte Tabelle an:

```
CREATE TABLE DEPT (DEPTNO NUMBER NOT NULL, DNAME VARCHAR2(14), LOC VARCHAR2(13);
```

Dann bekommen wir Histogramme auf allen Spalten mit folgendem Befehl:

```
ANALYZE TABLE DEPT COMPUTE STATISTICS FOR ALL COLUMNS;
```

Da SIZE nicht angegeben wurde, werden die einzelnen Spaltenwerte in jeweils 75 Buckets unterteilt. Die Anzahl unterschiedlicher Werte sowie Minimum und Maximum innerhalb dieser Bereiche wird errechnet. Mit DBMS_STATS wäre der analoge Aufruf:

```
EXEC DBMS_STATS.GATHER_TABLE_STATS(ownname=>'SCOTT',tabname=>'DEPT',-
Method_opt=>' FOR ALL COLUMNS SIZE 75').
```

Bitte beachten Sie, dass hier die SIZE-Klausel mitgegeben wird. Default bei DBMS_ STATS ist ja SIZE 1 (damit er die Statistikerzeugung parallelisieren kann). Möchten wir nur Statistiken für die Spalten DNAME und LOC, sieht das Kommando so aus:

```
ANALYZE TABLE DEPT COMPUTE STATISTICS FOR COLUMNS DNAME, LOC;
```

Möchten wir nur Statistiken für indizierte Spalten, sieht das Kommando so aus:

```
ANALYZE TABLE DEPT COMPUTE STATISTICS FOR ALL INDEXED COLUMNS;
```

Möchten wir statt 75 Bereichen nur 10 für die indizierten Spalten, sieht das wie folgt aus:

```
ANALYZE TABLE DEPT COMPUTE STATISTICS FOR ALL INDEXED COLUMNS SIZE 10;
```

Beim Schätzen der Statistiken kann und soll ab Oracle 9 die Konstante DBMS_ STATS.AUTO_SAMPLE_SIZE verwendet werden. Ab Oracle 10*g* geschieht das automatisch, dort sollten Sie Histogramme nur noch in Ausnahmefällen explizit setzen müssen.

Bei der CASCADE-Option muss TRUE eingestellt werden, sonst werden keine Index-Statistiken erstellt.

Bind-Variablen können mit Histogrammen in Oracle 8*i* nichts anfangen, da müssen Sie also aufpassen.

Idealerweise arbeiten Sie von Anfang an mit Histogrammen, also auch schon während der Entwicklung. Histogramme haben massiven Einfluss auf den verwendeten Ausführungsplan, deshalb ist das nachträgliche Aufpfropfen von Histogrammen zum Teil recht schwer. Sie können nicht erwarten, dass eine Applikation automatisch besser läuft, nur weil sie plötzlich mit Histogrammen versehen wurde.

In Oracle 10*g* ist das besser, da werden bei Bedarf automatisch Histogramme mit erstellt. Es schadet aber nichts, es einfach mal mit Histogrammen zu probieren. Am einfachsten führen Sie das über die Prozedur GATHER_SCHEMA_STATS durch. Geben Sie dort im Parameter method_opt einen Wert größer 1 für SIZE an: 75 ist nicht schlecht als Ausgangswert. Das entspricht der Oracle-Voreinstellung. Sie müssen sich dann noch überlegen, für welche Spalten Sie Histogramme möchten. In einer normalen OLTP-Applikation dürften vor allem die indizierten Spalten interessant sein. Sie können dort auch versteckte Spalten durch das Schlüsselwort HIDDEN angeben. Versteckte Spalten treten bei Objekttabellen auf – mit denen arbeiten Sie besser nicht, aber und vor allem auch, wenn Sie funktionsbasierte Indizes einsetzen. Hier ein Beispiel, in dem Histogramme im Schema SCOTT für indizierte Spalten gesammelt werden. Die Histogramme für funktionsbasierte Indizes werden separat gesammelt, in jedem Fall wird mit einem Estimate-Wert von 5% gearbeitet:

```
exec dbms_stats.gather_schema_stats(ownname=>'SCOTT',estimate_percent=>5,-
 method_opt=>'FOR ALL INDEXED COLUMNS SIZE 75');
exec dbms_stats.gather_schema_stats(ownname=>'SCOTT',estimate_percent=>5,-
 method_opt=>'FOR ALL HIDDEN COLUMNS SIZE 75');
```

Oracle 9*i* führte zwei SQL-Funktionen ein, die Ihnen bei der Entscheidung, ob Histogramme sinnvoll sind oder nicht, helfen können. Es sind dies die Funktionen NTILE() und WIDTH_BUCKET(). Bei WIDTH_BUCKET() bestimmen Sie, wie viele Werte innerhalb gleich breiter Bereiche fallen, während Sie mit NTILE() Bereiche gleicher Höhe ermitteln. Im folgenden Beispiel, dessen Aufbau ich bei Thomas Kyte (http://asktom.oracle.com) abgeschaut habe, werden jeweils, – weil das leichter lesbar ist – 10 Buckets genommen, und <<Spalte>> und <<Tabelle>> stehen jeweils für die Tabelle und die Spalte, die Sie untersuchen wollen:

```
select min(<<Spalte>>), max(<<Spalte>>), count(<<Spalte>>), bucket
from (select <<Spalte>>,
      width_bucket(<<Spalte>>,
      (select min(<<Spalte>>)-1 from <<Tabelle>>),
             (select max(<<Spalte>>)+1 from <<Tabelle>>), 10) bucket
     from <<Tabelle>>)
group by bucket;
```

Falls die Sie interessierenden Spalten indiziert sind, gibt es noch eine zweite Möglichkeit. Sie führen das Kommando ANALYZE INDEX ... VALIDATE STRUCTURE aus. Danach ist die Tabelle INDEX_HISTOGRAM gefüllt. Dort sehen Sie dann, wie viele Indexeinträge zum gleichen Schlüsselwert existieren. Das ist normalerweise bei Indizes auf Primärschlüsseln nicht interessant. In Oracle 10*g* werden wie bereits erwähnt Histogramme automatisch erstellt, darum sollten Sie sich also nur in Ausnahmefällen kümmern müssen.

Der Optimizer und seine Statistiken sind ein überaus komplexes Thema, das wir hier nur oberflächlich anschneiden können. Für eine ausführliche und detaillierte Beschreibung des Optimizers sei Ihnen [Lewis 2005] ans Herz gelegt.

2.4.2 Wann und wie oft soll man die Statistiken erstellen?

Die einfache Antwort ist vor Oracle 10*g* leider die: Kommt darauf an! Als Faustregel kann man sagen, einmal im Monat bei sporadischen Updates oder einmal in der Woche sollte ausreichend sein. Bei Data Warehouses oder wenn die Daten über Batchjobs geladen werden, sollten die Statistiken immer nach dem Laden neu erzeugt werden. Denken Sie in solchen Fällen auch daran, ob es vielleicht sinnvoll wäre, die SET_-Prozeduren zu verwenden. Falls die Datenbank sehr dynamisch ist, muss man unter Umständen auch täglich Statistiken nachführen. Aber wie gesagt, das ergibt nur Sinn, wenn sich täglich sehr viel ändert. Wenn sich die Datenmenge täglich nur um 0,05% ändert, ist das nicht sinnvoll. Wenn Sie mit Version 9 oder höher arbeiten, sollten Sie sich überlegen, ob eventuell Table Monitoring für einige Tabellen vorteilhaft sein könnte. COMPUTE STATISTICS sollten Sie nur bei sehr kleinen Datenbanken einsetzen, sonst braucht die ganze Sache einfach zu viel Zeit. Nehmen Sie ESTIMATE STATISTICS, und starten Sie mit 10%. Wenn das auch noch zu lange dauert, nehmen Sie 5%. Ab 9*i* könnten und sollten Sie statt der Prozentangabe in estimate_percent die Konstante DBMS_STATS.AUTO_SAMPLE_SIZE verwenden. Was ich in estimate_percent nicht empfehle sind fraktionale Zahlen wie z.B.: 5;3. Das gab schon Probleme – und seien wir mal ehrlich: Wozu soll das gut sein?

Um unliebsame Überraschungen zu vermeiden, sollten vor Version 10*g* vor dem Neugenerieren der Statistiken die alten Statistiken mithilfe der EXPORT_-Routinen abgespeichert werden. Geht dann irgend etwas schief mit den neuen Statistiken, können die alten Statistiken mit den IMPORT_-Routinen sofort zurückgeladen werden, und Sie haben genug Zeit gewonnen sich das Problem genauer anzuschauen. In Version 10*g* steuern Sie das über das Retention Window.

Ab Oracle 9*i* können Histogramme automatisch erstellt werden. Dazu müssen Sie im method_opt bei der SIZE-Angabe SIZE SKEWONLY bzw. SIZE AUTO angeben.

Wenn Sie partitionierte Tabellen haben, ist der Parameter granularity noch von Bedeutung. Der Defaultwert DEFAULT gibt an, dass Statistiken für die Tabelle und die Partitionen erstellt werden, aber nicht für allfällige Subpartitionen. Wenn Sie die auch noch wollen, müssen Sie ALL im Parameter granularity angeben. Unabhängig davon können Sie natürlich auch nur Statistiken auf Partitions- und Subpartitionsebene erzeugen.

In Oracle 10*g* überlassen Sie das Sammeln der Statistiken am besten der Datenbank selbst. Dafür muss lediglich der Parameter STATISTICS_LEVEL auf TYPICAL stehen. ALL geht auch, aber das füllt den SYSAUX Tablespace extrem schnell. TYPICAL ist auch die Voreingestellung. Sie sehen da also nur einen anderen Wert, wenn ihn jemand ausdrücklich geändert hat. In Oracle 10*g* wird für das Sammeln der Statistiken der bereits vordefinierte GATHER_STATS_JOB Datenbankjob ausgeführt, der für alle Objekte ohne oder mit veralteten Statistiken die Statistiken sammelt. Histogramme werden auch bei Bedarf erstellt. Der Job läuft über den Scheduler und wird täglich zwischen 22:00 und 6:00 und am Wochenende ganztägig als ausführbar deklariert. Das soll jetzt nicht heißen, dass der Job so lange braucht, sondern nur dass er irgendwann in dieser Zeit ausgeführt wird. Falls Sie hier andere Zeiten verwenden möchten, können Sie das über DBMS_SCHEDULER.SET_ATTRIBUTE() verändern.

2.5 Row Sources

Jetzt kommen wir zu dem meiner Meinung nach langweiligsten Thema beim Tuning, das wird ziemlich theoretisch. Das muss aber sein, denn ohne ein Verständnis der verschiedenen Joins kommt man beim SQL Tuning nicht allzu weit.

Wenn Sie einen Ausführungsplan ansehen, sehen Sie dort unter der Spalte OPERATION verschiedene Bezeichnungen wie z. B. NESTED LOOPS oder MERGE JOIN. Dies sind alles Bezeichnungen für die verschiedenen Operationen, mit denen auf die Daten zugegriffen wird. Generell kann man sagen, es gibt Operationen, die auf Mengen operieren, und Operationen, die auf einzelne Datensätze angewendet werden. In Ausführungsplänen wie sie z.B. vom tkprof angefertigt werden, sehen Sie immer auch noch die Row Source. Unter Row Source versteht man eine Funktion, die eine spezifische Operation implementiert, wie z.B. einen Table Scan oder einen Hash Join, und eine Ergebnismenge von Datensätzen zurückliefert.

Manche Operationen können auch parallelisiert werden, das schauen wir uns im Parallelisierungskapitel noch genauer an. Daneben gibt es Operationen, die nur auf einer Tabelle (bzw. einer Ergebnistabelle) arbeiten, und Operationen, bei der mehrere Tabellen über irgendein Kriterium miteinander verbunden werden. Diese Operationen werden dann Joins genannt. Hier gibt es verschiedene Varianten: Die einfachste Variante ist der so genannte Equijoin (also Gleichheitsjoin). Der Equijoin wird manchmal auch Natural Join genannt (wenn die Spalten in beiden Tabellen gleich heißen). Der Ausdruck Inner Join wird auch noch verwendet, wenn einfach auf den gleichen Wert getestet wird. Beim Equijoin heißt das Join-Feld in den beteiligten Tabellen gleich.

Ein Beispiel ist die Abfrage SELECT ENAME, DNAME FROM EMP, DEPT WHERE EMP.DEPTNO = DEPT.DEPTNO. Das Feld DEPTNO ist hier in beiden Tabellen vorhanden. Die Abfrage wird also die Namen der Angestellten zurückliefern, die einer Abteilung zugeordnet sind. Ist ein Angestellter keiner Abteilung zugeordnet, ist das Feld DEPTNO in der Tabelle EMP leer; der Angestellte wird in der Ergebnismenge nicht aufgelistet werden. In ANSI/ISO-SQL ist der Natural Join auch definiert, der kann in Oracle seit 9*i* verwendet werden. Die Abfrage SELECT ENAME, DNAME FROM EMP NATURAL JOIN DEPT wird also automatisch über das Feld DEPTNO joinen, und man spart sich die WHERE-Klausel. Gibt es mehrere Felder, die den gleichen Namen in beiden Tabellen haben, wird über alle diese Felder gejoined.

Wird ein SELECT auf mehrere Tabellen abgesetzt, ohne dass ein Join zwischen den Tabellen besteht, sprechen wir von einem kartesischen Produkt. Dann wird einfach die Anzahl Datensätze der beteiligten Tabellen multipliziert. Die Ergebnismenge kann also sehr leicht sehr groß werden. Angenommen, die Tabellen EMP und DEPT haben jeweils 14 und 4 Rows, dann wird die Abfrage SELECT * FROM EMP, DEPT 56 Datensätze (14 * 4) zurückbringen. Wenn Sie also eine Tabelle mit 1000 Datensätzen mit einer anderen Tabelle mit 1000 Datensätzen über ein kartesisches Produkt abfragen, bekommen Sie 1000000 Datensätze zurück! Darum merke: Kartesische Produkte sind von Übel! Abgesehen davon sind sie selten sinnvoll, wenn man von Data Warehouses, in denen Star Queries verwendet werden, absieht. Kurioser- und verwirrenderweise ist das kartesische Produkt auch im ANSOI/ISO-SQL als Cross Join definiert. In Oracle steht er seit 9*i* zur Verfügung. Die Abfrage SELECT ENAME, DNAME FROM EMP CROSS JOIN DEPT wird also das kartesische Produkt zurückliefern. Im Ausführungsplan sehen Sie dann CARTESIAN. Hier ein Beispiel für einen entsprechenden Ausführungsplan:

```
-----------------------------------------------------------------------------
| Id | Operation                 | Name | Rows | Byte | Cost (%CPU) | Time     |
-----------------------------------------------------------------------------
|  0 | SELECT STATEMENT          |      |   64 | 1024 |     9   (0) | 00:00:01 |
|  1 |  MERGE JOIN CARTESIAN     |      |   64 | 1024 |     9   (0) | 00:00:01 |
|  2 |   TABLE ACCESS FULL       | DEPT |    4 |   40 |     3   (0) | 00:00:01 |
|  3 |   BUFFER SORT             |      |   16 |   96 |     6   (0) | 00:00:01 |
|  4 |    TABLE ACCESS FULL      | EMP  |   16 |   96 |     2   (0) | 00:00:01 |
-----------------------------------------------------------------------------
```

Weiter gibt es den Hash Join. Das ist jetzt aber nicht die Vorzugsfunktion für den Kiffer. Dieser Join heißt so, weil mathematisch eine so genannte Hashfunktion verwendet wird. Bei einer Hashfunktion wird ein Inputwert mittels dieser Hashfunktion auf einen anderen (kleineren) Wert eindeutig abgebildet. Allerdings ist die Hashfunktion nicht eineindeutig, mehrere unterschiedliche Werte können also den gleichen Hashwert haben. Der Hashwert funktioniert quasi als Index.

Beim Hash Join müssen Tabelle A und Tabelle B über einen Equijoin verbunden sein. Dann wird die Hashfunktion auf die Datensätze aus A angewandt. Danach wird für jeden Datensatz aus B der Hashwert berechnet. Gibt es einen Match, dann wird der Equijoin angewandt. Ist der Equijoin gültig, wird der zusammengesetzte Datensatz aus A und B zurückgeliefert.

Für Hash Joins benötigt man Hauptspeicher. Die Größe des Hashbereichs wird über den Parameter HASH_AREA_SIZE gesetzt (kann auch über ALTER SESSION erfolgen). Weiter muss HASH_JOIN_ENABLED auf TRUE gesetzt sein, was aber ohnehin der Fall sein sollte.

Hier ein Beispiel wie der Ausführungsplan dann aussehen würde. Das ist ein Beispiel, das noch mit Version 10.1 erstellt wurde. Verglichen mit dem vorigen Ausführungsplan ist diese Darstellung anders, die Zeiten für die einzelnen Schritte werden in dieser Version noch nicht angezeigt. Achten Sie auch auf die Full Table Scans, die sind typisch bei Hash Joins:

```
Ausführungsplan
 ----------------------------------------------------------
 0 SELECT STATEMENT Optimizer=CHOOSE (Cost=3 Card=8 Byte=248)
 1 0 HASH JOIN (Cost=3 Card=8 Byte=248)
 2 1 TABLE ACCESS (FULL) OF 'DEPT' (Cost=1 Card=3 Byte=36)
 3 1 TABLE ACCESS (FULL) OF 'EMP' (Cost=1 Card=16 Byte=304)
```

Die Erzwingung eines Hash Joins über einen Hint kann schwierig werden, da der USE_HASH() Hint nur spezifiziert, welches die Inner Table sein soll, aber nicht den Hash Join direkt. Falls sonst nichts hilft, probieren Sie mal den Hint SWAP_JOIN_INPUTS(). Falls Sie eine Abfrage haben, die Hash Joins verwendet und in v$sysstat/v$sesstat hohe Werte für 'physical reads direct' und 'physical writes direct' stehen, dann ist HASH_AREA_SIZE zu klein. Es kommt dann immer wieder zu Sort Reads/Writes von/auf Disk – dies ist dann der Temporary Tablespace – auch wenn Sie jede Menge freien Hauptspeicher haben. Sie sehen aber keine 'sorts (disk)' in den Systemstatistiken hochgehen, lediglich der Direct Read/Write I/O geht hoch. Das kann erst einmal ziemlich verwirrend sein.

Eine sehr spezielle Form ist der Outer Join, dort sehen Sie OUTER im Ausführungsplan Beim Outer Join werden fehlende Werte ergänzt, das kann leicht zu Full Table Scans führen. In Oracle gibt es dafür den (+) Operator. Die Abfrage SELECT ENAME, DNAME FROM EMP, DEPT WHERE EMP.DEPTNO = DEPT.DEPTNO(+) wird alle Angestellten zurückliefern, wobei es egal ist, ob sie einer Abteilung zugeordnet sind oder nicht.

Der Ausführungsplan kann dann beispielsweise so aussehen:

Id	Operation	Name	Rows	Byte	Cost (%CPU)	Time
0	SELECT STATEMENT		16	352	4 (0)	00:00:01
1	NESTED LOOPS **OUTER**		16	352	4 (0)	00:00:01
2	TABLE ACCESS FULL	EMP	16	144	3 (0)	00:00:01
3	TABLE ACCESS BY INDEX ROWID	DEPT	1	13	1 (0)	00:00:01
*4	INDEX UNIQUE SCAN	PK_DEPT	1		0 (0)	00:00:01

Die Realisierung des Outer Joins erfolgte hier über Nested Loops, es geht aber auch über einen Hash Join. Beim Outer Join ist die Reihenfolge der Operation wichtig! Die Abfrage SELECT ENAME, DNAME FROM EMP, DEPT WHERE EMP.DEPTNO(+) = DEPT.DEPTNO wird ein anderes Ergebnis bringen. Hier wird nach allen Angestellten gefragt, die einer Abteilung zugeordnet sind. Hier wird im Ergebnis also eine Abteilung zurückgeliefert, auch wenn dieser Abteilung keine Angestellten zugeordnet sind. Das ergibt ein völlig anderes Ergebnis als die erste Abfrage. Der Operator (+) ist Oracle-spezifisch; selbstverständlich gibt es für den Outer Join auch ANSI/ISO SQL-Syntax, die in Oracle seit 8*i* zur Verfügung steht. Da es darauf ankommt, auf welcher Seite der Outer Join angewendet wird, gibt es folgerichtig den LEFT OUTER JOIN und den RIGHT OUTER JOIN. Soll er auf beiden Seiten angewendet werden, ist der FULL OUTER JOIN die perfekte Wahl. Der Full Outer Join ist übrigens mit der (+)-Syntax nicht möglich!

Andere Joins sind irgendwelche Ausdrücke, die auf Ungleichheit, kleiner, größer etc. testen. Im Ausführungsplan sehen Sie dafür auch die Bezeichnung FILTER (weil nach einer bestimmten Bedingung ausgefiltert wird). FILTER taucht aber auch auf, wenn Sie die Ergebnisse einer Sortierungsfunktion über HAVING einschränken. Unter dem Begriff Anti-Join versteht man das Ergebnis einer NOT IN-Subquery. Über den Parameter ALWAYS_ANTI_JOIN kann angegeben werden, wie der Anti-Join in Oracle implementiert wird. Die Voreinstellung ist über Nested Loops. Es kann aber auch Merge oder Hash verwendet werden, das erlaubt dann die parallele Ausführung. In Oracle 10*g* existiert der Parameter aber offiziell nicht mehr. Im Ausführungsplan kann das dann so aussehen:

```
Ausführungsplan
----------------------------------------------------------
 0 SELECT STATEMENT Optimizer=CHOOSE (Cost=3 Card=1 Bytes=7)
 1 0 FILTER
 2 1 TABLE ACCESS (FULL) OF 'EMP' (Cost=2 Card=1 Bytes=7)
 3 1 INDEX (FULL SCAN) OF 'PK_DEPT' (UNIQUE) (Cost=1 Card=1 Bytes=2)
```

Ein Semijoin ist das Ergebnis einer EXISTS Subquery. Auch das kann gleich wie beim ALWAYS_ANTI_JOIN über den Parameter ALWAYS_SEMI_JOIN eingestellt werden. In der Praxis wird selten Bedarf bestehen, daran was zu ändern. Das kann dann im Ausführungsplan so aussehen:

```
Ausführungsplan
----------------------------------------------------------
 0 SELECT STATEMENT Optimizer=CHOOSE (Cost=2 Card=14 Bytes=126)
 1 0 NESTED LOOPS (SEMI) (Cost=2 Card=14 Bytes=126)
 2 1 TABLE ACCESS (FULL) OF 'EMP' (Cost=2 Card=14 Bytes=98)
 3 1 INDEX (UNIQUE SCAN) OF 'PK_DEPT' (UNIQUE)
```

Hier sieht man SEMI, aber das ist ein Beispiel mit Oracle 9.2. In Oracle 8*i* ist ein Ausführungsplan ähnlich wie beim Anti-Join zu erwarten, in der Version 10.2 kann es auch ein Hash Join sein.

Die Einschränkungen einer Abfrage, die in der WHERE-Klausel vorgenommen werden, erscheinen im Ausführungsplan als FILTER. Da müssen Sie aufpassen, es gibt auch Fälle, in denen Sie keinen FILTER im Ausführungsplan sehen, obwohl eine WHERE-Klausel verwendet wird. Auch hierzu ein Beispiel:

```
SQL> select seqnr,deptno from big_emp where seqnr between 14950 and 1460
and deptno in (10,20);

Es wurden keine Zeilen ausgewählt

Ausführungsplan
------------------------------------------------------------------------
 0 SELECT STATEMENT Optimizer=CHOOSE (Cost=43 Card=1 Bytes=6) 1 0 FILTER
 2 1 TABLE ACCESS (BY INDEX ROWID) OF 'BIG_EMP' (Cost=43 Card =1 Bytes=6)
 3 2 INDEX (RANGE SCAN) OF 'IX_BIG_EMP_SEQNR' (NON-UNIQUE) (Cost=3
Card=192192)
```

In der Version 10.2 können Sie FILTER auch im Abschnitt „Predicate Information" des Ausführungsplans finden. Wieder ein kleines Beispiel:

```
Predicate Information (identified by operation id):
---------------------------------------------------
   2 - filter("EMP"."DEPTNO" IS NOT NULL)
   3 - access("EMP"."EMPNO">7600)
   5 - access("EMP"."DEPTNO"="DEPT"."DEPTNO")
```

In der Tabelle PLAN_TABLE sehen Sie diese Einschränkungen in den Spalten FILTER_PREDICATES und ACCESS_PREDICATES.

In Ausführungsplänen werden Sie häufig auch NESTED LOOPS sehen. Nested Loops werden vom Optimizer gern genommen, wenn zumindest ein Index auf einer Join-Spalte vorhanden ist. Nested Loops können Sie sich quasi als Schleifen vorstellen, der Join wird also über mehrere Schleifen, die ineinander verschachtelt sind, realisiert. Also nimm alle Werte aus der einen Tabelle, auf welche die Bedingung zutrifft, und teste für jeden Wert, ob die Bedingung auf den Wert aus der zweiten Tabelle gültig ist. Nested Loops können damit je nach Datenmenge sehr aufwändig werden. Im Beispiel sind für die drei Rows, die als Ergebnis zurückkommen, 3 * 14 = 62 Zugriffe notwendig:

```
-----------------------------------------------------------------------------------------
| Id | Operation                      | Name       | Rows | Bytes | Cost(%CPU) | Time     |
-----------------------------------------------------------------------------------------
|   0 | SELECT STATEMENT              |            |    3 |    48 |    3  (34) | 00:00:01 |
|   1 |  NESTED LOOPS                 |            |    3 |    48 |    3  (34) | 00:00:01 |
|   2 |   SORT UNIQUE                 |            |   14 |    42 |    1   (0) | 00:00:01 |
| * 3 |    INDEX FULL SCAN            | IND_DEPTNO |   14 |    42 |    1   (0) | 00:00:01 |
|   4 |   TABLE ACCESS BY INDEX ROWID | DEPT       |    1 |    13 |    1   (0) | 00:00:01 |
| * 5 |    INDEX UNIQUE SCAN          | PK_DEPT    |    1 |       |    0   (0) | 00:00:01 |
-----------------------------------------------------------------------------------------
```

Unschön bei NESTED LOOPS ist, dass sich darunter auch Einschränkungen, die in der WHERE-Klausel gesetzt sind, verstecken können. Normalerweise würden wir ja in diesen Fällen einen FILTER erwarten, aber das muss ja nicht so sein. In der vorigen Abfrage sahen wir den FILTER ja auch erst im Abschnitt „Predicate Information", im Ausführungsplan selbst war FILTER nicht sichtbar.

Häufig ist auch noch der SORT/MERGE JOIN oder kurz SMJ. Der wird gerne verwendet, wenn die Join-Felder nicht indiziert sind. Bei dieser Operation werden die beiden Tabellen nach der Join-Bedingung unabhängig sortiert und dann zusammengemischt. Da braucht es unter Umständen Platz zum Sortieren, den man dann vor allem über den Parameter SORT_AREA_SIZE beeinflusst. Im Ausführungsplan werden Sie dann SORT JOIN und MERGE JOIN sehen.

In Data Warehouses werden Sie auch noch den STAR JOIN finden. Dort haben Sie oft eine so genannte Faktentabelle, die typischerweise riesig ist und die Basisinformation enthält, z.B. die Verkäufe. Daneben gibt es Nachschlagetabellen zu einzelnen Attributen, z.B. Zeit, Produkt und Markt für die einzelnen Verkäufe, das sind die so genannten Dimensionen. Die Faktentabelle ist denormalisiert (also nicht in 3.r Normalform). Man spricht von Star-Schema, weil man es graphisch gut in Sternform darstellen kann. Eine bekannte Variante des Star-Schemas ist das Snowflake-Schema, bei dem mehrere Star-Schemen miteinander verknüpft werden. Beim Star Join wird von der Faktentabelle auf die Dimensionstabellen über eine Fremdschlüsselbeziehung zugegriffen. Da die Dimensionen typischerweise klein sind und die Anzahl der möglichen Werte begrenzt, werden dafür oft Bitmap Indizes verwendet.

Für die Optimierung von Star Queries setzt Oracle die so genannte Star Transformation ein, dazu muss der Parameter STAR_TRANSFORMATION_ENABLED ausdrücklich auf TRUE gesetzt werden; der Parameter kann auch über ALTER SESSION gesetzt werden. Das kann auch explizit über den STAR-Hint erreicht werden. Dann wird ein kartesisches Produkt über die Dimensionstabellen gebildet (muss mehr als eine Dimension sein, damit die Sache klappt), und dieses Resultat wird dann mit der Faktentabelle über Nested Loops gejoined. Die Idee dahinter ist, dass die Verarbeitung der kleineren Dimensionstabellen aller Wahrscheinlichkeit nach eine starke Reduzierung in der Selektivität der Faktentabelle bewirken wird, was seinerseits die Ausführungszeit der Query reduzieren sollte. Das ist eine sehr effiziente Technik.

Falls Sie in der Schule mit der famosen Mengenlehre Bekanntschaft machten, kennen Sie auch Durchschnitt, Minus und Vereinigung von Mengen. Der Durchschnitt zweier Mengen sind die Elemente, die es sowohl in Menge A wie in Menge B gibt. Im SQL gibt es dafür die Anweisung INTERSECT, die im Ausführungsplan als INTERSECTION erscheint:

```
---------------------------------------------------------------------------------
| Id | Operation              | Name     | Rows | Byte | Cost (%CPU) | Time     |
---------------------------------------------------------------------------------
|  0 | SELECT STATEMENT       |          |    4 |   60 |     6  (50) | 00:00:01 |
|  1 |  INTERSECTION          |          |      |      |             |          |
|  2 |   SORT UNIQUE          |          |   16 |   48 |     4  (25) | 00:00:01 |
|  3 |    TABLE ACCESS FULL   | EMP      |   16 |   48 |     3   (0) | 00:00:01 |
|  4 |   SORT UNIQUE NOSORT   |          |    4 |   12 |     2  (50) | 00:00:01 |
|  5 |    INDEX FULL SCAN     | PK_DEPT  |    4 |   12 |     1   (0) | 00:00:01 |
---------------------------------------------------------------------------------
```

Beim MINUS in der Mengenlehre muss man wie beim bekannten mathematischen Minus aufpassen, da können linke und rechte Seite nicht einfach vertauscht werden, ohne dass sich das Ergebnis ändert. Die Operation wird in SQL und Ausführungsplan MINUS genannt. Als Beispiel alle Abteilungsnummern, die in der Tabelle DEPT vorkommen, aber nicht in der Tabelle EMP:

```
SQL>  select deptno from dept minus select deptno from emp;

    DEPTNO
----------
        40

Execution Plan
----------------------------------------------------------
Plan hash value: 2288528972

-------------------------------------------------------------------------------
| Id | Operation             | Name     | Rows | Bytes | Cost (%CPU) | Time     |
-------------------------------------------------------------------------------
|  0 | SELECT STATEMENT      |          |    4 |    60 |      6  (84) | 00:00:01 |
|  1 |  MINUS                |          |      |       |              |          |
|  2 |   SORT UNIQUE NOSORT  |          |    4 |    12 |      2  (50) | 00:00:01 |
|  3 |    INDEX FULL SCAN    | PK_DEPT  |    4 |    12 |      1   (0) | 00:00:01 |
|  4 |   SORT UNIQUE         |          |   16 |    48 |      4  (25) | 00:00:01 |
|  5 |    TABLE ACCESS FULL  | EMP      |   16 |    48 |      3   (0) | 00:00:01 |
-------------------------------------------------------------------------------
```

Wie man sieht, gibt es Abteilung 40 nur in der Tabelle DEPT. Die umgekehrte Reihenfolge bringt keine Werte (jeder Mitarbeiter ist einer Abteilung zugeordnet). Last but not least kommt noch die Vereinigung der Mengen, das wird über UNION erreicht:

```
-------------------------------------------------------------------------------
| Id | Operation             | Name     | Rows | Bytes | Cost (%CPU) | Time     |
-------------------------------------------------------------------------------
|  0 | SELECT STATEMENT      |          |   20 |    60 |      6  (50) | 00:00:01 |
|  1 |  SORT UNIQUE          |          |   20 |    60 |      6  (50) | 00:00:01 |
|  2 |   UNION-ALL           |          |      |       |              |          |
|  3 |    TABLE ACCESS FULL  | EMP      |   16 |    48 |      3   (0) | 00:00:01 |
|  4 |    INDEX FULL SCAN    | PK_DEPT  |    4 |    12 |      1   (0) | 00:00:01 |
-------------------------------------------------------------------------------
```

Bitte beachten Sie, dass bei all diesen Mengenoperationen immer auch sortiert wird. Neben dem normalen UNION gibt es in SQL noch die Anweisung UNION ALL. Beim normalen UNION werden doppelte Datensätze und NULL-Werte entfernt, beim UNION ALL dagegen nicht. So sieht's aus, wenn man UNION ALL verwendet:

```
SQL>  select deptno  from emp union all select deptno from dept

    DEPTNO
----------
        20
        30
…
        30
        40

19 rows selected.

Execution Plan
----------------------------------------------------------
Plan hash value: 4047494651

-----------------------------------------------------------------------------
| Id | Operation            | Name     | Rows | Byte | Cost (%CPU) | Time     |
-----------------------------------------------------------------------------
|  0 | SELECT STATEMENT     |          |   20 |   60 |      4  (25) | 00:00:01 |
|  1 |  UNION-ALL           |          |      |      |              |          |
```

```
|  2 |   TABLE ACCESS FULL | EMP     |   16 |   48 |      3   (0) | 00:00:01 |
|  3 |   INDEX FULL SCAN   | PK_DEPT |    4 |   12 |      1   (0) | 00:00:01 |
-----------------------------------------------------------------------------
```

Als Ergebnis erhalten Sie hier 19 Datensätze. Diese 19 Datensätze ergeben sich aus den 15 Datensätzen der Tabelle EMP plus den vier Datensätzen aus der Tabelle DEPT. Witzigerweise zeigt der Ausführungsplan in beiden Fällen UNION-ALL als Operation an, allerdings wird beim normalen UNION noch eine Sortierung durchgeführt. Das sehen Sie auch hier in den beiden Ausführungsplänen.

Beim Zugriff auf Sequenzen wird netterweise der Name der Sequenz im Ausführungsplan angezeigt. Sie sehen hier auch FAST DUAL im Ausführungsplan, das ist eine Optimierung, die mit Version 10*g* kam. Vor dieser Version bedingte der Zugriff auf die Tabelle DUAL immer auch den physikalischen Zugriff auf die entsprechende Tabelle:

```
SQL> select my_seq.nextval from dual;

   NEXTVAL
----------
         1

Execution Plan
----------------------------------------------------------
Plan hash value: 2277299017

-------------------------------------------------------------------
| Id  | Operation          | Name   | Rows  | Cost (%CPU)| Time     |
-------------------------------------------------------------------
|   0 | SELECT STATEMENT   |        |     1 |     2   (0)| 00:00:01 |
|   1 |  SEQUENCE          | MY_SEQ |       |            |          |
|   2 |   FAST DUAL        |        |     1 |     2   (0)| 00:00:01 |
-------------------------------------------------------------------
```

Wenn REMOTE im Ausführungsplan auftaucht, ist ein Database Link beteiligt. Hier sehen Sie praktischerweise in der Version 10.2 im Ausführungsplan auch, um welche Datenbank es sich dann handelt. Das wird in der Spalte INST angezeigt:

```
SQL>  select * from dual@loopback;

D
-
X

Execution Plan
----------------------------------------------------------
Plan hash value: 272002086

---------------------------------------------------------------------------------
| Id | Operation               | Name | Rows | Byte | Cost...    | Time     | Inst  |
---------------------------------------------------------------------------------
|  0 | SELECT STATEMENT REMOTE |      |    1 |    2 | 2     (0)| 00:00:01 |       |
|  1 |  TABLE ACCESS FULL      | DUAL |    1 |    2 | 2     (0)| 00:00:01 | FTEST |
---------------------------------------------------------------------------------

Note
-----
   - fully remote statement
```

Bei solchen Operationen ist natürlich zu beachten, dass die ganzen Daten übers Netz gehen. Als Faustregel können Sie annehmen, dass der Zugriff übers Netz so um den Faktor 2 – 5 langsamer ist als beim lokalen Zugriff. Wichtig ist hierbei auch, wie viele Daten übers

Netz geschaufelt werden. Bitte beachten Sie auch, wie im Abschnitt Note präzisiert wird, das die Anweisung vollständig auf der anderen Seite ausgeführt wird und wir auf unserer Seite nur das Ergebnis sehen.

FOR UPDATE im Ausführungsplan bedeutet, dass ein SELECT FOR UPDATE durchgeführt wurde:

```
SQL> select * from dept for update of deptno;

 40 OPERATIONS BOSTON

--------------------------------------------------------------------------
| Id | Operation            | Name | Rows | Bytes | Cost (%CPU) | Time     |
--------------------------------------------------------------------------
|  0 | SELECT STATEMENT     |      |    4 |    80 |     3   (0) | 00:00:01 |
|  1 |  FOR UPDATE          |      |      |       |             |          |
|  2 |   TABLE ACCESS FULL  | DEPT |    4 |    80 |     3   (0) | 00:00:01 |
--------------------------------------------------------------------------
```

Wenn Sie COUNT im Ausführungsplan sehen, wurde die Funktion ROWNUM verwendet:

```
SQL> select rownum from dept;
...
 4

---------------------------------------------------------------------
| Id | Operation          | Name    | Rows | Cost (%CPU) | Time     |
---------------------------------------------------------------------
|  0 | SELECT STATEMENT   |         |    4 |     1   (0) | 00:00:01 |
|  1 |  COUNT             |         |      |             |          |
|  2 |   INDEX FULL SCAN  | PK_DEPT |    4 |     1   (0) | 00:00:01 |
---------------------------------------------------------------------
```

Eine Variante davon ist COUNT STOPKEY, da wird dann noch weiter eingeschränkt. Das kann aber auch bei parallelen Plänen beim Zugriff auf die einzelnen Partitionen auftauchen. Bei ROWNUM ist zu beachten, dass die Reihenfolge der Daten zufällig ist. Falls Sortierungen der Daten vorgenommen werden müssen, tauchen je nach Sortierung unterschiedliche SORT-Operationen im Ausführungsplan auf. Bei Verwendung der ORDER BY-Klausel sieht man SORT (ORDER BY) oder SORT ORDER BY:

```
---------------------------------------------------------------------------
| Id | Operation            | Name | Rows | Byte | Cost (%CPU) | Time     |
---------------------------------------------------------------------------
|  0 | SELECT STATEMENT     |      |   16 |   96 |     4  (25) | 00:00:01 |
|  1 |  SORT ORDER BY       |      |   16 |   96 |     4  (25) | 00:00:01 |
|  2 |   TABLE ACCESS FULL  | EMP  |   16 |   96 |     3   (0) | 00:00:01 |
---------------------------------------------------------------------------
```

SORT (ORDER BY) taucht nicht in jedem Fall auf. Kann die ORDER BY-Bedingung über einen Index erfüllt werden, sieht die Sache gleich ganz anders aus. In der folgenden Abfrage wird für das ORDER BY die Spalte EMPNO verwendet. Diese Spalte ist der Primary Key. Hier entscheidet der Optimizer, dass ein Index Scan mit anschließendem Zugriff auf die Tabelle günstiger ist:

```
SQL> select * from emp where sal > 3000 order by empno;

EMPNO ENAME      JOB       MGR        HIREDATE  SAL        COMM       DEPTNO
----- ---------- --------- ---------- --------- ---------- ---------- ------
7839  KING       PRESIDENT            17-NOV-81 5000                  10
```

```
Execution Plan
----------------------------------------------------------
Plan hash value: 4170700152

-------------------------------------------------------------------------------------
| Id | Operation                   | Name   | Rows | Byte | Cost (%CPU) | Time     |
-------------------------------------------------------------------------------------
|  0 | SELECT STATEMENT            |        |   15 |  660 |     4   (0) | 00:00:01 |
|* 1 |  TABLE ACCESS BY INDEX ROWID| EMP    |   15 |  660 |     4   (0) | 00:00:01 |
|  2 |   INDEX FULL SCAN           | PK_EMP |   16 |      |     1   (0) | 00:00:01 |
-------------------------------------------------------------------------------------

Predicate Information (identified by operation id):
---------------------------------------------------

   1 - filter("SAL">3000)
```

Bei Verwendung der Funktion GROUP BY erwarten wir SORT (GROUP BY) oder HASH GROUP BY in Version 10.2 im Ausführungsplan:

```
---------------------------------------------------------------------------
| Id | Operation           | Name | Rows | Byte | Cost (%CPU) | Time     |
---------------------------------------------------------------------------
|  0 | SELECT STATEMENT    |      |    3 |    9 |     4  (25) | 00:00:01 |
|  1 |  HASH GROUP BY      |      |    3 |    9 |     4  (25) | 00:00:01 |
|  2 |   TABLE ACCESS FULL | EMP  |   16 |   48 |     3   (0) | 00:00:01 |
---------------------------------------------------------------------------
```

Neben SORT (GROUP BY) gibt es auch noch SORT (GROUP BY NOSORT) wenn keine weitere Sortierung beim Gruppieren vorgenommen werden muss:

```
   Ausführungsplan
   ----------------------------------------------------------
    0 SELECT STATEMENT Optimizer=CHOOSE (Cost=1 Card=4 Byte=8)
    1 0 SORT (GROUP BY NOSORT) (Cost=1 Card=4 Byte=8)
    2 1 INDEX (FULL SCAN) OF 'PK_DEPT' (UNIQUE) (Cost=1 Card=4 Byte=8)
```

Die vorige Abfrage hätte natürlich auch mit DISTINCT formuliert werden können. In diesem Fall sehen wir dann SORT (UNIQUE) bzw. SORT UNIQUE oder HASH UNIQUE im Ausführungsplan. Unter Oracle7 stand dort noch explizit SORT DISTINCT. Vorher haben wir bereits gesehen, dass auch ein SORT (UNIQUE) im Ausführungsplan auftaucht, wenn UNION verwendet wird. Dieser wird in diesem Fall dann auf das Ergebnis der UNION-ALL-Operation angewendet. Hier gibt es auch wieder die Varianten mit und ohne NOSORT:

```
SQL> select distinct deptno from dept ;
...

------------------------------------------------------------------------------
| Id | Operation           | Name    | Rows | Byte | Cost (%CPU) | Time     |
------------------------------------------------------------------------------
|  0 | SELECT STATEMENT    |         |    4 |   12 |     2  (50) | 00:00:01 |
|  1 |  SORT UNIQUE NOSORT |         |    4 |   12 |     2  (50) | 00:00:01 |
|  2 |   INDEX FULL SCAN   | PK_DEPT |    4 |   12 |     1   (0) | 00:00:01 |
------------------------------------------------------------------------------
```

SORT (AGGEGRATE) oder SORT AGGREGATE sehen Sie im Ausführungsplan, wenn Aggregierungsfunktionen verwendet werden. Das ist eigentlich ganz einfach: Aggregierungsfunktionen liefern nur einen Datensatz zurück, operieren aber auf einer ganzen Menge von Daten. Beispiele sind MIN(), MAX(), SUM(), AVG() etc. Solche Funktionen werden häufig zusammen mit der GROUP BY-Klausel verwendet. Als Beispiel das Durchschnittsgehalt aller Mitarbeiter:

```
SQL> select avg(sal) from emp;

 2073.21429

-----------------------------------------------------------------------------
| Id | Operation            | Name | Rows | Bytes | Cost (%CPU) | Time     |
-----------------------------------------------------------------------------
|  0 | SELECT STATEMENT     |      |    1 |     4 |     3   (0) | 00:00:01 |
|  1 |  SORT AGGREGATE      |      |    1 |     4 |             |          |
|  2 |   TABLE ACCESS FULL  | EMP  |   16 |    64 |     3   (0) | 00:00:01 |
-----------------------------------------------------------------------------
```

Beim Zugriff über Indizes gibt es drei Möglichkeiten. Entweder sehen wir einen Scan über den ganzen Index (= INDEX FULL SCAN) – der auch parallelisiert werden kann – oder einen INDEX RANGE SCAN, bei dem nur über einen bestimmten Bereich gesucht wird, oder einen INDEX UNIQUE SCAN, wenn's über alle Werte eines Unique-Index geht. Für das folgende Beispiel wurde noch ein Non-Unique-Index auf das Feld DEPTNO in der Tabelle EMP angelegt (über CREATE INDEX IND_DEPTNO ON EMP(DEPTNO)). Zuerst der Ausführungsplan, wie er vor Version 10.2 aussah:

```
SQL> select e.deptno from emp e, dept d where e.deptno = d.deptno;

...

14 Zeilen ausgewählt.

Ausführungsplan
----------------------------------------------------------
 0 SELECT STATEMENT Optimizer=CHOOSE (Cost=1 Card=14 Bytes=56)
 1 0 NESTED LOOPS (Cost=1 Card=14 Bytes=56)
 2 1 INDEX (FULL SCAN) OF 'PK_DEPT' (UNIQUE) (Cost=1 Card=4 Bytes=8)
 3 1 INDEX (RANGE SCAN) OF 'IND_DEPTNO' (NON-UNIQUE)
```

Schauen wir uns jetzt zum Vergleich mal an, wie der Ausführungsplan für diese Abfrage mit Version 10.2 aussieht:

```
---------------------------------------------------------------------------------
| Id  | Operation          | Name        | Rows | Bytes | Cost (%CPU) | Time     |
---------------------------------------------------------------------------------
|   0 | SELECT STATEMENT   |             |   14 |    42 |     1   (0) | 00:00:01 |
|*  1 |  INDEX FULL SCAN   | IND_DEPTNO  |   14 |    42 |     1   (0) | 00:00:01 |
---------------------------------------------------------------------------------

Predicate Information (identified by operation id):
---------------------------------------------------
   1 - filter("E"."DEPTNO" IS NOT NULL)
```

Das ist doch interessant. Vor Version 10.2 war für diese Abfrage eine Nested Loop und ein Scan über den Primärschlüssel von DEPT notwendig. Mit Version 10.2 hat der Optimizer erkannt, das er die Abfrage vollständig durch den Index Scan beantworten kann, der Nested Loop und der Scan über PK-DEPT entfällt. Beachten Sie bitte auch, wie der Optimizer selbstständig die Filterbedingung E.DEPTNO IS NOT NULL hinzufügte, diese wurde ja in der Abfrage selbst nicht angegeben.

Seit Oracle 9*i* gibt es noch zusätzlich den INDEX SKIP SCAN. Der funktioniert nur bei zusammengesetzten Indizes. Angenommen, Sie haben einen Index auf zwei Felder A und

B. Wenn Sie in der WHERE-Klausel auf A einschränken, kann Oracle in allen Versionen diesen Index nehmen. Wenn Sie aber nur nach B einschränken, konnte Oracle den Index nicht benutzen. Das hat sich mit Oracle 9 geändert, dort können auch die Nichtanfangsfelder eines Index unter Umständen benutzt werden. Im Ausführungsplan sehen Sie dann:

```
-----------------------------------------------------------------------------------
| Id  | Operation          | Name            | Rows | Byte  | Cost (%CPU) | Time     |
-----------------------------------------------------------------------------------
|   0 | SELECT STATEMENT   |                 | 194K | 2464K |   1866  (1) | 00:00:23 |
|*  1 |  INDEX SKIP SCAN   | MY_NAMEX_IX_SS  | 194K | 2464K |   1866  (1) | 00:00:23 |
-----------------------------------------------------------------------------------
```

Beim Zugriff auf die eigentlichen Tabellendaten gibt es ähnliche Möglichkeiten wie beim Index. Beim TABLE ACCESS BY ROWID wird auf die Daten über einen Index oder über ROWID in der WHERE-Klausel zugegriffen. Im folgenden Beispiel erfolgt der Zugriff über den Primärschlüssel:

```
--------------------------------------------------------------------------------------
|  Id | Operation                    | Name   | Rows | Byte | Cost (%CPU) | Time     |
--------------------------------------------------------------------------------------
|   0 | SELECT STATEMENT             |        |    1 |   39 |     1   (0) | 00:00:01 |
|   1 |  TABLE ACCESS BY INDEX ROWID | EMP    |    1 |   39 |     1   (0) | 00:00:01 |
|*  2 |   INDEX UNIQUE SCAN          | PK_EMP |    1 |      |     0   (0) | 00:00:01 |
--------------------------------------------------------------------------------------
```

Beim TABLE ACCESS FULL handelt es sich um den berühmten Full Table Scan, bei dem alles gelesen wird. Den gibt es im Regelfall, wenn kein Index vorhanden ist oder der Zugriff über den Index nichts bringen würde. Das sehen Sie im Ausführungsplan als:

```
---------------------------------------------------------------------------
| Id | Operation          | Name | Rows | Byte | Cost (%CPU) | Time     |
---------------------------------------------------------------------------
|  0 | SELECT STATEMENT   |      |   16 |  624 |     3   (0) | 00:00:01 |
|  1 |  TABLE ACCESS FULL | EMP  |   16 |  624 |     3   (0) | 00:00:01 |
---------------------------------------------------------------------------
```

TABLE ACCESS CLUSTER gibt es noch für den Zugriff auf eine Cluster-Tabelle über den Cluster Key. Wird ein Hash Cluster verwendet, gibt es noch TABLE ACCESS HASH für den Zugriff über den Hash Key. Cluster haben so ihre Eigenheiten und werden in Applikationen – leider – eher selten verwendet.

Wenn Sie VIEW im Ausführungsplan sehen, so bedeutet das nicht immer, dass Sie auf eine View zugreifen. Studieren Sie mal folgendes Beispiel, in dem eine View angelegt wird, die die Gehaltssumme und das Durchschnittsgehalt aller Mitarbeiter pro Abteilung anzeigt. Im Ausführungsplan sehen Sie nicht, dass Sie auf eine View zugreifen. Stattdessen sehen Sie, wie der Zugriff auf die darunter liegenden Tabellen realisiert wird:

```
SQL> create view sal_view as select sum(sal) total_sal, avg(sal) avg_sal, dname
  2 from emp, dept where emp.deptno=dept.deptno group by dname;

View wurde angelegt.

SQL> select * from sal_view;

...
```

```
-----------------------------------------------------------------------------------------
| Id | Operation                         | Name        | Rows | Bytes | Cost   | Time     |
-----------------------------------------------------------------------------------------
|  0 | SELECT STATEMENT                  |             |    4 |    80 | 4(25)  | 00:00:01 |
|  1 |  HASH GROUP BY                    |             |    4 |    80 | 4(25)  | 00:00:01 |
|  2 |   NESTED LOOPS                    |             |   14 |   280 | 3 (0)  | 00:00:01 |
|  3 |    TABLE ACCESS BY INDEX ROWID    | EMP         |   14 |    98 | 2 (0)  | 00:00:01 |
|* 4 |     INDEX FULL SCAN               | IND_DEPTNO  |   12 |       | 1 (0)  | 00:00:01 |
|  5 |    TABLE ACCESS BY INDEX ROWID    | DEPT        |    1 |    13 | 1 (0)  | 00:00:01 |
|* 6 |     INDEX UNIQUE SCAN             | PK_DEPT     |    1 |       | 0 (0)  | 00:00:01 |
-----------------------------------------------------------------------------------------
```

Wenn Sie dagegen VIEW im Ausführungsplan sehen und diese View auch noch VW_NSO_1 heißt, bedeutet dies eine dynamische View, die von Oracle zur Laufzeit zur Optimierung von geschachtelten Subqueries erzeugt wird. Die View wird für die Transformation einer IN-Liste zu einem Join und einer NOT IN-Liste in einen Anti-Join benötigt und heißt immer VW_NSO_1:

```
Ausführungsplan
----------------------------------------------------------
 0 SELECT STATEMENT Optimizer=CHOOSE (Cost=10 Card=14 Bytes=392)
 1 0 HASH JOIN (SEMI) (Cost=10 Card=14 Bytes=392)
 2 1 HASH JOIN (Cost=5 Card=14 Bytes=266)
 3 2 TABLE ACCESS (FULL) OF 'EMP' (Cost=2 Card=14 Bytes=112 )
 4 2 TABLE ACCESS (FULL) OF 'DEPT' (Cost=2 Card=4 Bytes=44)
 5 1 VIEW OF 'VW_NSO_1' (Cost=4 Card=4 Bytes=36)
 6 5 SORT (GROUP BY) (Cost=4 Card=4 Bytes=52)
 7 6 NESTED LOOPS (Cost=2 Card=14 Bytes=182)
 8 7 TABLE ACCESS (FULL) OF 'DEPT' (Cost=2 Card=4 Bytes=44)
 9 7 INDEX (RANGE SCAN) OF 'IND_DEPTNO' (NON-UNIQUE)
```

Für die Optimierung von IN-Listen gibt es den speziellen INLIST ITERATOR, der auch unter diesem Namen im Ausführungsplan erscheint:

```
-------------------------------------------------------------------------------------
| Id | Operation                        | Name        | Rows | Bytes | Cost | Time     |
-------------------------------------------------------------------------------------
|  0 | SELECT STATEMENT                 |             |    8 |   312 | 2(0) | 00:00:01 |
|  1 |  INLIST ITERATOR                 |             |      |       |      |          |
|  2 |   TABLE ACCESS BY INDEX ROWID    | EMP         |    8 |   312 | 2(0) | 00:00:01 |
|* 3 |    INDEX RANGE SCAN              | IND_DEPTNO  |    8 |       | 1(0) | 00:00:01 |
-------------------------------------------------------------------------------------
```

CONNECT BY sehen Sie, wenn die CONNECT BY-Klausel verwendet wurde. Mit dieser SQL-Anweisung können hierarchische Baumstrukturen abgearbeitet werden. Diese kommen zum Beispiel in stücklistenartigen Strukturen vor. Das setzt natürlich voraus, dass die Informationen über die Struktur in der Tabelle mit gespeichert werden. In der Tabelle EMP haben wir neben der Spalte EMPNO auch noch die Spalte MGR, in der die EMPNO des jeweiligen Vorgesetzten abgelegt ist. Eine Ausnahme hier ist KING, da er als Präsident keinen Vorgesetzten mehr über sich hat. Die CONNECT BY-Klausel wird oft zusammen mit der START WITH-Klausel verwendet, die den Startpunkt für die Abfrage festlegt. Das klassische Beispiel zeigt alle Mitarbeiter ausgehend vom Präsidenten unter den jeweiligen Vorgesetzten. Beachten Sie bitte auch, wie die Funktion LPAD() zusammen mit der Pseudospalte LEVEL zur Formatierung des Outputs eingesetzt wird:

```
SQL> select lpad(' ',2*(level))||ename employee
 2 from emp
 3 start with ename='KING'
connect by prior empno=mgr;
```

```
...

-----------------------------------------------------------------------------------
| Id | Operation                      | Name | Rows | Bytes | Cost (%CPU | Time     |
------------------------------------   -----------------------------------------------
|   0 | SELECT STATEMENT              |      |   16 |   224 |     3  (0) | 00:00:01 |
| * 1 |  CONNECT BY WITH FILTERING    |      |      |       |            |          |
| * 2 |   FILTER                      |      |      |       |            |          |
|   3 |    TABLE ACCESS FULL          | EMP  |   16 |   224 |     3  (0) | 00:00:01 |
| * 4 |   HASH JOIN                   |      |      |       |            |          |
|   5 |    CONNECT BY PUMP            |      |      |       |            |          |
|   6 |    TABLE ACCESS FULL          | EMP  |   16 |   224 |     3  (0) | 00:00:01 |
|   7 |   TABLE ACCESS FULL           | EMP  |   16 |   224 |     3  (0) | 00:00:01 |
-----------------------------------------------------------------------------------
```

Die START WITH-Klausel wird nur implizit erwähnt. Beachten Sie den WITH FILTERING-Zusatz. Falls Sie bei einer hierarchischen Abfrage den Großteil der Daten abfragen, kann unter Umständen der Hint NO_FILTERING die Performanz verbessern. Beachten Sie auch CONNECT BY PUMP. Damit wird klar, dass es sich um einen Plan aus mindestens Oracle 9 handelt, unter Oracle 8.1.7 sah das noch ganz anders aus:

```
Ausführungsplan
----------------------------------------------------------
 0 SELECT STATEMENT Optimizer=CHOOSE (Cost=1 Card=3 Bytes=180)
 1 0 CONNECT BY
 2 1 TABLE ACCESS (FULL) OF 'EMP' (Cost=2 Card=1 Bytes=6)
 3 1 TABLE ACCESS (BY USER ROWID) OF 'EMP'
 4 1 TABLE ACCESS (FULL) OF 'EMP' (Cost=2 Card=3 Bytes=42)
```

Dieses Verhalten kann man beeinflussen. Zwischen Oracle 8*i* und 10 wurde ziemlich viel bei CONNECT BY verbessert. Es gibt ab 9 einige Restriktionen nicht mehr, die es noch unter 8*i* gab. Allerdings gibt es ab Oracle 9 auch den versteckten Parameter _OLD_CONNECT_BY_ENABLED. Wenn Sie den auf TRUE setzen, haben Sie dasselbe Verhalten wie in Oracle 8*i*. Allerdings können Sie in der Version 9.2 dann keinen Full Database Export mehr machen. Nettes Sicherheitsfeature, finden Sie nicht? Oracle 10*g* hat dann noch zusätzliche Funktionen hier eingeführt; so kann man jetzt zum Beispiel über CONNECT_BY_ISCYCLE auch erkennen, ob eine Endlosschleife in der Struktur vorliegt. Eine Endlosschleife hätten Sie beispielsweise, wenn in einer Stücklistentabelle Teil 1 aus Teil 5 besteht und Teil 5 wieder aus Teil 1.

Bei der CONCATENATION werden Ergebnismengen zusammengefasst, und zwar über ein UNION ALL. Im Ausführungsplan sehen Sie aber Concatenation und nicht, wie es implementiert ist. Auch hier ein kleines Beispiel, diesmal noch mit einem Ausführungsplan, wie er vor Version 10.2 aussieht:

```
SQL> select ename from emp where empno in (1234,7934) and deptno=10;

ENAME
----------
MILLER

Ausführungsplan
----------------------------------------------------------
 0 SELECT STATEMENT Optimizer=RULE
 1 0 CONCATENATION
 2 1 TABLE ACCESS (BY INDEX ROWID) OF 'EMP'
 3 2 INDEX (UNIQUE SCAN) OF 'PK_EMP' (UNIQUE)
 4 1 TABLE ACCESS (BY INDEX ROWID) OF 'EMP'
 5 4 INDEX (UNIQUE SCAN) OF 'PK_EMP' (UNIQUE)
```

Interessant ist auch, wenn Sie BITMAP im Ausführungsplan sehen. Das kann auch vorkommen, wenn Sie keine Bitmap Indizes haben. In diesem Fall wurden dann Btree Bitmap-Ausführungspläne verwendet. Mit dieser Technologie werden zur Laufzeit die ROWIDs von normalen Indizes genommen und in Bitmaps konvertiert. Dann können verschiedene Operationen mit diesen Bitmaps vorgenommen werden, typischerweise AND und/oder OR, und das Ergebnis wird dann wieder von der Bitmap auf ROWIDs zurückkonvertiert. Auch hierzu ein kleines Beispiel:

```
SQL> select ename from emp where empno in (1234,7934) and deptno=10;

ENAME
----------
MILLER

Execution Plan
----------------------------------------------------------
Plan hash value: 2296003170

------------------------------------------------------------------------------------------
| Id | Operation                            | Name        Row | Byte | Cost   | Time      |
------------------------------------------------------------------------------------------
|  0 | SELECT STATEMENT                     |             |  1  |  13  | 2  (0) | 00:00:01 |
|  1 |  TABLE ACCESS BY INDEX ROWID         | EMP         |  1  |  13  | 2  (0) | 00:00:01 |
|  2 |   BITMAP CONVERSION TO ROWIDS        |             |     |      |        |          |
|  3 |    BITMAP AND                        |             |     |      |        |          |
|  4 |     BITMAP OR                        |             |     |      |        |          |
|  5 |      BITMAP CONVERSION FROM ROWIDS   |             |     |      |        |          |
|* 6 |       INDEX RANGE SCAN               | PK_EMP      |  3  |      | 0  (0) | 00:00:01 |
|  7 |      BITMAP CONVERSION FROM ROWIDS   |             |     |      |        |          |
|* 8 |       INDEX RANGE SCAN               | PK_EMP      |  3  |      | 0  (0) | 00:00:01 |
|  9 |     BITMAP CONVERSION FROM ROWIDS    |             |     |      |        |          |
|*10 |      INDEX RANGE SCAN                | IND_DEPTNO  |  3  |      | 1  (0) | 00:00:01 |
------------------------------------------------------------------------------------------

Predicate Information (identified by operation id):
---------------------------------------------------
   6 - access("EMPNO"=1234)
   8 - access("EMPNO"=7934)
  10 - access("DEPTNO"=10)
```

AND_EQUAL im Ausführungsplan bedeutet die Vereinigung von sortierten Listen, die über Indexzugriff ermittelt wurden. AND_EQUAL liefert zurück, welche Datensätze (genauer gesagt, welche ROWIDs) in beiden Indizes gefunden wurden. Das taucht meistens auf, wenn sowohl über einen Nonunique-Index als auch einen Range Scan eines Unique-Index zugegriffen wird. Dies jetzt einmal ohne Beispiel. Es gibt noch andere Zugriffsarten wie zum Beispiel TABLE ACCESS CLUSTER (Zugriff auf Cluster über Clusterschlüssel) oder TABLE ACCESS HASH (Zugriff auf einen Hash Cluster über Hashfunktion), aber die sparen wir uns jetzt. Die wichtigsten Operationen haben wir jetzt erst mal angeschaut.

Hinweise zu den einzelnen Operationen

Viel zu beachten gibt es eigentlich nicht, da in erster und wichtigster Line das SQL applikatorisch bestimmt ist. Das es sich aber um SQL handelt, handelt es sich um einen Datenzugriff, der in erster Linie applikatorisch vorgegeben ist. Es wird ja nur gesagt, was gewünscht wird, aber das ist in aller Regel nicht als technische Spezifikation gedacht. Wie Sie den Datenzugriff dann implementieren, interessiert die Endanwender – zu Recht – erst mal nicht. Das bleibt also Ihnen überlassen und in SQL gilt: viele Wege führen nach Rom. Wann immer möglich, wählen Sie den kürzesten und direktesten.

Bei den Joins sollten Sie darauf achten, ob Outer Joins vorkommen. Die können sehr aufwändig werden, wenn viele Werte generiert werden müssen. Kartesische Joins sind natürlich von Übel, da sie schnell zu groß werden können, aber applikatorisch gelegentlich unumgänglich. Eine Ausnahme hiervon sind Star-Transformationen, die aber auch als solche ausgewiesen werden. Bei Hash Joins kann man Probleme mit dem Hauptspeicher bekommen, wenn es sich um sehr große Tabellen handelt.

Bei Nested Loops ist immer wichtig, wie viele Datensätze zurückkommen und wie oft der Nested Loop ausgeführt wird. Oder anders ausgedrückt, wenn Sie einen Nested Loop haben, der nur 500 Datensätze zurückliefert, der aber seinerseits in einem Nested Loop läuft, die 50000-mal ausgeführt wird, so gibt das mit 25 Millionen Datensätzen immer noch eine stattliche Menge.

Es ist sehr selten unmöglich, allein anhand des Ausführungsplanes zu ermitteln, ob es sich um einen guten oder schlechten Ausführungsplan handelt, wenn man mal von einfachen Beispielen wie beispielsweise einem Full Table Scan, der 1000000 Zeilen liest und einem Indexzugriff, der nur auf 1000 Zeilen zugreift, absieht. Schauen Sie sich auch die Ausführungszeiten und vor allem die Wait-Statistiken, die wir in den nächsten Kapiteln noch ausführlich besprechen werden, an. Sollte dies immer noch keine schlüssigen Hinweise liefern, schauen Sie sich auch Disk I/O und vor allem das Umfeld, also wer sonst noch wie und wann auf die betroffenen Objekte zugreift, im Detail an.

3

3 Das ABC des Tuning

In diesem Kapitel versehen wir uns mit den Grundlagen, die Sie für das Tuning benötigen. Diese umfassen verschiedene Kennzahlen, (Wait) Events, Statistiken, Ratios und einige ausgewählte V$-Views, auf die Sie beim Tuning immer wieder zugreifen werden.

Die eigentlichen Tools und Techniken, die für das Tuning benötigt werden, werden dann ab dem nächsten Kapitel besprochen.

3.1 Ratios oder Wait Interface?

Es gibt vereinfacht gesagt zwei Schulen für das Tuning. Die ältere verwendet bestimmte Kennzahlen und Ratios, um ein Bild über die Performanz der Datenbank zu erhalten. Die zweite ein wenig neuere Schule benutzt vornehmlich das Oracle Wait Interface, um zu sehen, in welchem Bereich es Performanzprobleme gibt. Die beiden Schulen verstehen sich manchmal nicht so richtig gut, aber wir schauen uns beides an, die Ratiotechnik aber vor allem aus historischen Gründen.

Die Ratios haben heute nicht mehr die gleiche Aussagekraft wie früher, da sich die Semantik vieler Kennzahlen – wie zum Beispiel 'physical reads' – über die Jahre geändert hat. Die Ratios existieren aber nach wie vor, auch in den Oracle-Auswertungen in 10*g* wie zum Beispiel im Automatic Workload Repository finden Sie die Ratios noch. Seit Oracle 10*g* werden viele Ratios schon automatisch berechnet, das gab es in früheren Versionen nicht. Seit dieser Version werden jede Minute die Cache Hit Ratios über die neuen V$-Views, die sich auf die Metriken beziehen (V$SYSMETRIC, V$SESSMETRIC, V$EVENTMETRIC, V$FILEMETRIC, V$WAITCLASSMETRC, V$METRICNAME), aktualisiert.

Das Oracle Wait Interface verfolgt einen ganz anderen Ansatz und hat den großen Vorteil, dass es da ansetzt, wo den Anwender der Schuh drückt: an der Antwortzeit. So habe ich bei den Firmen, die ich wegen irgendwelcher dringender Performanzprobleme zum Oracle Tuning besuchte, im Regelfall immer exzellente Hit Ratios erlebt, das war nie das Problem. Vielleicht muss man es so ausdrücken: Gute Hit Ratios sind keine Garantie, dass es schnell läuft.

Das Wait Interface wird manchmal auf die vier V$-Views, die mit 7.0.12 eingeführt wurden, eingeschränkt: V$SYSTEM_EVENT, V$SESSION_EVENT, V$SESSION_WAIT und V$EVENT_NAME. Diese Views sind zwar für eine Performance-Analyse unerlässlich, ersetzen aber nicht die anderen Informationen, die von der Datenbank zur Verfügung gestellt werden. Diese Views sollten als Ergänzung verstanden werden. Ich verstehe unter Wait Interface genau wie [Millsap 2003] alle Timing-Informationen, die uns von der Datenbank zur Verfügung gestellt werden. Im konkreten Fall liefert zwar immer der 10046 Level 12 Trace die meisten (und besten) Informationen, aber auch der Zugriff über verschiedene V$-Views liefert wertvolle Hinweise.

Beginnen wir also historisch, schauen wir uns die Ratios im Detail an. Dabei ist der Ansatz der, dass bestimmte Verhältnisse von Kennzahlen in der Datenbank einen möglichst guten Überblick über die Performanz und Hinweise, welcher Bereich zu tunen ist, geben sollen. Viele dieser Kennzahlen beruhen auf den so genannten dynamischen Performance-Views oder V$-Views. Die werden V$-Views genannt, weil ihr Name jeweils mit V$ beginnt, wie zum Beispiel V$SYSSTAT oder V$WAITSTAT. Die Views werden dynamische Performance-Views genannt, weil sie sich oft auf Performance-Daten beziehen. Im Unterschied zu normalen Views werden V$-Views bei jedem Neustart der Datenbank neu initialisiert. Diese Views sind erst mal nur SYS zugänglich. Sie sehen zwar aus wie normale Views, es sind aber interne Strukturen, die nur selektiert und nicht verändert werden können. Es gibt sehr viele V$-Views, ihre Namen finden Sie in der View V$FIXED_TABLE. Wie Sie hier sehen, sind es in der Version 10.2 fast 400 V$-Views:

```
SQL> select count(*) from v$fixed_table where name like 'V%' ;

COUNT(*)
----------
       396
```

Die V$-Views beinhalten alle möglichen Werte und Kennzahlen, wir konzentrieren uns aber hier nur auf einige ausgewählte. V$-Views gibt es in zwei Varianten: die V$-View enthält die Werte der lokalen Datenbank, die GV$-View die Werte aller Datenbanken in einer RAC-Umgebung; die GV$-Views haben eine zusätzliche Spalte, die die aktuelle Datenbankinstanz anzeigt..

3.2 Statistische Kennzahlen

Viele Kennzahlen, auf denen die Ratios basieren, finden wir in V$-Views. Manche Ratios müssen wir zwar berechnen, manche werden aber gleich ausgewiesen. In Oracle 10*g* sehen Sie alle mehr oder weniger direkt. Fangen wir zuerst mit V$SYSSTAT beziehungsweise V$SESSTAT an. V$SYSSTAT ist die Summierung aller Werte in V$SESSTAT, also für alle Sessions. V$SESSTAT liefert statistische Kennzahlen pro Session und ist nur für die jeweilige Session dann auch gültig. Verabschiedet sich also die Session aus der Datenbank, verschwinden auch die Einträge aus V$SESSTAT. In V$SESSTAT haben Sie nur die Spalte Statistic#, dort müssen Sie mit V$STATNAME joinen, um den Namen der statistischen Kennzahl zu erhalten. Es gibt auch noch V$MYSTAT für die eigene Session, da funktioniert es genauso. Demgegenüber ist in V$SYSSTAT bereits der Name der Statistik enthalten.

Es ist ein bisschen unglücklich, dass hier auch genau wie bei den Optimizer-Statistiken, die wir im letzten Kapitel besprochen haben, der gleiche Ausdruck verwendet wird, obwohl es sich um zwei völlig verschiedene Dinge handelt. Die Statistiken, die wir hier besprechen, sind etwas ganz anders als die Tabellen- und Indexstatistiken, die wir bereits kennen gelernt haben. Wenn also von Statistiken die Rede ist, müssen Sie immer auf den Zusammenhang achten, damit Sie wissen, um welche Art von Statistiken es sich handelt.

Hier könnte man statt Statistik auch den Begriff Kennzahl verwenden. Es gibt insgesamt rund 250 unterschiedliche Kennzahlen, die noch in verschiedene Klassen unterteilt sind, zum Beispiel sind Statistiken in Klasse 32 nur für Parallel Server/RAC interessant. Die Statistiken in V$SYSSTAT bilden ein eigenes Kapitel im Anhang von [OraRef 2005]. Dabei sind die wichtigsten Kennzahlen:

Tabelle 3.1 Wichtige Kennzahlen in V$SYSSTAT/V$SESSTAT

Name	Bedeutung
consistent gets	Wie oft wurden Blöcke im Consistent Read (=CR) Modus benötigt? Details siehe unten.
consistent changes	Wie oft musste ein Benutzerprozess Rollback/Undo für ein CR applizieren? Dieser Wert sollte sehr viel kleiner sein als consistent gets. Details siehe unten.
db block changes	Ähnlich wie consistent changes. Zähler für die Anzahl Änderungen, die für ein UPDATE/DELETE notwendig waren.
db block gets	Wie oft wurden Blöcke im CURRENT Modus benötigt? CURRENT Blöcke braucht es eventuell beim UPDATE.
(db block gets + consistent gets)	= Logical Reads. Eine der wichtigsten Größen. Wenn Sie 1000000 Logical Reads für 10 Rows brauchen, ist ein Blick auf das verursachende SQL sehr angebracht.
execute count	Summe der SQL-Aufrufe (auch rekursive). In einem OLTP System sollte Execute Count wesentlich höher sein als Parse Count. In Data Warehouses und bei AdHoc-Abfragen ist das Parsen in aller Regel vernachlässigbar.
opened cursors cumulative	Wird für die Bestimmung von Ratios verwendet.
parse count (hard)	Es gibt hard/harte (wirkliche) und soft/weiche Parse-Aufrufe. Bei einem weichen Parse wird nur noch mal die Autorisierung überprüft, der SQL Execution Plan ist bereits im Hauptspeicher. Demgegenüber muss bei einem harten Aufruf der Ausführungsplan des SQL erst aufgebaut werden – das ist eine sehr aufwändige Operation.
parse count (total)	Alle Parse-Aufrufe (hard und soft).

Name	**Bedeutung**
parse time CPU	Nur wenn TIMED_STATISTICS gesetzt ist. CPU-Zeit (in Zehntel Millisekunden) für alle Parse-Aufrufe.
Parse time elapsed	Nur wenn TIMED_STATISTICS gesetzt ist. Insgesamt verstrichene Zeit (in Zehntel Millisekunden). Wenn Sie Parse Time CPU hiervon abziehen, sehen Sie, wie lange Sie beim Parsen auf Ressourcen warten.
physical reads	Anzahl Blöcke, die gelesen wurden (von Festplatte plus Direct Reads).
physical reads direct	Direct Reads werden direkt eingelesen, der Buffer Cache wird hierbei umgangen. Direct Reads kommen bei Sortieroperationen vor, wenn Sie Parallel Query verwenden, oder beim Einsatz des Direct-Path API (z.B. SQL*Loader mit der Option DIRECT oder Direct-Path INSERT).
physical writes	Anzahl Blöcke, die geschrieben wurden (von Festplatte plus Direct Writes).
physical writes direct	Direct Writes werden, ohne durch den Buffer Cache zu gehen, direkt runtergeschrieben. Wie bei Direct Reads kommen Direct Writes bei Sortieroperationen vor, wenn Sie Parallel Query verwenden oder beim Einsatz des Direct-Path API (z.B. SQL*Loader mit der Option DIRECT oder Direct-Path Export).
redo log space requests	Dieser Zähler geht hoch, wenn das aktive Redo Log voll ist und Oracle warten muss, bis der Log Switch erfolgt ist. Redo Logs vergrößern.
redo size	Summe Redo in Byte.
recursive calls	Anzahl Recursive Calls. Recursive Calls sind Zugriffe auf das Data Dictionary, die von Oracle selbst generiert werden. Beim Einsatz von PL/SQL geht der Zähler ebenfalls hoch.
SQL*Net roundtrips to/from client	Wichtig beim SQL*Net Tuning. Wie oft erfolgte die Kommunikation zwischen Client-Programm und Server?
SQL*Net roundtrips to/from dblink	Wichtig beim SQL*Net Tuning, vor allem für Materialized Views. Wie oft erfolgte die Kommunikation zwischen Datenbank und Datenbank-Link(s)?
session logical reads	Summe DB Block Gets + Consistent Gets
sorts (disk)	Wie viele Sorts mussten auf Disk ausgeführt werden? Sollte möglichst klein sein, eventuell SORT_AREA_SIZE erhöhen.
sorts (memory)	Anzahl Sorts, die im Memory erfolgten. Besser als im Memory geht nicht.
sorts (rows)	Anzahl Rows, die insgesamt sortiert wurden.
table fetch by rowid	Anzahl Tabellenzugriffe über Rowid, normalerweise bedeutet das über Index und ist das, was man will.
table fetch continued row	Anzahl Tabellenzugriffe für Chained/Migrated Rows. Chained/Migrated Rows sind normal, wenn Sie Datentypen haben (LONG/LOB), bei denen ein einzelner Wert größer sein kann als ein Oracle Block. Falls das nicht der Fall ist, sollte die Tabelle mit besseren Werten für PCTFREE/PCTUSED reorganisiert werden. Manchmal reicht auch schon ein einfacher Export/Import der Tabelle.

Name	Bedeutung
table scan blocks gotten	Anzahl Blöcke, die während des sequenziellen Zugriffes auf die Rows einer Tabelle abgesucht wurden. Mit consistent gets abgleichen.
table scan rows gotten	Anzahl Rows der Table Scans.
table scans (cache partitions)	Table Scans für Tabellen, die CACHE gesetzt haben.
table scans (Direct Reads)	Anzahl Table Scans über Direct Reads.
table scans (long tables)	Full Table Scans.
table scans (short tables)	Short Tables sind Tabellen, die kleiner sind als 5 Blöcke (Oracle 7) oder CACHE gesetzt haben. In Oracle 10 hat sich dies geändert, dort werden Tabellen, die kleiner sind als 20 Blöcke, automatisch im Hauptspeicher gecached.
user calls	Anzahl User Calls total, dazu zählen Login, Parse, Execute, Fetch etc.
user commits	Anzahl COMMITs. Das kommt am ehesten einer Transaktionsrate nahe.
user rollbacks	Anzahl ROLLBACKs. Wenn Sie hier im Vergleich zu den COMMITs eine hohe Zahl sehen, fragen Sie mal die Applikation, was sie da eigentlich macht.

Um die Bedeutung der Kennzahlen 'consistent reads' und 'consistent gets' zu verstehen, sollten Sie sich mit Multi-Versioning in Oracle vertraut machen. Die Details zum Multi-Versioning finden Sie in [OraCon 2005] im Kapitel über Data Concurreny und Consistency, hier die Kurzfassung: Wenn Sie Daten lesen in Oracle, werden diese Daten nie gesperrt. Nun ja, das klingt zuerst einmal nicht so spannend. Das Wörtchen nie ist hier ausschlaggebend. Die Daten werden also auch nicht – für den lesenden Prozess! – gesperrt, wenn sie während der Laufzeit der Abfrage irgendwie verändert werden.

Nehmen wir mal an, Benutzer Hans startet um 16:30 eine langdauernde Abfrage auf Tabelle A, die immer etwa 5 Minuten benötigt. Genau eine Minute später um 16:31, die Abfrage von Hans läuft also bereits seit einer Minute, verändert Benutzer Hugo über ein UPDATE alle Daten in der Tabelle A, also sowohl Daten, die Hans bereits gelesen hat als auch Daten, die er gleich lesen wird.

Was passiert in diesem Fall mit der Abfrage von Hans? Gar nichts passiert, Hans kriegt die Tabellendaten korrekt zurück.

Korrekt bedeutet hier, dass Hans um 16:35 die Daten so sieht, wie sie waren, als er die Abfrage um 16:30 startete, also ohne Hugos nachträgliche Änderungen. Diese wirkten sich zwar auch auf die Daten, die Hans bereits gelesen hatte, aus, aber das ja erst nachträglich. Der Benutzer erhält also immer eine konsistente Sicht der Daten.

Möglich wird dies durch Multi-Versioning. Multi-Versioning bedeutet, es können mehrere Versionen eines Blockes existieren. Als Hans seine Abfrage startete, geschah dies mit einer bestimmten SCN. SCN bedeutet heutzutage System Change Number, das können Sie sich als internen Zeitstempel vorstellen. Früher wurde SCN auch als Abkürzung für System Commit Number verstanden; das sehen Sie in der Version 10.2 auch noch, wenn Sie beispielsweise einmal (unter Unix) den Befehl: oerr ora 8209 ausführen:

```
Error:  ORA 8209
Text:   scngrs: SCN not yet initialized
-------------------------------------------------------------------------
---Cause:  The System Commit Number has not yet been initialized.
Action: Contact your customer support representative.
```

System Change Number ist aber die bessere Bezeichnung, da sie einen auch nicht so leicht zu der Annahme verleitet, es kann nur eine solche Nummer geben; es gibt verschiedene SCNs, aber das nur am Rande.

Jeder Block in Oracle enthält auch die SCN. Jede Transaktion startet zu einer bestimmten Zeit. Auch rein lesende Abfragen wissen, mit welcher SCN sie ihre Abfragen starteten. Als Hugo sein UPDATE absetzte, protokollierte Oracle zuerst den aktuellen Stand im Rollback/Undo Tablespace. Nehmen wir mal an Hugo veränderte Daten in den Blöcken 800 und 801. Im Rollback/Undo wurden also die alten Werte der betroffenen Zeilen dieser Blöcke zusammen mit der betreffenden SCN des UPDATE protokolliert. Wenn jetzt die Abfrage die Blöcke 800 und 801 liest, sieht sie, dass die Werte mittlerweile verändert wurden, weil die SCNs in diesen Blöcken neuer sind als die SCN der Abfrage. Die Abfrage geht nun in den Rollback/Undo Tablespace und liest dort die alten Werte für die Blöcke 800 und 801. Anschließend liest sie weiter aus der Tabelle. Trifft sie wieder auf veränderte Daten, wird der alte Stand wieder aus dem Rollback/Undo Tablespace rekonstruiert. Unter Umständen kann das bedeuten, das über mehrere Versionen zurückgegangen werden muss. Oracle garantiert immer einen konsistenten Zustand auf Anweisungsebene. Deshalb spricht man hier auch von Lesekonsistenz. Gerade bei langdauernden Abfragen auf Tabellen, die häufig modifiziert werden, sehen Sie also bei den Statistiken 'consistent reads' und 'consistent gets' hohe Werte.

Die für den Festplatten-I/O wichtigen Kennzahlen finden Sie auf Session-Ebene in V$SESS_IO. Dort finden Sie für jede Session BLOCK_GETS, CONSISTENT_GETS, PHYSCIAL_READS, BLOCK_CHANGES und CONSISTENT_CHANGES.

Falls Sie Probleme beim Sortieren haben, könnte auch ein Blick auf V$SORT_SEGMENT und V$SORT_USAGE hilfreich sein. In Oracle 10*g* stehen hierfür V$TEMPSTAT und V$TEMPSEG_USAGE zur Verfügung.

Seit Oracle 9.2 können Sie sich Statistiken auf Segmentebene in V$SEGSTAT anzeigen lassen. Das ist sehr nützlich während der Untersuchung „heißer" Blöcke, auf die oft zugegriffen wird. Der Parameter STATISTICS_LEVEL muss auf TYPICAL stehen, sonst wird V$SEGSTAT nicht aktualisiert. Da V$SEGSTAT nur Informationen über das Segment bereitstellt, müssen Sie mit DBA_OBJECTS joinen, falls Sie auf Benutzerebene Untersuchungen durchführen wollen.

In der folgenden Abfrage schauen wir uns das mal für den Benutzer SCOTT an:

```
SQL> select object_name,STATISTIC_NAME,value from v$segstat, dba_objects
where object_id=DATAOBJ#
 2* and value > 0 and owner='SCOTT' order by 3,2,1;
```

```
OBJECT_NAME          STATISTIC_NAME      VALUE
---------------------------------------- --------------------------------
PK_DEPT              physical reads      1
PK_DEPT              physical reads      16
PK_DEPT              logical reads       16
PK_EMP               logical reads       16
```

Für das I/O ist V$FILESTAT die View der Wahl. Dort werden gibt esauch Zeiten angezeigt, aber wieder nur, wenn TIMED_STATISTICS gesetzt ist. Beachten Sie bitte, dass Sie hier jeweils als Werte die Anzahl Reads/Writes und die Anzahl der gelesenen/geschriebenen Blöcke haben. Hier erwarten Sie zwischen diesen Werten normalerweise Differenzen, weil Sie ja Multiblock I/O sehen möchten. Je nach Disk-Subsystem, das Sie verwenden, sind die Werte hier natürlich mehr oder weniger nützlich. Falls Sie ein fortgeschrittenes Disksystem wie EMC oder Hitachi verwenden, sind die Werte hier nicht mehr aussagekräftig, da diese Systeme noch eine zusätzliche Abstraktionsschicht zwischen Dateisystem und physikalischer Disk einbringen. Das hat dann wiederum den Nebeneffekt, dass V$FILESTAT nichts mehr aussagt. Falls Sie RAID verwenden, haben Sie das gleiche Problem, da Sie hier ja nicht das I/O per Stripe sehen. Allerdings gibt es seit Oracle 9.2 ein Oracle-Feature, das I/O Topology heißt. Damit bekommen Sie zumindest für EMC Symmetrix-Systeme wieder aussagekräftige Daten. Falls Sie aber die Zuordnung von Dateien auf Volumes/Plexes etc. treffen können, ist in 10*g* die Auswertung über DBA_HIST_FILESTATXS und ein entsprechendes SUBSTR() auf FILENAME immer noch sinnvoll, hier mal ein kleines Beispiel:

```
select  substr(filename,8,50) Datei, tsname Tablespace, phyrds "Anzahl
Reads", phyblkrd "Blöcke Reads",phywrts "Anzahl Writes", phyblkwrt
"Blöcke Writes",readtim "Read Time", writetim "Write Time",wait_count
"Waits" from dba_hist_filestatxs order by 7,8,9;
```

Wichtige Kennzahlen für die Auslastung des Shared Pool finden Sie in V$ROWCACHE (Dictionary Cache), V$LIBRARYCACHE und V$SGASTAT; in Oracle 10*g* ist dann noch V$SGAINFO interessant. V$SHARED_POOL_ADVICE zeigt mögliche Verbesserungen für kleinere oder größere Größen des Shared Pool im Bereich zwischen 10 und 200 Prozent der aktuellen Werte an. V$SHARED_POOL_RESERVED schließlich liefert Ihnen teilweise auch Informationen, wenn der Parameter SHARED_POOL_RESERVED_SIZE nicht gesetzt ist. In diesem Fall werden in Version 10.2 dann fünf Prozent von SHARED_POOL_SIZE genommen. ist Vor allem für die Analyse des Fehlers ORA-4031, der vorzugsweise überhaupt nicht auftreten sollte, kann dieser View mit Einschränkungen hilfreich sein; bei Post Mortem-Analysen nützt er Ihnen nichts.

Statistiken verdichten

Oracle 10*g* schließlich führte noch weitere Möglichkeiten für die Verdichtung von Statistiken ein. Mit dem DBMS_MONITOR Package können Sie Statistiken auf verschiedenen Ebenen aktivieren: für einen bestimmten Client, für einen bestimmten Service, ein Modul oder auf Aktionsebene. Die Aktivierung erfolgt am besten in einem ON-LOGON Trigger. Hier ein Beispiel, das Benutzernamen, SID und IP-Adresse des Clients als Bausteine für den Identifier verwendet:

```
CREATE OR REPLACE TRIGGER On_Logon_SCOTT
AFTER LOGON  ON SCOTT.Schema
DECLARE
  v_addr VARCHAR2(11);
  v_sid  varchar2(10);
  my_id  VARCHAR2(70);
BEGIN
  select ora_login_user into my_id from dual;
  select to_char(sid) into v_sid from v$mystat where rownum=1;
  v_addr := ora_client_ip_address;
  my_id:=my_id||' '||v_addr||' '||v_sid;
DBMS_SESSION.SET_IDENTIFIER(my_id);
DBMS_MONITOR.CLIENT_ID_STAT_ENABLE(my_id);
END;
/
```

Die Statistiken für den Client werden dann im View V$CLIENT_STATS protokolliert. Für die Aktivierung auf Service-, Modul- oder Aktionsebene verwenden Sie DBMS_MONITOR.SERV_MOD_ACT_STAT_ENABLE. Service ist hier der/ein Name, wie er im Parameter SERVICE_NAMES gesetzt ist. Ein Servicename kann aber auch über ALTER SYSTEM oder das DBMS_SERVICE Package gesetzt werden.

Modul und Aktion können Sie auch in älteren Versionen verwenden, sie werden über die Prozeduren SET_MODULE... und SET_ACTION... im Package DBMS_APPLICATION_INFO gesetzt. DBMS_APPLICATION_INFO war bereits in Oracle 8*i* verfügbar. Die verdichteten Statistiken sehen Sie dann in V$SERVICE_STATS beziehungsweise V$SERV_MOD_ACT_STATS.

3.3 V$WAITSTAT

Hier sehen Sie nur Werte, wenn TIMED_STATSITICS gesetzt ist. In diesem View sehen Sie Waits pro Blockklasse. Wenn der Zähler (COUNT) nicht hochgeht, haben Sie auch keine Waits auf dieser Klasse (und kein Problem). In der Tabelle auf der nächsten Seite habe ich ein paar erste Ratschläge gesammelt. Bitte beachten Sie, dass in Abhängigkeit vom Oracle Release nicht alle Klassen vorhanden sind. Wenn mehrere Ratschläge vorhanden sind, kann es sein, dass mehrere Aktionen von Nöten sind (muss aber nicht sein) oder auch eine der aufgelisteten eventuell schon ausreichend ist.

Tabelle 3.2 Empfehlungen für Werte in V$WAITSTAT

Klasse	Ratschlag
bitmap block	
bitmap index block	Nur bei Locally Managed Tablespaces. DB_BLOCK_BUFFERS erhöhen. I/O beschleunigen (Disks/Controller/Stripe Größen).
data block	FREELISTS (dynamisch seit 8.1.6) erhöhen. Hot Blocks in der Datenbank eliminieren. Unselektive Indizes? Anpassen von PCTFREE/PCTUSED. Anzahl Rows pro Block reduzieren. INITRANS erhöhen.
extent map	

Klasse	Ratschlag
file header block	
free list	Taucht typischerweise nur bei Oracle Parallel Server auf. FREELIST GROUPS erhöhen (erfordert Neuanlegen der Tabelle).
save undo block	Nur bei OFFLINE Rollback/Undo
save undo header	dito
segment header	FREELISTS erhöhen oder Größe der Extents zu klein
sort block	SORT_AREA_SIZE/Temporary Tablespace
system undo block	Rollback Segment SYSTEM zu klein
undo block	Zu kleine Rollback Segments/Undo
undo header	Zu wenige Rollback Segments/Undo
unused	Nur bei Locally Managed Tablespaces, bezeichnet Space Header-Blöcke. DB_BLOCK_BUFFERS erhöhen. I/O beschleunigen (Disks/Controller/Stripe Grössen).
1st level bmb	Nur bei Locally Managed Tablespaces
2nd level bmb	Nur bei Locally Managed Tablespaces
3rd level bmb	Nur bei Locally Managed Tablespaces

3.4 Ratios

Nachdem wir jetzt die ganzen Statistiken kennen gelernt haben, sollten die folgenden Ratios kein Problem mehr sein. Fangen wir mit der bekanntesten aller Ratios an, der Buffer Cache Hit Ratio, manchmal auch nur kurz Hit Ratio genannt. Dieses Verhältnis zeigt an, wie oft Prozesse, die auf einen bestimmten Block zugreifen, diesen Block im Buffer Cache finden. Ist der Block bereits im Buffer Cache, ist er ja schon im Hauptspeicher. Das klingt ja erst mal gut. Es gibt verschiedene Formeln für diese Ratio, die einfachste ist:

```
Buffer Cache Hit Ratio = 1 - ( physical reads )
                             --------------------------------------
                             ( consistent gets + db block gets )
```

Statt Consistent Gets + DB Block Gets wird manchmal auch von logical reads gesprochen, das haben wir ja oben schon bei den Kennzahlen gesehen.

Die Hit Ratio wird oft prozentual ausgedrückt, also das Ergebnis der obigen Formel mit 100 multipliziert. Allerdings änderte Oracle in 7.3.4 die Definition von Physical Reads, die seitdem auch Direct Block Reads einschließen. Somit gibt die obige Formal nur eine Untergrenze. Eine bessere Formel zieht das in Betracht:

```
Hit ratio = 1 -
(physical reads -(physical reads direct + physical reads direct (lob)))
------------------------------------------------------------------------
(db block gets + consistent gets -(physical reads direct + physical reads direct (lob)))
```

Falls Sie Buffer Pools verwenden, sollten Sie die Ratio pro Buffer Pool berechnen, das erfolgt dann über V$BUFFER_POOL_STATISTICS . Gelegentlich sieht man auch die Miss Ratio erwähnt, das ist dann einfach 100 – Hit Ratio in %. Die Hit Ratio sollte möglichst hoch sein, Werte über 80 werden allgemein als gut angesehen. Allerdings hauptsächlich in OLTP-Applikationen, in Data Warehouses sind oft keine guten Hit Ratios zu erwarten. Aber auch eine100%ige Hit Ratio garantiert keine gute Performanz. Die meisten Troubleshooting-Einsätze, die ich bisher durchführte, fanden alle auf Datenbanken statt, die exzellente Hit Ratios hatten. Denn 100% Hit Ratio können Sie z.B. auch bekommen, wenn ein sehr unselektiver Index häufig benutzt wird. Dann sind jede Menge Blöcke im Cache, die immer wieder abgesucht werden, aber die Performanz ist schlecht für die meisten Abfragen. Beim Einsatz von Parallel Query kann die Hit Ratio auch drastisch runtergehen (wegen der Direct Reads).

Weiter gibt es einige Ratios für die Auslastung des Shared Pool. Fangen wir mit der Dictionary Cache Hit Ratio an. Die ermitteln wir in V$ROWCACHE:

```
Dictionary Cache Hit Ratio = 1 - sum ( gets )
                                 ------------------------------------
                                 sum ( getmisses )
```

Das Verhältnis kann natürlich auch prozentual ausgedrückt werden. Diese Ratio sollte höher als 90 Prozent sein. Die Parameter, die Sie in V$ROWCACHE sehen, waren in Oracle Version 6 noch eigenständige init.ora/spfile-Parameter. Seit Oracle 7 wird das aber alles über SHARED_POOL_SIZE konfiguriert.

Eine weitere Ratio hier ist die Library Cache Hit Ratio. Die wird ermittelt über V$LIBRARYCACHE und sollte kleiner als 1% (< .1) sein :

```
Library Cache Hit Ratio = sum( reloads )
                          -----------------------------------
                          sum( pins )
```

Auch hier besteht die Kur im Erhöhen des Parameters SHARED_POOL_SIZE. Hit und Pin Ratio im Library Cache sollten (pro Namespace) über 70% sein:

```
Library Hit Ratio = trunc(gethitratio * 100)
Library Pin Ratio = trunc(pinhitratio * 100)
```

Auch hier gilt gegebenenfalls SHARED_POOL_SIZE erhöhen bzw. ab 10*g* SGA_TARGET und/oder SGA_MAX_SIZE.

Ein weiteres wichtiges Verhältnis ist die Parse Ratio, also wie viele Statements aus allen SQL-Anweisungen vor der Ausführung erst noch geparsed – also quasi in Oracle übersetzt – werden müssen:

```
Parse Ratio = sum ( parse count )
              -----------------------------------------
              sum ( opened cursors cumulative )
```

Die Parse Ratio sollte auf OLTP-Systemen sehr klein sein (< 1,5 Prozent). Falls viel Ad-Hoc SQL und dynamisches SQL verwendet wird, ist die Parse Ratio natürlich sehr hoch. Hohe Parse Ratios bei OLTP-Systemen sind ein Indikator, dass die Applikation nicht mit

Bind-Variablen arbeitet. Falls Oracle Forms verwendet wird, besteht dort noch Optimierungspotential.

Interessant ist schließlich noch die Recursive Call Ratio. Recursive Calls sind Abfragen auf das Data Dictionary, die von Oracle intern generiert werden:

```
Recursive Call Ratio = sum ( recursive calls )
                       -----------------------------------------
                       sum ( opened cursors cumulative )
```

Die Recursive Call Ratio sollte normalerweise kleiner als 10 sein (auf Produktionssystemen) und kleiner als 15 auf Entwicklungssystemen. Wenn Sie hier hohe Zahlen haben, wechseln Sie zu Locally Managed Tablespaces.

Das sind die wichtigsten Ratios, damit sollten Sie sich bereits einen guten Überblick über ein System verschaffen können.

In Oracle 10*g* werden diese und andere Ratios automatisch jede Minute berechnet. Voraussetzung ist wieder STATISTICS_LEVEL auf TYPICAL oder ALL. In V$METRICNAME sehen Sie, welche Metriken Oracle berechnet. Die Metriken werden dabei in verschiedene Gruppen unterteilt, was hilfreich ist. Die meisten Metriken verteilen sich aber auf nur zwei Gruppen: langdauernde Transaktionen (System Metrics Long Duration) und kurze Transaktionen (System Metrics Short Duration). In Oracle 10.1.0.3 habe ich zum Beispiel 184 Metriken gezählt!

3.5 Wait Events

Noch zu Lebzeiten von Oracle 6 (ich glaube, es war für Parallel Server mit 6.0.30, aber da bin ich mir nicht mehr) führte Oracle die so genannten Wait Events ein. Die wurden seitdem fleißig ausgebaut, allein zwischen Oracle 9.2 und Oracle 10 kamen noch ein paar Hundert dazu. Wenn Sie in Oracle 10.2.0.1 ein SELECT COUNT(*) FROM V$EVENT_NAME absetzen, kommt als Ergebnis 872 zurück. Das ist eine beeindruckende Zahl, aber in der Praxis sehen Sie längst nicht alle. Die Wait Events erlauben es einem, im laufenden Betrieb zu sehen, auf was und wie lange eine Session wartet. Das ist natürlich eine ganz feine Sache, erlaubt es einem doch, im laufenden Betrieb nachzusehen, wo den Patienten denn der Schuh nun wirklich drückt. Diese Wait Events können in einigen V$ nachgesehen werden, als da sind:

- V$SESSION_WAIT. Hier sehen Sie Sessions, die gerade warten oder gewartet haben.
- V$SESSION_EVENT. Hier sehen Sie alle Wait Events, summiert für jede Session.
- V$SYSTEM_EVENT. Hier sehen Sie alle Wait Events, summiert über alle Sessions. Dieser View ist nützlich, wenn Sie sich zuerst einen allgemeinen Überblick über das System verschaffen müssen.

Wie bereits erwähnt, sind die Namen der Events aus V$EVENT_NAME ersichtlich. Wichtig ist hier wieder, dass der Parameter TIMED_STATISTICS auf TRUE gesetzt ist. In Oracle 10*g* ist das automatisch der Fall, sofern der Parameter STATISTICS_LEVEL auf

TYPICAL oder ALL gesetzt ist. TYPICAL ist voreingestellt. TIMED_STATISTICS kann aber auch dynamisch genau wie STATISTICS_LEVEL über ALTER SESSION gesetzt werden. Die Struktur der Wait-Tabellen sehen wir uns zuerst anhand des Views V$SESSION_EVENT an:

```
SQL> desc v$session_event
 Name                                      Null?    Typ
 ----------------------------------------- -------- --------------------
 SID                                                NUMBER
 EVENT                                              VARCHAR2(64)
 TOTAL_WAITS                                        NUMBER
 TOTAL_TIMEOUTS                                     NUMBER
 TIME_WAITED                                        NUMBER
 AVERAGE_WAIT                                       NUMBER
 MAX_WAIT                                           NUMBER
 TIME_WAITED_MICRO                                  NUMBER
```

Das ist jetzt von einer 9.2 Installation; in 8.1.7 gab es die Spalte TIME_WAITED_MICRO (zeigt die gewartete Zeit in Mikrosekunden an) noch nicht. In Oracle 10*g* kommt hier noch die Spalte EVENT_ID hinzu, was aber nicht so wichtig ist. Wichtig ist vielmehr, wie viel (TOTAL_WAITS) und wie lange (TIME_WAITED) die Session auf welches Event gewartet hat. Wie gesagt, es gibt Hunderte von Events, aber nur einige von ihnen sind wirklich wichtig. Ignorieren können Sie im Normalfall diese Events, die oft auch als Idle Events bezeichnet werden:

- rdbms ipc message
- rdbms ipc message block
- rdbms ipc reply
- SQL*Net break/reset to client
- SQL*Net break/reset to dblink
- SQL*Net message from client
- SQL*Net message from dblink
- SQL*Net message to client
- SQL*Net message to dblink
- SQL*Net more data from client
- SQL*Net more data from dblink
- SQL*Net more data to client
- SQL*Net more data to dblink

Das bedeutet aber nicht, das nicht auch diese Events wichtig sein können, es kommt immer auf den Zusammenhang an. Millsap beispielsweise bringt in Case 3 in [Millsap 2003] ein schönes Beispiel, in dem das Event „SQL*Net Message from client" den Großteil der Wait-Zeit ausmacht und den Ausgangspunkt der Untersuchung bildet.

Die rdbms-Messages beziehen sich alle auf Oracle-interne Kommunikation und die SQL*Net Messages auf die Kommunikation zwischen Oracle-Server und dem ClientProgramm. Diese Kommunikation können Sie teilweise beschleunigen, das wurde bereits in Kapitel 1 besprochen. Es ist ein bisschen verwirrend, dass hier immer SQL*Net steht, auch wenn Sie nur lokal auf den Server zugreifen. Hintergrund hier ist die Oracle-Architektur, in welcher der Serverprozess vom Client getrennt ist. Früher konnte man noch auf manchen Betriebssystemen Programme mit der Option Singletask linken, dann waren Oracle-Server- und Client-Programm in einem Executable zusammengelinked. Es gibt dafür auch ein Wait Event, das ist „single-task Message“. Das Singletask-Programm war sehr schnell, da ja der ganze Kommunikationsoverhead drastisch reduziert war. Es war aber auch sehr gefährlich, weshalb Oracle es dann später verboten hat. Was geblieben ist, sind die Namen im Wait Interface. Je nach Installation sehen Sie auch die einen Events und die anderen nicht. So gibt es beispielsweise jede Menge Events, die mit „global cache“, „ges“ oder „gcs“ beginnen. Diese Events gibt es aber nur im Parallel Server/RAC-Umfeld. Wenn Sie also eine normale Datenbank fahren, sehen Sie die nicht. Daneben gibt es einige Events, die auf Probleme mit speziellen Prozessen/Bereichen hinweisen. Die folgende Liste zeigt einige ausgewählte Namensmuster für Gruppen von Events aus der Oracle 10*g*. Dies sind auch Events, die sich über init.ora/spfile-Parameter zumindest teilweise tunen lassen und die generell mit der Konfiguration der Datenbank zusammenhängen. So gibt es allein für den Archiver in 10*g* 25 Events. Die Spalte WAIT_CLASS in V$EVENT_NAME verrät Ihnen noch, in welche Wait-Klasse das jeweilige Event fällt. In Version 10.2 existieren dafür 12 verschiedene Kategorien:

```
SQL> r
  1  select wait_class#, wait_class, count(event#) anzahl
  2  from v$event_name
  3  group by wait_class#, wait_class
  4* order by 1,2

WAIT_CLASS# WAIT_CLASS                     ANZAHL
----------- ------------------------------ -------
          0 Other                          588
          1 Application                     12
          2 Configuration                   23
          3 Administrative                  46
          4 Concurrency                     24
          5 Commit                           1
          6 Idle                            62
          7 Network                         26
          8 User I/O                        17
          9 System I/O                      24
         10 Scheduler                        2
         11 Cluster                         47
```

Die Wait Events sind im Anhang der Oracle Reference [OraRef 2005] aufgeführt, teilweise mit weiteren Hinweisen:

Tabelle 3.3 Wichtige Wait Event-Gruppen für das Tuning der Datenbank

Bereich/Kategorie	**Namensmuster**	**Anzahl Events/Kategorie Versionen: 10.1/10.2**
Archiver	ARCH%	25/24
Backup (vor Oracle 10*g* sehen Sie hier nur sbt...)	Backup: sbt%	28/28
Redo Log Writer	LGWR%	10/15

Bereich/Kategorie	Namensmuster	Anzahl Events/Kategorie Versionen: 10.1/10.2
	Log% buffer space	12
Parallel Query	PX%	40/40
DataGuard/LogMiner	RFS%	11/11
Streams	STREAMS%ge	6/0
	SWRF%	2/0
	Streams%	2/19
Rollback/Undo	undo%	3/9

Je nach Event existieren noch verschiedene Parameter, die weitere Hinweise geben. Das sehen Sie dann aber nur in V$SESSION_WAIT. Diese View ändert sich natürlich auch mit jeder Version. In Version 10.2 sieht sie wie folgt aus:

```
SQL> desc v$session_wait;

 Name                           Null?    Type
 ------------------------------ -------- ----------------
 SID                                     NUMBER
 SEQ#                                    NUMBER
 EVENT                                   VARCHAR2(64)
 P1TEXT                                  VARCHAR2(64)
 P1                                      NUMBER
 P1RAW                                   RAW(4)
 P2TEXT                                  VARCHAR2(64)
 P2                                      NUMBER
 P2RAW                                   RAW(4)
 P3TEXT                                  VARCHAR2(64)
 P3                                      NUMBER
 P3RAW                                   RAW(4)
 WAIT_CLASS_ID                           NUMBER
 WAIT_CLASS#                             NUMBER
 WAIT_CLASS                              VARCHAR2(64)
 WAIT_TIME                               NUMBER
 SECONDS_IN_WAIT                         NUMBER
 STATE                                   VARCHAR2(19)
```

SID ist wieder der Session Identifier, der uns ja schon aus V$SESSION bekannt ist. Interessant ist die SEQ# Spalte. Solange eine Session aktiv wartet, sollte SEQ# bei jeder Abfrage erhöht werden. Sie können davon ausgehen, dass spätestens nach drei Sekunden V$SESSION_WAIT nachgeführt wird. Falls Sie vermuten, dass eine Session hängt, werfen Sie mal einen Blick darauf. Wenn sich SEQ# über ein paar Minuten nicht verändert, können Sie davon ausgehen, dass die Session wirklich hängt. Die können Sie dann mit ALTER SYSTEM KILL SESSION abschließen. WAIT_TIME und SECONDS_IN_WAIT sind natürlich nur gefüllt, falls TIMED_STATISTICS gesetzt ist. Beim STATE sehen Sie entweder WAITING oder WAITED KNOWN TIME. Wenn Sie dort WAITED UNKNOWN TIME sehen, ist TIMED_STATISTICS nicht gesetzt. Die Parameter P1 bis P3 sind die Parameter, pro Event kann es bis zu drei geben. In den Spalten P1TEXT bis P3TEXT sehen Sie jeweils, wie der Parameter zu interpretieren ist. Zusätzlich wird für jeden Parameter der numerische Wert und der Wert als RAW dargestellt. Für die praktische

Arbeit interessiert uns aber eigentlich immer nur der numerische Wert. Wie lange eine Session auf das jeweilige Event wartet, ist unterschiedlich, oft sind es 1 oder 3 Sekunden.

Im Folgenden sind einige ausgewählte Events, ihre Bedeutung und die dazugehörigen Parameter beschrieben. Wenn es um applikatorisches Tuning geht, haben Sie es vor allem mit diesen Events zu tun:

Tabelle 3.4 Wichtige Wait Events für das Tuning der Applikation

Event	**Bedeutung**	**Parameter**
Buffer busy waits	Session wartet, bis Block im Buffer Cache frei wird. Applikation auf Hot Blocks prüfen.	1) File# 2) Block#
Db file parallel write	Session wartet, bis parallel I/O fertig ist.	1) Files 2) Anzahl der Blöcke
Db file scattered read	Wie viel I/O fürs Lesen notwendig ist.	1) File# 2) Block# 3) Anzahl der Blöcke
Db file sequential read	Wie viel I/O fürs Lesen notwendig ist. Das ist beim zufälligen Zugriff (Random Access); die Anzahl der gelesenen Blöcke ist hier also normalerweise immer 1!	1) File# 2) Block#
Db file single write	Wie viel I/O Zeit fürs Schreiben der File Header benötigt wird. Es sollten mehrere Blöcke auf einmal geschrieben werden.	1) File# 2) Block# 3) Anzahl der Blöcke
Direct path read	Session wartet bis maximal 10 Sekunden auf ausstehenden I/O. Direct Path Rreads treten auch beim Sortieren auf.	
Direct path write	Wie oben, nur diesmal fürs Schreiben.	
Enqueue	Session wartet auf eine Enqueue. Hier muss weiter untersucht werden, welche Enqueue gehalten wird. Ist in Oracle 10*g* sehr ausgebaut worden, dort sehen Sie gleich, welche Enqueue das Problem verursacht.	1) Name und Modus
Free buffer waits	Session fand erst mal keinen freien Buffer. Eventuell DB_BLOCK_MAX_DIRTY_TARGET zu hoch.	1) File# 2) Block#
Latch free	Session wartet bis zu 2 Sekunden auf ein Latch, das im Moment von einer anderen Session gehalten wird. Hier muss weiter untersucht werden, welches Latch gehalten wird. Ist in Oracle 10*g* ausgebaut worden, dort sieht man gleich, welches Latch das Problem verursacht.	2) Latch#

Mit LATCH# können Sie das dazugehörige Latch aus V$LATCHNAME ermitteln. Latches sind interne Strukturen, mit denen Oracle Ressourcen im Hauptspeicher sperrt und freigibt. Bei Latches wie „equence cache" sagt schon oft der Name, wo das Problem liegt, oft werden Sie aber nicht umhin kommen, dies detaillierter nachzuschlagen. Oracle Metalink (http://metalink.oracle.com) ist dafür die beste Adresse.

Wenn Sie File# und Block# im Event als Parameter haben, können Sie mit dieser Abfrage (die sieht a bisserl komisch aus, g'hört aber so) das dazugehörige Objekt und seinen Namen ermitteln. Sie müssen die beiden in spitzen Klammern angegebenen Parameter durch die aktuellen Werte ersetzen:

```
SELECT SEGMENT_TYPE, SEGMENT_NAME
FROM DBA_EXTENTS
WHERE FILE_ID = <File#>
AND <Block#> BETWEEN BLOCK_ID AND BLOCK_ID + BLOCKS -1;
```

Falls Sie Parallel Server oder RAC fahren, haben Sie noch den EXT_TO_OBJ View (kann auch manuell über catparr.sql erzeugt werden). Dort können Sie folgende Abfrage verwenden, die Ihnen das gleiche Ergebnis liefert:

```
Select name, kind
from ext_to_obj_view
where file# = <file#>
 and lowb <= <block#>
 and highb >= <block#>;
```

In Oracle 10*g* wurde das Wait Interface noch weiter ausgebaut. Es kamen noch V$ACTIVE_SESSION_HISTORY, V$SESS_TIME_MODEL, V$SYS_TIME_MODEL, V$SYSTEM_WAIT_CLASS, V$SESSION_WAIT_CLASS, V$EVENT_HISTOGRAM, V$FILE_HISTOGRAM, außerdem V$TEMP_HISTOGRAM und zusätzliche Views für die Metriken hinzu.

Aktive Session History ist übrigens genau das, wonach es klingt. Also eine historisierte Version der View V$SESSION plus zusätzlicher Infomation aus V$SESSION_WAIT.. Folgende Abfrage zeigt Ihnen beispielsweise die SQL-Anweisungen, die eine bestimmte Session im angegebenen Zeitraum ausgeführt hat, und wie oft die einzelne Anweisung ausgeführt wurde:

```
prompt Bitte Start- und Endzeit im Format DD-MON-YY HH24:MI:SS angeben
prompt Beispiel: 16-JUL-06 08:00:00

SELECT  C.SQL_TEXT, B.NAME, COUNT(*), SUM(TIME_WAITED) waittime
FROM    V$ACTIVE_SESSION_HISTORY A, V$EVENT_NAME B, V$SQLAREA C
WHERE   A.SAMPLE_TIME BETWEEN '&Startzeit' AND  '&Endzeit' AND
        A.EVENT# = B.EVENT# AND A.SESSION_ID= &SID AND A.SQL_ID =
C.SQL_ID
GROUP BY C.SQL_TEXT, B.NAME;
```

Sehr nützlich sind hier auch die verschiedenen Views, deren Namen mit _TIME_MODEL endet. Diese liefern die Zeit (in Mikrosekunden) für ausgewählte Statistiken, meistens parse/execute/cpu-Werte. Somit haben Sie auch die Zeiten für ausgewählte Operationen wie beispielsweise „sql execute elapsed time" oder „DB time". Sie können also klar unterscheiden, ob die Zeit in der Session oder in der Datenbank verbraucht wurde. Für einen groben Überblick über das System bietet sich hier V$SYS_TIME_MODEL an, hier sehen

Sie, in welchen Kategorien die Zeit verbraucht wird. Falls Sie also mal schauen wollen, ob die Zeit vornehmlich während der Ausführung von SQL oder während der Ausführung von PL/SQL verbraucht wird, befragen Sie am besten diesen View. Hier mal eine kleines Beispiel, beachten Sie auch, wie hier auf Sekunden gerundet wird:

```
SQL> col spent_time head "Zeit (Sec)"
SQL> col stat_name  head "Statistik"
SQL> select STAT_NAME, ROUND((VALUE / 1000000),3) spent_time
  2  from    V$SYS_TIME_MODEL
  3  order by 2 DESC;

Statistik                                                         Zeit (Sec)
---------------------------------------------------------------- ----------
DB time                                                            1146.968
sql execute elapsed time                                           1114.172
PL/SQL execution elapsed time                                       398.292
background elapsed time                                             337.089
DB CPU                                                              245.914
parse time elapsed                                                  203.916
hard parse elapsed time                                             189.666
background cpu time                                                  63.652
PL/SQL compilation elapsed time                                      27.909
connection management call elapsed time                               6.241
hard parse (sharing criteria) elapsed time                            2.652
repeated bind elapsed time                                             .873
hard parse (bind mismatch) elapsed time                                .484
failed parse elapsed time                                              .161
sequence load elapsed time                                             .093
inbound PL/SQL rpc elapsed time                                           0
Java execution elapsed time                                               0
RMAN cpu time (backup/restore)                                            0
failed parse (out of shared memory) elapsed time                          0
```

Dies war jetzt ein Beispiel für eine Abfrage auf Datenbankniveau. Wie man sieht, wurde der größte Teil der Zeit mit der Ausführung von SQL (=1114.172 Sekunden), alle übrigen Zeiten sind weitaus kleiner.

Für einen einzelnen Benutzer muss dann V$SESS_TIME_MODEL verwendet werden, die entsprechende Abfrage könnte etwa so aussehen:

```
select  A.SID, B.USERNAME "Benutzer", A.STAT_NAME,
 ROUND((A.VALUE / 1000000),3) spent_time
from    V$SESS_TIME_MODEL A, V$SESSION B
where   A.SID = B.SID and B.SID = &SID
order by 4 DESC;
```

Es kamen auch noch jede Menge statische Data Dictionary Views, die historische Informationen anzeigen, in der Version 10*g* mit der AWR-Infrastruktur hinzu. Diese Views machen Schnappschüsse von den verschiedenen V$-Views und fangen alle mit DBA_HIST an. Die Daten dort haben Sie allerdings nur, wenn STATISTICS_LEVEL mindestens auf TYPICAL gesetzt ist. Per Default ist das der Fall. Die Views, deren Namen mit _WAIT_CLASS endet, liefern die Zeiten pro Wait-Klasse, also z.B. „System I/O“, „User I/O“ oder „Network“. Damit ist eine noch genauere Analyse möglich. Die folgende Abfrage beispielsweise liefert Ihnen die Daten für die aktuellen Benutzer; beachten Sie auch, wie die Systembenutzer über NOT IN ausgeschlossen werden:

```
select  A.SID "Session ID", B.USERNAME "Benutzer",
 A.WAIT_CLASS "Wait-Klasse", A.TOTAL_WAITS "Total der Waits",
 A.TIME_WAITED "Wartezeit"
```

```
from     V$SESSION_WAIT_CLASS A, V$SESSION B
where    B.SID = A.SID and B.USERNAME IS NOT NULL
         and B.USERNAME not in ('SYS','SYSTEM','DBNSMP,'SYSMAN')
order by 1,2,3;
```

In Oracle 10*g* werden auch CPU und Hauptspeicherstatistiken standardmäßig gesammelt, die sehen Sie in V$OSSTAT. Die Einträge in V$OSSTAT fallen aber je nach Betriebssystem unterschiedlich aus.

Die _HISTOGRAM Views liefern Histogramme pro File, Event oder temporärer Datei.. Dabei sind die Intervalle für die Histogramme < 1 ms, < 2 ms, < 4 ms, < 8 ms, ... < 2^21 ms, < 2^22 ms, = 2^22 ms. Hier wie an anderen Stellen ist wieder Voraussetzung, dass die Parameter STATISTICS_LEVEL und TIMED_STATISTICS gesetzt sind. Die folgende Abfrage beispielsweise liefert Ihnen die aufsummierten Maxima pro Event mit Ausschluss der Events, die als Idle klassifiziert sind:

```
SQL> select   EVENT, max(WAIT_TIME_MILLI*WAIT_COUNT) max_wait_time_milli
  2  from     V$EVENT_HISTOGRAM
  3  where    EVENT IN (select NAME from   V$EVENT_NAME
  4                     where  WAIT_CLASS not in ('Idle'))
  5     and    WAIT_COUNT > 0
  6  group by event
  7  order by 2,1;

EVENT                                    MAX_WAIT_TIME_MILLI
---------------------------------------- -------------------
Log archive I/O                                            1
instance state change                                      1
latch: object queue header operation                       1
latch: cache buffers chains                                2
...
SQL*Net message to client                              30165
db file scattered read                                 79872
db file sequential read                               192448

47 rows selected
```

4

4 Vorgehensweisen beim Tuning

In diesem Kapitel wird die Methodik des Tunings, also welche Vorgehensweisen wann angebracht sind, besprochen.

Im Unterschied zu den nächsten Kapiteln, in denen detailliert auf die verschiedenen Werkzeuge für und die verschiedenen Teilaspekte des Tuning eingegangen wird, geht es hier ganz allgemein um die verschiedenen Herangehensweisen und wann Sie wie vorgehen sollten.

4.1 Ansätze beim Tuning

Wenn Ihr Telefon dauernd läutet und plötzlich jede Menge Manager, von denen Sie viele bis dahin gar nicht gekannt haben, in Ihrem Büro erscheinen und lauthals Auskunft darüber verlangen, warum die Datenbank nicht läuft, dann könnten Sie eventuell ein Performance-Problem haben. Das muss aber nicht so sein, manchmal tritt das Problem auch schleichend ein, und eines schönen Morgens kommen Sie ins Büro und dort randalieren die Benutzer, weil nichts mehr läuft. Am Vortag lief alles noch ganz gut, und selbstverständlich hat keiner irgendwas irgendwie in der Zwischenzeit gemacht. Das können Sie sich sowieso als Leitspruch in solchen Situationen merken: Normalerweise hat niemand nie irgendwas irgendwo im System gemacht, bevor sich dann herausstellt, dass es doch eine „klitzekleine" Veränderung gab. Gestern hat die Verarbeitung nur drei Stunden gedauert, heute braucht sie sechs Stunden, aber dass sich die Datenmenge zwischen gestern und heute aufgrund unvorhergesehener Umstände plötzlich enorm vergrößert hat, das hat erst mal keiner erwähnt oder für bemerkenswert gehalten. Allerdings muss man zugeben, dass es manchmal selbst für Fachleute überraschend ist, welche Konsequenzen sich aus einer Veränderung im System ergeben können. Da reichen manchmal „Kleinigkeiten" aus. Seien Sie also nachsichtig, wenn Nichttechniker hier etwas „verbrochen" haben, die Armen wissen es oft schlichtweg nicht besser, und Sie können es ihnen gerechterweise auch nicht zum Vorwurf machen.

Wie Sie an ein Problem und seine Lösung herangehen, ist in Oracle teilweise auch noch durch die Version bestimmt: So stehen in Oracle 10*g* verschiedene Ratgeber zur Verfügung, die konkrete Empfehlungen geben. Zwar stand diese Funktionalität auch schon vorher über den Oracle Enterprise Manager zur Verfügung, aber nun ist sie direkt in den Kernel eingebaut, was ich als entscheidend betrachte. Die 10*g*-Ratgeber sind der SQL Tuning Advisor und der SQL Access Advisor. Der Tuning Advisor in 10*g* wird oft das Anlegen von Materialized Views empfehlen. (Auch wenn die Wunschliste fehlender Funktionalitäten noch recht groß ist: Zum Beispiel wäre ein teilweise automatisches Umschreiben in einen äquivalenten Ausdruck, der mittels Analytic Functions realisiert würde, sehr wünschenswert.) Für diese Funktionalität wurde das DBMS_MVIEW-Package ausgebaut.

Unabhängig davon, welches SQL ausgeführt wird, wird Oracle erst mal einen Ausführungsplan, also genaue Instruktionen, wie die SQL-Anweisung durchgeführt wird, erstellen. Das muss nicht notwendigerweise der beste aller möglichen Pläne sein. Um den besten zu bekommen, verwenden Sie den SQL Tuning Advisor. Das kann entweder über die Enterprise Manager Console erfolgen oder über die DBMS_SQLTUNE und DBMS_ADVISOR-Packages. Der SQL Tuning Advisor entdeckt fehlende oder ungültige Statistiken und generiert sie bei Bedarf. Fehlende Indizes werden auch entdeckt und vorgeschlagen. SQL wird restrukturiert, falls das zu einem besseren Ausführungsplan führt. Das erfolgt dann über den SQL Access Advisor. Wenn der neue Ausführungsplan gefunden ist, wird ein SQL Profile vorgeschlagen. Wird das SQL Profile akzeptiert, wird der neue Ausführungsplan für die Anweisung abgespeichert. Der Code in der Applikation muss also nicht angepasst werden, die Anpassung erfolgt intern über die Verwendung gespeicherter Hints. Sie können beim Aufruf des SQL Tuning Advisor den Text der SQL-Anweisung vorgeben, aus dem Cursor Cache nehmen oder auch aus dem Active Workload Repository. Die Details zu diesen Ratgebern schauen wir uns im nächsten Kapitel an.

4.2 Generelle Performance-Untersuchung

Ideal wäre es natürlich, wenn man die Performanceprobleme schon im Vorfeld erahnen könnte. In gewissem Grade ist das auch möglich, wenn Sie regelmäßig Healthchecks auf ihrem System durchführen und wissen, was Ihnen die Zukunft bringen wird. Healthcheck bedeutet hier dasselbe wie im täglichen Leben – wenn Sie ohne konkrete Beschwerden zum Arzt gehen, einfach, um sich mal so richtig durchchecken zu lassen. Der Arzt wird dann verschiedene Untersuchungen durchführen und Ihnen eventuell ein paar Empfehlungen für die Zukunft mitgeben (oder eben auch nicht, wenn alles in Ordnung ist). Die Tipps des Arztes wollen Sie in der Praxis selbstverständlich befolgen, haben sie aber bereits vergessen, wenn Sie wieder draußen auf der Straße stehen. Nichts anderes ist ein Healthcheck auf dem System, nur mit dem Unterschied, dass wir hier Maschinen und Programme untersuchen statt Menschen.

Schwieriger ist hier der zweite Punkt: wissen, was die Zukunft bringt. Das ist zwar manchmal möglich, aber nicht immer lässt sich die Datenmenge oder die Benutzeranzahl in einem Jahr realistisch voraussagen. Falls Sie nicht darum herumkommen, können Sie auch die ganze Datenbank in Trace-Modus setzen, entweder mit SQL_TRACE oder einem Event (mit Events lassen sich bestimmte Aktionen wie z.B. das Tracen einer Session in der Datenbank auslösen). Der Vorteil ist hier, dass man schön von außen tracen kann. Es müssen ja nur die Einträge für die Parameter gemacht werden, dann startet man die Datenbank neu, macht seine Tests, fährt die Datenbank wieder herunter und korrigiert die Parameterdateien, also die init.ora bzw. das spfile, erneut, und das war's. Vergessen Sie in diesen Fällen auch nicht MAX_DUMP_FILE_SIZE auf UNLIMITED einzustellen und TIMED_STATISTICS auf TRUE. (Letzteres sollte meiner Meinung nach sowieso die Standardeinstellung sein.)

Ein Problem, das Sie dann aber sicher irgendwann haben werden, ist die schiere Menge der Traces. Stellen Sie sich mal vor, Sie haben mehrere Hundert Trace-Dateien und keine weiteren Infos. Versuchen Sie dann mal herauszufinden, welche die Trace-Datei ist, die Sie benötigen. Um Ihnen hier die Arbeit ein wenig zu erleichtern, hier ein paar Helferskripts. Mit dem ersten Unix-Shell-Script formatieren Sie alle Trace-Dateien um. Das Verzeichnis, in dem die Trace-Dateien zu finden sind, Datenbank-User und -Password werden als Parameter übergeben, damit wird auch der Ausführungsplan erzeugt und angezeigt:

```
#!/usr/bin/ksh
# this script needs ksh
USR=$1
PWD=$2
ls - 1 *.trc | while read f
do
 Newf=„${f}.tkp";
 tkprof $f $Newf explain=$USR/$PWD sys=no
done
```

Jetzt haben Sie jede Menge formatierte Trace-Dateien. Das nächste Script sucht aus diesen formatierten Trace-Dateien jeweils die Maxima heraus, also für CPU, Elapsed, Disk, Query, Current und Rows. Den Output dieses Scripts sollten Sie in eine Logdatei umlenken:

```
#!/usr/bin/perl
opendir(IN,".") || die „Can't open current dir: $!\n";
@Files=readdir(IN);
closedir(IN);
foreach $File (@Files) {
    next if (($File eq „.") || ($File eq „.."));
    $MCpu=0;
    $MElapsed=0;
    $MDisk=0;
    $MQuery=0;
    $MCurrent=0;
    $MRows=0;
    open(INFILE,"<$File") || next;
    while(<INFILE>) {
     chomp;
     if (/^total/) {
            ($Dummy,$Cnt,$Cpu,$Elapsed,$Disk,$Query,$Current,$Rows) = split(' ',$_);
            $MCpu = $Cpu if ($Cpu > $MCpu);
            $MElapsed = $Elapsed if ($Elapsed > $MElapsed);
            $MDisk = $Disk if ($Disk > $MDisk);
            $MQuery = $Query if ($Query > $MQuery);
            $MCurrent = $Current if ($Current > $MCurrent);
            $MRows = $Rows if ($Rows > $MRows);
     }
      last if (/^OVERALL/); # don't check summaries
```

```
      }
      close(INFILE);
 print „$File CPU: $MCpu ELPASED: $MElapsed DISK: $MDisk QUERY: $MQuery CURRENT:
$MCurrent ROWS: $MRows\n";
}
```

Schließlich können wir mit dem letzten Script aus unserer Logdatei herausfinden, in welchen Dateien die absoluten Maxima liegen:

```
#!/usr/bin/perl
$File=shift @ARGV;
$MCpu=0;
$MElapsed=0;
$MDisk=0;
$MQuery=0;
$MCurrent=0;
$MRows=0;
open(INFILE,"<$File") || die „Can't open file $File: $!\n";
while(<INFILE>) {
        chomp;
        ($File,$d0,$Cpu,$d1,$Elapsed,$d2,$Disk,$d3,$Query,$d4,$Current,$d5,$Rows)
              =   split(' ',$_);
        if ($Cpu > $MCpu) {
               $MCpu = $Cpu; $MMCpu = „Max CPU in file $File: „ . $MCpu;
        }
        if ($Elapsed > $MElapsed) {
               $MElapsed = $Elapsed;
               $MMElapsed = „Max Elapsed in file $File: „ . $MElapsed;
        }
        if ($Disk > $MDisk) {
         $MDisk = $Disk; $MMDisk = „Max Disk in file $File: „ . $MDisk;
        }
        if ($Query > $MQuery) {
         $MQuery = $Query; $MMQuery = „Max Query in file $File: „ . $MQuery;
        }
        if ($Current > $MCurrent) {
               $MCurrent = $Current;
               $MMCurrent = „Max Current in file $File: „ . $MCurrent;
        }
        if ($Rows > $MRows) {
         $MRows = $Rows; $MMRows = „Max Rows in file $File: „ . $MRows;
        }
}
close(INFILE);
print „$MMCpu\n$MMElapsed\n$MMDisk\n$MMQuery\n$MMCurrent\n$MMRows\n";
```

Falls in der Datenbank, die Sie untersuchen wollen, bereits STATSPACK aufgesetzt ist, sollten Sie erst mal einen Blick in die STATSPACK-Berichte werfen. STATSPACK ist eine Weiterentwicklung von UTLBSTAT/UTLESTAT. UTLBSTAT/UTLESTAT sind zwei SQL-Scripts, die Ihnen verschiedene V$-Views auslesen und einen Bericht liefern, in dem auch gleich einige Ratios berechnet werden. Mit STATSPACK können Sie mehrere Schnappschüsse ziehen, die Daten werden gespeichert, und Sie haben mehr Auswertungsmöglichkeiten. Falls STATISTICS_LEVEL zumindest auf TYPICAL steht, liefert Ihnen STATSPACK in Oracle 9*i* auch noch Empfehlungen für die Einstellungen des Buffer Cache, des Shared Pool und der Maximalgröße der PGA.

In Oracle 10*g* sieht das dann noch ein bisschen anders aus, dort wird Statspack nur noch in Ausnahmefällen verwendet. Normalerweise können Sie seit dieser Version davon ausgehen, dass das Automatic Workload Repository, kurz AWR, vorhanden ist. Voraussetzung dafür ist allerdings wieder, dass der Parameter STATISTICS_LEVEL zumindest auf TYPICAL steht. AWR hat einige Erweiterungen, die in STATSPACK nicht existierten. Verschiedene V$-Views wurden ausgebaut und neue kamen hinzu. Jede Stunde wird automatisch ein Schnappschuss des Systems abgespeichert. Diese Schnappschüsse basieren auf dem STATSPACK-Utility, das Sammeln dieser Daten geschieht jetzt aber über einen dedizierten Hintergrundprozess (MMON). Das verringert den allfälligen Overhead natürlich auch. Die Daten für AWR werden im Hauptspeicher gehalten und über Aufrufe, die in den Oracle-Kernel eingebaut sind, runtergeschrieben. Die Belastung des Systems ist damit minimal. Was aber sein kann, ist, wenn Sie ALL für STATISTICS_LEVEL setzen, dass extrem viel Daten gesammelt werden. Nach einer Woche werden die alten Daten gelöscht, das kann selbstverständlich auch geändert werden. Sie können die Schnappschüsse auch gespeichert lassen.

Zu jeder beliebigen Zeit können Sie einen neuen Schnappschuss in SQL*Plus über den Aufruf der Prozedur DBMS_WORKLOAD_REPOSITORY.CREATE_SNAPSHOT() erzeugen. Wie viele bzw. wie große Top SQL (TOPNSQL) und wie lange Schnappschüsse aufbewahrt werden (RETENTION) sowie das Intervall (INTERVAL) zwischen zwei aufeinanderfolgenden Schnappschüssen können Sie über die Prozedur DBMS_WORKLOAD_REPOSITORY.MODIFY_SNAPSHOT_SETTINGS() einstellen. Die aktuell gültigen Einstellungen Ihrer AWR-Einstellungen in der Datenbank entnehmen Sie der Tabelle DBA_HIST_WR_CONTROL:

```
SQL> select * from dba_hist_wr_control;

      DBID SNAP_INTERVAL        RETENTION            TOPNSQL
---------- -------------------- -------------------- ----------
2933034983 +00000 00:10:00.0    +00007 00:00:00.0    DEFAULT
```

Passen Sie auf, wenn Sie das Intervall auf 0 ändern, dann liegen plötzlich 110 Jahre zwischen zwei Schnappschüssen und nicht ein Jahr, wie am Anfang noch dokumentiert (Oracle Bug 3719357). Das ist aber meiner Meinung nach beides nicht allzu sinnvoll.

Den AWR-Bericht erzeugen Sie manuell über @?/rdbms/admin/awrrpt.sql. (Das Script finden Sie im Verzeichnis $ORACLE_HOME/rdbms/admin.)

AWR ist die Basis für den Automatic Database Diagnostics Monitor (=ADDM). Wie der Name schon sagt, ist das ein Utility, mit dem Sie der Datenbank gleich auf den Zahn fühlen können. ADDM gibt auch manchmal Empfehlungen, wie das Problem zu lösen ist; manchmal brauchen wir dazu aber auch noch einen speziellen Advisor, das sehen wir uns später noch genauer an. Der Oracle Enterprise Manager ist das beste Interface für ADDM. Wenn man den aber gerade nicht zur Verfügung hat, muss man es manuell machen. Dazu führen Sie in SQL*Plus die Anweisung: @?/rdbms/admin/addmrpt.sql aus (das Script finden Sie wieder in $ORACLE_HOME/rdbms/admin). Das Script wird Ihnen zeigen, welche Schnappschüsse existieren, und Sie auffordern, Beginn und Ende für das Berichtsintervall anzugeben. Danach wird es den ADDM-Bericht erzeugen. Das ist der einfachste Weg, Sie können ADDM auch über das DBMS_ADVISOR PL/SQL Package ausführen. In Oracle 10*g* sollten Sie das Tuning immer zuerst mit ADDM starten. Um ADDM auszuführen, brauchen Sie das ADVISOR-Privileg.

Wichtig ist bei allen STATSPACK- und AWR/ADDM-Berichten, dass die Datenbank nicht zwischen zwei Schnappschüssen neu gestartet wurde. Ein Neustart der Datenbank setzt die allermeisten V$-Views zurück und macht damit alle Auswertungen, die auf ihnen beruhen, ungültig. In der Auswahl, die Ihnen der AWR-Bericht (und auch Statspack) liefert, sehen Sie das durch Leerzeilen zwischen den einzelnen Zeilen. In Version 10.2 schließlich können Sie den AWR-Bericht, falls die Datenbank zwischen angegebenem Beginn und Ende neu gestartet wurde, gar nicht mehr erzeugen, wie Sie hier sehen können:

```
SQL> @?/rdbms/admin/awrrpt

...
                                489 17 Jun 2006 19:00      1
                                490 17 Jun 2006 20:00      1

                                491 18 Jun 2006 13:31      1
                                492 18 Jun 2006 15:00      1
                                493 18 Jun 2006 16:01      1
                                494 18 Jun 2006 16:18      1

Specify the Begin and End Snapshot Ids
~~~~~~~~~~~~~~~~~~~~~~~~~~~~~~~~~~~~~~
Enter value for begin_snap: 490
Begin Snapshot Id specified: 490

Enter value for end_snap: 491
End   Snapshot Id specified: 491

declare
*

ERROR at line 1:
ORA-20200: The instance was shutdown between snapshots 490 and 491
ORA-06512: at line 42
```

Falls Sie die Datenbank auf einem modernen Disksystem oder SAN haben, tritt oft das Problem auf, dass die Angaben zum File I/O, die Sie aus STATSPACK beziehungsweise V$FILESTAT ermitteln, nicht mehr sehr aussagekräftig sind, da ohnehin alles über alles gestriped ist. Was Sie dann vielleicht noch sagen können, ist, welchem Volume/Plex welche Dateien zugeordnet sind. Sie haben also beispielsweise die Dateien odata_01.dbf und odata_02.dbf beide unter dem gleichen Volume /dbdata/V10/vol01 und möchten wissen, wie viel I/O es auf diesem Volume gibt. Falls Sie STATSPACK verwenden, können Sie die entsprechenden Informationen aber immer noch ermitteln, indem Sie STATS$FILESTATX entsprechend auswerten. Für AWR gehen Sie analog vor, dort ist DBA_HIST_FILESTATXS die entsprechende View. Eine entsprechende Abfrage wurde bereits im letzten Kapitel vorgestellt.

4.3 Spezifische Performance-Untersuchung

Neben dem allgemeinen Ansatz gibt es selbstverständlich auch den spezifischen Ansatz – ins Arztbeispiel übersetzt, gehen Sie hier zum Onkel Doktor, weil Sie bereits krank sind und nicht präventiv. Jetzt wissen Sie im Unterschied zu vorher ganz genau, wo es weh tut. Für die Analyse ist das natürlich vorteilhaft, der Problemkreis ist ja bereits eingegrenzt. Wenn es geht, versuchen Sie immer das Problem irgendwie einzukreisen. Merke: Je unspezifischer, desto schwieriger.

Ganz ideal ist es natürlich, wenn Sie das Problem zur Laufzeit untersuchen können. Dann können Sie über die Tabelle V$SESSION_WAIT das Problem bestimmen. Das wird später noch im Detail behandelt.

In den nächsten Kapiteln werden Sie auch verschiedene Events kennen lernen, die es uns erlauben, bestimmte Aktionen auszulösen.

Für die Untersuchung spezifischer Prozesse und Sessions werden Sie vornehmlich SQL_TRACE bzw. das Event 10046 einsetzen. Speziell letzteres ist mit den höheren Trace-Levels unersetzbar bei diesen Untersuchungen.

Jedes Event kann sowohl in der init.ora wie auch über ALTER SYSTEM oder ALTER SESSION gesetzt werden. In der init.ora heißt es nur Event, hier ein Beispiel:

```
EVENT        = '10046 trace name context forever, level 1'
```

Wenn Sie mehrere Events haben, können Sie diese in die gleiche Zeile setzen und durch Strichpunkt trennen. Das würde dann so aussehen (alles auf einer Zeile):

```
EVENT        = '10046 trace name context forever, level 1;600 trace name
               errorstack forever, level 3'
```

Alternativ können Sie mehrere Event-Zeilen in der init.ora setzen, müssen diese aber in aufeinander folgenden Zeilen spezifizieren, sonst wird nur das erste Event aktiviert (...und Sie wundern sich, warum nichts passiert). Das müsste dann korrekt also so aussehen:

```
EVENT        = '10046 trace name context forever, level 1'
EVENT        = '600 trace name errorstack forever, level 3'
```

Im Unterschied dazu wird bei den beiden Kommandos ALTER SESSION und ALTER SYSTEM das Wort EVENTS, also die Mehrzahl und ohne Gleichheitszeichen, verwendet. Auch hier ein Beispiel. Diesmal für ALTER SESSION (beim ALTER SYSTEM sieht's genauso aus):

```
ALTER SESSION SET EVENTS '10046 trace name context forever, level 1'
```

Die Syntax ist ein bisschen sehr gewöhnungsbedürftig, aber das ist, wie man so schön sagt, historisch bedingt.

Mit ALTER SYSTEM setzen Sie das Event für alle neuen Sessions, was wiederum bedeutet, dass Sie so bereits bestehende Sessions nicht beeinflussen können, nur neue. Ab Oracle 9*i* haben Sie allerdings die Möglichkeit, mit einem so genannten spfile statt der init.ora zu arbeiten; dann können Sie die Parameter im spfile und in der Datenbank über ALTER SYSTEM verändern.

Das Ausschalten eines Events geschieht über die OFF-Klausel:

```
ALTER SESSION SET EVENTS '10046 trace name context off'
```

Mit ALTER SESSION können Sie das Event allerdings nur in der eigenen Session setzen. Wie macht man das jetzt für eine andere Session? Dazu existieren mehrere Möglichkeiten:

- Sie schreiben einen ON-LOGON-Trigger (ab 8.1 möglich) für den applikatorischen Benutzer und aktivieren dort das Tracing. Speziell wird die Sache noch dadurch, dass Sie auch die Hochkommas für das ALTER SESSION Kommando mitgeben müssen das machen wir hier mit CHR(39). Hier ein Beispiel für den Benutzer SCOTT:

```
Create or replace trigger on_logon after logon on scott.schema
declare
stmt varchar2(100) := alter session set max_dump_file_size=unlimited';
begin
execute immediate stmt;
stmt := alter session set events '||chr(39)||'10046 trace context for-
ever, level 12'||chr(39);
execute immediate stmt;
end;
/
```

- Falls Sie mehrere Benutzer auf diesem Weg tracen wollen, können Sie AFTER LOGON ON DATABASE verwenden und die entsprechenden Benutzer über die SQL-Funktionen USER und SYS_CONTEXT() festlegen.
- Variante 3 ist die Verwendung der Prozedur DBMS_SYSTEM.SET_EV(). Das sieht der Support zwar nicht so gern, da die Prozedur nicht dokumentiert ist, aber sie funktioniert ganz wunderbar und ist interessant, falls man einmal auf einem sehr alten System arbeiten müsste. DBMS_SYSTEM gehört dem Benutzer SYS. SET_EV() müssen Sie folgende Parameter mitgeben: SID aus V$SESSION, SERIAL# (auch aus V$SESSION), das Event (also z.B. 10046), das Event Level (beim 10046 sind das 1, 4, 8 oder 12) und schließlich der Kommentar. Letzteren brauchen wir aber nicht, nehmen Sie '' hierfür. Falls ich also Benutzer SCOTT mit SID 6 und SERIAL# 656 mit Event 10046 Level 8 tracen möchte, wäre die entsprechende Anweisung:

  ```
  exec sys.dbms_system.set_ev(6,656,10046,8,'');
  ```

  SET_EV() existiert seit Version 7.3.
- Statt SET_EV() zu verwenden, können Sie das DBMS_SUPPORT Package von Metalink herunterladen. Das ist eine offiziell unterstützte Variante von Oracle für diesen Zweck. DBMS_SUPPORT bietet einen Wrapper um SET_EV() an und ist ab 8.0.4 verfügbar. Das muss allerdings auch erst installiert werden.
- DBMS_SYSTEM bietet auch zwei Prozeduren an, mit denen Sie Parameter in anderen Sessions setzen können. Da ist zum einen SET_BOOL_PARAM_IN_SESSION(). Damit setzen Sie einen Parameter entweder auf TRUE oder FALSE. Parameter für diese Prozedur sind: SID (aus V$SESSION), SERIAL# (auch aus V$SESSION), der Name des Parameters und schließlich noch TRUE oder FALSE. Hier ein Beispiel:

  ```
  exec dbms_system.set_bool_param_in_session(17,23,'global_names',TRUE);
  ```

  Witzigerweise können Sie SQL_TRACE damit aber nicht aktivieren. Da es nicht mehr allzu viele Parameter gibt, die nur TRUE oder FALSE verwenden, ist der Einsatz dieser Prozedur mittlerweile doch sehr eingeschränkt. Ganz ähnlich ist die Prozedur SET_INT_PARAM_IN_SESSION() aufgebaut. Damit können Sie dann einen Parameter setzen, dem Sie eine ganzzahlige Größe mitgeben. Auch hier ein Beispiel:

  ```
  exec dbms_system.set_int_param_in_session(17,23,'hash_area_size',100000);
  ```

- In Oracle 10*g* können Sie das DBMS_MONITOR Package verwenden, das dort von Anfang an installiert ist. Dort stehen verschiedene Prozeduren für das End-to-End Tracing zur Verfügung, Sie können aber auch auf Session-Ebene tracen: Mit der Prozedur SESSION_TRACE_ENABLE() aktivieren Sie das Tracing in der betreffenden Session, mit DISABLE_SESSION_TRACE() schalten Sie es wieder aus. Sie können auch noch angeben, ob Sie die Werte von Wait Events und/oder Bind-Variablen gleich mit tracen wollen.
- Und last but not least können Sie ORADEBUG verwenden, dazu benötigen Sie aber einen DBA-Account. Das Kommando oradebug war in Version 7 nur im Oracle Server Manager verfügbar, ab Oracle 8*i* kann es auch in SQL*Plus verwendet werden. Mit oradebug help bekommen Sie auch eine kleine Hilfe, was man damit alles machen kann. Seien Sie extrem vorsichtig, wenn Sie mit oradebug arbeiten. Es ist überhaupt kein Problem, damit eine Datenbank unwiderruflich ins Nirwana zu schießen. Beim Kommando oradebug benötigen Sie aber statt der SID die PID des Benutzers. Die PID bekommen Sie aus V$PROCESS. V$PROCESS lässt sich mit V$SESSION über V$PROCESS.ADDR= V$SESSION.PADDR joinen. Alternativ könnten Sie auch die Prozess-ID vom Betriebssystem verwenden (die Spalte SPID in V$PROCESS). Nehmen wir mal an, Sie wollen Event 10046 mit Level 8 für den Benutzer SCOTT setzen und Sie haben schon ermittelt, dass seine PID 2760 ist. Im oradebug sähe das dann so aus (mit dem Kommando unlimit wird MAX_DUMP_FILE_SIZE auf UNLIMITED gesetzt):

  ```
  oradebug setorapid 2760
  oradebug unlimit
  oradebug session_event 10046 trace name context forever, level 8
  ```

  Das Schöne bei diesem Kommando ist, dass Sie hier den Trace ohne Probleme ausschalten können. Wollen Sie die eigene Session tracen, können Sie oradebug setmypid verwenden. Ausschalten lässt sich ein Event sinnigerweise mit OFF. Das sieht dann so aus:

  ```
  oradebug session_event 10046 trace name context off
  ```

In jedem Fall wollen Sie natürlich auch wissen, welche Trace-Datei Oracle geschrieben hat. Das können Sie mit folgender SQL-Funktion ermitteln:

```
Create or replace function my_trace_file_name return varchar2
as
retval varchar2(100);
begin
select
instance || '_ora_' || ltrim(to_number(a.spid,'fm99999')) || '.trc'
into retval
from
v$process a, v$session b, v$thread d
where a.addr = b.paddr and b.sid =
(select sid from v$mystat where rownum=1);
return retval;
end gtfn;
/
```

Diese Funktion funktioniert natürlich nur für die aktuelle Session. Falls Sie das allgemein ermitteln wollen, müssen Sie die SID aus V$SESSION und nicht aus V$MYSTAT nehmen. SID steht hier für Session Identifier. Da ein Benutzer mehrere Sessions haben kann, ist die Zuordnung der SID zu V$SESSION.USERNAME oft nicht eindeutig.

Falls Sie aber die Prozess-ID (des Betriebssystems) haben, erhalten Sie die SID mit der folgenden Funktion:

```
Create or replace function get_sid (proc_id in number) return number
As
Retval number;
Begin
 Select s.sid Into retval From V$Session s, V$Process p
 Where p.addr = s.paddr and p.spid = proc_id;
 return Retval;
End;
/
```

Bei diesen Untersuchungen werden Sie öfters auch einen Blick auf V$SESSION werfen, um zu bestimmen, wer was gerade macht. Ein Problem hier ist allerdings, dass die Spalte COMMAND in V$SESSION nur die numerischen Kommandos enthält, nicht die Bezeichnung. Das erledigt aber die folgende SQL-Funktion für ausgewählte Kommandos für Sie:

Listing 4.1 SQL-Funktion sess_cmd

```
create or replace function sess_cmd (cmd in number) return varchar2
as
begin
if cmd = 1 then return 'CREATE TABLE';
elsif cmd = 2 then return 'INSERT';
elsif cmd = 3 then return 'SELECT';
elsif cmd = 6 then return 'UPDATE';
elsif cmd = 7 then return 'DELETE';
elsif cmd = 12 then return 'DROP TABLE';
elsif cmd = 15 then return 'ALTER TABLE';
elsif cmd = 17 then return 'GRANT';
elsif cmd = 18 then return 'REVOKE';
elsif cmd = 21 then return 'CREATE VIEW';
elsif cmd = 22 then return 'DROP VIEW';
elsif cmd = 26 then return 'LOCK TABLE';
elsif cmd = 29 then return 'COMMENT';
elsif cmd = 30 then return 'AUDIT';
elsif cmd = 31 then return 'NOAUDIT';
elsif cmd = 42 then return 'ALTER SESSION';
elsif cmd = 43 then return 'ALTER USER';
elsif cmd = 44 then return 'COMMIT';
elsif cmd = 45 then return 'ROLLBACK';
elsif cmd = 47 then return 'PL/SQL EXECUTE';
elsif cmd = 48 then return 'SET TRANSACTION';
elsif cmd = 85 then return 'TRUNCATE TABLE';
elsif cmd = 88 then return 'ALTER VIEW';
else return 'COMMAND UNKNOWN';
end if;
end;
/
```

Ab und zu wird es auch vorkommen, dass Sie sich die CREATE-Anweisung für ein Objekt genauer ansehen wollen. Ab Oracle 9 können Sie dafür die Prozedur GET_DDL() im Package DBMS_METADATA verwenden. Statt als Text können Sie sich die SQL-Anweisung auch über GET_XML() in XML anzeigen lassen:

```
set pageisze 40
set long 2000
SQL> SELECT DBMS_METADATA.GET_DDL('TABLE','DEPT','SCOTT') FROM DUAL;

DBMS_METADATA.GET_DDL('TABLE','DEPT','SCOTT')
------------------------------------------------------------------------

CREATE TABLE „SCOTT“."DEPT“
 ( „DEPTNO“ NUMBER(2,0),
 „DNAME“ VARCHAR2(14),
 „LOC“ VARCHAR2(13),
 CONSTRAINT „PK_DEPT“ PRIMARY KEY („DEPTNO“)
USING INDEX PCTFREE 10 INITRANS 2 MAXTRANS 255
STORAGE(INITIAL 65536 NEXT 1048576 MINEXTENTS 1 MAXEXTENTS 2147483645
PCTINCREASE 0 FREELISTS 1 FREELIST GROUPS 1 BUFFER_POOL DEFAULT)
TABLESPACE „USERS“ ENABLE
 ) PCTFREE 10 PCTUSED 40 INITRANS 1 MAXTRANS 255 NOCOMPRESS LOGGING
STORAGE(INITIAL 65536 NEXT 1048576 MINEXTENTS 1 MAXEXTENTS 2147483645
PCTINCREASE 0 FREELISTS 1 FREELIST GROUPS 1 BUFFER_POOL DEFAULT)
TABLESPACE „USERS“
```

Passen Sie auf, falls Sie eine Materialized View auf einer Tabelle haben. In diesem Fall klappt DBMS_METADATA.GET_DDL() nicht, stattdessen bekommen Sie zumindest noch in 10.1.0.3 den wenig informativen Fehler:

```
SELECT DBMS_METADATA.GET_DDL('TABLE','EMP','SCOTT') FROM DUAL;
ERROR:
ORA-31603: Objekt „EMP“ vom Typ TABLE in Schema „SCOTT“ nicht gefunden
ORA-06512: in „SYS.DBMS_SYS_ERROR“, Zeile 105
ORA-06512: in „SYS.DBMS_METADATA“, Zeile 628
ORA-06512: in „SYS.DBMS_METADATA“, Zeile 1221
ORA-06512: in Zeile 1
```

In Version 10.2 ist das aber glücklicherweise kein Problem mehr, dort erhalten Sie dann auch unter diesen Umständen die DDL-Anweisung.

Oracle 10*g* schließlich führte den SQL Tuning Advisor und den SQL Access Advisor ein. Der Zugriff auf diese Tools erfolgt über den Enterprise Manager oder über PL/SQL Packages. Mit dem SQL Tuning Advisor können Sie den besten Ausführungsplan für eine bestimmte SQL-Anweisung ermitteln. Der SQL Access Advisor dient dazu, bessere Zugriffspfade zu ermitteln, er zieht dabei Indizes und Materialized Views in Betracht. Im nächsten Kapitel schauen wir uns das noch genauer an.

Ebenfalls mit Oracle 10*g* kam auch die Active Session History, kurz ASH, ein weiterer Bestandteil des ADDM. Damit steht Ihnen eine historische Sicht der Daten aus V$SESSION_WAIT zur Verfügung. Die Daten werden periodisch gesammelt und im View V$ACTIVE_SESSION_HISTORY nachgeführt. Das primäre Interface für ASH ist der Oracle Enterprise Manager, der ASH-Bericht kann aber auch manuell über das Script ashrpt.sql, das im Verzeichnis $ORACLE_HOME/rdbms/admin zu finden ist, ausgeführt werden. Sie können die Daten aber auch direkt abfragen. Hier eine Beispielabfrage, bei der Sie den Session Identifier und den Zeitraum als Parameter übergeben müssen:

```
select SESSION_ID,NAME,P1,P2,P3,WAIT_TIME,
       o.object_name, CURRENT_BLOCK#
from v$active_session_history ash, v$event_name enm, dba_objects o
where ash.event#=enm.event#
   and o.object_id=current_obj# and SESSION_ID=&SID and SAMPLE_TIME>=
       (sysdate-&Anzahl_Minuten/(24*60));
```

Wie die Ergebnisse dieser Abfrage dann aussehen können, zeigt der folgende Ausschnitt. Sie sehen hier TX-Locks, weil ich in der entsprechenden Session die Anweisung DELETE FROM EMP WHERE EMPNO=7963 abgesetzt hatte. Die gleiche Anweisung hatte ich aber bereits in einer zweiten Session ohne COMMIT ausgeführt. Die andere Session muss also warten:

```
...
147 enq: TX - row lock contention 1415053318     393245  1574    0 EMP  117
147 enq: TX - row lock contention 1415053318     393245  1574    0 EMP  117
147 enq: TX - row lock contention 1415053318     393245  1574    0 EMP  117
147 enq: TX - row lock contention 1415053318     393245  1574    0 EMP  117
...
```

4.4 Wann und wo setzen Sie die verschiedenen Methoden ein?

Sie werden jetzt mehrere Methoden für die Untersuchung von Performanceproblemen kennen lernen, aber alle lassen sich mehr oder wenig, wie schon oben erwähnt, in zwei Klassen unterteilen: Methoden, bei denen die Datenbank als Ganzes untersucht wird, und Methoden, bei denen versucht wird, einen möglichst präzisen Einblick in einen bestimmten Prozess zu erhalten. Unter die Methoden, bei denen man mal zuerst einen Blick auf die ganze Datenbank wirft, fallen:

- Automatic Database Diagnostics Monitor (nur 10*g*)
- Automatic Workload Repository und Active Session History(nur 10*g*)
- Statspack
- Utlbstat/Utlestat
- Tracing der ganzen Datenbank mit SQL_TRACE oder Events. Diese Methode kann und wird auch für das Tracing von einzelnen Sessions verwendet.

Diese Methoden sind alle dann gut, wenn Sie keine weiteren Angaben haben und es nur heißt, dass alles zu langsam ist. Natürlich besteht der erste Schritt in diesem Fall darin, sich erst mal Zugriff aufs System zu verschaffen und dann nachzuschauen, ob irgend etwas gleich auf den ersten Blick auffällt, wie zum Beispiel fehlende Statistiken, ungültige Objekte oder auch ganz einfache Fehler wie das Ausschalten der automatischen Archivierung (wird vor Version 10*g* über den Parameter LOG_ARCHIVE_START gesteuert) im Archivelog-Modus.

Wenn Sie einen allgemeinen Überblick brauchen, fangen Sie am besten mit einem Blick auf V$SYSTEM_EVENT an. Der View gibt Ihnen einen guten Überblick über das System und Sie sehen dort, welche Waits vorkamen.

Automatic Workload Repository oder Statspack ist auch gut und in aller Regel auch notwendig. Statspack setzt natürlich voraus, dass es bereits aufgesetzt ist und die Intervalle für die Snapshots angemessen gewählt wurden. 15 oder 30 Minuten sind brauchbare Intervalle für Statspack.

Automatic Workload Repository ist da besser, in 10*g* läuft es automatisch, sofern der Parameter STATISTICS_LEVEL mindestens auf TYPICAL steht. Allerdings müssen Sie auch dort für eine detailliertere Untersuchung kürzere Intervalle mittels DBMS_WORKLOAD_REPOSITORY.MODIFY_SNAPSHOT_SETTINGS() einstellen. Ist AWR aktiv, steht Ihnen automatisch auch die Active Session History und somit auch die Möglichkeit zur Verfügung, Waits pro Session über einen längeren Zeitraum zu verfolgen.

Utlbstat/Utlestat sollten Sie normalerweise nicht mehr verwenden müssen. Utlbstat/Utlestat hat oft das Problem, dass der Report zu grob ist, außerdem braucht man immer noch eine gewisse repräsentative Zeit, damit der Bericht hinterher sinnvoll ist. Aber wenn Sie zum Beispiel noch eine Uralt-Datenbank, sagen wir Version 7.3, untersuchen müssten, haben Sie vielleicht nichts anderes zur Hand.

Falls Sie aber das Problem schon einkreisen können und wissen, welcher Prozess bzw. welche Session zu langsam ist, tracen Sie nur diesen Prozess oder beobachten Sie ihn zur Laufzeit über V$SESSION_WAIT. Ab Version 10*g* kann auch Active Session History eingesetzt werden. Es ist alles wesentlich einfacher, wenn Sie zumindest schon wissen, welcher Prozess das Problem verursacht.

Sie sollten, wann immer und so schnell wie möglich versuchen, die Problematik soweit einzukreisen, dass sie auf Ebene des Prozesses und/oder der Session getraced werden kann. Ein 10046 Level 8 oder Level 12 Trace ist dann zumeist das Mittel der Wahl, dort sehen Sie dann, wo wie viel Zeit verbracht wird. Beachten Sie bitte, das die angegebenen Zeiten in den Traces je nach Version in Millisekunden (8*i* und 9.0) oder Mikrosekunden (seit Version 9.2) angegeben werden. Diese Änderung wurde nicht großartig publiziert, für die Auswertung der Ergebnisse ist sie aber mitunter entscheidend. Es ist ein ganz schöner Unterschied, ob es sich um Tausendstel oder Millionstel Sekunden handelt!

Falls die Applikation nur einen einzigen Benutzernamen verwendet, müssen Sie versuchen, die Problematik auf einzelne Prozesse und/oder Sessions einzukreisen, die dann individuell untersucht werden können. Wird dagegen für jeden Benutzer ein eigener Benutzername verwendet, lässt sie sich natürlich auch auf dieser Ebene untersuchen. Hier können dann beispielsweise ON-LOGON Trigger verwendet werden, die die entsprechenden Events setzen. Falls Sie Statistiken für den Benutzer sammeln wollen, können Sie das beispielsweise mit ON-LOGON und ON-LOGOFF Triggern tun. Verwenden Sie eine Sammeltabelle, in der Sie die entsprechenden Daten, z.B. aus V$SESSTAT, beim Logon initiieren und beim Logoff in die Sammeltabelle speichern. Dann können Sie anschließend in alle Ruhe weiter untersuchen.

In Version 10*g* können Sie auch über den Enterprise Manager oder Database Control ADDM für den Zeitraum, in dem das Problem auftrat, ausführen. Der ADDM-Bericht zeigt Ihnen vielleicht bereits, wo das Problem genau liegt. Das schöne hier ist, dass Sie dann gleich über die verschiedenen Advisories auch an die Lösung des Problems herangehen können. Falls Sie entsprechende Baselines erstellt haben, kann auch eine repräsentative Baseline zum Vergleich herangezogen werden.

Im nächsten Kapitel lernen Sie noch weitere Tracing-Methoden und Utilities kennen. Die spezifische Untersuchung (durch den 10046 Trace) muss ja unter Umständen durch weitere Tracing-Methoden ergänzt werden. Falls Sie beispielsweise sehen, das der Großteil der Zeit in PL/SQL verbraucht wird, empfiehlt sich die genauere Analyse des verwendeten PL/SQL Code über das PL/SQL Profiling. Wird dagegen die meiste Zeit für die Übertragung der Daten über das Netz mittels SQL*Net benötigt, ist eine genauere Untersuchung des SQL*Net Verkehrs durch das Tracing von SQL*Net angebracht. Liegt das Problem im Ausführungsplan, ist eventuell ein 10053 Trace hilfreich. Je nach Problematik müssen Sie also unter verschiedenen Ansätzen und Utilities auswählen. Es kann sehr hilfreich sein, wenn Sie die verschiedenen Methoden und Utilities kombinieren. Seien Sie sich in jedem Fall auch bewusst, dass das Tracing selbst die Untersuchung beeinflusst. Die Ausführungszeit der untersuchten Applikation wird ja durch das Tracing verlangsamt. Das kann je nachdem viel oder wenig sein, wichtig ist nur, dass Sie es wissen und bei der Untersuchung berücksichtigen.

5

5 Performance Tracing und Utilities

In diesem Kapitel werden die verschiedenen Methoden und Werkzeuge vorgestellt, mit denen Sie beim Tuning arbeiten; der Schwerpunkt liegt dabei auf Methoden, die sich möglichst universell einsetzen lassen.

Die meisten der hier besprochenen Utilities lassen sich entweder direkt auf der Kommandozeile oder im SQL direkt aufrufen und sind damit unabhängig von graphischen Interfaces wie Toad oder SQL*Developer, obwohl Sie auch dort verwendet werden können und sollen.

Es geht aber auch schöner: Abschließend werden die Tuning-Möglichkeiten des Enterprise Managers – genauer gesagt im Database Control – besprochen, lassen sich doch damit viele Tuning-Aufgaben bequem erledigen.

5.1 Utilities

Für das Oracle Tuning existieren verschiedene nützliche Utilities, mit deren Hilfe wir nachschauen können, warum ein Statement gut oder schlecht läuft. In der Praxis interessiert uns aber zumeist nur Letzteres. In Oracle 10*g* existieren auch Utilities, die uns konkret beim Tuning unterstützen. Da wären also:

- EXPLAIN PLAN. Dieser SQL-Befehl erlaubt das Erzeugen eines Query Execution Plan. Der Ausführungsplan wird in eine Tabelle, die sinnigerweise PLAN_TABLE heißt, abgelegt und muss von dort selektiert werden. Seit Oracle 8.1 gibt es dafür Scripts, vorher musste man das Select immer selbst erzeugen. Bereits seit Oracle 7.3 gibt es im SQL*Plus das Kommando AUTOTRACE, damit kann der Execution Plan automatisch angezeigt werden. Ab Oracle9 kann der Query Execution Plan direkt aus der Datenbank gezogen werden. Der aktuelle Plan kann dort über V$SQL_PLAN abgerufen werden. Seit 9.2 existiert das DBMS_XPLAN-Package, mit dem ein Ausführungsplan auf einfache Art und Weise angezeigt werden kann. Eine sehr einfache Art der Darstellung von Ausführungsplänen bietet auch das Kommando SET AUTOTRACE ON EXPLAIN in SQL*Plus.

- SQL_TRACE. Dieser ALTER SESSION-Parameter erlaubt das Erzeugen von Trace-Dateien, die wiederum mit dem TKPROF Utility formatiert werden können. Damit können neben dem Ausführungsplan auch die Ausführungszeiten für die einzelnen Phasen angezeigt werden. Sie können SQL_TRACE auch in init.ora/spfile setzen, aber dann wird alles getraced. Dies ist eine sehr effiziente Methode, schnell die Festplatte zu füllen, allerdings manchmal speziell vor Oracle 10*g* unumgänglich.
- In Oracle 10*g* können Sie sich die Ausführungspläne im laufenden Betrieb über V$SQL_PLAN_STATISTICS detailliert anzeigen lassen. Dazu müssen Sie allerdings STATISTICS_LEVEL auf ALL stellen.
- TKPROF. Mit diesem Utility werden Trace-Dateien, die mittels SQL_TRACE (oder 10046 Events) erzeugt wurden, in eine „lesbare" Form gebracht.
- Event 10046. Event 10046 erlaubt die Erzeugung detaillierter Trace-Dateien, die auch die Werte der Binds und Waits enthalten können. Das „Königsevent" schlechthin bei der detaillierteren Untersuchung.
- Seit Oracle 8*i* können die Werte von Bind-Variablen im laufenden Betrieb auch über V$SQL_BIND_DATA und V$SQL_BIND_METAVALUE abgefragt werden. Das funktioniert aber nur in der eigenen Session, was die Nützlichkeit erheblich einschränkt. Falls Sie aber selbst ein Trace-Programm in Ihrer Applikation schreiben wollen, ist das sicher eine Möglichkeit, die in Betracht gezogen werden sollte.
- In Oracle 10*g* können die Werte von Bind-Variablen ebenfalls im laufenden Betrieb in V$SQL_BIND_CAPTURE abgefragt werden, dazu muss STATISTICS_LEVEL mindestens auf TYPICAL stehen. Bind-Variable für LONG und LOB können so nicht abgefragt werden, und es funktioniert nur für Bind-Variablen, die in den WHERE- oder HAVING-Klauseln verwendet werden, also auch nicht bei jeder Anweisung. Im Unterschied zu vorher können Sie sich damit auch die Werte für SQL-Anweisungen aus anderen Sessions anzeigen lassen.
- DBMS_MONITOR. Dieses Package ist neu in Oracle 10*g* und verbessert das Tracing speziell in Multi-Tier-Umgebungen. Weiter können Sie damit in 10*g* auf einfache Art und Weise Event 10046 in anderen Sessions oder für die ganze Datenbank setzen. Über die Booleschen Parameter WAITS und BINDS können Sie alle Level setzen.
- Event 10053. Mit diesem Event lassen sich Trace-Dateien erzeugen, mit denen untersucht werden kann, warum der CBO einen bestimmten Plan erzeugt hat.
- Automatic Workload Repository (AWR) und Automatic Database Diagnostics Monitor (ADDM). In Oracle 10*g* sind diese Features aktiviert, sofern nicht jemand explizit STATISTICS_LEVEL auf BASIC umgestellt hat.
- Der Automatic Workload Repository-Bericht, Statspack und bstat/estat. Das sind alles mehr oder weniger periodische Auswertungen, welche die Datenbank als Ganzes beleuchten.
- Der Active Session History-Bericht bietet Ihnen seit Version 10*g* die Möglichkeit, einen historischen Blick auf die Daten in V$SESSION_WAIT zu werfen.

Das sind die wesentlichen Tracing-Methoden. Für besondere Untersuchungen stehen uns daneben noch speziellere Utilties zur Verfügung:

- Für das Tracen von PL/SQL kann der DBMS_PROFILER verwendet werden.
- Das SQL*Net Tracing untersucht den Netzwerkverkehr (sofern er über SQL*Net geht). Das ist manchmal auch sinnvoll für Performanceuntersuchungen. Für das Formatieren und Zusammenfügen von SQL*Net Trace-Dateien – auch speziell bei Verwendung von Shared Servern – sind die Utilities trcasst und trcsess (ab 10*g*) nützlich.
- Für die Untersuchung von Statements, die parallel abgearbeitet werden, stehen mehrere Events zur Verfügung. Ab Oracle 9*i* kann noch zusätzlich das _px_trace Event verwendet werden. Parallelisierung ist ein Kapitel für sich, deshalb sehen wir uns auch das Tracing nicht hier, sondern im Kapitel über Parallelisierung an.

5.2 Tuning in 10*g* mit den Advisories

Oracle 10*g* erleichtert das Tuning ungemein. Bereits beim Anlegen der Datenbank wird die entsprechende Infrastruktur eingerichtet. Gesteuert wird es über den Parameter STATISTICS_LEVEL. Der ist erst mal auf TYPICAL eingestellt, was auch in den meisten Fällen reichen sollte. Im neuen SYSAUX-Tablespace wird stündlich ein Schnappschuss des Systems im Automatic Workload Repository permanent gespeichert. Dabei werden die Daten über Aufrufe, die direkt in den Oracle-Kernel eingebaut sind, und einen eigenen Hintergrundprozess runtergeschrieben. Die Systembelastung ist also deutlich reduziert. AWR können Sie sich als Weiterentwicklung von Statspack vorstellen, der Bericht sieht auch ähnlich aus wie der Statspack-Bericht in früheren Versionen. Das Runterschreiben erfolgt jede Stunde, kann aber auch manuell in SQL*Plus über die Prozedur DBMS_WORKLOAD_REPOSITORY.CREATE_SNAPSHOT erfolgen. Jede Minute werden die Statistiken und Metriken nachgeführt. So können Sie zum Beispiel jede Minute in V$SESSMETRIC die beliebten „Cache Hit Ratios" überprüfen. In Oracle 10*g* ist auch der Automatic Database Diagnostics Monitor (ADDM) eingebaut. ADDM identifiziert potenzielle Probleme und gibt auch Empfehlungen, wie diese Probleme zu lösen sind. Manchmal muss dafür separat ein Advisor aufgerufen werden. Immer wenn ein AWR Snapshot gezogen wird, wird auch ADDM aufgerufen. Falls Sie ADDM manuell ausführen wollen, können Sie das über das Script addmrpt.sql tun. Unter Unix in $ORACLE_HOME/rdbms/admin zu finden.

Oracle 10*g* führte schließlich noch mit dem SQL Tuning Advisor und dem SQL Access Advisor zwei Utilities ein, die dem Benutzer konkrete Vorschläge beim Tuning unterbreiten. Endlich! Für diese Ratgeber ist als hauptsächliches Interface der Enterprise Manager vorgesehen, aber man kann die Packages auch direkt verwenden. Es handelt sich hier um die DBMS_ADVISOR- und DBMS_SQLTUNE-Packages. Der Benutzer braucht dafür die beiden Privilegien ADVISOR und ADMINISTER SQL TUNING SET. Falls Sie die Empfehlungen gleich in Dateien schreiben wollen, benötigen Sie noch CREATE DIRECTO-

RY. Fangen wir mit DBMS_SQLTUNE an. Ich habe dafür das folgende SQL*Plus-Script verwendet:

```
variable my_empfehlung clob
set long 2000
set longchunksize 100
set linesize 100

declare
sqltext clob;
retval varchar2(4000);
begin
sqltext := 'select count(e.ename), d.dname from emp e, dept d where exists
        (select d2.dname from dept d2 where d2.deptno = e.deptno) group by d.dname';
retval:=dbms_sqltune.create_tuning_task(sqltext,NULL,'SCOTT',time_limit=>10);
dbms_sqltune.execute_tuning_task(retval);
:my_empfehlung:= dbms_sqltune.report_tuning_task(retval);
end;
/
```

Zuerst habe ich das übrigens anders probiert, aber wenn Sie versuchen, DBMS_SQL TUNE.CREATE_TUNING_TASK() direkt in SQL zu verwenden, bekommen Sie den kryptischen Fehler ORA-14552. So ging's aber. Ich habe für das Tuning in der Prozedur CREATE_TUNING_TASK() noch ein Zeitlimit von 10 Sekunden angegeben, voreingestellt sind aber 60 Minuten. Das Ergebnis dieses Tunings steht nach diesem Ablauf in der Variable my_empfehlung, hier der entsprechende Ausschnitt:

```
...
1 - Restructure SQL finding (see plan 1 in explain plans section)
----------------------------------------------------------------
  An expensive cartesian product operation was found at line ID 3 of the
   execution plan.
 Recommendation
  --------------
  - Consider removing the disconnected table or view from this statement or
    add a join condition which refers to it.

  Rationale
  ---------
    A cartesian product should be avoided whenever possible because it is an
    expensive operation and might produce a large amount of data.
...
```

Immerhin, gar nicht so schlecht, wiewohl es für den Praktiker offensichtlich ist. In Version 10.1.0.3 gab es für diese Anweisung übrigens noch keine Empfehlungen.

Was kommt heraus, wenn wir es über DBMS_ADVISOR machen? Dort existiert für das Tuning von SQL-Anweisungen die Prozedur QUICK_TUNE():

```
variable my_empfehlung clob
set long 2000
set longchunksize 100
set linesize 100

declare
sqltext clob;
taskname varchar2(4000) := 'Quick Task';
begin
sqltext := 'select count(e.ename), d.dname from emp e, dept d where exists
      (select d2.dname from dept d2 where d2.deptno = e.deptno) group by d.dname';
dbms_advisor.quick_tune(DBMS_ADVISOR.SQLACCESS_ADVISOR,taskname,sqltext);
:my_empfehlung:=dbms_advisor.get_task_script(taskname);
end;
/
```

Als Parameter zu QUICK_TUNE() habe ich hier auch übergeben, welcher Advisor verwendet werden soll. Falls das Ergebnis Sie überrascht: Ich hatte vor dem Lauf der Advisories die Tabelle EMP über mehrere INSERT INTO EMP SELECT * FROM EMP aufgeblasen. Das kam dabei heraus:

```
print my_empfehlung

MY_EMPFEHLUNG
--------------------------------------------------------------------------
Rem  SQL Access Advisor: Version 10.2.0.1.0 - Production
Rem
Rem  Username:         SCOTT
Rem  Task:             Quick Task
Rem  Execution date:   22/06/2006 12:14
Rem
CREATE MATERIALIZED VIEW LOG ON "SCOTT"."EMP" WITH ROWID,
     SEQUENCE("ENAME","DEPTNO") INCLUDING NEW VALUES;

CREATE MATERIALIZED VIEW LOG ON "SCOTT"."DEPT" WITH ROWID,
     SEQUENCE("DNAME") INCLUDING NEW VALUES;

CREATE MATERIALIZED VIEW "SCOTT"."MV$$_090B0001"
REFRESH FAST WITH ROWID
ENABLE QUERY REWRITE
AS SELECT SCOTT.EMP.DEPTNO C1, SCOTT.DEPT.DNAME C2,
     COUNT("SCOTT"."EMP"."ENAME") M1,COUNT(*) M2
FROM SCOTT.EMP, SCOTT.DEPT
GROUP BY SCOTT.EMP.DEPTNO, SCOTT.DEPT.DNAME;

begin
dbms_stats.gather_table_stats('"SCOTT"','"MV$$_090B0001"',NULL,
dbms_stats.auto_sample_size);
end;
/
```

DBMS_ADVISOR empfiehlt also das Anlegen einer Materialized View. Falls diese Abfrage oft ausgeführt würde, wäre das auch sinnvoll. Beachten Sie bitte, dass der Advisor gleich das Script zum Erstellen der Materialized View mitgeliefert hat. DBMS_ADVISOR ist ein sehr mächtiges und umfangreiches Package. Den etwas unschönen Namen für die Materialized View hätte man zum Beispiel über das Anpassen des Parameters MVIEW_NAME_TEMPLATE gleich beim Erstellen verschönern und über den Parameter DEF_MVIEW_TABLESPACE auch gleich angeben können, in welchem Tablespace die Materialized View erzeugt werden soll.

Wir hätten uns auch gleich das Script über die Prozedur CREATE_FILE() in eine Datei schreiben lassen können. Ich hätte auch angeben können, ob ich die Empfehlungen eher für eine OLTP oder eher für eine Data Warehouse oder eine gemischte Umgebung möchte. Dadurch wird dann beispielsweise auch festgelegt, wie stark Bitmap-Indizes berücksichtigt werden. Neben QUICK_TUNE() existiert noch die TUNE_MVIEW() Prozedur, mit der man schnell Materialized Views analysieren kann. Das Ergebnis unterscheidet sich auch, je nachdem welche Version Sie verwenden. In Version 10.1 wurde hier nur eine Materialized View ohne Materialized View Logs empfohlen. Das führt dann zu einer Materialized View, der immer komplett aufgefrischt werden muss. Allerdings setzt in Version 10.2 ein Fast Refresh nicht mehr zwingend Materialized View Logs voraus; falls PCT (= Partition Change Tracking) auf einer partitionierten Tabelle aktiviert ist, kann darauf verzichtet werden.

Idealerweise setzen Sie DBMS_ADVISOR aber zusammen mit AWR ein. Nehmen wir mal an, Sie möchten eine bestimmte Abfrage tunen. Zufälligerweise handelt es sich um die vorige Abfrage, die wir jetzt in ein Script packen. Sie führen diese Abfrage jetzt mehrfach zwischen zwei Schnappschüssen vom System aus. Um sicherzustellen, dass keine Daten bereits im Hauptspeicher sind, führen wir auch noch ein Flush des Buffer Cache aus. Diese Anweisung ist neu in 10*g*:

```
alter system flush buffer_cache;
exec DBMS_WORKLOAD_REPOSITORY.CREATE_SNAPSHOT;
@abfrage
@abfrage
@abfrage
exec DBMS_WORKLOAD_REPOSITORY.CREATE_SNAPSHOT;
```

Für das Tuning ist jetzt also der Zeitraum zwischen den beiden letzten Schnappschüssen interessant, das erfahren wir über die folgende SQL-Anweisung:

```
variable snap_id number;
begin
 select max(snap_id) into :snap_id from dba_hist_snapshot;
end;
/
```

Als Nächstes legen wir ein SQL Tuning Set an und laden dort die Abfragen rein, die wir tunen wollen. Uns interessieren nicht alle Abfragen zwischen den beiden letzten Schnappschüssen. Deshalb schränken wir die Abfragen ein auf die, die mehr als einmal ausgeführt wurden und bei denen mehr als 100-mal von der Festplatte gelesen wurde. Andere Auswahlkriterien wären hier zum Beispiel die Anzahl der Bufferzugriffe oder Elapsed Time. Wir laden die Anweisungen direkt aus dem AWR. Eine andere Möglichkeit bestünde im Laden der Anweisungen aus dem Cursor Cache über die Prozedur DBMS_SQLTUNE.SELECT_SQLSET(). Wir laden die Anweisungen im Beispiel über einen Cursor:

```
declare
baseline_ref_cursor DBMS_SQLTUNE.SQLSET_CURSOR;
begin
 DBMS_SQLTUNE.CREATE_SQLSET('MY_SQL_TUNING_SET');
 open baseline_ref_cursor for
 select VALUE(p) from table(DBMS_SQLTUNE.SELECT_WORKLOAD_REPOSITORY
(:snap_id - 1, :snap_id,
             'executions > 1 and disk_reads > 100',NULL,'disk_reads')) p;
 DBMS_SQLTUNE.LOAD_SQLSET('MY_SQL_TUNING_SET', baseline_ref_cursor);
end;
/
```

Falls Sie jetzt nachschauen wollen, ob unsere Abfrage im SQL Tuning Set auch wirklich dabei ist, funktioniert dies wie folgt:

```
set long 1024
select SQL_TEXT from ta-
ble(DBMS_SQLTUNE.SELECT_SQLSET('MY_SQL_TUNING_SET'));
```

Damit ist das meiste vorbereitet, jetzt können wir das Tuning durchführen. Dazu legen wir über DBMS_ADVISOR.CREATE_SQLWKLD() einen SQL Workload an und importieren in dieses Workload unser Tuning Set. Dann erzeugen wir eine Tuning Task für den SQL Access Advisor, assoziieren über DBMS_ADVISOR.ADD_SQLWKLD_REF() den Workload mit der Tuning Task und führen schließlich die Tuning Task aus:

```
VARIABLE name VARCHAR2(20)
VARIABLE saved_stmts NUMBER;
VARIABLE failed_stmts NUMBER;
VARIABLE task_id NUMBER
VARIABLE task_name VARCHAR2(255)

begin
     :name := 'MY_NEW_WORKLOAD';
     DBMS_ADVISOR.CREATE_SQLWKLD(:name);
     DBMS_ADVISOR.IMPORT_SQLWKLD_STS('MY_STS_WORKLOAD', 'MY_SQL_TUNING_SET',
'NEW', 1, :saved_stmts, :failed_stmts);
     :task_name := 'NEW_SQLACCESS_TASK';
     DBMS_ADVISOR.CREATE_TASK ('SQL Access Advisor',:task_id,:task_name);
     DBMS_ADVISOR.ADD_SQLWKLD_REF('NEW_SQLACCESS_TASK','NEW_STS_WORKLOAD');
     DBMS_ADVISOR.EXECUTE_TASK('NEW_SQLACCESS_TASK');
end;
/
```

Jetzt können wir uns die Empfehlungen des SQL Access Advisor zu Gemüte führen. Mit der folgenden Abfrage sehen wir die Wichtigkeit (Rank) und die Verbesserung in den Optimizerkosten (Benefit) für jede Empfehlung:

```
SQL> SELECT rec_id, rank, benefit
 2 FROM user_advisor_recommendations
 3 WHERE task_name = :task_name;

 REC_ID     RANK       BENEFIT
---------- ---------- ----------
 1          1          8208
```

Wir sehen, es gibt nur eine Empfehlung. Wie viele Kosten würden wir uns dadurch ersparen?

```
SQL> SELECT sql_id, rec_id, precost, postcost, (precost-postcost)*100/precost
AS percent_benefit
 2 FROM user_advisor_sqla_wk_stmts
 3 WHERE task_name = :task_name AND workload_name = :name;

    SQL_ID     REC_ID    PRECOST   POSTCOST PERCENT_BENEFIT
---------- ---------- ---------- ---------- ---------------
        21          1         33         21      36.3636364
```

Sehen wir uns an, was dabei konkret herauskam. Überraschenderweise empfiehlt uns der SQL Access Advisor das Anlegen einer Materialized Views und der entsprechenden Materialized View Logs. Wer hätte das gedacht?

```
SQL> SELECT rec_id, action_id, substr(command,1,30) AS command
 2 FROM user_advisor_actions
 3 WHERE task_name = :task_name
 4 ORDER BY rec_id, action_id;

    REC_ID  ACTION_ID COMMAND

---------- ---------- ------------------------------
         1          1 CREATE MATERIALIZED VIEW LOG
         1          3 CREATE MATERIALIZED VIEW LOG
         1          5 CREATE MATERIALIZED VIEW
         1          6 GATHER TABLE STATISTICS
```

Das wollen wir jetzt noch im Detail sehen und geben die Empfehlungen als Script aus:

```
create directory advisor_results as '/tmp';
execute
DBMS_ADVISOR.CREATE_FILE(DBMS_ADVISOR.GET_TASK_SCRIPT(:task_name), -
 'ADVISOR_RESULTS', 'implement_script.sql');
```

Man kann sich auch gleich ein Undo-Script – das also die ganzen Veränderungen wieder zurücknimmt – generieren lassen. Das erfolgt dann über das Schlüsselwort 'UNDO' als zweitem Parameter in DBMS_ADVISOR.GET_TASK_SCRIPT(). In Version 10.1.0.3 ist dieses Script aber leer, das ist Oracle Bug 3117513. Hier aber erst mal das Script mit den empfohlenen Änderungen:

```
Rem  SQL Access Advisor: Version 10.2.0.1.0 - Production
Rem
Rem  Username:          SCOTT
Rem  Task:              NEW_SQLACCESS_TASK
Rem  Execution date:    22/06/2006 13:11
Rem

CREATE MATERIALIZED VIEW LOG ON "SCOTT"."EMP"
WITH ROWID, SEQUENCE("ENAME","DEPTNO") INCLUDING NEW VALUES;

CREATE MATERIALIZED VIEW LOG ON "SCOTT"."DEPT"
WITH ROWID, SEQUENCE("DNAME") INCLUDING NEW VALUES;

CREATE MATERIALIZED VIEW "SCOTT"."MV$$_09810001"
REFRESH FAST WITH ROWID
ENABLE QUERY REWRITE
AS SELECT SCOTT.EMP.DEPTNO C1, SCOTT.DEPT.DNAME C2,
COUNT("SCOTT"."EMP"."ENAME") M1, COUNT(*) M2 FROM SCOTT.EMP, SCOTT.DEPT
GROUP BY SCOTT.EMP.DEPTNO, SCOTT.DEPT.DNAME;

begin
dbms_stats.gather_table_stats('"SCOTT"','"MV$$_09810001"',NULL,
dbms_stats.auto_sample_size);
end;/
```

Es überrascht uns nicht allzu sehr, dass das die gleichen Empfehlungen sind, die wir vorher bereits über QUICK_TUNE() erzeugten. Dem aufmerksamen Leser liegt jetzt aber eine ganz andere Problematik am Herzen. Konsultieren wir unsere Abfrage:

```
select count(e.ename), d.dname from emp e, dept d where exists
    (select d2.dname from dept d2 where d2.deptno = e.deptno) group by d.dname;
```

In der Hauptabfrage haben wir einen kartesischen Join, und in der Unterabfrage joinen wir noch mal die Tabelle DEPT mit der Tabelle EMP aus der Hauptabfrage. Jedem Mitarbeiter in der Tabelle EMP ist eine Abteilung aus der Tabelle DEPT zugeordnet. Als Ergebnis bekommen wir also die Anzahl der Datensätze aus der Tabelle EMP und die Namen der verschiedenen Abteilungen. Wäre es nicht wesentlich einfacher und besser gewesen wäre, einfach ein SELECT COUNT(*) FROM EMP und dann ein SELECT DISTINCT DNAME FROM durchzuführen?

Die Ratgeber nehmen Ihnen also nicht das Denken ab. Zwar wird das Tuning durch sie sehr erleichtert, aber man braucht immer noch jemanden, der entscheiden kann, ob etwas sinnvoll ist oder nicht.

5.3 EXPLAIN PLAN

Mit der SQL-Anweisung EXPLAIN PLAN erzeugen Sie einen Ausführungsplan. Damit EXPLAIN PLAN aber überhaupt funktioniert, muss eine Plantabelle mit einer bestimmten Struktur, die je nach Release noch unterschiedlich sein kann, existieren. Die Tabelle heißt eigentlich immer PLAN_TABLE und sieht in meiner 10.2-Datenbank so aus:

```
SQL> desc plan_table;

 Name                                      Null?    Type
 ----------------------------------------- -------- ---------------------
.STATEMENT_ID                                       VARCHAR2(30)
 PLAN_ID                                            NUMBER
 TIMESTAMP                                          DATE
 REMARKS                                            VARCHAR2(4000)
 OPERATION                                          VARCHAR2(30)
 OPTIONS                                            VARCHAR2(255)
 OBJECT_NODE                                        VARCHAR2(128)
 OBJECT_OWNER                                       VARCHAR2(30)
 OBJECT_NAME                                        VARCHAR2(30)
 OBJECT_ALIAS                                       VARCHAR2(65)
 OBJECT_INSTANCE                                    NUMBER(38)
 OBJECT_TYPE                                        VARCHAR2(30)
 OPTIMIZER                                          VARCHAR2(255)
 SEARCH_COLUMNS                                     NUMBER
 ID                                                 NUMBER(38)
 PARENT_ID                                          NUMBER(38)
 DEPTH                                              NUMBER(38)
 POSITION                                           NUMBER(38)
 COST                                               NUMBER(38)
 CARDINALITY                                        NUMBER(38)
 BYTES                                              NUMBER(38)
 OTHER_TAG                                          VARCHAR2(255)
 PARTITION_START                                    VARCHAR2(255)
 PARTITION_STOP                                     VARCHAR2(255)
 PARTITION_ID                                       NUMBER(38)
 OTHER                                              LONG
 OTHER_XML                                          CLOB
 DISTRIBUTION                                       VARCHAR2(30)
 CPU_COST                                           NUMBER(38)
 IO_COST                                            NUMBER(38)
 TEMP_SPACE                                         NUMBER(38)
 ACCESS_PREDICATES                                  VARCHAR2(4000)
 FILTER_PREDICATES                                  VARCHAR2(4000)
 PROJECTION                                         VARCHAR2(4000)
 TIME                                               NUMBER(38)
 QBLOCK_NAME                                        VARCHAR2(30)
```

Das entsprechende CREATE TABLE-Script zum Anlegen der Tabelle ist utlxplan.sql. Das Script ist im Verzeichnis $ORACLE_HOME/rdbms/admin/ zu finden. Streng genommen könnte man die Plantabelle auch anders benennen, solange nur die Struktur stimmt. Beim Kommando EXPLAIN PLAN kann man mit der INTO-Klausel angeben, in welche Tabelle die Plandaten abgelegt werden sollen. Ist aber nicht sehr sinnvoll, denn dann müsste man alle Ausgabescripts ebenfalls entsprechend anpassen. Man kann dem Statement in der Plantabelle noch einen Namen geben, was über EXPLAIN PLAN SET STATEMENT_ID funktioniert, aber nur sinnvoll ist, wenn man die Ausführungspläne in der Plantabelle aufbewahren will, denn die Ausgabeskripts müssen dann auch angepasst werden. Ansonsten ist das Kommando recht einfach anzuwenden:

```
SQL> explain plan for select * from emp;
EXPLAIN PLAN ausgeführt.
```

Das war's schon. Für die Ausgabe aus der Plantabelle braucht man im Regelfall ein Skript, da ein SELECT * FROM PLAN_TABLE schlichtweg bescheiden aussieht. Damit kann man nichts anfangen. In Oracle 6 sah das noch so aus:

```
SQL> select lpad(' ',2*level)||operation||' '||options||' '||object_name "Query Plan"
  2 from plan_table
  3 connect by prior id = parent_id start with id = 1;
```

Interessant bei dieser Abfrage ist die Funktion LPAD() und das CONNECT BY. Mit dem LPAD() erzwingt man, dass bei mehrstufigen Plänen die einzelnen Levels eingerückt werden. Hier natürlich nicht, da es nur einen Full Table Scan gibt. Mit CONNECT BY sind so genannte hierarchische Abfragen möglich bei denen die Daten in einer bestimmten Zuordnung zueinander stehen. Man kann auch sagen, dass damit Baumstrukturen traversiert werden können, aber das hilft Ihnen ja auch nicht unbedingt weiter, oder? Das kann sehr nützlich sein, damit können Sie stücklistenartige Strukturen abarbeiten.Ein Beispiel hierfür ist die Stückliste für mein Moped. Das Moped besteht aus Rahmen, zwei Rädern, einem Motor und noch ein paar Kleinigkeiten. Diese einzelnen Komponenten sind wieder aus mehreren Teilen zusammengesetzt. Der Motor zum Beispiel besteht aus Getriebe, Kupplung, Nockenwelle etc. Diese Teile können auch wieder zerlegt werden, bis wir zum Schluss nur noch einzelne Teile haben, die nicht weiter auseinander genommen werden können.

Aufpassen müssen Sie, wenn Sie Bind-Variablen verwenden. Bind-Variablen sind Variablen, die erst zur Laufzeit mit Werten gefüllt werden. Dieselbe Query, die Sie einmal mit Bind-Variablen ausführen und einmal mit konstanten Werten, kann völlig unterschiedliche Ausführungspläne liefern. EXPLAIN PLAN nimmt immer an, dass bei einer Bind-Variable der Datentyp VARCHAR2 verwendet wird. Auf das Beispiel übertragen, bedeutet dies: die Anweisung SELECT * FROM EMP WHERE EMPNO=7500 kann einen ganz anderen Ausführungsplan haben als die Anweisung SELECT * FROM EMP WHERE EMPNO = :my_variable. Ab Oracle 9*i* berücksichtigt der Optimizer auch die aktuellen Werte von Bind-Variablen, aber nur beim ersten Mal, wenn er den Execution Plan generiert. In der Version 8*i* müssen Sie aufpassen, wenn Sie Histogramme auf einzelnen Spalten haben, die werden in dieser Version nicht von Bind-Variablen berücksichtigt.

Für die Ausgabe aus der Plantabelle liefert Oracle seit Version 8.1.5 gleich die beiden passenden Scripts mit. Es sind dies:

1. $ORACLE_HOME/rdbms/admin/utlxplp.sql – Ausgabe eines Plans mit Darstellung paralleler Operationen;
2. $ORACLE_HOME/rdbms/admin/utlxpls.sql – Ausgabe eines „normalen" seriellen Plans.

EXPLAIN PLAN gehört zum ANSI SQL-Standard, das Kommando gibt es also schon ewig. Man kann sich den Ausführungsplan ab 9.2 auch sehr einfach über das Package DBMS_XPLAN anzeigen lassen. Diese Abfrage zeigt den Ausführungsplan für die letzte EXPLAIN PLAN-Anweisung:

```
SELECT * FROM table(DBMS_XPLAN.DISPLAY);
```

Wenn Sie das Script utlxpls.sql ausführen, wird diese Abfrage ausgeführt. In Oracle 10*g* wurde das noch mal erweitert. Dort lassen sich über DISPLAY_CURSOR der Ausführungsplan für beliebige SQL-Anweisungen aus dem Cursor Cache und über DISPLAY_AWR der Ausführungsplan für beliebige SQL-Anweisungen aus dem AWR anzeigen. Der Benutzer braucht die SELECT_CATALOG-Rolle für diese beiden Funktionen.

Komfortabel geht es seit Oracle 7.3 mit dem Kommando SET AUTOTRACE im SQL*Plus. Das sieht dann so aus:

```
SQL> set autotrace traceonly explain
SQL> select * from emp;

Execution Plan
----------------------------------------------------------
Plan hash value: 3956160932

--------------------------------------------------------------------------
| Id | Operation          | Name | Rows | Bytes | Cost (%CPU) | Time     |
--------------------------------------------------------------------------
|  0 | SELECT STATEMENT   |      |   14 |   518 |     3   (0) | 00:00:01 |
|  1 |  TABLE ACCESS FULL | EMP  |   14 |   518 |     3   (0) | 00:00:01 |
--------------------------------------------------------------------------
```

Das ist jetzt ein Beispiel, das mit Version 10.2 erstellt wurde, dort sehen Sie auch, wie viel Zeit im jeweiligen Schritt verbraucht wird. Dieser Information wird in früheren Versionen nicht angezeigt, zum Vergleich das Ergebnis, wenn Sie den AUTOTRACE in Version 10.1 ausführen:

```
Ausführungsplan
----------------------------------------------------------
 0 SELECT STATEMENT Optimizer=CHOOSE (Cost=2 Card=15 Bytes=495)
 1 0 TABLE ACCESS (FULL) OF 'EMP' (Cost=2 Card=15 Bytes=495)
```

Beachten Sie bitte, dass ich hier SET AUTOTRACE TRACEONLY gesagt habe. Ich hätte auch SET AUTOTRACE ON EXPLAIN sagen können. Dann wären die Daten aber auch gelesen worden, was je nachdem, was man da gerade machen will, ziemlich lange dauern kann. Deshalb verwende ich bei solchen Untersuchungen im Regelfall immer die TRACEONLY-Option. Eine interessante Variante ist SET AUTOTRACE ON EXPLAIN STATISTICS. Damit werden auch ausgewählte statistische Informationen mit ausgegeben:

```
SQL> set autotrace on explain statistics
SQL> select * from dept

....

Execution Plan
----------------------------------------------------------
Plan hash value: 3383998547

--------------------------------------------------------------------------
| Id | Operation          | Name | Rows | Bytes | Cost (%CPU) | Time     |
--------------------------------------------------------------------------
|  0 | SELECT STATEMENT   |      |    4 |    80 |     3   (0) | 00:00:01 |
|  1 |  TABLE ACCESS FULL | DEPT |    4 |    80 |     3   (0) | 00:00:01 |
--------------------------------------------------------------------------

Statistics
----------------------------------------------------------
        216  recursive calls
          0  db block gets
```

```
         46  consistent gets
          2  physical reads
          0  redo size
        647  bytes sent via SQL*Net to client
        381  bytes received via SQL*Net from client
          2  SQL*Net roundtrips to/from client
          6  sorts (memory)
          0  sorts (disk)
          4  rows processed
```

SET AUTOTRACE TRACEONLY EXPLAIN STATISTICS ergibt keinen Sinn, auch wenn Sie das Kommando absetzen können. Denn damit die Statistiken angezeigt werden können, muss die Anweisung zuerst ausgeführt werden. Man könnte auch nur STATISTICS verwenden, aber ohne Execution Plan macht das meiner Meinung nach auch keinen Sinn. Aufpassen müssen Sie, wenn Sie nur SET AUTOTRACE ON verwenden. Damit aktivieren Sie alles. Das bedeutet: Das Statement wird ausgeführt, der Execution Plan angezeigt und die Statistiken auch. Das kann dann unter Umständen sehr, sehr lange dauern. Wenn Sie eine Anweisung optimieren wollen, die mehrere Stunden läuft, können Sie nur mit SET AUTOTRACE TRACEONLY EXPLAIN vernünftig arbeiten.

Unschön bei der ganzen AUTOTRACE-Geschichte ist, dass nach 80 Zeichen ein Zeilenumbruch erfolgt, was insbesondere bei komplexeren Plänen die Lesbarkeit stark beeinträchtigen kann. Allerdings lässt sich das seit Version 10.2 mittels SET LINESIZE beeinflussen. Hier ein einfaches Beispiel. Aus Darstellungsgründen wurde der Ausführungsplan editiert:

```
SQL>select e.ename,e.empno,d.dname
..2   from emp e, dept d
  3    where e.empno <2500
  4*   and e.deptno = d.deptno

Execution Plan
----------------------------------------------------------
Plan hash value: 351108634

----------------------------------------------------------------------------
| Id | Operation          | Name     | Rows  | Bytes | Cost (%CPU)| Time     |
----------------------------------------------------------------------------
|  0 | SELECT STATEMENT   |          |     1 |    26 |     4   (0)| 00:00:01 |
|  1 |  NESTED LOOPS      |          |     1 |    26 |     4   (0)| 00:00:01 |
|* 2 |   TABLE ACCESS FULL| EMP      |     1 |    13 |     3   (0)| 00:00:01 |
|  3 |   TABLE ACCESS BY INDEX ROWID| DEPT  ....................
|* 4 |    INDEX UNIQUE SCAN         | PK_DEPT | ....................
----------------------------------------------------------------------------

Predicate Information (identified by operation id):
---------------------------------------------------

   2 - filter("E"."EMPNO"<2500)
   4 - access("E"."DEPTNO"="D"."DEPTNO")
```

Bei diesem Plan sehen Sie am Anfang auch noch die Statement IDs und Level der einzelnen Zeilen. Ganz oben bei 0 ist das Statement selbst, hier also ein SELECT. Die erste Zeile im Ausführungsplan ist noch relativ interessant. Die gibt über Cost einen Hinweis, wie „teuer“ Oracle das Statement einschätzt. Falls Sie bei Cost keine Zahl sehen, können Sie im Regelfall davon ausgehen, dass dieser Execution-Plan NICHT verwendet wurde.

In Version 9.2 oder früher ist die Darstellung der Ausführungspläne natürlich auch noch anders, dort wurde beispielsweise nicht die Zeit in jedem einzelnen Operationsschritt ausgewiesen. Aber die wesentlichen Informationen sind auch dort verfügbar.

Execution Pläne werden von rechts nach links gelesen. Das bedeutet, die Schritte, die ganz rechts stehen, werden zuerst ausgeführt; anschließend diejenigen, die vor diesen kommen, und dann so weiter. Hier im obigen Beispiel werden also zuerst über den Index-Scan in Schritt 4 die Primärschlüssel der Tabelle DEPT bestimmt. Das Ergebnis dieser Operation ist der Input für den Nested Loop, innerhalb dessen die Schritte 2 und 3 abgearbeitet werden. Die beiden Tabellen DEPT und EMP werden dabei, wie im Predicate 4 zu sehen ist über einen Equijoin verbunden. Als Einschränkung wird der Filter in Predicate 2 auf die Tabelle EMP angewandt. Hier sieht man auch, das die Tabellen Statistiken haben. Wäre das nicht der Fall, wäre in der Anzeige noch zusätzlich diese Zeilen erschienen:

```
Note
-----
   - dynamic sampling used for this statement
```

Ausschalten lässt sich das Tracing dann schließlich ganz einfach mit SET AUTOTRACE OFF.

5.4 SQL_TRACE

SQL_TRACE gehört sicher zu den bekanntesten (und beliebtesten) Tuning-Utilities. Es kann auf verschiedene Weise aktiviert werden. Die erste Variante besteht darin, SQL_TRACE = TRUE in die init.ora bzw. das spfile einzufügen und die Datenbank neu zu starten. Das ist aber nur in Spezialfällen zu empfehlen, da dann alles getraced wird, was enorm viel Diskplatz benötigen kann. Sie können damit Tonnen von Trace-Dateien erzeugen, die dann zumeist im Verzeichnis abgelegt werden, das mit dem init.ora-Parameter USER_DUMP_DEST spezifiziert wird,. Ich sagte „zumeist", weil dies nur für User Traces gilt. Traces, die von Hintergrundprozessen erzeugt werden (z.B. Parallel Query Slaves), werden im BACKGROUND_DUMP_DEST abgelegt. Aber zumeist ist man an User Traces interessiert. Die Größe der Trace-Dateien können Sie über den Parameter MAX_DUMP_FILE_SIZE begrenzen, allerdings natürlich mit dem Risiko, dass nicht alles im Trace ist, was gewünscht wurde. Wobei man sich auch fragen kann, wer eine 1000 MB Trace-Datei lesen und auswerten soll. Die meisten Administratoren begrenzen die Größe, ich empfehle das auch. Abgesehen davon kann MAX_DUMP_FILE_SIZE auch über ALTER SESSION verändert werden. Die erzeugten Trace-Dateien haben dann sehr aussagekräftige Namen, wie z.B. V92_ora_123456.trc. Sieht auf den ersten Blick ein bisschen kryptisch aus, folgt aber einem bestimmten Format. Konkret ist das der Name der Datenbank (V$THREAD.INSTANCE) plus der Zeichenkette _ora_ plus der Prozess-ID (V$PROCESS.SPID). In Oracle 9*i* können Sie dann noch über den Parameter TRACFILE_IDENTIFIER ein wenig aussagekräftigere Dateinamen für die erzeugten Trace-Dateien angeben. Dieser Parameter kann auch für die eigene Session über ALTER SESSION gesetzt werden.

Der Parameter SQL_TRACE kann sogar über ALTER SYSTEM (ab 9*i*, wenn Sie mit einem spfile arbeiten) verändert werden. Zur Aktivierung von SQL_TRACE in der eigenen Session verwenden Sie wieder ALTER SESSION. Als Datenbankadministrator können Sie SQL_TRACE auch in anderen Sessions setzen; dafür existieren verschiedene Prozeduren, die teilweise erst in bestimmten Versionen verfügbar sind. Eine Variante, die bereits seit Version 7.3 existiert, ist die Prozedur SET_SQL_TRACE_IN_SESSION aus dem Package DBMS_SYSTEM. Bei der Verwendung dieser Prozedur müssen Sie aber zuerst die SID und die Serial# aus V$SESSION für die jeweilige Session ermitteln. Hier ein Beispiel:

```
SQL> select sid,serial# from v$session where username='SCOTT';

 SID SERIAL#
---------- ----------
 9 7

SQL> exec dbms_system.set_sql_trace_in_session(9,7,TRUE);
```

Bitte beachten Sie, dass ie per Default nur von SYS ausgeführt werden kann. Wollen Sie hier das Tracing wieder ausschalten, geben Sie einfach FALSE für den letzten Parameter an.

Werfen wir mal einen Blick in die erzeugte Trace-Datei. In meiner SQL*Plus Session habe ich nur das Tracing aktiviert und dann SELECT * FROM DEPT ausgeführt. Im Trace sieht das dann so aus:

```
Dump file c:\oracle\db\admin\ftest\udump\ftest_ora_5952.trc
Thu Jun 22 12:14:00 2006
ORACLE V10.2.0.1.0 - Production vsnsta=0
vsnsql=14 vsnxtr=3
Oracle Database 10g Enterprise Edition Release 10.2.0.1.0 - Production
With the Partitioning, Oracle Label Security, OLAP and Data Mining options
Windows XP Version V5.1 Service Pack 2
CPU                 : 1 - type 586
Process Affinity    : 0x00000000
Memory (Avail/Total): Ph:865M/2039M, Ph+PgF:2856M/3934M, VA:1573M/2047M
Instance name: ftest

Redo thread mounted by this instance: 1

Oracle process number: 19

Windows thread id: 5952, image: ORACLE.EXE (SHAD)

*** 2006-06-22 12:14:00.203
*** ACTION NAME:() 2006-06-22 12:14:00.193
*** MODULE NAME:(SQL*Plus) 2006-06-22 12:14:00.193
*** SERVICE NAME:(FTEST.ch.oracle.com) 2006-06-22 12:14:00.193
*** SESSION ID:(144.379) 2006-06-22 12:14:00.193
GetTraceVerbLevel: comp_id=1 event-level=0 user_cbm=0 user_vlevl=0 ret_vlevl=0
*** 2006-06-22 12:56:30.721
GetTraceVerbLevel: comp_id=1 event-level=0 user_cbm=0 user_vlevl=0 ret_vlevl=0
*** 2006-06-22 13:11:48.460
GetTraceVerbLevel: comp_id=1 event-level=0 user_cbm=0 user_vlevl=0 ret_vlevl=0
*** 2006-06-22 13:30:26.688
*** SERVICE NAME:(FTEST.ch.oracle.com) 2006-06-22 13:30:26.688
*** SESSION ID:(144.379) 2006-06-22 13:30:26.688
=====================
PARSING IN CURSOR #31 len=32 dep=0 uid=59 oct=42 lid=59 tim=11454181082 hv=1569151342
ad='1d6e700c'
alter session set sql_trace=true
END OF STMT
EXEC #31:c=10015,e=874,p=0,cr=0,cu=0,mis=1,r=0,dep=0,og=1,tim=11454181073
```

```
====================
PARSING IN CURSOR #6 len=52 dep=0 uid=59 oct=47 lid=59 tim=11454198548 hv=1029988163
ad='1d7a30cc'
BEGIN DBMS_OUTPUT.GET_LINES(:LINES, :NUMLINES); END;
END OF STMT
PARSE #6:c=0,e=222,p=0,cr=0,cu=0,mis=0,r=0,dep=0,og=1,tim=11454198539
EXEC #6:c=10015,e=839,p=0,cr=3,cu=0,mis=0,r=1,dep=0,og=1,tim=11454210727
*** SESSION ID:(144.379) 2006-06-22 13:30:30.464
====================
PARSING IN CURSOR #46 len=18 dep=0 uid=59 oct=3 lid=59 tim=11457960201 hv=3599690174
ad='1d6e7380'
select * from dept
END OF STMT
PARSE #46:c=0,e=39287,p=0,cr=0,cu=0,mis=1,r=0,dep=0,og=1,tim=11457960190
EXEC #46:c=0,e=79,p=0,cr=0,cu=0,mis=0,r=0,dep=0,og=1,tim=11457974634
FETCH #46:c=0,e=131,p=0,cr=5,cu=0,mis=0,r=1,dep=0,og=1,tim=11457977455
FETCH #46:c=0,e=64,p=0,cr=3,cu=0,mis=0,r=3,dep=0,og=1,tim=11457980642
*** SESSION ID:(144.379) 2006-06-22 13:30:30.514
...
```

Wie man sieht, ist das noch nicht allzu aufschlussreich. Manche Informationen sind aber lediglich in diesen Dateien, nicht in den mit TKPROF formatierten. Das gilt vor allem für 10046 Traces, die mit Level 8 oder 12 erstellt wurden. Die beste Beschreibung, wie diese Daten auszuwerten sind, finden Sie übrigens nach wie vor in [Millsap 2003], auch wenn dort die aktuelle Oracle-Version noch 9.2 ist.

5.5 TKPROF

TKPROF dient zum Formatieren von Trace-Dateien. Mit TKPROF alleine können Sie aber nichts anfangen. Das Utility setzt zwingend voraus, dass es bereits eine Trace-Datei gibt. Diese wird dann mit TKPROF formatiert und in eine neue Datei geschrieben, optional können Sie sich auch noch den Execution-Plan mit anzeigen lassen. Wenn Sie TKPROF ohne Argumente aufrufen, werden Ihnen Informationen zur Verwendungsweise angezeigt:

```
Usage: tkprof tracefile outputfile [explain= ] [table= ]
 [print= ] [insert= ] [sys= ] [sort= ]
 table=schema.tablename Use 'schema.tablename' with 'explain=' option.
 explain=user/password Connect to ORACLE and issue EXPLAIN PLAN.
 print=integer List only the first 'integer' SQL statements.
 aggregate=yes|no
 insert=filename List SQL statements and data inside INSERT statements.
 sys=no TKPROF does not list SQL statements run as user SYS.
 record=filename Record non-recursive statements found in the trace file.
 waits=yes|no Record summary for any wait events found in the trace file.
 sort=option Set of zero or more of the following sort options:
 prscnt number of times parse was called
 prscpu cpu time parsing
 prsela elapsed time parsing
 prsdsk number of disk reads during parse
 prsqry number of buffers for consistent read during parse
 prscu number of buffers for current read during parse
 prsmis number of misses in library cache during parse
 execnt number of execute was called
 execpu cpu time spent executing
 exeela elapsed time executing
 exedsk number of disk reads during execute
 exeqry number of buffers for consistent read during execute
 execu number of buffers for current read during execute
 exerow number of rows processed during execute
 exemis number of library cache misses during execute
```

```
fchcnt number of times fetch was called
fchcpu cpu time spent fetching
fchela elapsed time fetching
fchdsk number of disk reads during fetch
fchqry number of buffers for consistent read during fetch
fchcu number of buffers for current read during fetch
fchrow number of rows fetched
userid userid of user that parsed the cursor
```

Das sieht jetzt seit Version 9.2 und auch in Version 10.2 so aus. Die Option waits gab es in 8.1.7 noch nicht, wir werden sie uns beim 10046 Event näher ansehen. Ich lasse TKPROF meist mit sys=no und der Option Explain laufen. Mit sys=no sehen Sie die internen Statements, die von Oracle selbst generiert werden (Abfragen auf das Data Dictionary etc.), nicht mehr im Output. Da Sie diese Statements aber im Regelfall sowieso nicht tunen können, können Sie normalerweise auch nichts mit ihnen anfangen. Die Option table würden Sie benötigen, wenn iIhre Plan Table nicht PLAN_TABLE heißen würde. Also noch ein Grund mehr, die Plan Table nicht umzubenennen. Wenn Sie erst einmal nur am SQL der Applikation interessiert sind, können Sie die Record-Klausel verwenden. Damit wird das ganze SQL der Trace-Datei in der Datei abgelegt, die Sie unter Record spezifizieren. Allerdings auch die internen Statements. Das kann dann so aussehen:

```
SELECT PT.VALUE FROM SYS.V_$SESSTAT PT WHERE PT.SID=:1 AND PT.STATISTIC#
IN (7,40,41,42,115,236,237,238,242,243) ORDER BY PT.STATISTIC# ;

select distinct ename from big_emp where hire-
date=to_date('17.12.80','DD.MM.YY') ;

SELECT PT.VALUE FROM SYS.V_$SESSTAT PT WHERE PT.SID=:1 AND PT.STATISTIC#
IN (7,40,41,42,115,236,237,238,242,243) ORDER BY PT.STATISTIC# ;

DELETE FROM PLAN_TABLE WHERE STATEMENT_ID=:1 ;

EXPLAIN PLAN SET STATEMENT_ID='PLUS645' FOR select distinct ename from
big_emp where hiredate=to_date('17.12.80','DD.MM.YY') ;
```

In der Praxis sind die verschiedenen Sort-Optionen noch ganz interessant. Falls CPU oder RAM Mangelware sind, dürften CPU und Elapsed-Zeit für Sie interessant sein (execpu und exeela), ansonsten noch die Consistent Reads (fchqry). Werfen wir mal einen Blick in solch eine formatierte Datei:

```
TKPROF: Release 10.2.0.1.0 - Production on Sun Jun 18 19:47:17 2006.

Copyright (c) 1982, 2005, Oracle.  All rights reserved.

Trace file: d:\oracle\admin\V92\udump\v92_ora_1548.trc
Sort options: default

*****************************************************************************
count = number of times OCI procedure was executed
cpu = cpu time in seconds executing
elapsed = elapsed time in seconds executing
disk = number of physical reads of buffers from disk
query = number of buffers gotten for consistent read
current = number of buffers gotten in current mode (usually for update)
rows = number of rows processed by the fetch or execute call
```

Am Anfang berichtet uns der TKPROF also netterweise immer, mit welchen Sort-Optionen er aufgerufen wurde und für welche Trace-Datei. Dann kommt noch eine kurze Erläuterung der Spalten, danach die eigentlichen Anweisungen. In diesem Fall hatte ich nur ein SELECT * FROM DEPT abgesetzt und die Option EXPLAIN verwendet. Weiter unten in der TKPROF-Datei finde ich dann auch mein Statement:

```
select * from dept
```

Danach wird es richtig interessant, jetzt kommt die Zerlegung in die drei Phasen Parse, Execute und Fetch. Hier im Beispiel gibt es keine CPU und Elapsed-Zeit, was bei dieser mickrigen Abfrage auch ein Wunder gewesen wäre. Falls Sie aber mal den Fall haben, dass Sie da eigentlich Zeiten erwarten würden, in TKPROF aber nichts zu sehen ist, überprüfen Sie den Parameter TIMED_STATISTICS. Der muss auf TRUE gesetzt sein (man kann ihn auch über ALTER SESSION verändern). Hier im Beispiel sehen wir auch, dass ich für die vier Rows vier Zugriffe auf Disk benötigt habe. Die Daten waren somit noch nicht im Buffer Cache.

```
call     count  cpu      elapsed    disk       query      current    rows
------- ------ -------- ---------- ---------- ---------- ---------- ----
Parse    1      0.00     0.00       0          0          0          0
Execute 1      0.00     0.00       0          0          0          0
Fetch    2      0.00     0.00       0          4          0          4
------- ------ -------- ---------- ---------- ---------- ---------- ----
total    4      0.00     0.00       0          4          0          4
```

In „normalen" OLTP-Applikationen sollte es relativ wenige Parses und sehr viele Executes geben. Falls dem nicht so ist, wissen Sie, dass keine oder kaum Bind-Variablen verwendet werden und/oder viel dynamisches SQL ausgeführt wird. Das sind beides Bereiche, in denen viel optimiert werden kann.

Beim Fetch ist noch interessant, wie oft es ausgeführt wurde und wie viele Rows insgesamt zurückkamen. Wünschenswert hier ist, dass möglichst viele Rows in möglichst wenig Fetches ausgegeben werden können. Optimieren lässt sich das hier durch den Einsatz von Array Fetches. Array Fetches können Sie im SQL*Plus und im Precompiler mit der ARRAYSIZE Option konfigurieren. Dort sagen Sie Oracle, wie viel Rows auf einmal von der DB zurückgegeben werden sollen. Werte größer 100 sind hier allerdings selten sinnvoll. Wenn der Verkehr über SQL*Net-TCP/IP geht, kann in der TNSNAMES.ORA noch der Parameter SDU gesetzt werden. Dort spezifizieren Sie, wie groß der Buffer für die Übertragung sein soll; 8192 Byte ist hier ein ganz guter Wert.

Danach sehen wir, ob das Statement selbst bereits im Cache war und welcher Optimizer verwendet wird, sowie unter welchem Benutzer es lief. Wir sehen auch den verwendeten Optimizer:

```
Misses in library cache during parse: 0
Optimizer goal: CHOOSE
Parsing user id: 59 (SCOTT)
```

Danach kommen Row Source Operation und Execution Plan. Die beiden sind oft identisch, müssen es aber nicht sein. Sie sehen sie auch nur, wenn Sie die Option EXPLAIN im TKPROF verwendet haben. Unter der Spalte Row Source Operation sehen Sie den Ausführungsplan, der zur Laufzeit benutzt wurde. Unter der Spalte Execution Plan sehen Sie den Plan, wie er erzeugt wurde, als Sie TKPROF ausführten. Falls Sie also mal Traces generieren und diese erst Wochen später mit TKPROF formatieren, stehen die Chancen gut, dass Sie hier Unterschiede sehen.

```
Rows     Row Source Operation
-------  ---------------------------------------------------
      4  TABLE ACCESS FULL DEPT (cr=8 pr=0 pw=0 time=126 us)


Rows     Execution Plan
-------  -------------------------------------------------------
 0       SELECT STATEMENT MODE: ALL_ROWS
 4       TABLE ACCESS    MODE: ANALYZED (FULL) OF 'DEPT' (TABLE)
```

Das ist eine Darstellung mit TKPROF aus der Version 10.2, in der Sie in der Row Source Operation auch statistische Kennzahlen sehen. Beachten Sie bitte auch, dass in der Spalte Rows die Anzahl Rows in jedem Schritt aufgelistet werden. Bei einigen Plänen ist das sehr hilfreich, um zu beurteilen, ob der Plan gut oder schlecht ist. Ein Beispiel dafür sind Nested Loop Joins, dort sind die einzelnen Spalten zu multiplizieren. Sehen wir uns einen entsprechenden Ausschnitt an:

```
Rows     Execution Plan
-------  -------------------------------------------------------
      0  SELECT STATEMENT    MODE: ALL_ROWS
      6   NESTED LOOPS
      6    TABLE ACCESS    MODE: ANALYZED (FULL) OF 'EMP' (TABLE)
```

Hier sind es nur sechs Rows und in Oracle 10.2 wird die Anzahl bereits bei NESTED LOOPS direkt ausgewiesen; in früheren Versionen müssen Sie das noch selbst zusammenrechnen, also Anzahl Nested Loops mal Anzahl Rows im darunter liegenden Schritt. Andere Kandidaten, bei denen die Anzahl Rows schnell ins Gigantische wachsen können, sind kartesische Produkte und Outer Joins.

Seit Oracle 9*i* werden standardmäßig auch Waits ausgegeben, falls ein 10046 Trace mit Level 8 aktiviert wurde (dazu noch mehr in Abschnitt 5.6). Diese Waits sehen Sie dann auch, wenn Sie das File mit TKPROF formatiert haben. Hier ein Beispiel:

```
select e.ename,d.dname
from
 emp e,dept d
...
call count cpu elapsed disk query current rows
....

Rows      Execution Plan
-------   ---------------------------------------------------
      0   SELECT STATEMENT   MODE: ALL_ROWS
     64    MERGE JOIN (CARTESIAN)
      4     TABLE ACCESS   MODE: ANALYZED (FULL) OF 'DEPT' (TABLE)
     64     BUFFER (SORT)
     16      TABLE ACCESS   MODE: ANALYZED (FULL) OF 'EMP' (TABLE)

Elapsed times include waiting on following events:
 Event waited on              Times Max.Wait Total Waited
 ---------------------------- ----- -------- ------------
 SQL*Net message to client    5     0.00     0.00
 db file sequential read      2     0.00     0.00
 SQL*Net message from client  5     1.99     2.21
```

Allerdings sind die Statistiken pro Cursor verdichtet. Sie sehen also nicht die einzelnen Waits. Dazu müssen Sie in der unformatierten Trace-Datei nachschauen. Hier sehen Sie etwa:

```
...
PARSE #1:c=0,e=172,p=0,cr=0,cu=0,mis=0,r=0,dep=1,og=4,tim=1556036945363
WAIT #1: nam='db file sequential read' ela= 6802 p1=8 p2=779 p3=1
WAIT #1: nam='db file sequential read' ela= 6855 p1=8 p2=778 p3=1
WAIT #1: nam='db file sequential read' ela= 383 p1=8 p2=777 p3=1
```

Die Parameter bei den Wait Events sind je nach Event unterschiedlich zu interpretieren, Näheres dazu in der Oracle Reference, da gibt es einen ganzen Anhang nur zu den verschiedenen Wait Events. Hier im Beispiel ist Parameter p1 die relative Dateinummer, p2 die Blocknummer und p3 die Anzahl der Blöcke. Das ist generell der Fall bei folgenden Operationen:

- db file sequential read
- db file scattered read
- db file single write
- buffer busy waits
- free buffer waits

Gerade beim I/O Tuning kann das sehr interessant sein. Im obigen Beispiel haben wir also Waits beim Zugriff auf Dateinummer 8 und die Blöcke 777 bis 779. Es wird immer nur ein Block gelesen (p3=1). Letzteres ist wichtig, wenn man den Parameter DB_FILE_MULTIBLOCK_READ_COUNT testet, da will man ja hier höhere Werte sehen. Verwirrenderweise gibt es bei Full Table Scans „db file scattered read" zu sehen.

Praktischerweise lässt sich aus relativer Dateinummer und Blocknummer das zugehörige Objekt aus DBA_EXTENTS ermitteln. Die entsprechende Query sieht auf den ersten Blick ein wenig komisch aus und wurde bereits im dritten Kapitel vorgestellt. Um den Lesefluss nicht zu unterbrechen, hier noch einmal die Wiederholung. Machen wir das mal beispielhaft für File 8 und Block 777:

```
SQL> select owner, segment_name, segment_type
 2 from dba_extents
 3 where file_id = 8
 4 and 777 between block_id and (block_id + blocks) -1;

SYS AUD$ TABLE
```

Die Bedingung `FILE_ID = 8` ist ja noch verständlich, aber wozu `777 BETWEEN BLOCK_ID AND (BLOCK_ID + BLOCKS -1)`? Erinnern wir uns: Jedes Oracle Extent besteht aus mehreren Oracle-Blöcken. Deshalb kann es gut sein, dass Block 777 irgendwo im File ist, aber auf alle Fälle innerhalb der verschiedenen Block ID Ranges. Das Segment an sich hat noch einen Header-Block, deshalb wird –1 abgezogen. Wir hätten es auch anders machen können. Wir lassen uns die verschiedenen BLOCK_ID aus der DBA_EXTENTS sortiert ausgeben und schauen dann, wo 777 reinfällt. Etwas anderes macht die Query auch nicht.

Wie man hier sieht, verwende ich Auditing (sonst hätte ich nicht auf die Tabelle AUD$ zugegriffen) und habe offensichtlich einige Probleme damit. Die Lösung wäre hier das

Auslagern der Tabelle AUD$ aus dem SYSTEM-Tablespace. Anschließend müsste ich genauer untersuchen, was ich da alles auditiere.

Ganz zum Schluss bringt der TKPROF noch eine Zusammenfassung. Das kann dann so aussehen:

```
...
OVERALL TOTALS FOR ALL NON-RECURSIVE STATEMENTS

call     count  cpu      elapsed    disk       query      current    rows
------- ------ -------- ---------- ---------- ---------- ---------- ----
Parse    131    3.56     3.86       0          3          1          0
Execute  131    70.62    278.32     91292      49685      1441       40
Fetch    258    75.34    516.75     176293     3997535    0          2382
------- ------ -------- ---------- ---------- ---------- ---------- ----
total    520    149.53   798.93     267585     4047223    1442       2422

Misses in library cache during parse: 34
Misses in library cache during execute: 1


OVERALL TOTALS FOR ALL RECURSIVE STATEMENTS

call     count  cpu      elapsed    disk       query      current    rows
------- ------ -------- ---------- ---------- ---------- ---------- ----
Parse    253    3.02     3.14       0          13         0          0
Execute  345    0.38     0.71       5          59         65         47
Fetch    880    40.88    674.63     33135      3848824    0          640
------- ------ -------- ---------- ---------- ---------- ---------- ----
total    1478   44.29    678.49     33140      3848896    65         687

Misses in library cache during parse: 11
Misses in library cache during execute: 1

 146 user SQL statements in session.
 239 internal SQL statements in session.
 385 SQL statements in session.
 26 statements EXPLAINed in this session.
**************************************************************************
Trace file: v92_ora_1220.trc
Trace file compatibility: 10.01.00
Sort options: default

 52 sessions in tracefile.
 3916 user SQL statements in trace file.
 5891 internal SQL statements in trace file.
 385 SQL statements in trace file.
 110 unique SQL statements in trace file.
 26 SQL statements EXPLAINed using schema:
 SCOTT.prof$plan_table
 Default table was used.
 Table was created.
 Table was dropped.
 4558 lines in trace file.
```

Hier wird noch zwischen rekursiven und nicht rekursiven Statements unterschieden. Rekursive Statements sind Statements, die Oracle intern selbst generiert. Wenn Sie beispielsweise das erste Mal die Abfrage SELECT * FROM DEPT ausführen, setzt Oracle zunächst einige Abfragen auf das Data Dictionary ab. Dort wird dann geprüft, ob es das Objekt überhaupt gibt, wie es mit den Berechtigungen aussieht etc. Neben dem Parsing werden rekursive Anweisungen auch beim Einsatz von PL/SQL erzeugt. Das bedeutet: Aus dem Verhältnis Rekursiv zu Nicht Rekursiv lässt sich ohne weitere Infos erst einmal nicht ableiten, ob es sich um „gutes“ oder „schlechtes“ SQL handelt.

5.6 Event 10046

Event 10046 ist für das Tuning das Event mit den besten Informationen. Wann immer möglich, sollten Sie dieses Event verwenden. Die Chancen stehen gut, dass Sie mit Hilfe dieses Events (und Tkprof bzw. über den Enterprise Manager) die entscheidenden Informationen bekommen.

Interessant ist das Level. Level 1 ist gleichbedeutend mit SQL_TRACE = TRUE. Intern macht Oracle übrigens auch nichts anderes, wenn Sie SQL_TRACE auf TRUE setzen, es wird dann auch Event 10046 eingestellt. Insgesamt gibt es vier verwendbare Levels beim 10046 Trace:

- 1 entspricht SQL_TRACE
- 4 Ausgabe der Werte von Bind-Variablen
- 8 Ausgabe der Waits
- 12 Ausgabe von Bind-Variablen und Waits

Seien Sie vorsichtig, wenn Sie die höheren Levels verwenden, das kann die Trace-Dateien ungeahnt aufblasen. Nehmen wir mal an, dass in der Applikation die SQL-Anweisung SELECT * FROM EMP WHERE EMPNO = :b1 vorkommt. Das bedeutet: In diesem Statement wird eine Bind-Variable verwendet. Angenommen, dieses Statement wird 10000 mal mit 10000 verschiedenen Werten ausgeführt und Sie fahren einen Level 4 Trace, dann haben Sie auch 10000 Werte für die Bind-Variable in der Trace-Datei.

Andererseits haben Sie nur in diesen Traces die unter Umständen ausschlaggebenden Informationen. Wenn also das einfache Tracing mit Level 1 noch nicht aufschlussreich genug ist, kommen Sie um Level 4, 8 oder 12 nicht herum.

Wie schon erwähnt, sehen Sie Bind-Werte nicht in Trace-Dateien, die von TKPROF formatiert wurden, sondern nur in den unformatierten Traces. In der eigenen Session wird Event 10046 über ALTER SESSION aktiviert, hier ein kleines Beispiel:

```
SQL>alter session set events '10046 trace name context forever, level 4';

Session wurde geändert.

SQL> declare
 2 x number;
 3 val number;
 4 cursor c1 is select empno from emp where empno >x;
 5 begin
 6 x:=2500;
 7 for c1_rec in c1 loop
 8 val := c1_rec.empno;
 9 end loop;
   10 end;
   11 /

PL/SQL-Prozedur wurde erfolgreich abgeschlossen.
```

Blödsinniger Code, aber es geht ja nur darum, das zu veranschaulichen. Hier ist x unsere Bind-Variable. Im Trace sehen wir dann aber :b1 statt x (die Bind-Variablen werden einfach in jedem Statement hochgezählt):

```
PARSING IN CURSOR #4 len=38 dep=1 uid=59 oct=3 lid=59 tim=1569491954784
hv=1442032374 ad='6ebca594'
SELECT empno from emp where empno >:b1
END OF STMT
PARSE #4:c=0,e=1010,p=0,cr=0,cu=0,mis=1,r=0,dep=1,og=0,tim=1569491954766
BINDS #4:
 bind 0: dty=2 mxl=22(22) mal=00 scl=00 pre=00 oacflg=13 oacfl2=1 size=24
offset=0
 bfp=0841fdd0 bln=22 avl=02 flg=05
 value=2500
```

In der Spalte value= erhalten Sie dann den aktuellen Wert. Dty ist der Datentyp. 2 entspricht Number. Welche Zahl welchem Datentyp entspricht, können Sie dem Oracle Call Interface (OCI) Manual entnehmen. Dieser Trace ist übrigens auch ganz nützlich, wenn Sie mal ORA-1722 (invalid number) in Ihrer Applikation erhalten. Bei diesem Fehler sagt Oracle zwar schon, dass eine ungültige Zahl in einer numerischen Spalte ist, aber leider nicht, um welche ungültige Zahl es sich handelt.

Level 8 ist, wie schon oben im TKPROF-Abschnitt erwähnt, der Trace auf Wait Events. Sehr nützlich bei Verdacht auf I/O-Probleme. Falls Sie dort übrigens ungültige Dateinummern sehen, handelt es sich um (echte) Temporärdateien.

Level 12 last but not least vereint Level 4 und 8. Ich verwende aber meistens nur 4 oder 8, wenn der einfache Trace nicht ausreicht. Wie gesagt, dies sind alles sehr umfangreiche Traces, deshalb sollten sie nur beim detaillierten Tracing verwendet werden.

5.7 DBMS_MONITOR

In Oracle 10*g* können Sie auch das DBMS_MONITOR-Package zum Aktivieren des Tracing verwenden. Für einen bestimmten Client, den Sie zuerst mit der Prozedur DBMS_SESSION.SET_IDENTIFIER identifizieren müssen, erfolgt dies über DBMS_MONITOR.CLIENT_ID_TRACE_ENABLE. Für Service, Modul und/oder Aktion erfolgt dies über DBMS_MONITOR.SERV_MOD_ACT_TRACE_ENABLE. Sie können dort auch spezifizieren, ob Sie Bind-Werte und Wait Events mit protokollieren wollen. Das ermöglicht Ihnen speziell in 3-Tier-Umgebungen das End-to-End Tracing.

Beachten Sie bitte, dass diese Formen des Tracing auch nach einem Neustart der Datenbank noch gelten. Sie müssen also das Tracing ausdrücklich über DBMS_MONITOR.CLIENT_ID_TRACE_DISABLE beziehungsweise über DBMS_MONITOR.SERV_MOD_ACT_TRACE_DISABLE wieder ausschalten. Tracing für eine bestimmte Session können Sie auch ein- und ausschalten, das erfolgt dann über SESSION_TRACE_ENABLE und SESSION_TRACE_DISABLE.

5.8 Event 10053

Event 10053 werden Sie wahrscheinlich eher selten brauchen. Damit können Sie die Entscheidungen des Costbased Optimizer mit verfolgen. Interessant ist das, wenn Sie die Vermutung hegen, dass der Optimizer aufgrund der verfügbaren Statistiken falsch entschieden hat. Das Event ist nur sinnvoll, wenn Sie den Costbased Optimizer verwenden. Wenn Sie es mit dem RULE-based Optimizer versuchen, bekommen Sie keinen Output. Das Event wird immer auf Level 1 gesetzt:

```
ALTER SESSION SET EVENTS '10053 trace name context forever, level 1';
```

Danach muss EXPLAIN PLAN für die SQL-Anweisung ausgeführt werden. Die Query muss zwingend neu geparsed werden, sonst kommt nichts raus. Wenn Sie also beispielsweise vorher ein

```
EXPLAIN PLAN FOR SELECT * FROM EMP;
```

durchgeführt haben, müssen Sie dieses Statement verändern, so dass es neu geparst wird, also beispielsweise in (Sie erinnern sich, SQL kann nur gemeinsam genutzt werden, wenn der Text der SQL-Anweisung inklusive Groß-/Kleinschreibung und Leerzeichen gleich ist. Es reicht also vollkommen aus, ein Leerzeichen einzufügen oder einen Buchstaben klein zu schreiben, der vorher großgeschrieben war!):

```
EXPLAIN PLAN FOR SELECT * FROM Emp;
```

Danach wird eine Trace-Datei in USER_DUMP_DEST geschrieben. Wenn Sie diese öffnen, sehen Sie unter dem Stichwort QUERY Ihre EXPLAIN PLAN-Anweisung:

```
QUERY
explain plan for select e.ename,d.loc from dept d, emp e
where e.deptno=d.deptno
```

Anschließend folgt die Liste aller Parameter, die für den CBO interessant sind. Netterweise sehen Sie hier auch die undokumentierten (aber, wie gesagt, an den undokumentierten sollten Sie wirklich nur herumschrauben, wenn Sie wissen, was Sie da gerade machen):

```
***************************************
PARAMETERS USED BY THE OPTIMIZER
********************************
optimizer_features_enable          = 10.2.0.1
_optimizer_search_limit            = 5
cpu_count                          = 1
...
```

Im Anschluss kommen die Grundstatistiken für die beteiligten Tabellen, Indizes und Spalten (falls Sie Histogramme verwenden). Viele dieser Statistiken sind aber nur für spezifische Probleme von Interesse. Beachten Sie bitte auch, dass diese Infos auch im Data Dictionary zu finden sind, insbesondere in DBA_TABLES und DBA_INDEXES. Hier ein Ausschnitt:

```
Table Stats::
  Table: EMP  Alias:  E
    #Rows: 14  #Blks:  5  AvgRowLen:  37.00
```

```
    Column (#8): DEPTNO(NUMBER)
      AvgLen: 3.00 NDV: 3 Nulls: 0 Density: 0.33333 Min: 10 Max: 30
  Index Stats::
    Index: PK_EMP  Col#: 1
      LVLS: 0  #LB: 1  #DK: 14  LB/K: 1.00  DB/K: 1.00  CLUF: 1.00
```

Vor Version 10.2 finden Sie hier CDN für die Kardinalität, das bedeutet hier die Anzahl der Datensätze, ab 10.2 steht einfach #Rows hier. Es gibt noch einige weitere Versionsunterschiede, beispielsweise ist die Anzahl der Oracle-Blöcke #Blks in Version 10.2 und NBLKS vorher. Da wir über deptno joinen, sehen wir hier auch die Statistiken für die Spalte deptno. NDV ist die Anzahl unterschiedlicher Werte für die Spalte. Einen NULL-Wert gibt's auch einmal. Min (früher LO) und Max (früher HI) sind der kleinste und größte Wert. Histogramme habe ich keines auf der Spalte. Für die Indizes sehen Sie LVLS – die Anzahl der Level. Falls diese größer als 3 oder 4 werden, könnten Sie sich ein ALTER INDEX ... REBUILD überlegen. #LB ist die Anzahl der Leaf-Blöcke, #DK die Anzahl unterschiedlicher Schlüsselwerte des Index. LB/K und DB/K bezeichen die Anzahl der Leaf-Blöcke per Schlüsselwert und die Anzahl unterschiedlicher Blöcke per Schlüsselwert. CLUF ist der Clustering Factor. Da gilt ja, wie schon an anderer Stelle beschrieben, die Regel: Wenn CLUF <= Anzahl Blöcke der Tabelle ist, ist alles in Ordnung, andernfalls wäre ein Rebuild des Index vielleicht angebracht. Danach wird's richtig interessant: Jetzt kommen die Zugriffe auf die beteiligten Tabellen.

In der Version 10.2 werden die Abkürzungen netterweise im Trace selbst erklärt. Hier mal ein entsprechender Ausschnitt aus einem 10053-Trace:

```
...
The following abbreviations are used by optimizer trace.
CBQT - cost-based query transformation
JPPD - join predicate push-down
FPD - filter push-down
...
LB - leaf blocks
DK - distinct keys
LB/K - average number of leaf blocks per key
DB/K - average number of data blocks per key
CLUF - clustering factor
NDV - number of distinct values
Resp - response cost
Card - cardinality
Resc - resource cost
NL - nested loops (join)
SM - sort merge (join)
...
```

Danach kommen die Kosten für die Zugriffe auf die einzelnen Tabellen. Falls Sie hier bereits für die Kosten des Zugriffes und die (berechnete) Kardinalität Schrott erhalten, können Sie auch nicht erwarten, dass der endgültige Plan in Ordnung ist.

```
***************************************
SINGLE TABLE ACCESS PATH
  Table: EMP  Alias: E
    Card: Original: 14  Rounded: 14  Computed: 14.00  Non Adjusted: 14.00
  Access Path: TableScan
    Cost:  3.00  Resp: 3.00  Degree: 0
      Cost_io: 3.00  Cost_cpu: 39667
      Resp_io: 3.00  Resp_cpu: 39667
  Best:: AccessPath: TableScan
         Cost: 3.00  Degree: 1  Resp: 3.00  Card: 14.00  Bytes: 0
```

Hier sehen Sie auch sehr schön die Einbeziehung von CPU und I/O in der Berechnung der Kosten. Diese Information war in früheren Versionen nicht ausgewiesen, wie man im folgenden Ausschnitt sieht:

```
***************************************
SINGLE TABLE ACCESS PATH
 TABLE: EMP ORIG CDN: 15 ROUNDED CDN: 14 CMPTD CDN: 14
 Access path: tsc Resc: 2 Resp: 2
 BEST_CST: 2.00 PATH: 2 Degree: 1
```

Danach kommen die eigentlichen Berechnungen für die möglichen Execution-Pläne. Die hier verwendeten Abkürzungen sind NL für Nested Loop, SM für Sort Merge, IX_SEL ist die Index Selektivität:

```
***************************************
OPTIMIZER STATISTICS AND COMPUTATIONS
***************************************
GENERAL PLANS
***********************
Join order[1]:  DEPT[D]#0  EMP[E]#1
***************
Now joining: EMP[E]#1
***************
NL Join
  Outer table: Card: 4.00  Cost: 3.00  Resp: 3.00  Degree: 1  Bytes: 13
  Inner table: EMP  Alias: E
  Access Path: TableScan
    NL Join:  Cost: 9.01  Resp: 9.01  Degree: 0
      Cost_io: 9.00  Cost_cpu: 194956
      Resp_io: 9.00  Resp_cpu: 194956
  Best NL cost: 9.01
          resc: 9.01 resc_io: 9.00 resc_cpu: 194956
          resp: 9.01 resp_io: 9.00 resp_cpu: 194956
Join Card:  14.00 = outer (4.00) * inner (14.00) * sel (0.25)
Join Card - Rounded: 14 Computed: 14.00
SM Join
  Outer table:
    resc: 3.00  card 4.00  bytes: 13  deg: 1  resp: 3.00
  Inner table: EMP  Alias: E
    resc: 3.00  card: 14.00  bytes: 9  deg: 1  resp: 3.00
    using dmeth: 2  #groups: 1
    SORT resource      Sort statistics
```

Dieser Teil kann extrem lang werden. Es gibt zwar einige Optimierungen, doch sind bis zu n! (also Fakultät von n) Zugriffspfade möglich. Je komplexer die Query, desto umfangreicher können die Zugriffspfade werden. Am Anfang startet der Optimizer damit, dass er die Tabellen nach Kardinalität ordnet und dann die Joins berechnet, außer wenn Sie den ORDERED-Hint verwenden, dann sollte natürlich die Reihenfolge von links nach rechts wie in der FROM-Klausel spezifiziert gültig sein. Jede Join-Berechnung wird durchgespielt und die mit den niedrigsten Kosten behalten. Bitte beachten Sie auch, dass der Optimizer jeweils nur Pläne berücksichtigt, die billiger sind als der jeweils vorhergehende. Ist der aktuelle Plan teurer als sein Vorgänger, sehen Sie ihn nicht. Das geht so durch bis zur Final Section:

```
Final - All Rows Plan:  Best join order: 2
  Cost: 3.0097  Degree: 1  Card: 14.0000  Bytes: 280
  Resc: 3.0097  Resc_io: 3.0000  Resc_cpu: 138153
  Resp: 3.0097  Resp_io: 3.0000  Resc_cpu: 138153
```

Hier sehen Sie nur noch die Kosten des Plans, der schließlich verwendet wurde, aber nicht mehr den Plan selbst. Der ist ja auch in der Trace-Datei. RESC (RSC vor 10.2) sind die Kosten für den seriellen Zugriff, RESP (RSP vor 10.2) sind die Zugriffskosten bei parallelem Zugriff.

In der Version 10.2 sehen Sie in diesem Trace übrigens auch die Peek-Werte der Bind-Variablen, was sehr nützlich sein kann.

Eine ausführliche Diskussion von 10053 Traces (Stand: 10.1) finden Sie im Anhang B von [Lewis 2005].

5.9 AWR, ASH, Statspack und Bstat/Estat

Seit Version 10*g* ist eigentlich nur noch das Automatic Workload Repository, kurz AWR genannt, mit seinem Bericht die Auswertung der Wahl, wenn es um einen ersten Blick auf die Performance der gesamten Datenbank geht. Die Infrastruktur, die von diesen Utilities zur Verfügung gestellt wird, erlaubt auch eine Vielzahl weiterer Auswertungen.

AWR baut seinerseits auf Statspack auf und Statspack seinerseits wieder auf Bstat/Estat. Die Diskussion hier folgt auch der Geschichte. Sie beginnt also mit Bstat/Estat, fährt mit den Neuerungen in Statspack fort und schließt dann mit den Ergänzungen, die AWR brachte, ab. Active Session History, kurz ASH, ist vollständig neu in Version 10*g* und stellt eine erweiterte und historisierte Variante von V$SESSION_WAIT bereit.

Bstat/Estat

Am Anfang gab es nur Bstat/Estat. Das steht für Beginn Statistics und End Statistics und umschreibt recht gut, um was es geht. Seit Oracle 8 heißen die entsprechenden Scripts im $ORACLE_HOME/rdbms/admin utlbstat.sql und utlestat.sql. Normalerweise lassen Sie die unter SYS laufen (bzw. CONNECT INTERNAL bis zur 8*i*) – weil Sie auf einige V$-Views zugreifen müssen – zu einer repräsentativen Zeit. Repräsentativ meint natürlich den durchschnittlichen Workload, also beispielsweise morgens um 8:00 utlbstat und abends dann gegen 18:00 utlestat, wenn alle außer dem armen DBA nach Hause gegangen sind.

Utlbstat kreiert ein paar Zwischentabellen, um einen Startpunkt. Wenn Sie dann utlestat laufen lassen, lässt sich schön beobachten, was in der Zwischenzeit passiert ist. Utlestat druckt noch einen Performance-Report in der Datei report.txt im aktuellen Verzeichnis aus, bevor die Zwischentabellen wieder gelöscht werden. Das ist gleichzeitig auch dass größte Manko bei Bstat/Estat. Man hat lediglich zwei Zeitpunkte, an denen Daten gesammelt werden, und vergleicht die Unterschiede zwischen diesen beiden Zeitpunkten, was meiner Meinung nach ein bisschen wenig ist. Aber es kann einem schon einen ersten groben Einblick verschaffen, zumal Statspack, das einiges mehr bietet, erst ab 8.1.6 unterstützt wird. (Man kriegt es aber mit Tricks auch schon mit früheren Versionen zum Laufen.)

Estat/Bstat wurde unter ServerManager entwickelt, Sie brauchen also nicht zwingend SQL*Plus. An erster Stelle im Bstat/Estat Performance-Report kommt der Library Cache:

```
LIBRARY      GETS GETHITRATI PINS PINHITRATIO RELOAD INVALIDATIONS
------------ ---- ---------- ---- ----------- ------ -------------
BODY         0    1          0    1           0      0
CLUSTER      0    1          0    1           0      0
INDEX        7    1          7    1           0      0
JAVA DATA    0    1          0    1           0      0
JAVA RESOURC 0    1          0    1           0      0
JAVA SOURCE  0    1          0    1           0      0
OBJECT       0    1          0    1           0      0
PIPE         0    1          0    1           0      0
SQL AREA     28   857        9    0           90     0
TABLE/PROCED 50   1          58   1           0      0
TRIGGER      0    1          0    1           0      0
```

Interessant hier sind schlechte Ratios oder Invalidations/Reloads. Die Kur besteht normalerweise darin, den Shared Pool zu erhöhen. Schlechte Ratios hängen auch von der Applikation ab. Je statischer die Datenbank ist, desto höher sollten die Ratios sein. Statisch ist hier so zu verstehen, dass die Strukturen (oder Metadaten) der Datenbank sich nicht ändern, kein dynamisches SQL ausgeführt wird und SQL gemeinsam genutzt werden kann. Wir erinnern uns: SQL kann gemeinsam genutzt werden, wenn eine Bind-Variable verwendet werden. Falls Sie ein Data Warehouse betreiben, in dem ständig dynamisch SQL erzeugt wird, brauchen Sie sich also hier nicht über schlechte Ratios zu wundern. Danach wird die Anzahl der Benutzer zu Beginn und am Ende sowie die durchschnittliche Anzahl der Benutzer ausgegeben, was normalerweise nicht so spannend ist. Interessanter wird es da bei den Systemstatistiken, die auf v$sysstat basieren. Hier ein kleiner Auszug:

```
Statistic                   Total        Per Transact Per Logon Per Second
--------------------------- ------------ ------------ --------- ----------
background timeouts         47           47           5,22      1,04
buffer is not pinned count  186          186          20,67     4,13
...
execute count               56           56           6,22      1,24
...
parse count (hard)          5            5            ,56       ,11
parse count (total)         28           28           3,11      ,62
parse time cpu              3            3            ,33       ,07
parse time elapsed          3            3            ,33       ,07
```

Danach werden die Wait Events ausgewertet, auch hier wieder ein kleiner Auszug:

```
Event Name                       Count        Total Time   Avg Time
-------------------------------- ------------ ------------ ------------
dispatcher timer                 1            6001         6001
pmon timer                       16           4205         262,81
SQL*Net message from client      12           4017         334,75
```

Aufgrund der Two-Task-Architektur sieht man eigentlich immer irgendwelche SQL*Net-Events, auch wenn Sie überhaupt nicht mit SQL*Net arbeiten. Die ganzen SQL*Net Events sind dann lediglich die Daten, die zwischen Ihnen und dem Kernel übertragen werden. In diesem Beispiel gibt es aber schon eine echte Verbindung über SQL*Net: Am Dispatcher Event sieht man hier, dass meine Datenbank mit Shared Server konfiguriert ist, das wäre sonst nicht da. Die Events kommen zweimal, zuerst für die Benutzerprozesse und das zweite Mal für die Hintergrundprozesse. Danach kommen die Latches, auch hier ein kurzer Blick darauf:

```
LATCH_NAME         GETS        MISSES      HIT_RATIO   SLEEPS SLEEPS/MISS
------------------ ----------- ----------- ----------- ----------- ------
active checkpoint  15          0           1           0           0
cache buffer handl 2           0           1           0           0
cache buffers chai 1564        0           1           0           0
```

Hier gilt: Hits sollten hoch sein, Sleeps niedrig. Manche dieser Latches lassen sich über Parameter tunen. Die Latches werden noch mal ausgewertet, diesmal No-Wait Latches, die nicht in Sleep gehen, sondern sofort einen Timeout erhalten. Auch hier sollte die Ratio hoch sein. Das Event „buffer busy waits" wird anschließend separat ausgewiesen. Hier dient als Basis V$WAITSTAT. Anschließend werden noch Rollback Segment Statistiken ausgewiesen, Non-Default-Parameter, I/O über Tablespaces und Dateien, Beginn- und Endzeit des Reports und schließlich noch die verwendeten Versionen. Die meisten Ratios müssen explizit ausgerechnet werden.

STATSPACK

Seit 8.1.6. und bis Oracle 10*g* ist Statspack aber das Tool der Wahl. Nachteilig bei Statspack ist der ein wenig größere Aufwand für die Konfiguration. Statspack verwendet einen dedizierten Benutzer, der sinnigerweise PERFSTAT benannt ist, und einen dedizierten Tablespace zur Speicherung der Performance-Daten. Der sollte mindestens 64 MB groß sein, besser ist es, Sie starten gleich mit 128 MB. Im Unterschied zu Bstat/Estat erlaubt Statspack beliebig viele Zeitpunkte, an denen ein Blick aufs System geworfen werden kann, nicht nur Beginn und Ende.

Die Auswertung erfolgt bei Statspack separat, weswegen die gesammelten Performance-Daten nicht gleich gelöscht werden. Statspack verwendet so genannte Snapshots, die aber mit den Oracle Snapshots (neuerdings Materialized Views genannt) nichts gemein haben. Ein Statspack Snapshot ist einfach eine „Aufnahme" des Systems zu einer bestimmten Zeit, wie wenn Sie mit Ihrem Fotoapparat einen Schnappschuss der Datenbank aufnehmen würden. Statspack berechnet netterweise viele Ratios selbst, die muss man also hier nicht mehr separat aus dem Bericht herausholen. Ganz vorteilhaft bei Statspack ist, dass sich das Sammeln der Daten prima über DBMS_JOB automatisieren lässt. Bstat/Estat und Statspack dürfen nicht unter demselben Benutzer laufen, da beide die Tabelle STATS$WAITSTAT verwenden. Falls Sie übrigens mal auf einem System arbeiten, bei dem Statspack zwar aufgesetzt ist, Sie aber das Passwort für den Benutzer PERFSTAT nicht kennen, können Sie sich mit folgendem Trick behelfen:

```
ALTER SESSION SET CURRENT_SCHEMA=PERFSTAT;
```

Dieses Statement bewirkt, dass Oracle bei der Namensauflösung diesen Benutzer zuerst verwendet. Wenn Sie also danach die Abfrage SELECT * FROM EMP absetzen, wird Oracle zuerst im PERFSTAT-Schema nach der Tabelle EMP suchen. Aufgepasst, die ganze Sicherheit bleibt davon unberührt. Wenn Sie also kein SELECT-Recht auf PERSTATF.EMP haben, bekommen Sie immer noch ORA-942. Wenn Sie es aber mit einem DBA-Account machen, klappt es im Regelfall.

Statspack wird mit dem Script spcreate.sql (in $ORACLE_HOME/rdbms/admin) aufgesetzt. Das muss unter einem DBA-Account erfolgen. Sie müssen einen Temporary und einen Default Tablespace für den Benutzer PERFSTAT bereits haben. Für das Intervall, in dem die Daten dann gesammelt werden, empfehle ich eine oder eine halbe Stunde, das ist normalerweise ausreichend. Im spauto.sql ist ein Beispiel für die Konfiguration über DBMS_JOB, Sie müssen es nur noch anpassen. Die Auswertung geschieht dann über das Script spreport.sql. Dort müssen Sie dann nur noch Beginn und Ende der gewünschten Auswertung angeben. Zwischen Beginn und Ende darf die Datenbank nicht gestartet worden sein, sonst ist die Auswertung ungültig. Statspack wertet die V$-Views aus, die bei jedem Neustart der Datenbank neu initialisiert werden. Wenn Sie bereits mit Bstat/Estat gearbeitet haben, wird Ihnen die Statspack-Auswertung einigermaßen bekannt vorkommen. Sie können auch eine Auswertung machen, die sich nur auf ein spezifisches SQL-Statement bezieht, dann müssen Sie noch den HASH_VALUE für das SQL mitgeben. HASH_VALUE wird in der Auswertung im Abschnitt Top SQL Statements mit ausgegeben.

Sehen wir uns diese Auswertung an: Statt der Spielzeugdatenbank von vorhin kommt sie diesmal von einer „richtigen" Datenbank (VLDB unter Solaris mit EMC, Größe > 4,5 TB). Werfen wir einen Blick hinein, am Anfang finden sich wieder einige allgemeine Angaben zur Datenbank selbst:

```
STATSPACK report for

DB Name      DB Id        Instance     Inst Num Release     Cluster Host
------------ ----------- ------------ -------- ----------- ------- ------
GUGUS        2510587121   GUGUS        1        9.2.0.4.0   NO      server03

            Snap Id Snap Time          Sessions Curs/Sess Comment
            ------- ------------------ -------- --------- -------------------
Begin Snap: 3722    03-Mar-04 23:10:10 162      776.1     STATSPACK Plus
End Snap:   3746    04-Mar-04 11:10:58 141      927.5     STATSPACK Plus
Elapsed:    720.80  (mins)

Cache Sizes (end)
~~~~~~~~~~~~~~~~~
 Buffer Cache: 8,192M Std Block Size: 16K
 Shared Pool Size: 1,024M Log Buffer: 1,024K
```

Danach bringt Statspack ein grobes Lastprofil. Hier sieht man, dass dynamisches SQL eingesetzt wird (Ratio Parse – Execute, aber nur sehr wenige Hard Parses, d.h. Bind-Variablen werden verwendet) und viel PL/SQL (Recursive Calls):

```
Load Profile
~~~~~~~~~~~~

                      Per Second       Per Transaction
                      ---------------  ---------------
 Redo size:           343,775.85       864,798.63
 Logical reads:       8,724.33         21,946.83
 Block changes:       489.55           1,231.49
 Physical reads:      10,167.79        25,577.98
 Physical writes:     3,315.84         8,341.30
 User calls:          7.98             20.08
 Parses:              13.94            35.07
 Hard parses:         0.70             1.75
 Sorts:               1.70             4.28
 Logons:              0.05             0.14
 Executes:            18.23            45.85
```

```
 Transactions:        0.40

% Blocks changed per Read: 5.61 Recursive Call %: 95.29
Rollback per transaction %: 3.40 Rows per Sort: ########
```

Anschließend bringt Statspack wichtige Ratios und Shared Pool-Statistiken:

```
Instance Efficiency Percentages (Target 100%)
~~~~~~~~~~~~~~~~~~~~~~~~~~~~~~~~~~~~~~~~~~~~~
 Buffer Nowait %: 99.98 Redo NoWait %: 99.99
 Buffer Hit %: 91.89 In-memory Sort %: 99.12
 Library Hit %: 97.38 Soft Parse %: 95.00
 Execute to Parse %: 23.51 Latch Hit %: 99.96
 Parse CPU to Parse Elapsd %: 2.44 % Non-Parse CPU: 99.87

 Shared Pool Statistics Begin End
 ------ ------
 Memory Usage %: 100.00 100.00
 % SQL with executions>1: 87.28 73.01
 % Memory for SQL w/exec>1: 61.39 37.96
```

Sieht nicht schlecht aus hier, wenn man mal von 'Execute to Parse' absieht, aber das war ja vorher schon zu erahnen. Danach kommen die Top 5 Wait Events: Hier können manchmal auch Idle Events wie beispielsweise 'PX Deq Credit: send blkd' auftauchen. Idle Events sind Events, mit denen Sie nichts anfangen können, und die Sie auch nicht tunen können. Sie können das Statspack allerdings abgewöhnen. Alle Idle Events in Statspack werden in der Tabelle STATS$IDLE_EVENT gespeichert. Wir müssen also nur noch dieses Event zufügen, dann wird der nächste Bericht dieses Event nicht mehr anzeigen:

```
insert into stats$idle_event values('PX Deq Credit: send blkd');
```

Nach diesem Abschnitt kommen die übrigen Wait Events und die Background Wait Events gefolgt vom Abschnitt Top SQL Statements, zuerst geordnet nach Buffer Gets. Top SQL Statements kommen dann noch in verschiedenen Reihenfolgen: geordnet nach Physical Reads, danach geordnet nach Executions, anschließend nach Parse Calls, Sharable Memory und schließlich auch nach Execution Count. Im Anschluss bringt Statspack noch die Auswertungen basierend auf V$SYSSTAT. Unschön finde ich hier, dass die Auswertung per Default alphabetisch sortiert, aber das kann man ja im Script anpassen. Danach kommt das I/O pro Tablespace, dort sehen Sie auch die Buffer Waits. Anschließend zeigt der Bericht das File I/O. Danach kommen die Buffer Wait-Statistiken, die auf V$WAITSTAT basieren:

```
Buffer wait Statistics for DB: GUGUS Instance: GUGUS Snaps: 3722 -3746
-> ordered by wait time desc, waits desc

                    Tot         Wait         Avg
Class              Waits        Time (s)     Time (ms)
------------------ ----------- ---------- ---------
bitmap index block 7,051        6,891        977
data block         69,009       543          8
segment header     9,949        190          19
file header block  472          10           20
undo block         340          1            2
undo header        462          0            0
1st level bmb      10           0            8
2nd level bmb      8            0            8
```

Anschließend berichtet Statspack Enqueues und Rollback-Statistiken. Bei den Latch-Statistiken sollte die Prozentzahl der Misses sehr klein sein. Idealerweise sollte sie gegen den Wert 0 tendieren. Die Latch-Statistiken werden dann auch wieder detaillierter, Latches mit Sleeps werden noch mal explizit dargestellt. Danach kommt noch Dictionary und Library Cache, gefolgt vom Shared Pool Advisory. Danach kommt noch ein SGA Breakdown und allfällige Ressource Limits, bevor die Auswertung mit den Parametern endet. Im Unterschied zu Bstat/Estat listet Statspack alle Parameter auf und auch, ob sie sich im Auswertungszeitraum änderten:

```
...
Parameter Name                Begin value (if different)
----------------------------- --------------------------------- ---------
O7_DICTIONARY_ACCESSIBILITY   FALSE
archive_lag_target            0
audit_trail                   FALSE
background_dump_dest          /dbdata/GUGUS/admin/bg
```

Statspack benutzt verschiedene Schwellwerte, insbesondere bei den Auswertungen der SQL Statements, die über die Prozedur MODIFY_STATSPACK verändert werden können. Die Defaults finde ich persönlich zumeist ausreichend. Es gibt auch Scripts zum Aufräumen der Statspack-Tabellen, sppurge.sql und sptrunc.sql. Raten Sie mal, welches Script DELETE mit einer WHERE-Klausel und welches TRUNCATE verwendet?

Was man natürlich auch machen kann, ist den Benutzer PERFSTAT zu exportieren und die Daten dann in eine andere Datenbank für Auswertungszwecke zu importieren.

Automatic Workload Repository (AWR)

Oracle 10*g* schließlich automatisiert das Tuning über AWR und ADDM. Hier werden Sie öfters mit den Advisories arbeiten, aber von Zeit zu Zeit mag es hilfreich sein, einen Blick auf die AWR-Schnappschüsse zu werfen. Wenn Sie bereits mit Statspack gearbeitet haben, dürfte Ihnen der AWR-Bericht sehr bekannt vorkommen. AAR baut auf Statspack auf. WAR ist eine Weiterentwicklung von Statspack und Statspack seinerseits ist eine Weiterentwicklung von Bstat/Estat.

Das Script für das Erstellen des AWR-Berichts ist awrrpt.sql und unter Unix in $ORACLE_HOME/rdbms/admin zu finden. Sie können auswählen, ob Sie den Bericht als Text oder im HTML-Format wollen. Der Bericht enthält zusätzliche Informationen, die in Statspack nicht berichtet wurden, wie beispielsweise verschiedene Metriken. Statspack kann in 10*g* auch noch verwendet werden. Da Statspack aber seit 9.2 nicht mehr erweitert wurde und AWR/ADDM in Oracle 10*g* eine weit umfangreichere Funktionalität anbieten, ist davon eher abzuraten.

Es folgen einige Beispiele für Informationen, die nur im AWR-Bericht sichtbar sind, wie beispielsweise die Time Model-Statistiken. Hier ein entsprechender Ausschnitt:

```
FTEST/ftest  Snaps:                                          599-622
-> Total time in database user-calls (DB Time): 172.5s
-> Statistics including the word "background" measure background process
   time, and so do not contribute to the DB time statistic
-> Ordered by % or DB time desc, Statistic name
```

```
Statistic Name                                       Time (s) % of DB Time
------------------------------------------ ------------------ ------------
sql execute elapsed time                                151.5         87.8
DB CPU                                                  145.3         84.2
PL/SQL execution elapsed time                            93.8         54.4
parse time elapsed                                       22.9         13.3
hard parse elapsed time                                  20.8         12.0
PL/SQL compilation elapsed time                           2.4          1.4
connection management call elapsed time                   1.3           .8
hard parse (sharing criteria) elapsed time                1.0           .6
failed parse elapsed time                                 0.4           .2
repeated bind elapsed time                                0.1           .1
sequence load elapsed time                                0.0           .0
hard parse (bind mismatch) elapsed time                   0.0           .0
DB time                                                 172.5          N/A
background elapsed time                                 169.8          N/A
background cpu time                                      73.3          N/A
```

Sehr schön an dieser Darstellung finde ich, dass hier auf den ersten Blick ersichtlich ist, in welchem Bereich wie viel Zeit jeweils verbraucht wird. SQL versus PL/SQL, Parse, Bind, Execute, Benutzerprozess versus Oracle-Hintergrundprozesse, alles sieht man.

Auch die Zuordnung der Zeit zur Wait-Klasse ist nur aus dem AWR-Bericht ersichtlich. So sehen Sie gleich, ob die Wartezeit in der Datenbank oder außerhalb verbracht wird:

```
Wait Class                              DB/Inst: FTEST/ftest  Snaps: 599-622
-> s  - second
-> cs - centisecond -     100th of a second
-> ms - millisecond -    1000th of a second
-> us - microsecond - 1000000th of a second
-> ordered by wait time desc, waits desc

                                                                  Avg
                                                 Total Wait       wait    Waits
Wait Class                      Waits     %Time     Time (s)      (ms)    /txn
-------------------- ---------------- ------ ---------------- ------- ------
System I/O                     34,718     .0               87       2    13.3
User I/O                        2,483     .0               21       9     1.0
Commit                          1,299     .1                5       4     0.5
Concurrency                       247     .0                4      18     0.1
Application                     1,391     .0                1       1     0.5
Other                             491     .0                1       2     0.2
Configuration                       2     .0                0     142     0.0
Network                        28,628     .0                0       0    11.0
```

Im AWR-Bericht sehen Sie auch die Betriebssystemstatistiken; die Namen der Statistiken sollten zum großen Teil selbsterklärend sein, VM bedeutet Virtual Memory und RSRC steht für den Oracle Resource Manager:

```
Statistic                                         Total
-------------------------------- --------------------
AVG_BUSY_TIME                                   214,076
AVG_IDLE_TIME                                 1,192,738
AVG_SYS_TIME                                     94,783
AVG_USER_TIME                                   119,293
BUSY_TIME                                       214,076
IDLE_TIME                                     1,192,738
SYS_TIME                                         94,783
USER_TIME                                       119,293
RSRC_MGR_CPU_WAIT_TIME                                0
VM_IN_BYTES                               2,842,198,016
VM_OUT_BYTES                                  1,769,472
PHYSICAL_MEMORY_BYTES                     2,138,427,392
NUM_CPUS                                              1
```

Active Session History (ASH)

ASH steht wie AWR erst ab Version 10*g* zur Verfügung. ASH ist kurz gesagt eine historisierte und ausgebaute Version von V$SESSION_WAIT. Sie sehen dort neben den Waits z.B. auch welches Ihre Top SQL Anweisungen waren, wann was passierte und mehr.

Für das Erstellen des ASH-Berichts wird das Script ashrpt.sql verwendet. Nach dem Starten des Scripts müssen Sie auswählen, ob Sie den Bericht als Text oder in HTML erstellen möchten. Als weitere Parameter müssen Sie angeben, welchen Zeitraum Sie untersuchen und mit welcher Startzeit Sie beginnen wollen.

Sehen wir uns das mal am Beispiel an, der erzeugte Bericht beginnt mit den allgemeinen Informationen:

```
ASH Report For FTEST/ftest

DB Name         DB Id    Instance     Inst Num Release     RAC Host
------------ ----------- ------------ -------- ----------- --- ------------
FTEST         2933034983 ftest               1 10.2.0.1.0  NO  fhaas-ch

CPUs         SGA Size       Buffer Cache        Shared Pool    ASH Buffer
---- ------------------ ------------------ ------------------ --------------
1        276M (100%)       188M (68.1%)       52M (18.8%)      2.0M (0.7%)

          Analysis Begin Time:   22-Jun-06 02:43:35
            Analysis End Time:   24-Jun-06 14:43:38
                 Elapsed Time:     3,600.1 (mins)
                 Sample Count:         747
      Average Active Sessions:        0.03
  Avg. Active Session per CPU:        0.03
```

Danach wird es interessanter, es folgen die Top Events für Benutzer und Hintergrundprozesse:

```
Top User Events                  DB/Inst: FTEST/ftest  (Jun 22 02:43 to 14:43)
                                                                 Avg Active
Event                               Event Class     % Activity   Sessions
----------------------------------- --------------- ---------- ----------
enq: TX - row lock contention       Application          39.63       0.01
CPU + Wait for CPU                  CPU                  13.39       0.00
db file scattered read              User I/O             10.58       0.00
db file sequential read             User I/O             10.44       0.00
control file sequential read        System I/O            1.61       0.00
```

Es folgen die Waits für diese Events. Sehr schön hier ist, das auch die Bedeutung der Parameter für jedes Wait Event ausgegeben wird.

```
Top Event P1/P2/P3 Values        DB/Inst: FTEST/ftest  (Jun 22 02:43 to 14:43)

Event                          % Event  P1 Value,P2 Value,P3 Value % Activity
------------------------------ ------- ----------------------------- -------
Parameter 1                Parameter 2                Parameter 3
-------------------------- -------------------------- ----------------------
enq: TX - row lock contention    39.63  "1415053318","393245","1574"   39.63
name|mode                  usn<<16 | slot             sequence

db file sequential read          16.20                "1","6153","1"    0.27
file#                      block#                     blocks

db file scattered read           10.84               "1","55447","2"    0.13
file#                      block#                     blocks
```

Es folgen die Top SQL Command Types für die Berichtsperiode:

```
                                          Distinct            Avg Active
SQL Command Type                            SQLIDs % Activity   Sessions
---------------------------------------- ---------- ---------- ----------
DELETE                                           4      45.38       0.02
PL/SQL EXECUTE                                  10       6.69       0.00
```

Es geht auch noch genauer, der Bericht liefert uns auch (wenn möglich, d.h. falls noch vorhanden) die Top SQL-Anweisungen im Detail:

```
Top SQL Statements              DB/Inst: FTEST/ftest  (Jun 22 02:43 to 14:43)
       SQL ID    Planhash % Activity Event                             % Event
------------- ----------- ---------- ------------------------------ --------
3wsk3s8f8q33p   204855851      39.63 enq: TX - row lock contention     39.63
 delete from scott.emp where empno=7934

d8u9c31yw9r9h   442337976       5.89 db file scattered read             2.68
** SQL Text Not Available **
```

Es geht dann weiter über Top SQL using Literals, Top Sessions, Top Blocking Sessions, Top Sessions mit Parallel Query, Top DB Objects, Top DB Files und Top Latches zum Abschnitt Activity over Time, mit dem der Bericht dann endet:

```
Activity Over Time              DB/Inst: FTEST/ftest  (Jun 22 02:43 to 14:43)
-> Analysis period is divided into smaller time slots
-> Top 3 events are reported in each of those slots
-> 'Slot Count' shows the number of ASH samples in that slot
-> 'Event Count' shows the number of ASH samples waiting for
   that event in that slot
-> '% Event' is 'Event Count' over all ASH samples in the analysis period
                         Slot                                   Event
Slot Time (Duration)    Count Event                             Count % Event
-------------------- -------- ------------------------------ -------- ------
06:00:00 (360.0 min)      308 enq: TX - row lock contention       264  35.34
                              db file sequential read              26   3.48
                              CPU + Wait for CPU                   12   1.61
12:00:00 (360.0 min)      213 CPU + Wait for CPU                   56   7.50
                              db file scattered read               42   5.62
                              db file sequential read              41   5.49
18:00:00 (360.0 min)       14 CPU + Wait for CPU                    8   1.07
```

Sie sehen hier auf den ersten Blick, zu welcher Zeit welche Top Events maßgeblich waren. Wie man hier sieht, ist morgens zwischen 6:00 und 12:00 am meisten passiert und zwar applikatorisch. Das Event „enq:TX – row lock contention“ bedeutet zwei (oder mehr) Prozesse wollten die gleichen Daten verändern.

5.10 Das Tracing von PL/SQL – DBMS_PROFILER

Bis zu Oracle 8.1.5 war das Tracen von PL/SQL recht schwierig. Zwar konnte man das SQL, das im PL/SQL verwendet wird, rausbekommen und untersuchen, aber den PL/SQL-Code konnte man schlecht untersuchen. Dafür gibt's seit 8.1.5 glücklicherweise den PL/SQL Profiler. Der Profiler besteht aus dem DBMS_PROFILER Package, das zuerst unter einem DBA Account mit dem Script profload.sql installiert werden muss. Das Script ist wie immer in $ORACLE_HOME/rdbms/admin zu finden. Der Benutzer, unter dem Sie dann das Profiling laufen lassen, muss auch die Profiling-Tabellen installiert haben. Das erfolgt über das Script proftab.sql. DBMS_PROFILER verwendet man so:

- Profiling aktivieren
- Test ausführen
- Profiling stoppen, damit werden die Profilingdaten gespeichert.
- Profiling-Daten auswerten

Das Aktivieren des Profilers geschieht über die Funktionen im DBMS_PROFILER-Package. Für das Starten verwenden Sie START_PROFILER, für das Stoppen STOP_PROFILER. Typischerweise baut man das in LOGON- und LOGOFF-Trigger ein. Ein Beispiel:

```
create or replace trigger on_logon after logon on frank.schema
 declare
 err number;
 begin
 err:=DBMS_PROFILER.START_PROFILER (to_char(sysdate,'dd-Mon-YYYY hh:mi:ss'));
 end;
 /

 create or replace trigger on_logoff before logoff on frank.schema
 declare
 err number;
 begin
 err:=DBMS_PROFILER.STOP_PROFILER ;
 end;
 /
```

Für die Auswertung benötigen Sie die so genannte RUNID. Die finden Sie in der Tabelle PLSQL_PROFILER_RUNS. Beachten Sie hier auch, dass das Datum, das wir beim Starten mitgegeben haben, im RUN_COMMENT auftaucht:

```
select runid, run_date, RUN_COMMENT from plsql_profiler_runs order by 1;

 RUNID     RUN_DATE  RUN_COMMENT
 --------- --------- ----------------------------------------
 8         25-JAN-00 25-Jan-2003 08:46:07
 9         25-JAN-00 25-Jan-2003 08:47:16
 10        25-JAN-00 25-Jan-2003 09:16:54
```

Danach können Sie mit profsum.sql die Daten auswerten, das finden Sie aber skurrilerweise im Verzeichnis $ORACLE_HOME/plsql/demo. Die Auswertung enthält auch immer die Zeilen des Source Code:

```
...
================Results for run #9 made on 25-JAN-03 08:47:16============

 (25-Jan-2003 08:47:16) Run total time: 1777.59 seconds
 Unit #1: <anonymous>.<anonymous> - Total time: .00 seconds
 Unit #2: <anonymous>.<anonymous> - Total time: .00 seconds
 Unit #3: SYS.DBMS_APPLICATION_INFO - Total time: .00 seconds
...
Unit #6: FRANK.MYTEST - Total time: .10 seconds
 1 PACKAGE BODY MYTEST AS
 2   PROCEDURE doit (dept# IN number, cnt OUT number) AS
 3 BEGIN
 4 201 .09392746 .00046730 SELECT count(*) INTO cnt
...
```

Statt profsum.sql kann man auch seine eigene Auswertung machen. In Metalink (http://metalink.oracle.com) sollten Sie hierzu einige Anregungen finden.

Zum Schluss noch ein Hinweis: Es besteht die Möglichkeit, PL/SQL Source Code zu „wrappen". Per Default wird PL/SQL-Source Code ja lesbar (in ASCII) abgelegt. Damit kann der Code natürlich auch leicht modifiziert werden. Um dies zu verhindern und zum Schutz des geistigen Eigentums besteht in Oracle die Möglichkeit, mit dem so genannten PL/SQL Wrapper Utility den Code zu „wrappen". Wenn der Code gewrapped ist, ist er in binärer Form abgelegt und damit nicht mehr lesbar. Solche PL/SQL-Module können also mit dem PL/SQL Profiler zwar noch analysiert werden, aber ohne Zugriff auf den blanken Source Code können Sie damit nicht allzu viel anfangen. Immerhin können Sie in diesem Fall noch dem Programmierer sagen, in welchen Prozeduren/Funktionen etc. die meiste Zeit verbraucht wird.

5.11 Performance und SQL*Net

5.11.1 SQL*Net Tracing

Bei SQL*Net Tracing denkt man erst mal nicht an Performance-Auswertungen, aber auch das ist möglich und sinnvoll, insbesondere seit Oracle 8*i*. Damals wurde die Möglichkeit eingeführt, SQL*Net Trace-Dateien mit Timestamps zu versehen. In Verbindung mit dem stärksten Tracelevel (SUPPORT oder 16) erlaubt uns dies zu sehen, wann was passiert(e). Dazu müssen wir zuerst die Konfigurationsdatei sqlnet.ora anpassen. Diese Datei finden Sie per Default im $ORACLE_HOME/network/admin. Das Verzeichnis kann aber über die Umgebungsvariable TNS_ADMIN gesetzt werden. Dort setzen wir die Trace-Parameter für den Client:

```
TRACE_LEVEL_CLIENT = SUPPORT
TRACE_FILE_CLIENT = sqlnet.trc
TRACE_DIRECTORY_CLIENT = C:\TEMP
TRACE_TIMESTAMP_CLIENT = ON
```

Sind die Parameter erst mal gesetzt, wird beim nächsten Start eines Client-Programms die Trace-Datei sqlnet.trc (und eventuell noch mehr Trace-Dateien je nach SQL*Net Konfiguration) in das Verzeichnis C:\TEMP geschrieben. Ich habe mich hier für den Test mit SQL*Plus als Benutzer SCOTT bei der Datenbank angemeldet und dann nur ein `SELECT * FROM DEPT` ausgeführt. Im Trace sehe ich dann:

```
...
[05-MÄR-2004 11:19:43:640] nspsend: 01 00 00 00 00 12 73 65 |......se|
[05-MÄR-2004 11:19:43:640] nspsend: 6C 65 63 74 20 2A 20 66 |lect.*.f|
[05-MÄR-2004 11:19:43:640] nspsend: 72 6F 6D 20 64 65 70 74 |rom.dept|
....
```

10 Mikrosekunden später werden die Header der Spalten von der Datenbank zurückgeliefert:

```
...
[05-MÄR-2004 11:19:43:650] nsprecv: 06 06 00 00 00 06 44 45 |......DE|
```

```
[05-MÄR-2004 11:19:43:650] nsprecv: 50 54 4E 4F 00 00 00 00 |PTNO....|
[05-MÄR-2004 11:19:43:650] nsprecv: 00 00 00 00 01 01 80 00 |........|
.....
```

Gleich darauf kommen auch die Werte:

```
...
[05-MÄR-2004 11:19:43:650] nsprecv: 07 07 02 C1 15 08 52 45 |......RE|
[05-MÄR-2004 11:19:43:650] nsprecv: 53 45 41 52 43 48 06 44 |SEARCH.D|
[05-MÄR-2004 11:19:43:650] nsprecv: 41 4C 4C 41 53 15 03 00 |ALLAS...|
```

Jetzt sehen Sie auch, warum Sie hier einen Level 16 Trace benötigen. Ohne den würden Sie die zurückgelieferten Werte in der Trace-Datei nicht sehen. Allerdings nützt Ihnen das auch nichts, falls Sie den SQL*Net-Verkehr verschlüsseln. Das ist über Oracles Advanced Security-Option möglich. Verwenden Sie diese Art des Tracing, falls SQL*Net verwendet wird und es Hinweise darauf gibt, dass zu viel Zeit im Netzwerk verbracht wird.

5.11.2 Event 10079

Sehr nützlich in diesem Zusammenhang ist auch Event 10079, das bereits mit Oracle 7.3 eingeführt wurde. Es ist ähnlich wie das normale SQL*Net Tracing. Mit Event 10079 sagen Sie Oracle, dass auch der SQL*Net-Verkehr in den Trace-Dateien mit getraced werden soll. Sie können hier vier Level angeben:

- 1 – damit wird das Tracing für Netzwerkoperationen aktiviert;
- 2 – damit werden auch die Daten, die über SQL*Net übertragen werden, in die Trace-Datei geschrieben;
- 4 – damit wird das Tracing für Datenbank-Links aktiviert;
- 8 – damit werden auch die Daten, die über Datenbank-Links übertragen werden, in die Trace-Datei geschrieben.

Eingesetzt wird dieses Event meines Wissens aber eher selten, das normale SQL*Net Tracing ist im Regelfall vollkommen ausreichend. Interessant dürfte der Einsatz wohl vor allem sein, wenn man den Verkehr über Datenbanklinks genauer inspizieren will.

5.11.3 Trace Assistant

Der Level 16 SQL*Net Trace ist auch die Grundvoraussetzung für den SQL*Net Trace Assistant trcasst. Damit lassen sich Level 16 Traces noch besser formatieren. Hier mal ein kurzer Vorgeschmack aus 10.2, was man damit machen kann. Der Aufruf des Utilities ohne weitere Parameter zeigt uns, was es kann:

```
C:\Oracle\db\admin\FTEST\udump>trcasst

Dienstprogramm Trace-Assistent: Version 10.2.0.1.0 Production am 18. Juni 2006 20:34:04

Copyright (c) 2001, 2005, Oracle.  All rights reserved. Alle Rechte vorbehalten.

TNS-04302: Fehler bei Verwendung des Trace-Assistenten: Fehlender Dateiname.

Verwendung: trcasst [options] <filename>
      [options]  Standardwerte sind -odt -e0 -s
      <filename>  immer das letzte Argument
```

```
-o[c|d][u|t][q]  Net Services- und TTC-Informationen
  [c]  Zusammenfassung der Net Services-Informationen
  [d]  Detaillierte Net Services-Informationen
  [u]  Zusammenfassung der TTC-Informationen
  [t]  Detaillierte TTC-Informationen
  [q]  SQL-Befehle
-s  Statistiken
-e[0|1|2]  Fehlerinformationen, Standard ist 0
  [0]  NS-Fehlernummern ³bersetzen
  [1]  Fehler³bersetzung
  [2]  Fehlernummern ohne Uebersetzung
-l[a|i <connection_id>]  Verbindungsinformationen
  [a]  Auflisten aller Verbindungen in einer Trace-Datei
  [i <connection_id>]  Decodieren einer angegebenen Verbindung
```

Die <connection_id> existiert im SQL*Net Trace für jedes NS Connect-Paket. Falls Sie die verwenden wollen, müssen Sie sie erst einmal über trcasst –la ermitteln, bevor Sie die <connection-id> spezifisch über trcasst –li untersuchen. Der Trace Assistant ist insbesondere bei Traces für Sessions, die über Shared Server verbunden sind, sehr nützlich.

Schauen wir uns mal am Beispiel an, wie eine solche Auswertung mit den Voreinstellungen aussieht. Am Anfang gibt's allgemeine Informationen zum Verbindungsaufbau:

```
---> Send 261 bytes - Connect packet  timestamp=03-JUL-2006 11:28:12:784
Current NS version number is: 313.
Lowest NS version number can accommodate is: 300.
       Maximum SDU size: 2048
       Maximum TDU size: 32767
       NT protocol characteristics:
              Asynchronous mode
              Callback mode
              Test for more data
              Full duplex I/O
              Urgent data support
              Handoff connection to another
              Grant connection to another
       Line turnaround value: 0
       Connect data length: 203
       Connect data offset: 58

       Connect data maximum size: 512
              Native Services wanted
              Authentication is linked and specify
              NAU doing O3LOGON - DH key foldedin
              Native Services wanted
              Authentication is linked and specify
              NAU doing O3LOGON - DH key foldedin
    (DESCRIPTION=(ADDRESS=(PROTOCOL=TCP)(HOST=fhaas-ch.ch.oracle.com)(PORT
    =1521))(CONNECT_DATA=(SERVICE_NAME=FTEST.ch.oracle.com)(CID=(PROGRAM=C
    :\Oracle\db\10.2\bin\sqlplus.exe)(HOST=fhaas-ch)(USER=fhaas))))
```

Danach wird der Verkehr zwischen Client und Server aufgelistet, hier ein entsprechender Ausschnitt aus der Trace-Datei:

```
<--- Received 17 bytes - Data packet  timestamp=03-JUL-2006 11:28:12:894
V6 Oracle func complete (TTISTA)

---> Send 319 bytes - Data packet  timestamp=03-JUL-2006 11:28:12:894
Start of user function (TTIFUN)
       New v8 bundled call (OALL8) Cursor # 0 Parse Fetch

<--- Received 526 bytes - Data packet  timestamp=03-JUL-2006 11:28:12:904
Describe information (TTIDCB)
```

Das zieht sich so durch bis zum Schluss, dort gibt es dann noch summarische Informationen. Diese sind vor allem auch für das Einstellen der SDU interessant, da suchen Sie nach 'Maximale Byte' :

```
Trace-Datei-Statistiken:
----------------------
Start-Zeitstempel : 03-JUL-2006 11:28:12:784
End-Zeitstempel   : 03-JUL-2006 11:28:21:757
Gesamtanzahl von Sessions: 2

DATABASE:
  Vorgangsanzahl:     0 OPEN-Vorgänge,     7 PARSE-Vorgänge,
                      7 EXECUTE-Vorgänge,     7 FETCH-Vorgänge

    Parse-Anzahl:
       0 PL/SQL,      0 SELECT,      0 INSERT,      0 UPDATE,      0 DELETE,
       0 LOCK,        0 TRANSACT,    0 DEFINE,      0 SECURE,      7 OTHER

    Ausführungsanzahl mit SQL-Daten:
       0 PL/SQL,      0 SELECT,      0 INSERT,      0 UPDATE,      0 DELETE,
       0 LOCK,        0 TRANSACT,    0 DEFINE,      0 SECURE,      7 OTHER

  Paketrate: 4.285714285714286 Pakete pro Vorgang gesendet
  Aktuell geöffnete Cursor: 0
  Maximal geöffnete Cursor: 0

ORACLE NET SERVICES:
  Gesamte Aufrufe  :        30 gesendet,         28 empfangen,         14 oci
  Anzahl der Byte:      4521 gesendet,      5211 empfangen

  Durchschnittliche Byte:   150 pro Paket gesendet,  186 pro Paket empfangen
  Maximale Byte:      1111 gesendet,      1020 empfangen
  Pakete gesamt:     30 gesendet,     28 empfangen
```

5.11.4 Trcsess Utility

Das Trcsess Utility dient der Zusammenfassung verschiedener Trace-Dateien in einer einzigen Trace-Datei. Das dient zwei Zwecken: Zum einen können Sie damit Traces, die mit DBMS_MONITOR erstellt wurden, zusammenfassen. Das sehen Sie beim Aufruf des Utilities. Beachten Sie wie Sie als Parameter den Client Identifier, den Service, Action oder auch Module angeben können:

```
C:\Oracle\db\admin\FTEST\udump>trcsess

oracle.ss.tools.trcsess.SessTrcException: SessTrc-00002: Fehler bei Verwendung von
Session Trace: Falsche Parameter uebergeben.

trcsess [output=<output file name >]  [session=<session ID>] [clientid=<clientid>]
[service=<service name>] [action=<action name>] [module=<module name>] <trace file
names>

output=<output file name> output destination default being standard out-
put.session=<session Id> session to be traced.
Session id is a combination of session Index & session serial number e.g. 8.13.

clientid=<clientid> clientid to be traced.
service=<service name> service to be traced.
action=<action name> action to be traced.
module=<module name> module to be traced.
<trace_file_names> Space separated list of trace files with wild card '*' supported.
C:\Documents and Settings\fhaas>trcasst
```

Das zweite Einsatzgebiet für Trcsess sind Traces von Sessions, die über Shared Server angemeldet waren. In diesem Fall können die Informationen ja über mehrere Trace-Dateien verstreut sein, was die Analyse zuerst einmal ziemlich erschwert.

Trcsess erzeugt aus allen (angegebenen) Dateien wieder eine einzige Trace-Datei, die wie gewohnt von TKPROF etc. weiterverarbeitet werden kann.

5.12 Tuning mit dem Enterprise Manager

Der Enterprise Manager bietet eine graphische Benutzeroberfläche, mit deren Hilfe viele Arbeiten, insbesondere im DBA-Bereich, komfortabel erledigt werden können. Der Enterprise Manager existiert in zwei Varianten: Grid Control und Database Control. Grid Control ist sozusagen die Luxusfassung. Mit Grid Control können Sie alle Datenbanken in Ihrer Systemumgebung zentral über eine Konsole verwalten. Für Grid Control sollten Sie deshalb auch eine dedizierte Datenbank anlegen. Im Unterschied dazu ist Database Control (= dbconsole) eine abgespeckte Variante von Grid Control, die nur auf einer einzigen Datenbank installiert wird. Database Control läuft immer nur gegen eine Datenbank, nicht gegen mehrere. Seit Version 10*g* wird beim Anlegen der Datenbank mit Hilfe des Datenbankassistenten standardmäßig auch Database Control installiert. Deshalb wird im folgenden auf das Tuning mit Database Control eingegangen. Das ist also auch für Grid Control mit dem Unterschied gültig, dass Sie mit Grid Control noch mehr machen können.

Sie greifen auf den Enterprise Manager über Ihren Browser zu, die URL ist http://<<hostname>>:<<portname>>/em, ersetzen Sie //<<hostname>> durch den Namen des Datenbankservers und <<portname>> durch den konkreten HTTP-Port. Die Port-Nummer finden Sie in der Datei $ORACLE_HOME/install/portlist.ini. Die notwendigen Privilegien für das Arbeiten mit dem Enterprise Manager können Sie einrichten, wenn Sie von der Startseite aus zuerst auf den Reiter Setup und dann im Reiter auf der linken Seite 'Navigation Administrators' anwählen. Der Benutzer muss bereits in der Datenbank existieren. Nach dem Aufsetzen haben nur die Benutzer SYS, SYSTEM, DBSNMP und SYSMAN alle entsprechenden Privilegien. Es wird empfohlen, hier speziell eingerichtete Benutzer zu verwenden.

Die wesentlichen Kontrollen für das Tuning erreichen Sie im Database Control, wenn Sie auf der Startseite auf den Link Performance klicken (siehe Abbildung auf der gegenüber liegenden Seite oben).

Auf der Seite Performance finden Sie dann die Grafiken zur CPU Utilization, dem Festplattendurchsatz, den durchschnittlich aktiven Sessions und dem Datenbankdurchsatz. Im Abschnitt 'Additional Monitoring Links' finden Sie weitere Links wie 'Top Activity' oder 'Top Consumers'.

Auf die Performance-Analysen des ADDM greifen Sie typischerweise über den Button 'ADDM jetzt ausführen' zu. Das Ergebnis kann dann zum Beispiel so wie im unteren Bild auf der nächsten Seite aussehen.

Damit erhalten Sie nicht nur einen repräsentativen Überblick über die angegebene Zeit und sehen auf einen Blick, wo die meiste Zeit verbraucht wird, sondern Sie können auch gleich für jede Wait-Klasse über die verschiedenen Empfehlungen die (hoffentlich) richtigen Verbesserungsmaßnahmen einleiten.

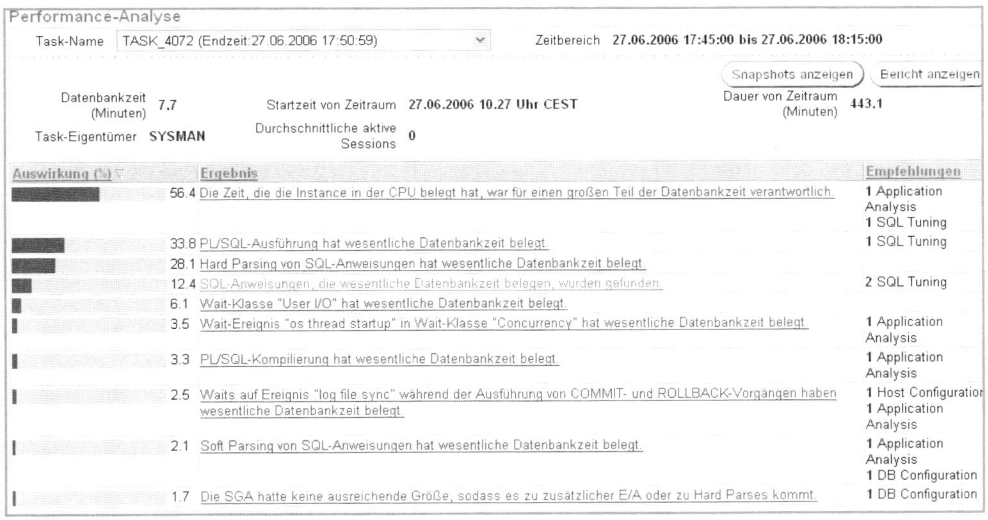

In jedem Fall zu empfehlen bei der Arbeit mit dem Enterprise Manger ist das Anlegen von Baseline-Metriken. Dies geschieht über den Link 'Normalisierte Baseline-Metriken' auf der Performance-Seite bzw. 'Metrik-Baselines' auf der Startseite. Sind Sie auf der Metrik-Baselines-Seite, können Sie zwischen verschiedenen Einstellungen wählen, Standardeinstellung ist keine aktive Baseline. Eine Baseline ist einfach ein Satz von gespeicherten Einstellungen und Statistiken innerhalb eines festgelegten Zeitraumes. Diese Baseline kann dann als Ausgangspunkt für Vergleiche genommen werden. Angenommen, Sie haben eine Verarbeitung, die täglich wiederkehrt. Gestern war noch alles in Ordnung, aber heute beklagen sich die Benutzer über schlechte Antwortzeit. Kein Problem, wenn Sie eine Baseline haben, dann können Sie die heutige Verarbeitung einfach mit dieser Baseline vergleichen und sehen, wo die Unterschiede sind.

Sie können zwei Arten von Baselines erstellen, gleitende und statistische. Statistische Baselines sind interessant, wenn Sie stark unterschiedliche Verwendungsmuster zu verschiedenen Zeiten und/oder für verschiedene Programme haben. Demgegenüber berücksichtigt eine gleitende Baseline fortlaufend immer die Daten der letzten Woche. Sie können bei einer Baseline mit gleitenden Bezugsdaten noch angeben, wie weiter unterteilt werden soll. Sie können die folgenden Zeitgruppen auswählen:

- Keine
- Nach Tag und Nacht
- Nach Wochentagen und Wochenende
- Nach Tag und Nacht, über Wochentage und Wochenende
- Nach Wochentag

Wählen Sie die Zeitgruppe, die den Verarbeitungsmustern in Ihrer Datenbank am besten entspricht. Über den Button 'Adaptive Schwellenwerte festlegen' können Sie noch die Schwellenwerte für die verschiedenen Metriken wie z.B. die System-Antwortzeit (Hundertstelsekunden) verändern, das erfordert allerdings eine sehr genaue Kenntnis des Systems. Die folgende Abbildung zeigt die entsprechende Seite:

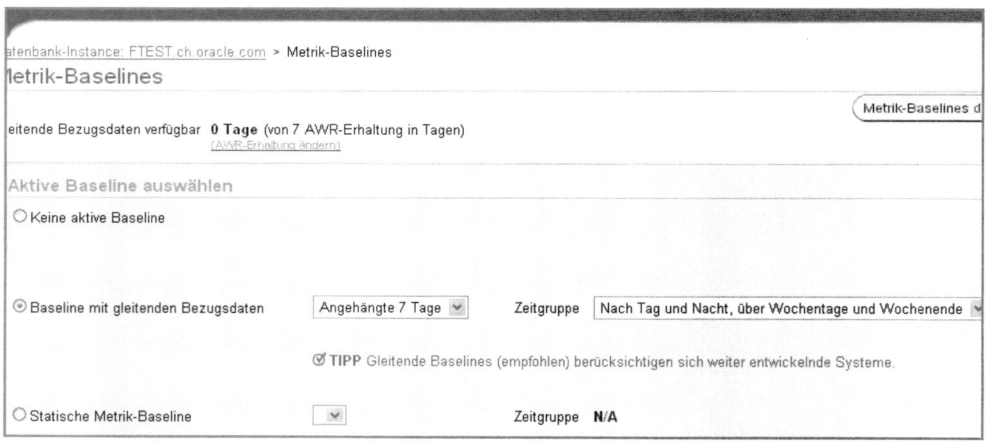

Sie sehen dort auch, dass die Baseline mit gleitenden Bezugsdaten die empfohlene Variante ist. Sie sehen im Bild auch den Link 'AWR-Erhaltung ändern'. Wenn Sie ihm folgen, kommen Sie auf die Seite Einstellungen bearbeiten, dort können Sie festlegen, wie lange die AWR-Daten gespeichert bleiben sollen, voreingestellt sind 7 Tage, welchen Wert STATISTICS_LEVEL hat und wie lange das Intervall zwischen zwei AWR-Schnappschüssen sein soll. Speziell letzteres ist sehr wichtig. Falls Sie eine Performance-Analyse vornehmen sollen und noch nicht bekannt ist, wo das Problem denn nun genau liegt, sollten Sie hier starten und erst einmal das Intervall verkürzen. Voreingestellt sind 60 Minuten, dieser Wert ist zu grob. Gehen Sie runter auf 10 Minuten. Sie brauchen dann auch eventuell mehr Platz im SYSAUX Tablespace, da sollten Sie also auch ein wachsames Auge darauf werfen.

Schnappschüsse können in einem so genannten beibehaltenen Snapshot Set zusammengefasst werden. Navigieren Sie zuerst über den Link Snapshots von der Performance-Seite auf die Snapshots-Seite. Dort wählen Sie den Anfangs-Snapshot aus, unter den Aktionen dann 'Beibehaltenes Snapshot Set erstellen', und klicken auf den Button Weiter. Auf der nächsten Seite wählen Sie den End-Snapshot, optional können Sie auch noch dem Snapshot Set einen Namen geben. Dies ist sehr zu empfehlen, da die systemgenerierten Namen nicht sehr aussagekräftig sind. Wenn Sie dann auf den Button OK klicken, sollte das Snapshot Set erstellt werden und Sie sehen auf der Seite 'Beibehaltene Snapshot-Sets', welche Snapshot Sets existieren. Sie können dort auch verschiedene Aktionen auf diese Snapshot Sets auswählen. Die Aktion 'Bericht anzeigen' erzeugt einen AWR-Bericht, 'ADDM ausführen' ruft den ADDM für das Snapshot Set aus, 'Zeiträume vergleichen' erlaubt den Vergleich zweier Snapshot Sets und 'SQL Tuning Set erstellen' erstellt ein SQL Tuning Set.

Manuell können Sie jederzeit einen Schnappschuss direkt erstellen. Klicken Sie dazu auf der Performance-Seite auf den entsprechenden Button:

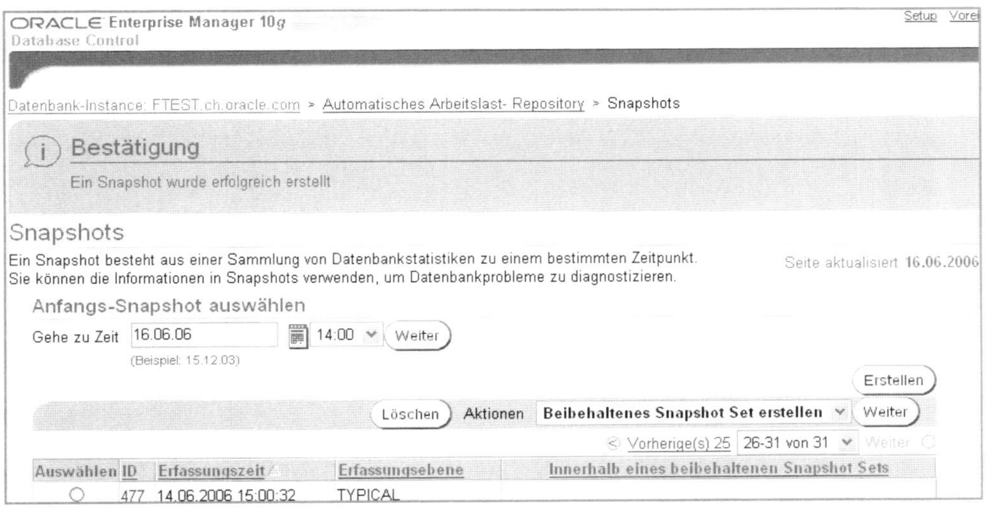

Statistiken sehen Sie im Enterprise Manager an verschiedenen Stellen, die Werte aus V$SYSSTAT, vor allem auf der Seite Instance-Aktivität, zeigt das folgende Bild (nächste Seite).

Wie Sie dort sehen, können Sie über die verschiedenen Reiter wie Cursor, Transaktion, Session etc. gezielt die entsprechenden Statistiken auswählen.

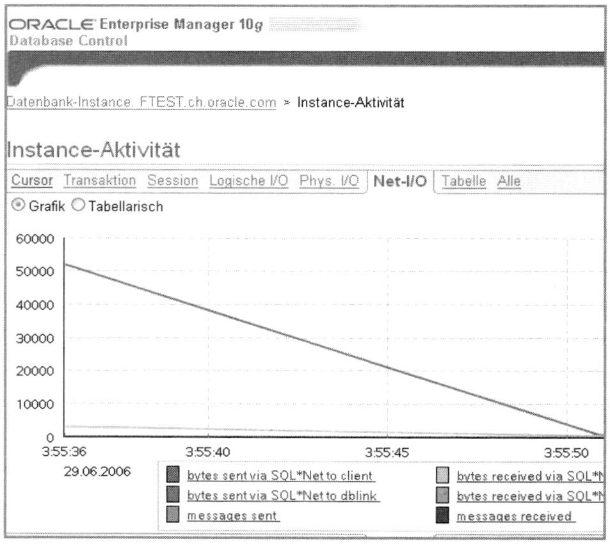

Die verschiedenen Advisories inklusive ADDM und SQL Tuning Advisor /SQL Access Advisor können Sie alle über den Link Zentrales Advisory erreichen. Sie haben dort alle Advisories auf einer Seite versammelt:

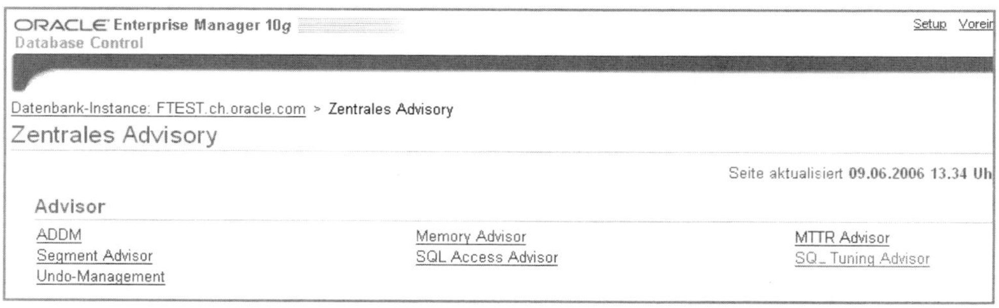

Sehr nützlich für das Tuning kann auch die Seite 'Doppelte SQL' sein. Dort sehen Sie allerdings auch Oracle-interne Anweisungen, wie die folgende Abbildung zeigt.

Interessant ist hier natürlich vor allem applikatorisches SQL. Falls Sie ein Performance-Problem haben, weil eine Session durch Locks blockiert wird, sollten Sie das über die Seite 'Blockierende Sessions' sehen können, dort werden die entsprechenden Infos aus DBA_BLOCKERS und DBA_WAITERS dargestellt. Locks sehen Sie allgemein auf der Seite Instance-Sperren, dort können Sie neben blockierenden Locks auch benutzerdefinierte Locks, bzw. generell alle Locks sich anzeigen lassen.

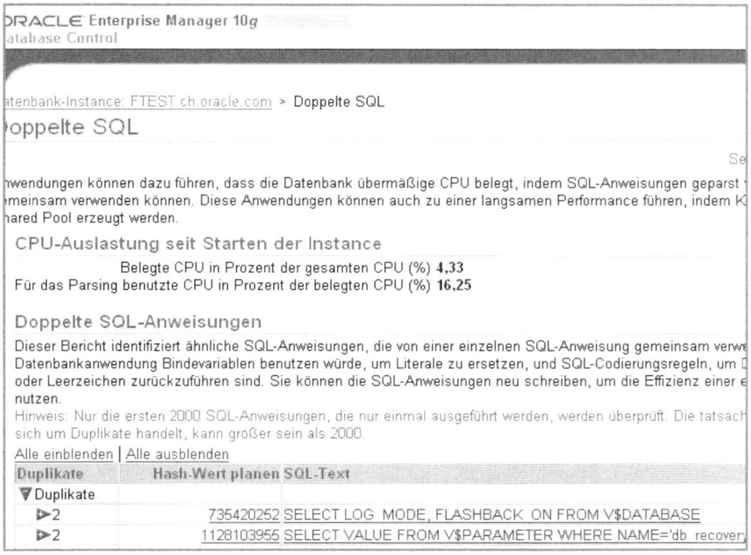

Den ASH-Bericht erzeugen Sie im Enterprise Manager, in dem Sie auf der Performance-Seite den Button 'ASH-Bericht ausführen' anklicken. Sie werden dann auf die nächste Seite weitergeleitet, dort müssen Sie dann Start- und Enddatum für den Bericht eingeben:

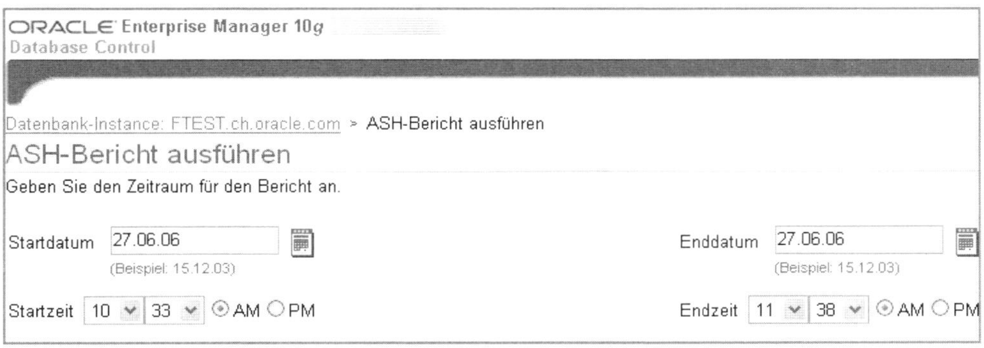

Für die Analyse einzelner Sessions ist die Seite 'Sessions suchen' hilfreich. Auf dieser Seite können Sie anhand verschiedener Suchkriterien wie SID, DB-Benutzername, Service, Modul etc. oder auch direkt über die WHERE-Klausel die Sie interessierende Session in V$SESSION suchen. Bitte beachten Sie, dass Kriterien wie Service oder Modul natürlich nur funktionieren, wenn die Session entsprechend über DBMS_MONITOR zw. DBMS_SESSION und/oder DBMS_APPLICATION_INFO instrumentiert wurde.

Die Untersuchung der einzelnen Session startet mit der Auswahl der Session. Auf der Seite mit den Session-Details kann dann auch der SQL Trace aktiviert werden.

Wie man hier sieht, ist nicht nur der einfache SQL Trace, sondern auch ein 10046 Level 8 oder 12 Trace ohne weiteres möglich.

Abgesehen davon haben Sie bereits auf der Seite mit den Session-Details über die verschiedenen Reiter Zugriff auf wichtige Tuning-Informationen, wie Sie in der nächsten Abbildung sehen können:

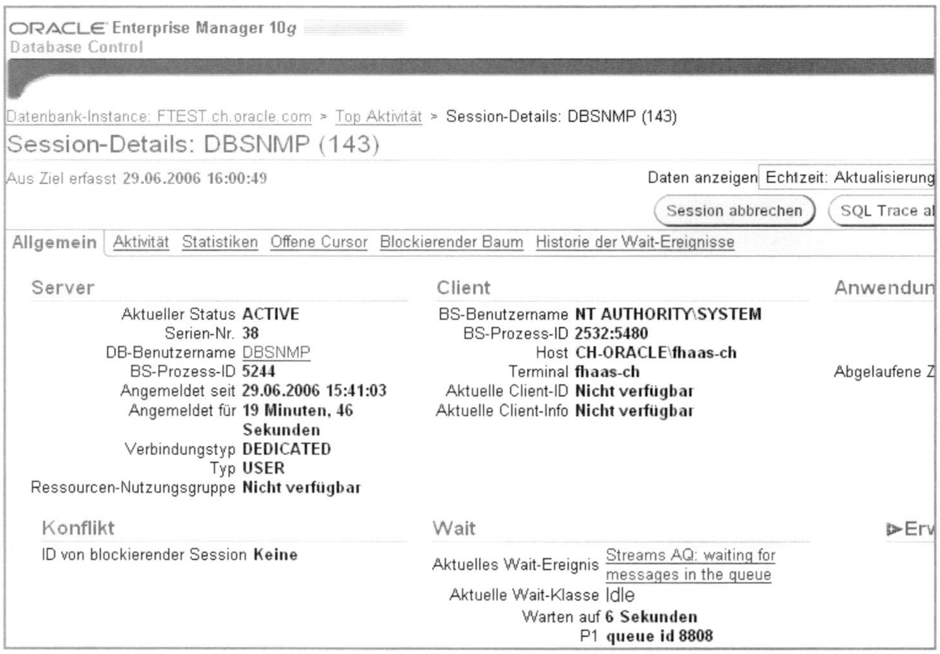

Sie haben, wie man hier sieht, eine Fülle von Informationen, auf die Sie zugreifen können. Für das Tuning sind natürlich vor allem die Waits inklusive der Historie der Wait-Ereignisse, die Statistiken und die jeweiligen Ausführungspläne von Bedeutung. Den Ausführungsplan für die aktuelle SQL-Anweisung erhalten Sie, in dem Sie unter dem Abschnitt Anwendung auf den Link unter 'Aktuelle SQL' klicken. Auf der Seite SQL-Details klicken Sie dann auf den Reiter Plan und der Ausführungsplan wird angezeigt.

6

6 Physikalische Strukturen

In diesem Kapitel werden Optimierungsmaßnahmen auf physikalischer Ebene, also auf Ebene der Festplatten und des Hauptspeichers, beschrieben.

6.1 Einleitung

Manche Leute betrachten eine Datenbank einfach als den großen Kübel, in den man die Daten hineinwirft, ohne dass man sich groß Gedanken machen muss, wie man sie wieder rausbekommt. Das ist Marketing, und Marketing sollte nicht mit der Realität verwechselt werden. Ganz so einfach ist es nämlich leider nicht, aber wir arbeiten daran. Schauen wir also mal genauer, wie sich die physikalische Speicherung der Daten auf die Performance auswirkt. Generell befolgen wir hier zwei Ziele:

1. Minimierung der physikalischen Festplatten I/O
2. Maximierung der Anzahl gleichzeitiger Prozesse auf der Datenbank

Beachten Sie bitte, dass ich von gleichzeitigen Prozessen spreche, nicht von Benutzern. Ein kleiner, aber feiner Unterschied.

6.2 Oracle im Hauptspeicher

Die Minimierung des physikalischen I/O geht offensichtlich einher mit der Maximierung des I/O im Hauptspeicher, genauer gesagt in der Oracle SGA. Die System Global Area (SGA) ist der Bereich, den Oracle beim Hochfahren der Datenbank für sich reserviert, und kann in vielerlei Hinsicht angepasst werden. Das wird hier und im Kapitel über Parameter im Detail besprochen.

Der Bereich, der dort für applikatorische Blöcke zur Verfügung steht, wird über verschiedene Parameter eingestellt und als Buffer Cache bezeichnet. Ab 9*i* können, falls SGA_

MAX_SIZE verwendet wird, diese Bereiche sogar im laufenden Betrieb angepasst werden. Das wird im Kapitel über Hochverfügbarkeitsumgebungen noch genauer betrachtet. Oracle 10*g* vereinfachte das durch SGA_TARGET noch mehr. Oracle unterscheidet zwar intern, ob es sich um einen Daten- oder Indexblock handelt, nicht aber bei der Konfiguration. Es stehen je nach Version verschiedene Varianten für die Einstellung des Buffer Cache zur Verfügung.

Die gebräuchlichste ist sicher die Einstellung über den Parameter DB_BLOCK_BUFFERS. Sie müssen die Zahl, die Sie hier angeben, mit dem Wert in DB_BLOCK_SIZE, der die Größe eines einzelnen Oracle-Blocks angibt, multiplizieren. Wenn Sie also 10000 DB_BLOCK_BUFFERS bei einer DB_BLOCK_SIZE von 8192 Byte haben, beträgt Ihr Buffer Cache 8192 x 10000 = 80 Megabyte.

Oracle 9*i* führte dann die Möglichkeit ein, die Oracle-Blockgröße pro Tablespace anzugeben. Dann können Sie verschiedene Caches für die verschiedenen Blockgrößen angeben, und zwar über DB_<Größe>_CACHE_SIZE. Hier werden aber absolute Größen angegeben, es muss also nichts multipliziert werden. Im folgenden Beispiel werden 64 MB für Blöcke mit 8 KB und 64 MB für Blöcke mit 16 KB konfiguriert:

```
db_8k_cache_size = 67108864
db_16k_cache_size = 67108864
```

Es besteht auch die Möglichkeit analog zu DB_BLOCK_BUFFERS nur einen Bereich für den Buffer Cache anzugeben, was dann über DB_CACHE_SIZE erledigt wird. DB_CACHE_SIZE und DB_BLOCK_BUFFERS sind nicht kompatibel miteinander, Sie müssen also entweder das eine oder das andere verwenden. Ab Oracle 9*i* können Sie über das Setzen des Parameters DB_CACHE_ADVICE das Buffer Cache Advisory anschalten. Danach können Sie in V$DB_CACHE_ADVICE nachschlagen, was Ihnen Oracle empfehlen würde. Die Applikation sollte natürlich eine entsprechende Zeit vorher laufen, sonst ergibt diese Abfrage wenig Sinn:

```
SQL> select name,size_for_estimate est_size, size_factor fac, BUFFERS_FOR_ESTIMATE
buffers,
2* ESTD_PHYSICAL_READ_FACTOR read_fac, ESTD_PHYSICAL_READS phys_reads from
v$db_cache_advice

NAME           EST_SIZE   FAC        BUFFERS    READ_FAC   PHYS_READS
-------------- ---------- ---------- ---------- ---------- ----------
DEFAULT        4             ,1667      500        39.39    5,719,410
DEFAULT        8             ,3333    1,000        18.43    2,675,441
DEFAULT        12            ,5       1,500         5.60      812,429
DEFAULT        16            ,6667    2,000         2.39      346,305
DEFAULT        20            ,8333    2,500         1.10      160,189
DEFAULT        24           1         3,000         1.00      145,189
DEFAULT        28           1,1667    3,500          .97      140,559
DEFAULT        32           1,3333    4,000          .89      129,077
DEFAULT        36           1,5       4,500          .84      121,670
DEFAULT        40           1,6667    5,000          .82      118,522
DEFAULT        44           1,8333    5,500          .82      118,522
DEFAULT        48           2         6,000          .73      106,114
DEFAULT        52           2,1667    6,500          .70      101,299
DEFAULT        56           2,3333    7,000          .70      101,299
...
```

Auf meinem Laptop benutze ich augenblicklich nur 24 MB für den Buffer Cache; das ist die Zeile, bei der SIZE_FACTOR auf 1 steht. Würde ich nur 12 MB für den Buffer Cache verwenden, wären es 812.429 Reads statt 145.189, also 5,6 mal so viel wie momentan. Eine Erhöhung auf 52 MB dagegen würde knapp 30% weniger Buffer Reads bedeuten. Noch größere Buffer Caches würden aber keine weitere Verringerung mehr bringen. Das Buffer Cache Advisory kann über ALTER SYSTEM SET DB_CACHE_ADVICE dynamisch ein- und ausgeschaltet werden. Während es aktiviert ist, belastet es CPU und Hauptspeicher zusätzlich. Steht der nicht zur Verfügung, kommt es zu einem Fehler. Deshalb kann das Buffer Cache Advisory auch auf READY geschaltet werden. Dann ist zwar das Advisory nicht aktiviert, aber der Hauptspeicher für das Advisory bleibt belegt.

Ein applikatorischer Block bleibt im Buffer Cache, solange auf ihn immer wieder zugegriffen wird. Intern wird der Buffer Cache als LRU (Least Recently Used) Queue realisiert. Eine LRU Queue hat die Eigenschaft, dass Blöcke, auf die nicht dauernd zugegriffen wird, sehr schnell aus dieser Queue wieder herausfallen. Eine LRU Queue hat zwei Seiten, das LRU(Least Recently Used)- und das MRU(Most Recently Used)-Ende. Die Seite, auf die dauernd zugegriffen wird, ist die MRU-Seite. Blöcke, die über Index eingelesen wurden, landen auf dieser Seite. Blöcke, die über Full Table Scans gelesen wurden, hingegen landen gleich auf der anderen Seite. Blöcke, auf die nicht zugegriffen wird, wandern vom MRU-Ende zum LRU-Ende, um dort schließlich wieder ganz herauszufallen; dann wird der Block wieder auf die Festplatte geschrieben. Das geschieht sehr schnell, Oracle macht eher Platz, bevor es den Block möglichst lange im Buffer Cache behält. Ein Block muss immer wieder „angewärmt" werden. Wenn Sie jetzt bereits wissen, dass Sie die Daten, auf die Sie jetzt zugreifen, später ohnehin wieder benötigen, können Sie das Oracle gleich sagen. Sie können bei einzelnen Objekten festlegen, dass diese im Cache gehalten werden sollen. Das sollten insbesondere bei Referenz- und Stammdaten, die immer wieder verwendet werden, geschehen.

Sie können Tabellen, Indizes und Cluster cachen. Ursprünglich geschah dies über die Anweisung CACHE beim CREATE/ALTER von Tabellen oder Indizes. Damit sagen Sie Oracle, dass die Blöcke des Objektes am MRU-Ende gehalten werden sollen. Das wiederum bedeutet, Sie müssen das Objekt erst einmal laden. Die einfachste Möglichkeit zum Laden von Tabellen besteht in einem Full Table Scan. Im Data Dictionary wird das Attribut CACHE in den Views DBA_TABLES, ALL_TABLES und USER_TABLES dann auf 'Y' gesetzt. Für Indizes dito in DBA_INDIZES, ALL_INDIZES und USER_INDIZES. Für Cluster schließlich finden Sie die Information in DBA_CLUSTERS/ALL_CLUSTERS/USER_CLUSTERS. Das erlaubt uns bereits beim Starten der Datenbank, alle diese Tabellen zu laden:

```
create or replace trigger tr_startup
after startup on database
declare
str varchar2(100);
begin
 for c1_rec in (select owner, table_name from dba__tables where
trim(cache)='Y') loop
     str:= 'select * from '||c1_rec.owner||'.'||c1_rec.table_name;
     execute immediate str;
```

```
  end loop;
end;
/
```

Beachten Sie die Verwendung der Funktion TRIM(CACHE) zur Einschränkung der Abfrage. Sie ist notwendig, weil das Feld CACHE im Data Dictionary mit Leerzeichen aufgefüllt ist. Bei Indizes wird es ein wenig komplizierter, dort muss die Anweisung so gebaut werden, dass die indizierten Spalten genommen werden. Hier könnte dann auch ein Hint eingesetzt werden.

Bereits mit Oracle 8.0 wurde dann eine Verfeinerung eingeführt, die so genannten Buffer Pools. Das bedeutet nichts anderes als die Aufteilung des Buffer Cache nach applikatorischen Gesichtspunkten. Die Daten, die jetzt im Cache gehalten werden sollen, erhalten einen eigenen Buffer Cache. Buffer Pools gibt es insgesamt drei. Da ist zuerst der DEFAULT Buffer Pool zu nennen. Das ist der Buffer Cache, so wie wir ihn bereits kennen. Wird nichts angegeben, landen die Blöcke in diesem Bereich. Daneben existiert der KEEP Buffer Pool. Blöcke in diesem Bereich sollen möglichst lange dort bleiben, das entspricht also der CACHE-Option von vorhin. In Oracle 10*g* werden übrigens alle Tabellen, die kleiner als 20 Oracle-Blöcke (oder 2% des Buffer Cache, was immer größer ist) sind, automatisch gecacht, wenn STATISTICS_LEVEL zumindest auf TYPICAL steht. Als letzter Bereich existiert noch der RECYCLE Buffer Pool. Blöcke in diesem Bereich sollen möglichst schnell herausfallen. Das ist vor allem für große Tabellen interessant, auf die nur selten und dann über einen Index zugegriffen wird. Beim Zugriff über einen Index platziert Oracle die Blöcke am MRU Ende im Buffer Cache. Da aber die Tabellendaten in diesem Fall nach dem Zugriff nicht gleich wieder verwendet werden, ist es besser, sie in den RECYCLE Pool zu bringen, aus dem sie schnell wieder herausaltern. Machen wir das nicht, kann es passieren, dass diese Blöcke den Default Buffer Cache füllen. Ein typisches Einsatzgebiet für den RECYCLE Pool sind historische und Logging-Daten. Angenommen, in der Applikation wird bei jeder Veränderung von Daten in einer speziellen Tabelle die Historie nachgeführt. Nehmen wir mal an, diese Tabelle hieße MUT_DATUM und enthalte: wer, wann, was. In der Spalte WER stehe dann immer, wer die Modifikation durchführte, in der Spalte WANN das Datum der Veränderung und in der Spalte WAS, was geändert wurde, zum Beispiel das konkrete SQL.

Wir können annehmen, dass in diese Tabelle eigentlich nur neue Sätze laufend hinzugefügt werden. UPDATE und DELETE kommen nicht vor, damit würden wir ja die Historie zerstören. Von Zeit zu Zeit werden Auswertungen gegen die Tabelle laufen, aber sicher nicht dauernd. In solch einem Fall ist es vorteilhaft, wenn immer wieder Platz für neue Blöcke geschaffen wird – deshalb gibt es den RECYCLE Pool. Die verschiedenen Buffer Pools geben Sie wieder über CREATE/ALTER an, diesmal allerdings in der BUFFER_POOL-Option innerhalb der STORAGE-Klausel. Hier zwei kleine Beispiele:

```
alter table emp storage (buffer_pool keep);
alter table mut_datum storage (buffer_pool recycle);
```

Die Information, welchem Buffer Pool ein Objekt zugeordnet ist, wird auch wieder im Data Dictionary abgelegt. Die Spalte BUFFER_POOL finden Sie für Tabellen in DBA_TABLES/ALL_TABLES/USER_TABLES. Für Indizes und Cluster verwenden Sie wieder die

Data Dictionary Views DBA_INDEXES/ALL_INDEXES/USER_INDEXES und DBA_CLUSTERS/ALL_CLUSTERS/USER_CLUSTERS. Die Größe der Buffer Pools in der SGA wird wieder über Parameter bestimmt. In 8*i* erfolgt dies über BUFFER_POOL_KEEP und BUFFER_POOL_RECYCLE. Dort geben Sie in der einfachsten Form einfach die Anzahl der Oracle-Blöcke für den jeweiligen Bereich an. Ab 9*i* erfolgt dies wieder in absoluter Form über DB_KEEP_CACHE_SIZE und DB_RECYCLE_CACHE_SIZE. Auch hier bietet sich wieder das Laden zur Startzeit an:

```
create or replace trigger tr_startup
after startup on database
declare
str varchar2(100);
begin
 for c1_rec in (select owner, table_name from dba__tables where
buffer_pool='KEEP') loop
     str:= 'select * from '||c1_rec.owner||'.'||c1_rec.table_name;
     execute immediate str;
 end loop;
end;
/
```

Sie müssen sich noch überlegen, wie groß die jeweiligen Buffer Pools dann sein müssen. Am einfachsten ermitteln Sie das über die Größe des Objekts. Die Größe einer Tabelle oder eines Index können Sie für Tabellen über die Spalte BLOCKS in den Data Dictionary Views DBA_TABLES/ALL_TABLES/USER_TABLES ermitteln. Für Indizes nehmen Sie DBA_INDEXES/ALL_INDEXES/USER_INDEXES. Achtung: BLOCKS enthält nur Werte, wenn Statistiken vorhanden sind. Alternativ nehmen Sie die Spalte BLOCKS aus DBA_SEGMENTS/ALL_SEGMENTS/USER_SEGMENTS. Sie können auch BLOCKS aus DBA_EXTENTS/ALL_EXTENTS/USER_EXTENTS aufsummieren. Sie müssen den Wert dann noch mit der Oracle-Blockgröße multiplizieren, um wieder einen absoluten Wert zu erhalten.

Ab Oracle 9*i* können Sie die Blockgröße pro Tablespace festlegen. Das ist natürlich hochinteressant für das Tuning. Es stehen Größen von 2 KB bis zu 32 KB zur Verfügung. Wenn Sie das machen, müssen Sie allerdings vorher noch den entsprechenden Buffer Cache angeben. Sie können DB_2K_CACHE_SIZE, DB_4K_CACHE_SIZE, DB_8K_CACHE_SIZE, DB_16K_CACHE_SIZE und DB_32K_CACHE_SIZE setzen. Wie bei DB_CACHE_SIZE geben Sie hier einen festen Wert an. Der Wert sollte natürlich durch die jeweilige Blockgröße teilbar sein. Sie können hier nur Werte angeben, die nicht bereits durch die voreingestellte DB_BLOCK_SIZE gesetzt sind. Es ist wahrscheinlich keine gute Idee, hier Werte zu nehmen, die kleiner als die Blockgröße des Betriebssystems sind. Die Verwendung unterschiedlicher Blockgrößen wird noch nicht allzu sehr propagiert und Oracle rät davon im Moment eher ab, weil die Verwendung unterschiedlicher Blockgrößen die Verwaltung der Datenbank erschwert. Dieses Feature macht erst Transportable Tablespaces mit verschiedenen Blockgrößen möglich, und dort sehe ich auch das Haupteinsatzgebiet. Als Tuningmaßnahme sehe ich es mittlerweile mit gewissen Vorbehalten, da der größte Teil des I/O sich ohnehin im Hauptspeicher abspielen sollte.

Die zweite wichtige Größe neben dem Buffer Cache ist der Shared Pool. Der Shared Pool wird über den Parameter SHARED_POOL_SIZE konfiguriert. Dort wird von Oracle Shared SQL zwischengespeichert. Shared SQL ist, wie der Name sagt, SQL, das von mehreren Benutzern gemeinsam genutzt werden kann. Applikatorisch ist das eine der wichtigsten Tuning-Maßnahmen überhaupt. Ohne Shared SQL wird eine Applikation sehr bald ihre Grenzen erreichen. Shared SQL ist für Oracle SQL, das bestimmte Kriterien erfüllt. Das wichtigste dabei ist die Tatsache, dass der Text identisch ist. Identisch bedeutet hier wirklich identisch und buchstäblich. Leerzeichen und Groß- und Kleinschreibung zählen hier mit, Oracle ist da extrem pingelig. Die folgenden drei Anweisungen werden von Oracle nicht als identisch betrachtet:

```
select * from emp;
select *  from emp; -- ein Leerzeichen zuviel
select * from Emp; -- klappt wieder nicht, das E ist großgeschrieben
```

Auch bei den folgenden Anweisungen geht es nicht. Zwar sind die Anweisungen identisch, aber die verwendeten Zeichenketten unterscheiden sich:

```
select * from emp where ename='SMITH';
select * from emp where ename='SMITT'; -- ein Buchstabe reicht...
```

Dieses Verhalten ist der Hauptgrund, warum jede Applikation Bind-Variablen verwenden sollte. Wenn Sie Bind-Variablen verwenden, können Sie beliebige Zeichenketten durch Variablen ersetzen, die dann zur Laufzeit aufgelöst werden. Damit würde die vorherige Anweisung so aussehen:

```
select * from emp where ename=':Var_name';
```

Bind-Variablen müssen selbstverständlich auch im Namen übereinstimmen. Die folgenden beiden Anweisungen können zwar Bind-Variablen verwenden, werden von Oracle aber als unterschiedliche Anweisungen mit verschiedenen Bind-Variablen interpretiert:

```
select * from emp where ename=':Var_name';
select * from emp where ename=':Var_Name';
```

Bei Bind-Variablen müssen auch der Datentyp und die Länge des Datentyps übereinstimmen, bevor Oracle sie als Shared SQL betrachtet. Was ebenso für zwei Anweisungen übereinstimmen muss, ist die Umgebung der Session. Insbesondere ALTER SESSION-Einstellungen spielen hier eine Rolle. Am prominentesten dürfte hier die Anweisung ALTER SESSION SET OPTIMIZER_MODE sein.

Setzt der Benutzer eine neue Anweisung ab, prüft Oracle zuerst, ob die Abweisung bereits im Shared Pool vorhanden ist. Das funktioniert grob über folgenden Mechanismus: Der SQL-Anweisung wird ein Hashwert zugewiesen. Dann wird geprüft, ob dieser Hashwert bereits im Hauptspeicher als Anweisung existiert. Der Hashwert dient also intern als Index auf den SQL-Cache. Existiert die Anweisung bereits und kann sie auch noch als Shared SQL verwendet werden, ist die Arbeit für den Optimizer erst mal im Wesentlichen erledigt. Die Anweisung liegt ja bereits im Hauptspeicher vor und der Ausführungsplan für die Anweisung ist auch schon da. Alles, was noch getan werden muss, ist das Einsetzen von Werten in Bind-Variablen während der Ausführung. Das ist der Idealfall und nennt sich Soft Parse. Bei einem Hard Parse dagegen ist die Anweisung noch nicht im Shared Pool. In diesem Fall muss Oracle erst noch den Ausführungsplan ermitteln, bevor es die eigentliche Abfrage ausführen kann. Diese Form des Parsens ist also wesentlich aufwändiger als ein Soft Parse. Jetzt muss Oracle wieder alle Schritte des Parsens inklusive Syntax- und Autorisierungsüberprüfung durchlaufen, bevor die Anweisung ausgeführt werden kann.

Es sollte jetzt auch klar geworden sein, warum der Einsatz von Shared SQL so wichtig ist. Wenn Sie ein Oracle-Projekt zum Untergang verdammen wollen, brauchen Sie nur SQL ohne Bind-Variablen zu schreiben, das am besten noch dauernd dynamisch erzeugt wird. Damit wird jede Skalierung sehr effektiv verhindert. Wenn mehr Benutzer dazukommen, muss die Applikation neu geschrieben werden. Es muss allerdings festgestellt werden, dass auch dynamisches SQL mit Bind-Variablen arbeiten kann. Ich bin kein Feind von dynamischem SQL, aber Bind-Variablen sind auch hier unabdingbar. Ob eine Applikation viel dynamisches SQL beziehungsweise SQL ohne Bind-Variablen benutzt, können Sie den Systemstatistiken in V$SYSSTAT entnehmen. Eine gut geschriebene Applikation sollte sehr viel weniger Parse- als Execute-Aufrufe haben. Es sollte nicht so aussehen wie hier im Beispiel, bei dem fast jede zweite Anweisung geparsed wird:

```
SQL> select name,value from v$sysstat
where name in ('parse count (total)','execute count');

parse count (total) 201267
execute count       438286
```

Das Verhältnis Hard Parse zu Soft Parse können Sie auch aus V$SYSSTAT entnehmen. Hier sind wir an möglichst vielen Soft Parses beziehungsweise möglichst wenig Hard Parses interessiert. Im folgenden Beispiel sieht es gar nicht so schlecht aus:

```
SQL> select name,value from v$sysstat
where name in ('parse count (total)','parse count (hard)');

parse count (total) 201165
parse count (hard)     764
```

Neben SQL-Anweisungen wird auch PL/SQL im Shared Pool ausgeführt. Auch hier ist es wünschenswert, dass applikatorische Programme, die häufiger ausgeführt werden, im Shared Pool bleiben. Oracle nennt das Pinnen. Der applikatorische Code wird also sozusagen an eine Pinwand in die SGA geklemmt. Für das Pinnen verwenden Sie die KEEP() Prozedur im DBMS_SHARED_POOL-Package. Neben PL/SQL-Packages können Sie damit auch Stored Procedures, Funktionen oder Trigger im Shared Pool pinnen. Der einzige geringfügige Nachteil besteht dann darin, dass Sie den Code nicht mehr so einfach im laufenden Betrieb ändern können. Sie müssen ihn eventuell zuerst wieder von der Pinwand entfernen. Dafür gibt es die Prozedur UNKEEP(). Neben applikatorischem Code können natürlich auch Oracle-interne Packages hier angegeben werden, DBMS_STANDARD wird empfohlen. Sequenzwerte werden auch im Shared Pool gehalten. Bei Sequenzen geschieht das mehr oder weniger automatisch, das erfolgt dort über die Angabe CACHE beim CREATE oder ALTER SEQUENCE. Hier wird festgelegt, wie viele aufeinander folgende Sequenzwerte im Hauptspeicher zur Verfügung gehalten werden sollen. Oracle 10*g* führte noch die Möglichkeit ein, Sequenzwerte über DBMS_SHARED_POOL zu pinnen. Damit wird das leidige Problem verloren gegangener Sequenzwerte deutlich entschärft.

Mit V$SHARED_POOL_ADVICE existiert seit Oracle 9.2 auch ein Ratgeber für die Dimensionierung des Shared Pool. In der Spalte ESTD_LC_TIME_SAVED_FACTOR sehen Sie dort für eine bestimmte Größe des Shared Pool, wie viel Zeit Sie schätzungsweise beim Parsen mit dieser Größe sparen, weil das Objekt nicht mehr neu in den Shared Pool geladen werden muss. In Oracle 10*g* wurde die View ausgebaut, dort sehen Sie in ESTD_LC_LOAD_TIME_FACTOR auch noch, um welchen Faktor die Ladezeit schätzungsweise reduziert wird. Schauen wir uns das mal genauer an:

```
SQL> col SHARED_POOL_SIZE_FOR_ESTIMATE for 9999 head wert
SQL> col SHARED_POOL_SIZE_FACTOR head factor
SQL> col ESTD_LC_SIZE head lc_mb
SQL> col ESTD_LC_MEMORY_OBJECTS head anzahl
SQL> col ESTD_LC_TIME_SAVED head zeit
SQL> col ESTD_LC_TIME_SAVED_FACTOR head zeitf
SQL> col ESTD_LC_TIME_SAVED_HITS head hits
SQL> col ESTD_LC_TIME_SAVED_FACTOR head est_fac
SQL> set linesize 200
SQL> select * from v$shared_pool_advice;

wert factor     lc_mb      anzahl     zeit       est_fac    hits
---- ---------- ---------- ---------- ---------- ---------- ------
24    ,5        10         2021       15865      1          532455
32    ,6667     10         2021       15865      1          532455
40    ,8333     10         2021       15865      1          532455
48   1          10         2021       15865      1          532455
56   1,1667     10         2021       15865      1          532455
64   1,3333     10         2021       15865      1          532455
72   1,5        10         2021       15865      1          532455
80   1,6667     10         2021       15865      1          532455
88   1,8333     10         2021       15865      1          532455
96   2          10         2021       15865      1          532455

10 Zeilen ausgewählt.
```

Hier verwende ich aktuell 48 MB (das ist factor 1), und wie man sieht, passiert auf diesem Spielsystem nichts. Ich könnte auch auf 24 MB heruntergehen (factor = 0,5) oder auf 48 MB verdoppeln (factor = 2), ohne dass sich etwas an der Performance ändert.

In Oracle 10*g* existiert mit V$JAVA_POOL_ADVICE auch ein Ratgeber für die Dimensionierung der Größe des Parameters JAVA_POOL. Die Auswertung hier erfolgt analog zu V$SHARED_POOL_ADVICE.

Für die korrekte Dimensionierung von PGA_TARGET existiert seit Oracle 9.2 V$PGA_TARGET_ADVICE. Wie man diesen View verwendet, ist im Kapitel über Parallelisierung im Detail beschrieben.

Die maximale Größe der SGA ist abhängig von mehreren Faktoren. Der wichtigste Faktor hierbei ist sicher, ob es sich um eine 32 Bit- oder 64 Bit-Version von Oracle beziehungsweise dem Betriebssystem handelt. Allgemein können Sie davon ausgehen, dass unter 32 Bit eine Maximalgröße zwischen 2 GB und 4 GB möglich ist. Unter 64 Bit liegt die Voreinstellung über 10gB, was in den meisten Fällen gut ausreicht. Wenn Parallel Query verwendet wird kann es dort allerdings manchmal notwendig werden, den Speicherbereich für das applikatorische Programm, die PGA, zu vergrößern.

Automatic Shared Memory Management (ASMM)

Oracle 10*g* führte auch Automatic Shared Memory Management, kurz ASMM, ein. Manchmal finden Sie dafür auch die Bezeichnung Autotuning SGA. Damit werden folgende Bereiche durch Oracle automatisch und dynamisch belegt:

- DB_CACHE_SIZE
- SHARED_POOL_SIZE
- LARGE_POOL_SIZE
- JAVA_POOL_SIZE

Das erfolgt über einen neuen Hintergrundprozess, den Memory Manager (MMAN). Automatic Shared Memory Management aktivieren Sie über den SGA_TARGET-Parameter und schalten es aus, indem Sie den Parameter auf 0 setzen. Das ist auch die Voreinstellung. Eine zweite Bedingung ist wieder einmal, dass STATISTICS_LEVEL zumindest auf TYPICAL steht.

Sie geben in SGA_TARGET die Gesamtgröße für alle diese Bereiche an. SGA_TARGET deckt aber nicht alle Bereiche ab, speziell die Nicht-Standardbereiche müssen noch gesetzt werden. Die folgenden Parameter müssen also immer manuell eingestellt werden:

- DB_KEEP_CACHE_SIZE,
- DB_RECYCLE_CACHE_SIZE
- DB_<n>K_CACHE_SIZE (<n> = 2,4,8,16,32)
- LOG_BUFFER
- STREAMS_POOL_SIZE. STREAMS_POOL_SIZE ist neu in Oracle 10*g* und wird nur benötigt, wenn Sie Oracle Streams verwenden.

SGA_TARGET kann dynamisch über ALTER SYSTEM gesetzt werden. Ist er festgelegt, gibt er die Obergrenze an, bis zu der Oracle den Hauptspeicher belegen kann. Sie können die verschiedenen Caches wie SHARED_POOL_SIZE etc. dann aber immer noch setzen, damit geben Sie dann Oracle eine Untergrenze an, bis zu der der jeweilige Bereich schrumpfen kann. Das Monitoring von ASMM erfolgt über die View V$SGA_RESIZE_OPS.

Aufpassen müssen Sie bei SGA_MAX_SIZE. Ist dieser Parameter gesetzt, wird der angegebene Bereich gleich beim Startup belegt und bildet eine Untergrenze. Der belegte Hauptspeicher kann dann nicht mehr unter diese Grenze schrumpfen. Gleichzeitig ist die Differenz zwischen SGA_TARGET und SGA_MAX_SIZE der Bereich, aus dem Oracle dynamisch Hauptspeicher für die verschiedenen Pools, aber nicht den Buffer Cache, zuweisen kann. Ist SGA_TARGET aber gleich SGA_MAX_SIZE, wird der verfügbare Hauptspeicher bereits beim Startup vollständig belegt. In diesem Fall wird dann je nach Bedarf Hauptspeicher für die Pools aus dem Buffer Cache genommen, aber dieser Hauptspeicher wird nicht mehr zurückgegeben. Hier eine beispielhafte Auswertung aus V$SGA_RESIZE_OPS, die das Verhalten demonstriert:

```
COMPONENT              OPER_TYPE  INITIAL  TARGET  FINAL   START    END
---------------------- ---------  -------  ------  ------  -------- --------
DEFAULT buffer cache   SHRINK     4752.0   4736.0  4736.0  25.04.06 25.04.06
DEFAULT buffer cache   SHRINK     4736.0   4720.0  4720.0  25.04.06 25.04.06
DEFAULT buffer cache   SHRINK     4720.0   4704.0  4704.0  25.04.06 25.04.06
....
DEFAULT buffer cache   SHRINK     2624.0   2512.0  2512.0  27.04.06 27.04.06

shared pool            GROW        304.0    320.0   320.0  25.04.06 25.04.06
shared pool            GROW        320.0    336.0   336.0  25.04.06 25.04.06
shared pool            GROW        336.0    352.0   352.0  25.04.06 25.04.06
...
shared pool            GROW       2320.0   2432.0  2432.0  27.04.06 27.04.06
shared pool            GROW       2432.0   2544.0  2544.0  27.04.06 27.04.06

106 rows selected.
```

Wie Sie hier ganz deutlich über einen Zeitraum von nur drei Tage sehen, wächst der Shared Pool kontinuierlich, während der Buffer Cache schrumpft. Das wird auch nicht besser, wenn Sie den Shared Pool flushen. Dieses Verhalten kann zwar durch das Setzen des undokumentierten Parameters _MEMORY_BROKER_SHRINK_HEAPS auf 30 verändert werden, aber besser ist es, nur SGA_TARGET zu setzen und die anderen Parameter nicht. Aufgepasst, vor 10.2 funktionieren die automatische Konfiguration des Java Pools und des Large Pools teilweise nicht.

6.3 Oracle-Systembereiche

Der weitaus größte Teil der Datenbank wird aber nicht im Hauptspeicher laufen, sondern auf der Festplatte liegen. Dabei handelt es sich nicht nur um applikatorische Daten, sondern auch um Oracle-interne Bereiche. Das sind dann entweder Dateien, Verzeichnisse oder Tablespaces. Ein Tablespace ist einfach der logische Begriff in Oracle für einen Behälter, in den Sie Datenbankobjekte packen können. Dabei kann ein Tablespace seinerseits aus mehreren Dateien bestehen:

- Der System-Tablespace. Hier hält Oracle das Data Dictionary. In diesen Tablespace wird viel geschrieben und viel gelesen, der Zugriff erfolgt zufällig. Falls Dictionary-Managed Tablespace verwendet werden, erfolgt hier auch über die beiden Tabellen UET$ und FET$ die Verwaltung des belegten und freien Platzes innerhalb der Datenbank.
- Der Sysaux-Tablespace. Den gibt es erst seit Version 10, dort ist er zwingend. In diesen Tablespace packt Oracle alles, wofür die internen Utilities und Optionen Platz brauchen. In diesen Tablespace wird viel geschrieben und gelesen, er kann sehr stark wachsen, zum Beispiel über die aktive Session History, die es seit Version 10 gibt.
- Der Rollback- oder Undo-Tablespace. Hier wird der Transaktionszustand am Anfang jeder Transaktion festgehalten. Dieser Tablespace ist mit einer der aktivsten überhaupt, auch hier ist das Zugriffsmuster zufällig.
- Das Redo Log. Jede Transaktion wird im Redo Log protokolliert. Der Zugriff erfolgt streng sequenziell, sowohl beim Lesen wie beim Schreiben. Geschrieben wird dauernd, gelesen vor allem beim Archivieren und beim Recovery. Es müssen mindestens zwei

Redo Logs vorhanden sein. Aus Recovery-Gründen sollten diese unbedingt und vorzugsweise über Oracle Multiplexing gespiegelt werden.

- Das Archive Redo Log-Verzeichnis. Gefüllte Redo Logs werden ins Archive Redo Log-Verzeichnis kopiert, falls die Datenbank im ARCHIVELOG-Modus fährt. Nur in diesem Modus sind Online Backups und Point-In-Time Recovery möglich.
- Der Temporary Tablespace. In diesem Tablespace werden temporäre Daten, die bei Sortiervorgängen entstehen, zwischengespeichert.
- Daten- und Index-Tablespace. In diesen Tablespaces, von denen es je nach Applikation sehr viele geben kann, werden die applikatorischen Daten und Indizes untergebracht. Obwohl technisch nicht zwingend, ist es für das Recovery und die applikatorische Wartung besser, wenn Daten und Index getrennt sind.
- Die Verzeichnisse für die Trace-Dateien. Oracle schreibt wichtige Ereignisse im Leben der Datenbank, also Veränderungen in der Metastruktur (beispielsweise ein ALTER TABLESPACE) oder auch, wann die Datenbank hoch- oder runtergefahren wird, sowie gewisse Fehler in die alert.log-Datei. Diese Datei und allfällige Trace-Dateien, die zum Beispiel während des Tunings erzeugt werden, werden in die verschiedenen Trace-Verzeichnisse geschrieben.
- Der Ladebereich. Dieses Verzeichnis bildet die Schnittstelle zu anderen Datenbanken, bei der ganze Dateien übertragen werden.

Diese Unterteilung ist ein wenig willkürlich. Dem aufmerksamen Datenbankadministrator ist sicherlich auch nicht entgangen, dass kein Platz für die Oracle-Controlfiles definiert ist. Da diese Dateien aber sehr klein sind, bringe ich sie einfach zusätzlich in den Trace-Verzeichnissen und im Ladebereich unter (siehe folgende Abbildung):

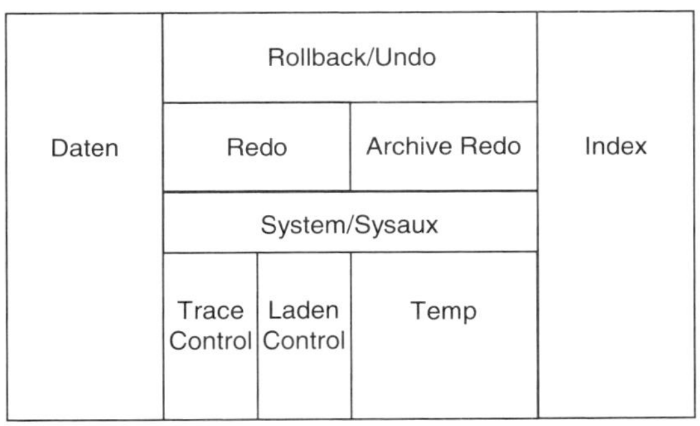

Die Frage, wie diese Dateien, Verzeichnisse und Tablespaces optimal zu platzieren sind, wird unterschiedlich beantwortet. In der Vergangenheit galt OFA (Optimal Flexible Architecture) als das Maß der Dinge. Dieser Ansatz wurde Mitte der 90er Jahre entwickelt und erfreut sich nach wie vor großer Beliebtheit, zumal auch der Oracle Installer diese Aufteilung beim Anlegen der Datenbank unterstützte. OFA sieht vor, dass Oracle-Software und Datenbanken getrennt sind. Die Oracle-Software wird dabei unter der jeweiligen Version in ein eigenes Verzeichnis installiert. Das erlaubt die Installation mehrerer Versionen auf der gleichen Maschine und eine schnelle Identifikation der Version. Weiter ist vorgesehen, dass jede Datenbank ein eigenes Unterverzeichnis hat. Unter diesem Unterverzeichnis gibt es dann weitere Unterverzeichnisse für die verschiedenen Bereiche und Tablespaces. Das Ganze folgt also sehr der Aufteilung, wie sie uns von der Unix-Dateistruktur her bekannt ist. Hier ein kleines Beispiel:

```
/db/V92/...
 /data
 /indx
      /system
 /trace/...
                    /background
                    /user
                    /core
      /temp
....
```

Für die Datenbank V92 existieren also die verschiedenen Verzeichnisse und allfällige Unterverzeichnisse alle unter dem gleichen Einstiegspunkt. Die Dateien der Tablespaces sind dann jeweils unter den Unterverzeichnissen zu finden. Diese Aufteilung erlaubt eine einfache Zuordnung der Dateien zur Datenbank. Dabei ist es unerheblich, ob die Datenbank gerade läuft oder nicht. Es ist jederzeit ersichtlich, wo was hingehört. Dieser Ansatz hat auch den Vorteil, dass er speziell unter Unix, wenn es sich hier um Mountpoints handelt, sehr flexibel ist. Wird mehr Platz benötigt, wird einfach eine Festplatte unter dem jeweiligen Mountpoint dazugehängt.

Damit ist dieser Ansatz auch in punkto Performance durchaus zu vertreten. Es muss nur darauf geachtet werden, dass die Festplatten unter den jeweiligen Verzeichnissen alle schön gestriped sind.

Beim Striping wird versucht, die Last, insbesondere beim Schreiben, gleichmäßig über alle beteiligten Festplatten zu verteilen. Dazu muss eine so genannte Stripe Size definiert werden. Für Datenbanken haben sich 64 KB und 128 KB bewährt. Das lässt sich am besten an einem Beispiel illustrieren. Nehmen wir an, 1 MB soll auf die Festplatte geschrieben werden und 128 KB sei die Größe des Stripe. Es wird dann nicht mehr 1 MB an einem Stück auf die Platte geschrieben, sondern die ersten 128 KB werden auf die erste Festplatte geschrieben, die nächsten 128 KB auf die zweite Festplatte, das dritte Stück wird wieder auf die erste geschrieben und so weiter und so fort. Gibt es dann noch verschiedene Controller für die verschiedenen Festplatten, so dass parallel geschrieben werden kann, skaliert dieses System vorzüglich. Neben Striping gibt es noch Concatenation. Bei Concatenation wird auch eine Stripe-Größe definiert, aber der Zugriff auf die Festplatten erfolgt hintereinander. Es wird also zuerst auf die erste Festplatte geschrieben, dann auf die zweite, dann auf die dritte und so weiter. Das ist für Datenbanken schon mal gar nichts, das bringt die Performance wieder runter. Wir merken uns, dass Striping gut ist und Concatenation von Übel.

In den letzten Jahren sind die Datenbanken allgemein stark gewachsen. Parallel dazu sind auch die Kapazitäten der Festplatten stark gestiegen. 1995 war eine 2 GB-Festplatte noch durchaus üblich, 2004 entspricht das eine Festplatte mit 200 GB. Wir haben also eine Verhundertfachung der Kapazitäten in diesem Zeitraum. Andererseits sind die Zugriffszeiten für die Festplatten längst nicht so stark gestiegen wie die Kapazitäten. 1994 hatte beispielsweise eine 2 GB-Festplatte eine Geschwindigkeit von 7200 Umdrehungen pro Minute und eine Zugriffszeit von 19 ms, 7 Jahre später waren es 10 ms bei 70 GB und 10000 U/min, heute sind es 8 ms bei 200 GB und 10000 U/min. Hinzu kommt noch, dass es bei den Zugriffszeiten eine Rolle spielt, wo die Daten platziert sind. Schnelle Zugriffszeiten sind nur möglich, wenn die Daten sich an den äußeren Rändern der Festplatte befinden. Dort liegen mehr Daten an benachbarten Stellen vor und die Positionierungszeit für den Schreib-/Lesekopf ist dadurch schneller. Falls Sie noch einen alten Plattenspieler herumstehen haben, dürften Sie das kennen. Die Stücke am äußeren Rand brauchen weniger Umdrehungen für die gleiche Zeit verglichen mit den Stücken am inneren Rand. Bei den heutigen Festplatten ist eine Verdoppelung der Zugriffszeit vom äußersten zum innersten Sektor keine Seltenheit, aber die Hersteller geben natürlich nur die besten Zeiten an.

Das bedeutet für die Datenbank, dass ihre Daten möglichst auf dem äußeren Rand platziert sein sollten. Sie nutzen die Festplatte also nur zur Hälfte. In der Praxis ist es allerdings ein bisschen besser, da am äußeren Rand auch mehr Daten platziert werden können. Der Verlust beträgt also nur grob 40% der Festplatte. Die übrigen 40% kann man dann zum Beispiel für Hot Spares nutzen, aber das ist ein zweischneidiges Schwert. Ein Hot Spare bezeichnet einen Bereich auf der Festplatte, der für den Fall der Fälle bereitsteht. Es kann immer mal vorkommen, dass einzelne Sektoren einer Festplatte physikalisch unbrauchbar werden. Steht dann ein Hot Spare zur Verfügung, wird einfach der kaputte Bereich durch den Hot Spare-Bereich ersetzt. Dabei geschieht das Ganze vollautomatisch, das erfordert kein Eingreifen des Benutzers mehr. Dazu benötigen Sie allerdings auch entsprechende Software für die Verwaltung des Festplattenplatzes.

Sie brauchen einen Logical Volume Manager. Logical Volume Manager fassen die einzelnen Partitionen und Festplatten wieder zu übergeordneten Einheiten zusammen, die dann wieder leichter verwaltet werden können. Statt 50 Partitionen hantieren Sie dann beispielsweise nur noch mit einem HyperVolume oder einem Plex, es gibt da verschiedene Bezeichnungen und Zusammenfassungen. Das ist auch notwendig, wenn Sie bedenken, dass große Datenbanken heutzutage aus Tausenden von Dateien bestehen können. Ohne entsprechende Software lassen sich dort die Festplatten nicht mehr verwalten. Logical Volume Manager erlauben noch einiges mehr, so kann der Platz auch im laufenden Betrieb vergrößert oder verkleinert werden. Oracle 10g bietet mit ASM (=Automatic Storage Management) einen eigenen Volume Manager (gerade für kleine und mittlere Unternehmen) an, der spezifisch für die Datenbank verwendet wird.

Beim Hot Spare wird dann der kaputte Bereich automatisch ersetzt. Handelt es sich um ein großes Disksystem wie EMC oder Hitachi, wird auch noch gleich der Hardware-Techniker informiert, der dann vorbeikommt, um die kaputte Festplatte auszuwechseln. Kommt er aber nicht vorbei, kann es durchaus sein, dass Sie erst mal eine Einbuße in der Performance merken, und zwar einfach nur, weil die Daten, auf die zugegriffen wird, plötzlich am inneren Rand der Festplatte zu finden sind. Falls Sie mal ein Performance-Problem untersuchen müssen und alle übrigen Gründe kommen nicht zum Tragen, werfen Sie einen Blick auf den Volume Manager. Vielleicht sind die Daten plötzlich auf einem ein wenig unglücklich platzierten Hot Spare zu finden.

Summa summarum bedeutet das, dass die Festplatten immer größer und immer langsamer werden. Zur gleichen Zeit werden auch die Datenbanken immer größer und die Anforderungen an den I/O steigen auch kontinuierlich.

Um diesem Dilemma zu entgehen, wurde 1999 von Oracle auf der Oracle OpenWorld SAME vorgeschlagen [Loaiza 2000]. SAME steht für Stripe and Mirror Everything. Salopp ausgedrückt, bedeutet dies, alles über alles zu stripen und zu spiegeln. Dieser Ansatz hat den Vorteil, dass er immer die maximale Performance bietet, zumindest in der Theorie. Die Spiegelung ist zur Sicherung notwendig. Ohne Spiegelung würde der Ausfall einer Festplatte automatisch das Recovery des ganzen Systems bedeuten. Für die Stripe-Größe wurde 1 MB vorgeschlagen. 1 MB entspricht aktuell dem Maximum, das von Betriebssystemseite für das Lesen oder Schreiben in einem Aufruf möglich ist.

Auf den ersten Blick mag es scheinen, dass dies für streng sequenzielle Operationen nicht die beste Variante ist. Das betrifft vor allem die Oracle Redo Logs und das Archive Redo Log Verzeichnis. Diese beiden Bereiche werden ausschließlich sequenziell beschrieben und gelesen. Sie müssen sich das jetzt aber nicht so vorstellen, dass das wirklich nur sequenziell ist.

Angenommen, ein Redo Log von 50 MB wird archiviert und diese 50 MB sind bereits im Cache, müssen also nur noch auf die Festplatte geschrieben werden. Der Schreib-/Lesekopf wird also an den Anfang der neuen Datei positioniert, und dann wird die ganze Datei in einem Stück geschrieben. Das ist falsch. In Wirklichkeit wird der Schreib-/Lesekopf an den Anfang der Datei positioniert und dann wird so viel geschrieben, wie möglich ist. Der Schreib-/Lesekopf muss dann wieder neu positioniert werden, dann wird wieder geschrieben, der Schreib-/Lesekopf rückt wieder ein Stück vor und so weiter bis zum Ende der Datei. Diese Positionierungszeit ist es vor allem, die bei sequenziellen Operationen zum Tragen kommt, sie macht einen erheblichen Anteil an der Schreib/Lesezeit aus. Damit ist also das Optimum an Geschwindigkeit für sequenzielle Operationen mit Striping möglich. SAME geht davon aus, dass wirklich alles, also auch Redo Logs, SYSTEM- und SYSAUX-Tablespace, Temp, Rollback/Undo, die ganzen applikatorischen Daten und Indizes etc., wirklich alles über alle Festplatten gestriped wird. Damit wird das I/O offensichtlich maximiert. In der SAME-Konfiguration wird davon ausgegangen, dass für die Festplatten RAID 10 beziehungsweise RAID 0+1 genommen wird, um auch Ausfallsicherheit zu haben.

RAID steht für Redundant Array of Inexpensive Disks und bezeichnet ein Konzept, mit dem mehrere Festplatten möglichst schnell oder möglichst sicher oder beides konfiguriert werden [Patterson et al. 1988]. In der Praxis interessieren uns nur zwei RAID-Varianten. RAID 0 bedeutet nur Striping. Damit wird zwar eine bessere Performance erreicht, aber die Ausfallsicherheit wird nicht verbessert. Deshalb wird RAID 0 eigentlich immer mit RAID 1 kombiniert. RAID 1 bezeichnet die Spiegelung der Festplatte. Fällt jetzt eine Festplatte aus, stehen die Daten immer noch auf dem Spiegel bereit. Für die Ausfallsicherheit ist das famos, für das Budget eher nicht, müssen doch jetzt doppelt so viele Festplatten gekauft werden. Es gibt RAID 0+1 und RAID 10, das ist aber nicht exakt dasselbe. Im ersten Fall wird zuerst gestriped und dann gespiegelt. Im zweiten Fall geschieht es gerade andersherum. Die erste Variante legt also das Gewicht mehr auf die Performance, während die zweite die Ausfallsicherheit betont. In der Praxis sollten Sie aber keinen nennenswerten Unterschied hier spüren.

Vor allem bei Budgetverantwortlichen ist dagegen RAID 5 ungeheuer populär. Bei RAID 5 wird bei jeder schreibenden Operation ein Paritätsblock auf eine andere Festplatte mitgeschrieben. Sie brauchen also N+1 Festplatten, oft werden fünf genommen. Bei jeder schreibenden Operation passiert unter RAID 5 Folgendes:

- Die Festplatte für den Paritätsblock wird identifiziert.
- Der entsprechende Paritätsblock wird gelesen.
- Der alte Wert wird herausfakturiert, was eventuell ein nochmaliges Lesen des Paritätsblocks bedeutet.
- Der neue Wert für den Block, der geschrieben wird, wird berechnet.
- Der neue Datenblock wird geschrieben.
- Der neue Paritätsblock wird geschrieben. Wenn Sie Pech haben, muss dafür der Schreib/Lesekopf noch mal neu positioniert werden.

Für bessere Ausfallsicherheit wird der Paritätsblock rotieren, also von einer Festplatte zur nächsten bei jedem Schreiben „hüpfen". Aufgrund der aufwändigen Mechanik beim schreibenden Zugriff spricht man bei RAID 5 auch von einer Strafe fürs Schreiben (= Write Penalty). Sie können grob davon ausgehen, dass sich die Zeit für das Schreiben verdoppelt, wenn Sie von RAID 10 auf RAID 5 wechseln. Das ist der Grund, warum RAID 5 in Oracle-Kreisen einen ganz, ganz schlechten Ruf hat (siehe auch: http://www.baarf.com). RAID 5 ist manchmal leider schon vorkonfiguriert, das lässt sich also nicht ohne größeren Aufwand ändern. Viele Hersteller versuchen auch, RAID 5 durch den eingebauten Cache schmackhaft zu machen. Die Argumentation ist dabei die: RAID 5 ist besser für das Budget, der Kunde braucht ja weniger Festplatten. Um das Schreiben schneller zu machen, wird ein Cache für das Schreiben eingebaut. Beim Schreiben wird dann also zuerst in diesen Cache geschrieben, und erst im zweiten Schritt wird effektiv auf die Festplatten geschrieben. Dadurch wird der Nachteil von RAID 5 beim Schreiben wieder ausgeglichen. Diese Caches sind allerdings meistens sehr teuer, und die Argumentation zieht speziell bei Oracle-Datenbanken meistens nicht. Oracle hat ja bereits seinen eigenen Buffer Cache in der SGA, und wir können davon ausgehen, dass Oracle selbst am besten weiß, wie die Oracle Blöcke zu verwalten sind. Ein generischer RAID 5-Cache muss für alle möglichen Typen von Applikationen funktionieren, ist also nicht spezifisch für Oracle optimiert. Im Regelfall fahren Sie immer besser ohne diesen Cache und sparen nicht nur Geld, es wird auch schneller.

Massive Probleme infolge des Cache äußern sich als „Schluckauf" des Servers. Das sehen Sie nur, wenn die Datenbank nicht klein ist – ein paar Dutzend GB sollten es schon sein – und eine gewisse Last auf dem Server ist. Das kann zum Beispiel ein CREATE INDEX auf einer großen Tabelle während einer applikatorischen Verarbeitung sein. Sie sehen dann auf den Festplatten kaum I/O, und die CPUs verhalten sich so, als ob sie Schluckauf hätten: alle CPUs sind kurz aktiv, dann machen die CPUs längere Zeit nichts, dann werden sie wieder kurz aktiv, dann machen sie wieder nichts, und so geht es weiter. Wenn Sie das sehen, wissen Sie definitiv, dass der Cache ein Problem ist. Wenn Sie den Cache nicht ausschalten können und nicht gleich auf Raw Devices wechseln wollen, haben Sie auch noch Alternativen. Sie können es auch noch zuerst mit Asynchronous I/O, mittlerweile oft die Voreinstellung von Oracle-Seite, und/oder Direct I/O versuchen.

Falls aber die Daten sowieso nur gelesen werden, kann RAID 5 durchaus sinnvoll sein. Read Only-Tablespaces sind also gute Kandidaten für RAID 5. Auch kleinere Datenbanken oder Data Warehouses, bei denen das Laden nicht zeitkritisch ist, können gut auf RAID 5 untergebracht werden. Sie müssen sich halt immer darüber im Klaren sein, dass das Schreiben in dieser Konfiguration langsamer ist. Früher wurde RAID auch über Software implementiert, aber das sollte vermieden werden. Wann immer möglich, sollten Sie Festplattensysteme verwenden, bei denen RAID 10 beziehungsweise RAID 0+1 bereits in der Hardware eingebaut ist.

Die SAME-Konfiguration hat aber auch Nachteile. Der erste Nachteil ist, dass das System eine Rekonfiguration des Festplattensystems erfordert, wenn neue Festplatten hinzugefügt werden. Das lässt sich in der Theorie zwar dadurch lösen, dass von Anfang an ein gewisser Vorrat an Festplatten mitkonfiguriert wird. Aber das ist schnöde Theorie, die oft von der Realität eingeholt wird. In der Praxis sieht es dann doch so aus, dass nach zwei Jahren die Anforderungen an die Datenbank und das Volumen sich stärker geändert haben, als es vor zwei Jahren überhaupt denkbar schien. SAME wird auch ganz schnell ganz kompliziert. Angenommen, Sie haben ein großes System mit 100 Festplatten, die Sie nach SAME konfigurieren wollen. Darüber legen Sie 100 Dateien, und jede Festplatte wird jetzt in 100 Partitionen aufgeteilt. Damit haben wir bereits 100 x 100 x 100 = 10000 Partitionen vor der Spiegelung. Wenn wir das jetzt noch spiegeln wollen, enden wir bei 20000 Partitionen. Das kann kein Mensch mehr überblicken.

Der dritte Nachteil ist aber meiner Meinung nach noch gewichtiger. Für diese Diskussion müssen jetzt SAN und NAS besprochen werden. NAS ist noch nicht sehr verbreitet, wird aber in Zukunft wohl öfters anzutreffen sein. NAS steht für Network Attached Storage. Das bedeutet: Die Festplatten werden über das Netzwerk angesprochen, als Transportprotokoll wird NFS verwendet. Das ist gleichzeitig auch die Crux bei der Sache. Falls Sie eine Datenbank auf NAS liegen haben, müssen Sie dafür sorgen, dass sie in ihrem eigenen Netzwerk bleibt. Tun Sie das nicht, können Sie die Performance der Datenbank nicht mehr bestimmen. Die Performance der Datenbank ist in diesem Fall ja vollkommen davon abhängig, was sonst gerade so auf dem Netzwerk los ist. Moderne Server können auch mehrere Netzwerkkarten und Adressen zur gleichen Zeit bedienen, technisch sollte das also kein Problem sein. In jedem Fall sollte die Bandbreite der Anschlüsse möglichst groß sein, also vorzugsweise Gigabit Ethernet.

SAN steht für Storage Area Network. Das ist heutzutage ein eigener Computer, der ein riesiges Festplattensystem verwaltet und den angeschlossenen Servern virtuelle Festplatten präsentiert. Das sind sehr ausgefeilte Systeme, die sehr viele Features noch zusätzlich anbieten, zum Beispiel die Identifizierung von Hot Spots und die dynamische Umplatzierung von Daten. Das ist auch nicht ganz billig. Damit sich das lohnt, hat man ein SAN für viele Server. Das ist die Wurzel des Problems. Stellen Sie sich mal vor, ein Logical Volume im

SAN wird von zwei unterschiedlichen Applikationen A und B benutzt, und alles sei soweit in Ordnung. Irgendwann beschließt jetzt Applikation B, eine sehr aktive Datei auf dieses Logical Volume zu bringen. Was hat das für einen Effekt? Richtig, die Performance von Applikation A wird auch negativ beeinträchtigt und Ihre ganzen schönen Auswertungen zum Durchsatz ihrer Applikation sind nur noch Makulatur.

Es ist auch extrem schwierig, so etwas herauszubekommen. Die meisten Tools und Utilities sehen nur ihre eigene begrenzte Welt. Sie sehen dann also in der Applikation A, dass sich die Zugriffszeiten verdoppelt haben, aber warum das so ist, können Sie nicht sehen. Wenn Sie Glück haben, und beide Applikationen auf dem gleichen Server sind und Sie auch noch den ganzen Server überwachen, dann können Sie das Problem eventuell noch erkennen. Wenn Sie jetzt aber noch in Betracht ziehen, dass die beiden Applikationen auch auf unterschiedlichen Servern residieren können, sehen Sie, dass Sie keine Chance haben, hier irgendwelche voraussagbaren Angaben zur Performance machen zu können. Den Herstellern ist dieses Problem schon bewusst, und es wird teilweise auch versucht, dies durch die eingebauten Mechanismen zu verhindern, aber das nützt Ihnen erst mal gar nichts. Wie sollen Sie das feststellen?

Deshalb wurde von Morle vorgeschlagen [Morle 2001], innerhalb des SAN ein so genanntes MicroSAN zu bilden. Das bedeutet: jede Datenbank erhält ihren eigenen Satz von Festplatten, der für andere Datenbanken nicht zur Verfügung steht. Damit kann zwar nicht mehr das Optimum an Geschwindigkeit herausgeholt werden, andererseits bewahrt einen das aber auch vor unliebsamen Überraschungen, und die Anzahl der Festplatten bleibt noch überblickbar. Jetzt wissen Sie immer, welche Performance Sie zu erwarten haben. Zusätzlich empfiehlt Morley, die Logical Volumes so zu benennen, dass die üblichen Unix Standard Tools weiterverwendet werden können. Das bedeutet: Wir benennen die Festplattengruppen zum Beispiel c1, c2, c3 etc. Innerhalb jeder Festplattengruppe nennen wir die einzelnen Festplatten, über die gestriped wird, d1, d2, d3 usw. Dieses Layout ist natürlich nur für Unix sinnvoll, hat aber dann den ganz großen Vorteil, dass zum Beispiel ein einfaches `sar -d` sofort zeigt, wo der meiste I/O passiert.

Aus betrieblichen Überlegungen heraus propagiere ich aber MiniMicroSANs. Das ist einfach eine weitere Unterteilung. Innerhalb jeder Datenbank werden dann die Festplatten noch in zehn Bereiche unterteilt. Das bringt die Performance noch mal runter, aber gerade bei größeren Datenbanken lange nicht in dem Ausmaß, wie man sich das vorstellt. Die Datenbank wird dadurch nicht 10-mal langsamer. Die meisten Datenbanken bestehen ja zum ganz großen Teil aus applikatorischen Daten und Indizes, und die Systemanteile von Oracle sind eher gering, wiewohl Rollback/Undo und Temp auch sehr groß sein können, gerade bei Data Warehouses. Für den Betrieb ist dieses Layout aber optimal. Jede Datenbank lebt und erlebt im Laufe ihres Daseins verschiedene Phasen: Benutzer kommen hinzu, neue Prozesse müssen implementiert werden, das Datenvolumen verändert sich sprunghaft, Daten müssen aus einem anderen System übernommen werden und so weiter und so fort. Sie kennen die Zukunft nicht oder nur zu einem kleinen Teil, und das trifft noch stärker für Ihre Datenbank zu. Deshalb betrachte ich es als wesentlich besser, wenn man diesem Umstand Rechnung trägt und innerhalb des MicroSANs von Anfang an unterschiedliche Bereiche vorsieht. Nehmen Sie einmal an, Sie bekommen nach einem halben Jahr plötzlich den Auftrag, ein Altsystem abzulösen und müssen dafür noch einmal 200 GB zusätzlich an Daten laden. In einem MiniMicroSAN müssen dann Daten-, Index- und Ladebereich angepasst werden, falls dort nicht genügend Platz zur Verfügung steht. Die Überwachung und Kontrolle des I/O während der Datenübernahme ist kein Problem, Sie wissen ja, wo das I/O entsteht, und müssen nur diese definierten Bereiche überwachen. Dieses Layout ist vor allem für große Datenbanken gedacht. Wenn Sie sowieso nur wenige Festplatten haben, hat das natürlich keinen Sinn. Da ist es dann wirklich besser, alles über alles zu stripen oder weniger Bereiche zu nehmen, zum Beispiel einen Systembereich, in den wir alle Oracle-internen Bereiche inklusive Redo Logs übernehmen, einen Daten- und einen Indexbereich.

Ganz prima ist dieses Layout aber für das Recovery, da hat es sicher seine größte Stärke. Im Computer und damit in Oracle kann alles kaputtgehen. Damit muss man halt leben und durch regelmäßige Sicherungen entsprechend vorsorgen. Falls es aber mal kracht, muss man nicht immer gleich ein Recovery durchführen. Den Temp-Tablespace zum Beispiel kann man einfach neu erstellen, da braucht man kein Recovery durchführen, weshalb er zumeist gar nicht mehr gesichert wird. Indizes kann man auch neu erstellen, wenn man die entsprechenden Scripts noch hat. Rollback/Undo kann manchmal, wenn man Glück hat, auch einfach neu bauen. Trace und Ladebereich sind Verzeichnisse, die müssen einfach neu erstellt werden. Archivierte Redo Logs sind heikler, aber die hat man ja wie die Redo Logs und die Controlfiles auch gespiegelt, das sollte uns also kein Problem bereiten. Abgesehen davon können die Redo Logs und die Controlfiles im schlimmsten Fall auch neu erstellt werden. Für den Datenbankadministrator ist dieses Layout auch von Vorteil, weiß er doch immer, wo was zu suchen ist.

Ganz egal, was Sie tun – schalten Sie Cache im SAN aus, einfach und ohne Diskussion. Das gilt auch für alle Dateisysteme. Sie fahren besser ohne. In Oracle sollten Sie die Parameter für asynchronous I/O und Direct I/O setzen. Das ist sehr vom jeweiligen Betriebssystem abhängig, weshalb Sie die Details hierzu im letzten Kapitel finden.

Der Grund, warum man den Cache ausschalten soll, ist, wie oben festgestellt, ganz einfach der, dass Oracle am besten weiß, wie es seine Blöcke zu cachen hat. Das I/O, das dann noch für das Betriebsystem übrig bleibt, gewinnt keinen Vorteil durch den Cache. Sie können auch gleich Raw Devices verwenden, da umgehen Sie den Cache sowieso. Allerdings bekommen Sie heutzutage mit sauberem Async I/O und Direct I/O eine Performance hin, die der von Raw Devices entspricht.

Ein Raw Device ist einfach eine Partition auf einer Festplatte. Das können natürlich auch mehrere Festplatten sein, falls gestriped wird. Wichtig ist, dass kein Dateisystem auf die Partition gelegt wird. Damit sehen Sie das Raw Device erst mal nicht mehr mit den normalen Unix-Befehlen. Wenn Sie ein ls oder ein df –k ausführen, sehen Sie keine Raw Devices. Der Vorteil von Raw Devices liegt eben darin, dass kein Dateisystem und damit auch kein Dateisystem-Cache mehr da ist. Für Oracle macht das keinen Unterschied. Ob eine Datei /db/V10/data/data_V10_01.tsf oder /dev/rdsk/c2t2d0s1 heißt, ist Oracle egal. Wichtig ist nur, dass Oracle darauf zugreifen kann. Das bedeutet, nach dem Formatieren der

Festplatte(n) müssen noch die entsprechenden Dateiattribute gesetzt werden, aber das ist dann wirklich alles, was getan werden muss.

Für den Menschen mag die erste Form lesbarer sein, deshalb wird sie auch eher verwendet. Wenn Oracle mit Raw Devices arbeitet, entfällt der Dateisystem-Cache, was in punkto Performance die schnellste Variante ist.

Eine Besonderheit müssen Sie bei der Arbeit mit Raw Devices allerdings noch beachten. Da ein Raw Device kein Dateisystem hat, kann Oracle das Ende der Datei nicht über einen EOF-Marker erkennen. Oracle benötigt deshalb Extrablöcke am Anfang der Datei. Das bedeutet, wenn das Raw Device /dev/rdsk/c1t2d2s1 5000 Megabyte groß ist, dürfen Sie beim Anhängen des Raw Device im CREATE/ALTER TABLESPACE-Befehl nicht die vollen 5000 Megabyte angeben, sondern müssen ein wenig Platz abziehen; 1 MB reicht immer. Geben Sie also in diesem Beispiel nicht 5000 MB an, sondern nur 4999 MB. Tun Sie das nicht, kann es Ihnen im schlimmsten Fall passieren, dass Oracle über das Ende der Datei hinausschreibt, und dann haben Sie den Salat. Ein Recovery wird dann notwendig, und das macht niemand gern, wenn es sich vermeiden lässt.

Da eine Partition in der Größe erst mal fix ist, ist es auch keine gute Idee, Oracle-Dateien mit AUTOEXTEND ON auf Raw Devices zu platzieren. Das kann dann auch für unliebsame Überraschungen sorgen. Raw Devices haben kein Dateisystem. Das bedeutet: Manche Bereiche der Datenbank können nicht auf Raw Devices platziert werden, das betrifft also insbesondere die Verzeichnisse für die Traces und Archive Redo Logs sowie den Ladebereich. Das ist aber kein Problem, Sie können innerhalb einer Oracle-Datenbank Raw Devices und Dateien, die auf einem Dateisystem liegen, ohne weiteres zusammen benutzen.

AUTOEXTEND können Sie für Dateien auf dem Dateisystem ohne Bedenken verwenden. Damit können Sie Oracle sagen, um welche Größe eine Datei wachsen soll, optional können Sie auch eine Maximalgröße angeben. Falls Sie auf einem Betriebssystem arbeiten, das noch das 2 GB Limit für Dateien kennt, ist MAXSIZE 2000M eine sehr gute Idee.

Neu bietet Oracle 10*g* auch die Möglichkeit an, einen so genannten Bigfile Tablespace anzulegen. Das ist ein Tablespace, der dann nur noch aus einer Datei besteht, die dann bis zu 124 TB Maximalgröße haben kann. Wobei traditionelle Tablespaces auch schon riesig werden können: mit maximal 1022 Dateien pro Tablespace, die bis zu 4000 MB Oracle Blöcke umfassen, sollte man doch immer noch ein bisschen Platz übrig haben. Das betrachte ich als administrative Erleichterung bei sehr großen Datenbanken: 50 Dateien sind einfacher zu überblicken als 5000.

ASM

In Oracle 10*g* können Sie auch Automatic Storage Management, kurz ASM verwenden, damit sollten Sie auch eine vergleichbare Performance erzielen. ASM ist quasi ein Oracle Logical Volume Manager, der Fehlertoleranz und automatisches Ausbalancieren der Festplatten zur Verfügung stellt. ASM erfordert aber zusätzlich Platz im Hauptspeicher, da eine zweite Oracle-Datenbank gestartet wird. Allerdings ist der benötigte Platz relativ klein.

Diese ASM-Instanz kümmert sich dann um die so genannten Diskgroups. Innerhalb einer Diskgroup erfolgt die Lastverteilung über die Festplatten automatisch gemäß dem Wert, der im Parameter ASM_POWER_LIMIT gesetzt ist. Fällt eine Festplatte aus oder kommt eine neue hinzu, verteilt Oracle automatisch um.

Mit ASM übernimmt Oracle das Storage Management für Dateien der Datenbank. Die meisten Dateitypen, die in einer Datenbank vorkommen, werden von ASM unterstützt: Archive Logs (und Backups), Change Tracking File, Control File, Data Pump Dump, Data File (und Backup/Copy), Disaster recovery Configuration (Data Guard), Flashback Log, Spfile, Redo Logs und Temp Files. Nicht unterstützt sind das Alert Log, Export und Trace Files sowie Audit-Dateien.

Das ist ein nettes Utility, das vor allem, aber nicht nur, für kleinere und mittlere Unternehmen interessant ist, die keine High-End-Disksysteme zur Verfügung haben. ASM bietet Mirroring, Striping, Load Balancing und Disk Migration an, sozusagen RAID 0+1 als integraler Bestandteil der Datenbank. ASM basiert auf Raw Devices und kann sowohl für „normale" Datenbanken als auch für RAC verwendet werden. Dabei arbeitet ASM mit einer speziellen ASM-Datenbank. Die hat eine minimale init.ora, in der zumindest INSTANCE_TYPE=ASM drinstehen muss. Das bedeutet: Man braucht noch mal ein bisschen Memory zusätzlich auf dem Server, aber 128 MB sollten normalerweise gut dafür reichen. Diese ASM-Datenbank muss vor allen anderen Datenbanken gestartet werden und dann kann man dort so genannte Diskgroups konfigurieren. ASM hat Beschränkungen, die jedoch ziemlich hoch sind, so kann man zum Beispiel maximal „nur" bis zu 10000 ASM Disks definieren. Die Verwaltung der Diskgroups ist einfach und geschieht über SQL-Kommandos. Nehmen wir als Beispiel das Anlegen einer Diskgroup mit Failover:

```
CREATE DISKGROUP +my_diskgroup
NORMAL REDUNDANCY
FAILGROUP failover_group1 DISK
'/dev/rdsk/c1t1d0s4',
'/dev/rdsk/c1t1d0s4'
FAILGROUP failover_group2 DISK
,'dev/rdsk/c2t1d0s4',
,'dev/rdsk/c2t1d0s4';
```

Vorteilhaft ist hier natürlich, dass man keinen Volume Manager mehr braucht und die Verwaltung mit einigen einfachen SQL-Kommandos möglich ist. Um eine neue Disk anzuhängen, sagt man beispielsweise nur ALTER DISKGROUP ... ADD DISK, und Oracle macht dann den ganzen Rest, also die Neuverteilung der Stripes etc. Disk ist hier sehr allgemein zu verstehen, das kann auch ein LUN (Logical Unit Number), eine Partition, eine RAID-Gruppe oder eine komplette Spindel sein. Unter Unix kann ASM nur mit Character Devices arbeiten; deren Namen beginnen typischerweise mit /dev/rdsk unter Unix bzw /dev/raw unter Linux. Damit ASM die Disks erkennen kann, müssen Sie dem Oracle-Benutzer gehören. Es macht das leben einfacher, wenn Sie sowohl für ASM wie auch für Ihre sonstigen Datenbanken die gleichen Benutzer und Gruppen verwenden.

Der Name der ASM-Instanz ist +ASM. Das vorangestellte Pluszeichen ist kein Tippfehler, die Instanz heißt wirklich so. In RAC-Umgebungen wird an diesen Namen noch zusätzlich die Instanznummer angehängt.

Nach dem Starten der ASM-Instanz sehen Sie ein paar zusätzliche Hintergrundprozesse, die es nur in einer ASM-Instanz gibt. Eine solche Instanz besitzt kein Data Dictionary im üblichen Sinn, deshalb erfolgt die Authentisierung über das Betriebssystem oder ein Passwordfile. Die Kommunikation zwischen ASM und den anderen Datenbanken erfolgt über das Bequeath-Protokoll. Welche Datenbanken ASM verwenden oder nicht, sehen Sie in der View V$ASM_CLIENT-. Steht dort in der Spalte STATE der Wert CONNECTED, dann verwendet die Datenbank auch ASM-Dateien.

Sie können das Erkennen von Disks in ASM beschleunigen, indem Sie den Initialisierungsparameter ASM_DISKSTRING- auf ein entsprechendes Muster setzen. Disks, die ASM erkennt, sehen Sie in der View V$ASM_DISK--. Sind die Disks noch keiner Diskgroup zugeordnet, fehlt der Eintrag in der Spalte NAME und die Spalte GROUP_NUMBER ist 0.Sobald Sie dann die Diskgroup angelegt haben, werden den einzelnen Disks Namen und Nummern zugewiesen. Die Namen der Disks sind innerhalb einer Diskgroup eindeutig (in Version 10.2) und eine einzelne Disk ist nur einer Datenbank zugeordnet.

ASM implementiert intern die SAME-Methodologie, die schon vorher besprochen wurde. Die Zuordnung von Platz erfolgt dabei in sogenannten Allocation Units (AU), deren Größe mit 1 MB definiert ist. Als Stripe-Größe wird 1 MB genommen, das nennt sich Coarse Striping, das Striping erfolgt dabei auf Dateiebene. Speziell für Redo Logs wird eine kleinere Stripe-Größe von 128 KB genommen, das nennt sich dann Fine Striping.

ASM implementiert auch Mirroring, aber im Unterschied zu einem Logical Volume Manager spiegelt ASM auf Dateiebene, nicht auf Ebene der Disk. Gibt es beim Schreiben auf Disk I/O-Fehler, wird die entsprechende Disk automatisch aus der Diskgroup genommen. Beim Lesen ist das nicht der Fall, da versucht er zuerst von einem der Spiegel zu lesen.

Sie können für eine Diskgroup drei mögliche Optionen angeben, wie gespiegelt werden soll. Das erfolgt über die Redundancy-Klausel:

- External Redundancy-. Die Spiegelung erfolgt nicht über ASM. Das ist sinnvoll, wenn die Spiegelung beispielsweise bereits im SAN erfolgt.
- Normal Redundancy. Einfache Spiegelung erfolgt durch ASM.
- High Redundancy. Doppelte Spiegelung durch ASM.

Wird eine Disk zu einer Diskgroup hinzugefügt (oder gelöscht), erfolgt automatisch eine Neuverteilung der Extents. Das ist jetzt aber nicht so schlimm, wie es sich anhört, weil normalerweise nicht alle Extents von der Neuverteilung betroffen sind. Das lässt sich über den Parameter ASM_POWER_LIMIT- noch genauer steuern. Der Parameter kann Werte zwischen 0 und 11 annehmen. Steht er auf 0, erfolgt keine Neuverteilung. Jeder andere Wert startet die entsprechende Anzahl an Hintergrundprozessen, die die Neuverteilung übernehmen, das belastet also die CPU (und I/O) entsprechend. Ein Wert von 0 ist zum Beispiel nützlich, wenn man External Redundancy verwendet. Auf Ebene der einzelnen Diskgroup lässt sich die Neuverteilung mittels ALTER DISKGROUP ... REBALANCE POWER 0 ausschalten. Den aktuellen Stand der Neuverteilung entnehmen Sie zur Laufzeit der View V$ASM_OPERATION-.

Um die Administration weiter zu vereinfachen, können Sie für die systemgenerierten ASM-Dateinamen Aliase definieren.

Wenn Sie ASM verwenden, sind Sie nicht gezwungen, nur ASM-Dateien zu verwenden. Sie können in jeder Oracle-Datenbank die verschiedenen Dateitypen, also ASM-Dateien, Dateisystemdateien und Raw Devices, beliebig mischen. Empfehlen würde ich das aber nicht.

Die verschiedenen Dateitypen werden innerhalb von ASM über sogenannte Templates verwaltet. In einem Template- wird zum Beispiel festgelegt, welche Stripe-Größe verwendet werden soll. Welche Templates es gibt, sehen Sie in der View V$ASM_TEMPLATES-, ändern lässt sich ein Template über das Kommando ALTER TEMPLATE. Die vorgegebenen Templates reichen oft aus, bei extrem großen Datenbanken (> 10 TB) müssen manchmal größere Allocation Units konfiguriert werden; für Details verweise ich auf Metalink Note 368055.1.

Durch das Setzen entsprechender Initialisierungsparameter können Sie mit ASM auf recht elegante Weise eine Datenbank anlegen, hier ein Beispiel:

```
DB_CREATE_FILE_DEST=´+dskgrp01´
DB_RECOVERY_FILE_DEST=´+dskgrp02´
CONTROL_FILES=´+dskgrp01´
DB_CREATE_ONLINE_LOG_DEST_1=´+dskgrp01´
DB_CREATE_ONLINE_LOG_DEST_2=´+dskgrp02´
LOG_ARCHIVE_DEST=´+dskgrp02´
```

Sind diese Parameter gesetzt, können Sie so einfach eine neue Datenbank anlegen:

```
STARTUP NOMOUNT;
CREATE DATABASE FTEST;
```

Wenn Sie mit ASM arbeiten, sollten Sie die folgenden Regeln beherzigen, um die beste Performance für die Diskgroup zu erzielen:

- Verwenden Sie nur zwei Diskgroups pro ASM-Instanz/RAC-Cluster. Oft wird angenommen, das mehr Gruppen benötigt werden. Das ist aber nicht notwendig, da ja bereits über die verschiedenen Templates die unterschiedlichen Dateitypen berücksichtigt werden.
- LUNs, Disks und partitionen innerhalb einer Diskgroup sollten aus möglichst gleichen Disks bestehen. Wenn Sie schnelle und langsame Disks mischen, werden alle Disks langsam.
- Die Verteilung der Daten basiert auf der Kapazität. Achten Sie also darauf, dass alle Disks die gleiche Größe haben.
- Verwenden Sie so viele Disks wie möglich innerhalb einer Diskgroup, vier Disks sollten es mindestens sein.
- Wenn Sie LUNs verwenden, legen Sie dies möglichst groß an.
- Falls sie Hardware RAID benutzen, sollte die Stripe-Größe 1 MB betragen. Ist das nicht möglich, verwenden Sie 512 KB, 256 KB oder 128 KB. Nehmen Sie den größtmöglichen Wert.
- Verwenden Sie keinen Logical Volume Manager, der ist hier absolut überflüssig.

Falls Sie unter Linux arbeiten, ist die Verwendung der ASMLIB zu empfehlen, das erleichtert die Administration noch weiter. ASM arbeitet auch mit Multipathing, das ist aber jeweils im Einzelfall zu prüfen. Für Details zu ASM und Multipathing verweise ich auf Metalink Note 294869.1.

Die I/O-Statistiken für die ASM-Disks sehen Sie am besten in den Views V$ASM_DISK_STAT und V$ADM_DISKGROUP_STAT. Diese Views werden in Version 10.2 laufend dynamisch nachgeführt. In Version 10.1 stehen diese Views noch nicht zur Verfügung, dort müssen Sie V$ASM_DISK und V$ASM_DISKGROUP verwenden. Das ist nicht so schön, weil in Version 10.1 der Zugriff auf diese Views immer auch ein Disk Discovery bedeutet und das kann unter Umständen recht langsam sein.

Fassen wir abschließend die Empfehlungen für die Festplattenkonfiguration zusammen:

- Je mehr Festplatten, desto besser. Bei gleicher Zugriffszeit sind kleinere vorzuziehen.
- Gespiegelte Festplatten müssen die gleiche Kapazität und Zugriffszeit aufweisen, damit nicht die langsamere Festplatte die schnellere ausbremst.
- Nur den äußeren Rand der Festplatte für Nutzdaten nutzen.
- RAID sollte in der Hardware bereits vorhanden sein.
- Für beste Performance RAID 10 benutzen, wann immer möglich.
- Stripe Size 64 KB oder 128 KB für die typische OLTP-Anwendung, in der häufig I/O in kleineren Größen vorkommt.
- Bei Data Warehouses und großen Systemen dagegen ist 1 MB eine gute Größe für den Stripe.
- ASM einsetzen wie oben besprochen.

Generell sollten Sie nicht mehr als 15 bis 20% I/O Waits auf Disk sehen (top, iostat, vmstat). Die durchschnittliche Service Time sollte bei den heutigen Disks im Bereich 6 – 10 ms liegen (Stand 2006). Falls Sie I/O Waits sehen, aber die durchschnittliche Service Time in Ordnung ist, brauchen Sie schnellere Disks, müssen die vorhandenen Disks mehr stripen oder prüfen, ob Sie die Applikation noch tunen können.

Anschließend noch die Empfehlungen für das Dateisystem:

- Dateisystem-Caches, wann immer möglich, ausschalten.
- Stattdessen Asynchronous I/O und/oder Direct I/O wann immer möglich einsetzen.
- Für beste Performance Raw Devices nehmen.
- Bei der Verwendung von Raw Devices 1 MB Platz für den Header-Block frei lassen.
- Keine AUTOEXTEND-Dateien auf Raw Devices.
- In Oracle 10*g* ASM in Erwägung ziehen. Die Performance unter ASM ist vergleichbar der Performance auf Raw Devices und im Regelfall besser als auf dem Dateisystem.

6.4 Platzverwaltung in Tablespaces

Für die Platzverwaltung innerhalb der einzelnen Tablespaces können in Oracle verschiedene Parameter angegeben werden. Prinzipiell kann die Verwaltung der einzelnen Extents über das Data Dictionary erfolgen oder über den Tablespace. Dabei wird jeweils die STORAGE-Klausel im CREATE/ALTER TABLESPACE-Befehl verwendet. Am Anfang gab es nur die Verwaltung über das Data Dictionary. Bei dieser Form müssen Sie noch angeben, wie groß das erste (= INITIAL) und das nachfolgende (= NEXT) Extent sein sollen. Ein weiterer Parameter (= PCTINCREASE) gibt dann noch an, um wie viel Prozent größer die nachfolgenden Extents immer im Vergleich zum vorigen sein sollen. PCTINCREASE sollte immer angegeben werden, weil der Defaultwert von 50 sehr schnell dafür sorgt, dass die Extents sehr schnell sehr groß werden. Um zu vermeiden, dass der Tablespace zerstückelt wird, empfiehlt sich, INITIAL gleich groß wie NEXT und PCTINCREASE auf 0 zu setzen, dann werden alle Extents gleich groß.

Die Verwaltung dieser Extents erfolgt im Data Dictionary über die Tabellen UET$ und FET$. Das sind ganz normale Tabellen. Wenn Sie eine sehr aktive Datenbank haben, in der dauernd Extents belegt und wieder freigegeben werden, kann das Data Dictionary schnell zum Flaschenhals werden. Ich habe einmal erlebt, wie ein Drop Tablespace 10 Stunden dauerte. Allerdings hatte der Tablespace 150 000 Extents und war einige Hundert Gigabyte groß.

Deshalb führte Oracle bereits in 8*i* Locally Managed Tablespaces ein. Bei Locally Managed Tablespaces erfolgt die Platzverwaltung innerhalb des Tablespace. Dazu dienen Bitmaps im Tablespace. Es gibt verschiedene Bitmaps: eine Bitmap, die Buch über die freien Blöcke führt, eine Bitmap für Blöcke, die bis zu 25% belegt sind, eine Bitmap für Blöcke, die zwischen 25% und 50% belegt sind, eine Bitmap für Blöcke, die zwischen 50% und 75% belegt sind, eine Bitmap für Blöcke, die zwischen 75% und 100% belegt sind, und eine Bitmap für Blöcke, die nicht benutzt sind. Die ganze Platzverwaltung geschieht dann über bitweise Operationen. Ist ein Block belegt, wird das entsprechende Bit gesetzt, ansonsten bleibt es 0. Das entlastet den SYSTEM-Tablespace sehr, da jetzt die ganze Platzverwaltung im Tablespace selbst erledigt wird. Locally Managed Tablespaces sind bereits ab 9.2 die Voreinstellung, sofern der Parameter COMPATIBLE nicht verändert wurde. Ab 9.2 kann auch der SYSTEM-Tablespace als Locally Managed angegeben werden. Wenn Sie einen Locally Managed SYSTEM-Tablespace haben, müssen übrigens alle Tablespaces in der Datenbank Locally Managed sein. Wenn Sie einen Locally Managed Tablespace anlegen, geben Sie keine STORAGE-Klausel mehr an, sondern entweder AUTOALLOCATE, das ist die Voreinstellung, oder UNIFORM. Beide Angaben beziehen sich auf die Größe der einzelnen Extents innerhalb des Tablespace. Bei AUTOALLOCATE überlassen Sie Oracle sich selbst, und Oracle wird unterschiedlich große Extents belegen. Zuerst wird ein Objekt kleiner Extents haben. Braucht das Objekt mehr Extents, werden diese immer größer werden, also beispielsweise 64 KB, 1 MB, 8 MB etc. Falls Ihnen nicht bekannt ist, wie stark die Objekte wachsen werden, verwenden Sie diese Einstellung. Bei UNIFORM geben Sie eine Größe an, voreingestellt ist 1 MB. Innerhalb eines UNIFORM Tablespace bleiben alle Extents gleich groß. UNIFORM ist also insbesondere für applikatorische Tablespaces eine interessante Option. Abgesehen vom SYSTEM-Tablespace kann ein Tablespace jeweils von einer in die andere Form (und zurück) über die Prozeduren DBMS_SPACE_ADMIN.TABLESPACE_MIGRATE_TO_LOCAL beziehungsweise DBMS_SPACE_ADMIN.TABLESPACE_MIGRATE_FROM_LOCAL überführt werden. Allerdings würde ich in der Praxis die Migration eher über einen Tablespace Export/Import durchführen. Dadurch wird dann auch sichergestellt, dass alle Extents neu angelegt werden. Falls Sie den SYSTEM-Tablespace Locally Managed machen, müssen Sie natürlich darauf achten, dass alle anderen Tablespaces bereits Locally Managed verwenden. Da die ganze Platzverwaltung bei Locally Managed Tablespaces über Bitmaps erfolgt, nützen Ihnen die Angaben im DBA_FREE_SPACE Dictionary View nicht mehr allzu viel. Für nähere Details müssen Sie die Prozeduren im DBMS_SPACE-Package, insbesondere die Prozedur SPACE_USAGE, nutzen. Ob ein Tablespace Dictionary oder Locally Managed ist, sehen Sie im Data Dictionary in der Spalte EXTENT_MANAGEMENT in der View DBA_TABLESPACES.

Eine weitere Klausel betrifft das Segment Space Management und wurde mit Version 9.2 eingeführt. Es ist dies Automatic Segment Space Management (ASSM). ASSM und das oben besprochene ASM sind zwei unterschiedliche Dinge, also bitte nicht verwechseln. ASSM muss beim Anlegen eines Tablespace angegeben werden. Damit werden die Parameter PCTUSED, FREELISTS und FREELIST GROUPS überflüssig. FREELISTS werden während des INSERT benötigt. Eine Freelist ist einfach ein kleiner Eintrag im Oracle-Block Header, der während des INSERT belegt ist und am Ende des INSERT von der Transaktion wieder freigegeben wird. Kommt jetzt eine zweites INSERT, muss es eben warten, bis die Freelist frei ist, bevor es seinerseits die Freelist belegen und das INSERT durchführen kann. Freelists dienen also der Serialisierung paralleler INSERTs. Oracle hat für Datenblöcke eine und für Indexblöcke zwei Freelists voreingestellt. Bei manchen Applikationen kann das natürlich zu wenig sein. Wenn Sie hier einen Engpass während des INSERTs haben, sehen Sie das übrigens in der Spalte COUNT in V$WAITSTAT, die geht dann hoch. Bei Dictionary Managed Tablespaces sehen Sie dann als CLASS 'data block', während es bei Locally Managed Tablespaces die unterschiedlichen Bitmapblöcke sind, dort ist die Granularität feiner. Sie sehen bei Locally Managed Tablespaces die Waits in 'extent map', '1st level bmb', '2nd level bmb, '3rd level bmb', 'bitmap block' oder 'bitmap index block', falls es sich gerade um einen Bitmap-Index handelt. Die Freelists lassen sich auch seit 8.1.6 manuell ganz einfach über ALTER TABLE/ALTER INDEX anpassen. Hier ein kleines Beispiel:

```
alter table ttt storage (freelists 4);
```

Jede zusätzliche Freelist benötigt zusätzlichen Platz im Block. Wie viel genau, hängt von Oracle-Version und Betriebssystem ab, das können Sie in V$TYPE_SIZE nachschlagen. Das ist normalerweise nicht sehr viel. PCTUSED wird durch ASSM ebenfalls überflüssig. Der Wert dieses Attributes steht per Default auf 40. Das bedeutet: Ein Block steht für neue Inserts zur Verfügung, sobald der freie Platz innerhalb des Blocks unter 40% gefallen ist. Je nach Applikation können 40% also effektive Platzausnutzung oder Platzverschwendung sein. In keinem Fall sehen Sie die Waits hier für die Klasse 'free list', was ziemlich verwunderlich ist. Wenn Sie Waits für 'free list' sehen, arbeiten Sie wahrscheinlich noch unter Oracle Parallel Server oder sogar unter RAC, aber dort ist es weniger wahrscheinlich. Diese Klasse bezieht sich auf Freelist-Gruppen und die brauchen Sie nur vornehmlich unter Oracle Parallel Server beziehungsweise RAC. Was dann passieren kann, ist, dass INSERTs von verschiedenen Datenbankinstanzen auf den gleichen Block geschehen. Für die Synchronisierung dieser INSERTs benötigt Oracle-Freelist-Gruppen, die im Header der jeweiligen Datei angesiedelt sind. Im Unterschied zu Freelists können Freelist-Gruppen nicht dynamisch geändert werden, sie müssen bereits bei CREATE angegeben werden. Während Sie mit FREELISTS nicht groß zusätzlich Platz brauchen, ist das mit FREELIST GROUPS anders, dort brauchen Sie mehr. Natürlich können Sie auch FREELIST GROUPS verwenden, wenn Sie eine ganz „normale“ Datenbank verwenden, aber das wird eher selten notwendig sein. Ob ein Tablespace ASSM verwendet oder nicht, entnehmen Sie im Data Dictionary der Spalte SEGMENT_SPACE_MANAGEMENT in DBA_TABLESPACES.

Ab Oracle 9 können Sie auch die Blockgröße pro Tablespace wählen. Abgesehen davon, dass eine Blockgröße unter der physikalischen Blockgröße, wie sie vom Betriebssystem definiert wird, nicht unbedingt sinnvoll ist, kann das auch applikatorisch sinnvoll sein. Sie können somit die Größe des Blocks applikatorisch wählen. Größere Blöcke sparen Platz, es werden weniger Block Header benötigt. Konkret sind das:

$$\text{Anzahl der Block Header} = (k - 1)f/(bb - f)\ \text{Byte}$$

In dieser Formel ist f die Größe des Block Header (61 Byte bei normalen Tabellen), bb die Blockgröße in KB und k der Faktor, um den der Block größer ist. Wenn Sie bereits viele Prozesse haben, die auf den gleichen Block zugreifen, stauen sich noch mehr Zugriffe bei einer größeren Blockgröße. Passen Sie Freelists und Initrans entsprechend an. Sie brauchen dann auch mehr Hauptspeicher im Buffercache. Für Tabellen, die LOBs oder LONG enthalten, sowie für sehr breite Tabellen mit vielen Spalten sind größere Blöcke vorteilhaft, weil es dort weniger Chained/Migrated Rows gibt. 8 KB ist eine gute Größe für OLTP-Systeme, bei Data Warehouses können auch 16 KB oder 32 KB sinnvoll sein. Das Haupteinsatzgebiet für dieses Feature sehe ich aber nicht applikatorisch, sondern bei Transportable Tablespaces. Mit Transportable Tablespaces können Tablespaces inklusive ihrer Dateien komplett und sehr schnell an einer anderen Datenbank angehängt werden. Das ist natürlich nur möglich, wenn die Blockgröße bewahrt werden kann. Transportable Tablespaces wurde bereits im Kapitel 2 beschrieben.

6.5 Oracle-Systembereiche im Detail

Für die Redo Logs gibt es ein paar Grundregeln, die Sie beherzigen sollten. Sind die Redo Logs mal einigermaßen aufgesetzt, brauchen Sie sich nicht mehr allzu viel um sie zu kümmern. Redo Logs werden sequenziell gelesen und geschrieben, und das eigentlich immer. Bei jedem COMMIT muss Oracle den Inhalt des Redo Log Buffers auf die Festplatte herunterschreiben. Das Redo Log nimmt eine zentrale Stellung in Oracle ein. Wenn Sie im laufenden Betrieb das Redo Log verlieren, kann ein Datenverlust auftreten. Das wollen Sie nicht, deshalb spiegeln Sie das Redo Log. Für die Spiegelung des Redo Logs können Sie Spiegelung über Software oder über Hardware oder beides verwenden. Die Spiegelung über Software erfolgt in Oracle direkt und nennt sich dort Multiplexing. Multiplexing bedeutet einfach, dass mehrere Redo Logs unter einer Redo Log-Gruppe zusammengefasst und simultan geschrieben werden. Redo Logs sollten immer in Oracle gespiegelt werden. Das Multiplexing in Oracle hat den ganz großen Vorteil, dass es logische Korruptionen erkennen kann, das ist bei der Spiegelung über Hardware nicht gegeben. Sie können die Redo Logs zusätzlich auch über die Hardware spiegeln, aber die Spiegelung über Oracle ist unabdingbar. Bereits beim Anlegen der Datenbank können Sie Oracle sagen, dass Sie die Redo Logs multiplexen wollen., Hier ein entsprechender Ausschnitt aus einem Script:

```
CREATE DATABASE
...
MAXDATAFILES 1022
MAXLOGMEMBERS 2
MAXLOGFILES 10
MAXLOGHISTORY 1000
...
LOGFILE
 GROUP 1 ('D:\ORACLE\ORADATA\V92\REDO01a.LOG',
'D:\ORACLE\ORADATA\V92\REDO01b.LOG' SIZE 100M,
 GROUP 2 (,'D:\ORACLE\ORADATA\V92\REDO02a.LOG'
'D:\ORACLE\ORADATA\V92\REDO02b.LOG') SIZE 100M
DATAFILE
```

Wie man sieht, muss man einfach die einzelnen Redo Logs unter der jeweiligen Gruppe aufzählen. Die Größenangabe bezieht sich hierbei auf die Dateien, nicht auf die Gruppe als Ganzes. Es werden also zwei Redo Log-Gruppen angelegt. Redo Log-Gruppen werden einfach durchnummeriert, einen Namen erhalten sie nicht. In jeder Gruppe existieren hier 2 Dateien mit jeweils 100 MB Größe. Damit es übersichtlicher ist, erhalten die Redo Logs Namen, an denen man erkennt, zu welcher Redo Log-Gruppe sie gehören. Falls Sie bestehende Dateien überschreiben wollen, müssten Sie noch REUSE nach der Größenangabe verwenden. Maximal sind pro Redo Log-Gruppe zwei Dateien möglich, das wird über MAXLOGMEMBERS eingestellt. Die maximale Anzahl von Redo Log-Dateien wird über MAXLOGFILES festgelegt. MAXLOGHISTORY benötigen Sie für das automatische Recovery, dort sollte ein hoher Wert wie zum Beispiel 1000 verwendet werden. Alle diese Maximaleinstellungen sind fix. Falls Sie hier mal etwas vergrößern wollen, also zum Beispiel MAXLOGFILES auf 20 erhöhen wollen, müssen Sie neue Controlfiles anlegen. Diese Einstellungen wirken sich auch auf die Größe des Controlfiles aus, insbesondere MAXDATAFILES, mit dem festgelegt wird, wie viele Dateien die Datenbank insgesamt haben kann. Oracle speichert im Controlfile jeden Dateinamen und seit Oracle 8.1 auch die Namen aller Tablespaces. Deshalb ist es sehr zu empfehlen, hier von Anfang an großzügige Werte zu setzen. Das Anlegen neuer Controlfiles ist zwar prinzipiell kein Problem, erfordert aber doch, dass die Datenbank heruntergefahren wird. Das Anlegen neuer Controlfiles ist nur im NOMOUNT-Status möglich. Abgesehen davon ist das Anlegen neuer Controlfiles ja auch etwas, das man nur sehr selten macht; damit ist auch das Potenzial für Fehler größer. Größere Werte bei diesen Einstellungen bedeuten auch größere Controlfiles.

Die Controlfiles sind aber eher klein, insofern sollten uns ein paar Megabyte mehr oder weniger hier nicht stören.

Wie groß die einzelnen Redo Logs sein sollen, hängt von der jeweiligen Applikation ab. Die Größen schwanken hier üblicherweise zwischen ein paar Dutzend Megabyte bis zu mehreren Gigabyte. Falls der Redo Log Writer-Prozess (=LGWR) zu langsam ist, können Sie in Oracle 9.2 den Parameter LOG_PARALLELISM erhöhen. Oder Sie bringen die Redo Logs auf Raw Devices, das ist auch eine gute Tuning-Möglichkeit. Die Redo Logs werden zwar sequenziell beschrieben, aber Sie können sie immer noch stripen. Normalerweise wird nicht der ganz Redo Log Buffer auf einmal geschrieben, sondern der Schreibkopf muss zwischenzeitlich neu positioniert werden, was auch Zeit kostet. Dieses Neupositionieren erfolgt zum Beispiel, nachdem 64 Kilobyte geschrieben wurden. Wenn Sie jetzt das Redo Log über acht Festplatten gestriped haben und der Redo Log Buffer 512 Kilobyte, also die Voreinstellung in Oracle 10*g*, groß ist, kann der gesamte Buffer auf einmal heruntergeschrieben werden. Die Größe des Redo Log Buffers im Hauptspeicher legen Sie über den Parameter LOG_BUFFER fest, der bis zu mehrere Megabyte groß sein kann. Wenn Sie viele und/oder langdauernde Transaktionen haben, sind größere Werte sinnvoll, weil dann weniger oft Redo geschrieben werden muss.

Wenn der ARCHIVELOG-Modus aktiviert ist – und das sollte auf Test- und Produktionsmaschinen eigentlich immer der Fall sein –, muss bei jedem Umschalten des Redo Logs zuerst das alte Redo Log archiviert werden. Das erfordert Zeit und kann zum Engpass für die Applikation werden. In V$SYSTEM_EVENT ist das entsprechende Wait Event: log file switch(archiving needed). Verschiedene Ursachen kommen für dieses Wait Event in Frage. Zum einen kann es sein, dass der Archiver nicht schnell genug schreiben kann. In diesem Fall wäre es zum Beispiel sinnvoll, den Parameter LOG_ARCHIVE_MAX_PROCESSES zu erhöhen. Sie können auch manuell zusätzliche Archiver-Prozesse starten, dazu verwenden Sie das Kommando ARCHIVE LOG. Vor Oracle 10*g* können Sie mit dem Archiver auch auf einfache Art und Weise eine Datenbank lahm legen. Das ist gleichzeitig sehr lehrreich und zeigt Ihnen, dass die Datenbank wirklich stehen bleibt, wenn sie nicht archivieren kann. Setzen Sie einfach den Parameter LOG_ARCHIVE_START auf FALSE, die Datenbank muss aber bereits im ARCHIVELOG-Modus sein. Dann führen Sie ein paar Transaktionen aus, bis Oracle das Redo Log umschalten will – und siehe da: schon steht alles. Sie müssen dann zuerst das aktuelle Redo Log mit ARCHIVE LOG CURRENT archivieren, bevor Sie mit der Datenbank weiterarbeiten können. Jetzt fragt man sich natürlich, warum die Redo Logs im ARCHIVELOG-Modus nicht automatisch archiviert werden. Ist doch Blödsinn, wenn dann alles steht. Ich glaube, das hat historische Gründe. Früher war es, insbesondere bei Archivierung der Redo Logs auf Band und sehr kleinen Transaktionsraten, möglicherweise vorteilhaft, die Archivierung manuell zu steuern. Heute ist dem aber nicht mehr so, und in Oracle 10*g* existiert der Parameter LOG_ARCHIVE_START ohnehin nicht mehr.

Falls das Archivierungsverzeichnis voll ist, kann der Archiver natürlich auch nicht schreiben. Das kann ein weiterer Grund sein, warum der Archiver ansteht. In diesem Fall müssen Sie natürlich erst mal Platz schaffen. Der Parameter LOG_ARCHIVE_DEST, beziehungsweise besser LOG_ARCHIVE_DEST_<n> ab Oracle 10*g*, der das Archivierungsverzeichnis für Oracle angibt, ist ein wenig speziell. Sie können dort nicht nur ein Verzeichnis, sondern auch den Anfang des Dateinamens angeben. Zusammen mit LOG_ ARCHIVE_FORMAT bestimmt er dann, wie die archivierten Redo Logs heißen. Nehmen wir mal folgendes Beispiel:

```
LOG_ARCHIVE_DEST = "/oradata/V10/arch/arch"
LOG_ARCHIVE_FORMAT="V10_%t_%s.log"
```

Dabei steht %s für die Log Sequenz-Nummer und %t für die Thread-Nummer. Letzteres ist vor allem in OPS/RAC-Umgebungen interessant. Die Log-Sequenz-Nummer wird von Oracle bei jedem Umschalten des Redo Logs hochgezählt. Wenn Sie diese Nummer in den archivierten Redo Logs verwenden, wissen Sie immer, in welcher Reihenfolge die archivierten Redo Logs im Falle eines Recovery appliziert werden müssen. Mit diesen Einstellungen würden die archivierten Redo Logs dann zum Beispiel so heißen:

```
/oradata/V10/arch/arch/V10_0_523.log
/oradata/V10/arch/arch/V10_0_524.log
/oradata/V10/arch/arch/V10_0_525.log
```

Eine andere Ursache für das Wait Event 'log file switch' ist 'log file switch (checkpoint incomplete)'. In diesem Fall ist dann Checkpointing das Problem. Für das Checkpointing existiert ein eigener Hintergrundprozess (CKPT), der vor Oracle 8.1 mit dem Parameter CHECKPOINT_PROCESS aktiviert wurde. Seit Oracle 8.1 erfolgt das Checkpointing automatisch, der Hintergrundprozess wird automatisch beim Hochfahren der Datenbank gestartet. Ein Checkpoint ist im Grunde nichts anderes als eine SCN. SCN steht für System Change Nummer. Das können Sie sich als eine Art interne Uhr in Oracle vorstellen. Alle drei Sekunden werden automatisch alle veränderten Buffer, die noch nicht auf der Festplatte sind, auf die Festplatte runtergeschrieben und die augenblickliche SCN in den Controlfiles und den Header-Blöcken aller Datenbankdateien nachgeführt. Das Runterschreiben der veränderten Blöcke in die Datenbankdateien macht aber nicht der Checkpoint-Prozess, sondern es erfolgt durch den Database Writer-Prozess. Der Checkpoint-Prozess führt nur die SCN in den Controlfiles und den Header-Dateien nach. Damit wird das Recovery beschleunigt. Erfolgt nach einem Checkpoint ein Absturz der Datenbank, muss Oracle nur die Einträge im Redo Log, die nach dem letzten Checkpoint erfolgten, applizieren. Wie häufig Checkpoints erfolgen, können Sie in Ihrem alert.log sehen, wenn Sie den Parameter LOG_CHECKPOINTS_TO_ALERT setzen. Den Parameter brauchen Sie im täglichen Betrieb sonst nicht, der ist nur für das Einstellen des Checkpointing interessant. In V$-SYSTSAT existiert dafür die Statistik: DBWR Checkpoints. Es existieren noch zwei weitere Statistiken in V$SYSSTAT, die für das Checkpointing interessant sind: ‚Background Checkpoints Started’ und ‚Background Checkpoints Completed’. Der Wert dieser beiden Statistiken sollte sich nicht oder höchstens um 1 unterscheiden. Gibt es hier größere Differenzen, haben wir ein Problem mit dem Checkpointing. Neben dem normalen Checkpointing existiert noch das inkrementelle Checkpointing. Bei dieser Form des Checkpointing wird die SCN nur in den Controlfiles nachgeführt und nicht mehr in den Header-Blöcken der Datenbankdateien. Das ist bei sehr großen Datenbanken interessant. Sie können sich vorstellen, dass das Nachführen der SCN in einer Datenbank mit 2000 Dateien Zeit braucht, wenn der Header jeder Datei modifiziert werden muss. Das Checkpointing wird über mehrere Parameter gesteuert. Traditionell wurden hier die beiden Parameter LOG_CHECKPOINT_INTERVAL und LOG_CHECKPOINT_TIMEOUT verwendet. LOG_CHECKPOINT_TIMEOUT gibt das Intervall zwischen 2 Checkpoints in Sekunden an. Wenn Sie den Parameter auf 0 stellen, schalten Sie das inkrementelle Checkpointing aus, das ist also nicht empfohlen. Demgegenüber geben Sie in LOG_CHECKPOINT_INTERVAL die Anzahl Redo Log-Blöcke an, nach der ein Checkpoint erfolgen soll.

Die Größe der Redo Logs wird nicht durch DB_BLOCK_SIZE bestimmt, sondern ist fix die Größe eines Blocks im Betriebssystem, zum Beispiel 512 Byte. Ein beliebter Ansatz ist das Setzen dieses Parameters auf einen Wert, welcher der Größe der Redo Logs entspricht. Damit wird bei jedem Umschalten des Redo Logs ein Checkpoint ausgeführt.

Neben diesen Parametern existieren noch zwei weitere: FAST_START_IO_TARGET und FAST_START_MTTR_TARGET. FAST_START_IO_TARGET brauchen Sie nur in 8.1, ab Oracle 9*i* können Sie FAST_START_MTTR_TARGET verwenden, das ist einfacher. FAST_START_IO_TARGET gibt eine obere Grenze für das Recovery an. Damit sagen Sie Oracle, wie viele Blöcke er maximal im Falle eines Recovery applizieren soll. Damit kontrollieren Sie auch den I/O, der über den Database Writer-Prozess erfolgt. Wenn Sie den Wert also beispielsweise auf den Minimalwert 1000 setzen, wird der Database Writer Prozess sehr oft die veränderten Blöcke herausschreiben. Das Recovery mag dann sehr schnell gehen, dafür behindern Sie den täglichen Betrieb gewaltig. Voreingestellt sind aber alle Blöcke im Buffer Cache. Alternativ können Sie in Oracle 8.1 den Database Writer-Prozess auch über DB_BLOCK_MAX_DIRTY_TARGET kontrollieren. Damit sagen Sie Oracle, wie viele veränderte Blöcke maximal im Buffer Cache bleiben können, bevor sie heruntergeschrieben werden. Hier ist auch die Anzahl Blöcke im Buffer Cache voreingestellt. Das ist zuviel, setzen Sie diesen Parameter auf 10% des Buffer Cache; ab Oracle 9*i* existiert dieser Parameter glücklicherweise nicht mehr.

Der letzte und beste Parameter, mit dem Sie das Checkpointing kontrollieren können, ist schließlich FAST_START_MTTR_TARGET. Damit geben Sie für das Recovery eine Zeitdauer in Sekunden an. Wenn Sie diesen Parameter verwenden, müssen Sie die anderen Parameter, also FAST_START_IO_TARGET, LOG_CHECKPOINT_INTERVAL und LOG_CHECKPOINT_TIMEOUT, ausdrücklich auf 0 setzen, damit die Ihnen hier nicht dazwischenfunken.

Wie Sie sehen, ist Checkpointing ein Prozess, der auf vielerlei Art und Weise kontrolliert werden kann. Immerhin existiert im Data Dictionary wenigstens eine View, die Ihnen hier weiterhelfen kann: V$INSTANCE_RECOVERY. In der Spalte ESTIMATED_MTTR können Sie sehen, mit welcher Zeit Sie für das Recovery rechnen müssen. Falls Sie die Parameter FAST_START_IO_TARGET, LOG_CHECKPOINT_INTERVAL oder LOG_CHECKPOINT_TIMEOUT verwenden, sehen Sie in den entsprechenden ..._REDO_BLKS Spalten, wie viele Blöcke im Recoveryfall verarbeitet werden müssten.

Oracle 10*g* schließlich führte den Redo Log Size Advisor ein. Der vereinfacht das ganze Einstellen noch mal. Der Redo Log Size Advisor wird (mal wieder) über den Parameter

STATISTICS_LEVEL gesteuert, der muss wieder auf TYPICAL oder ALL stehen. Wenn das aktiviert ist, sehen Sie in V$MTTR_TARGET_ADVICE, was Sie mit verschiedenen Einstellungen zu erwarten haben. Die Spalte MTTR_TARGET_FOR_ESTIMATE gibt den Zielwert an, und im Feld ESTD_TOTAL_WRITES sehen Sie, mit wie viel physikalischem I/O Sie dann zu rechnen haben.

Sie können die Redo Logs anhand der Recovery-Zeit dimensionieren, aber das wird nur selten notwendig sein. Der Vorrang gebührt in aller Regel den Anforderungen der Applikation. Wichtig ist, dass die Applikation durch die Redo Logs nicht behindert wird. Wir müssen also dafür sorgen, dass die Redo Logs nicht allzu oft umgeschaltet werden. Bei jedem Umschalten muss Oracle ja zuerst einmal archivieren, was gerade bei größeren Redo Logs seine Zeit brauchen kann. Sehr große Redo Logs können aber durchaus sinnvoll sein. Angenommen, Sie haben eine große zeitkritische Batchverarbeitung, die 5 GB Redo benötigt, und das Archivieren dauert einfach zu lange und kann auch nicht weiter beschleunigt werden. Wenn Sie jetzt Redo Logs mit 5,5 GB verwenden und vor der Verarbeitung auf das nächste Redo Log mit ALTER SYSTEM SWITCH LOGFILE umschalten, können Sie sicher sein, dass die Batchverarbeitung nicht durch das Umschalten des Redo Logs behindert wird.

Um zu wissen, wie viel Platz Sie für die archivierten Redo Logs brauchen, müssen Sie übrigens nicht die Datenbank im ARCHIVELOG-Modus fahren. Testen Sie einfach die Applikation so lange, bis Sie sicher sind, eine einigermaßen gute Annäherung an die Produktion erreicht zu haben. Wichtig ist auch, dass der Test die Zeit zwischen zwei Backups berücksichtigt. Beenden Sie den Test, und schauen Sie dann in die Alert Log-Datei. Dort wird jeder Redo Log Switch unabhängig davon, ob die Datenbank im ARCHIVELOG oder NOARCHIVELOG Modus betrieben wird, protokolliert. Hier mal ein kleiner Ausschnitt aus einer Datenbank, auf der sehr wenig passiert:

```
...
Wed Sep 22 16:21:22 2005
Thread 1 advanced to log sequence 120
 Current log# 2 seq# 120 mem# 0: D:\ORACLE\ORADATA\V92\REDO02.LOG
Wed Sep 29 12:32:43 2005
Thread 1 advanced to log sequence 121
 Current log# 3 seq# 121 mem# 0: D:\ORACLE\ORADATA\V92\REDO03.LOG
...
```

Zählen Sie jetzt einfach, wie oft das Redo Log während des Tests umgeschaltet wurde, und multiplizieren Sie diese Zahl mit der Größe der Redo Log-Dateien. Das Ergebnis ist die Menge an archiviertem Redo, die die Applikation in dieser Zeit erzeugen wird. Reicht der Platz nicht, müssen Sie öfters einen Backup durchführen. Nach einem erfolgreichen Backup können Sie ja ohne Bedenken die archivierten Redo Logs, die Sie gesichert haben, löschen. Eine andere Möglichkeit besteht darin, die Werte für die Statistik 'Redo Size' in V$SYSSTAT vor und nach dem Test abzulesen. Die Statistik gibt an, wie viel Byte Redo bis dahin generiert wurden.

Die Aktivität der Redo Logs sehen Sie auch in V$SYSSTAT und im Wait Interface. Es gibt einige Statistiken für Redo in V$SYSSTAT, aber vor allem 'redo log space requests' und 'redo log space wait time' dürften hier interessant sein. Die Statistik 'redo log space requests' wird hochgezählt, wenn Oracle Redo schreiben muss, aber das aktive Redo bereits voll ist. Dann muss Oracle warten, bis zum nächsten umgeschaltet wurde. Wie lange Oracle warten musste, entnehmen Sie 'redo log space wait time', dort wird die Zeit in Zehntel Millisekunden protokolliert. Wenn Sie hier anstehen, sollten Sie größere Redo Logs verwenden. Im Wait Interface ist das entsprechende Wait Event: log buffer space.

Wenden wir uns jetzt den Tablespaces zu. Einer der aktivsten Tablespaces in jeder Oracle-Datenbank ist Rollback/Undo. Rollback und Undo bedeuten eigentlich das Gleiche. Bei jeder verändernden Transaktion protokolliert Oracle vereinfacht gesagt den Zustand vor Beginn der Transaktion im Rollback-Tablespace, genauer gesagt, Oracle protokolliert dort, wie die anstehende Transaktion zurückgenommen werden könnte. Führen Sie also ein INSERT aus, steht dort das passend DELETE und umgekehrt, beim UPDATE ist die Umkehraktion natürlich auch ein UPDATE und so weiter und so fort. Diese Informationen werden im Rollback beziehungsweise Undo-Tablespace verwaltet. Sobald die Transaktion ein COMMIT ausführt, werden die Rollback-Informationen nicht mehr gebraucht. Wenn der ganze Platz im Rollback-Segment schon durch eine aktive Transaktion belegt ist, wird Oracle versuchen, das älteste Extent im Rollback-Segment zu gebrauchen. Das sehen Sie dann in der Spalte WRAPS in V$ROLLSTAT. Gerade bei langdauernden Transaktionen kann es passieren, dass das Segment ein neues Extent belegen will. Das sehen Sie dann in der Spalte EXTENDS. Wenn jetzt aber dieses Extent bereits wieder verwendet wurde, bekommen Sie den gefürchteten Fehler ORA-1555 „Snapshot too old".

Die Rollback-Informationen in einem traditionellen Rollback-Tablespace werden in so genannten Rollback-Segmenten gehalten. Diese werden mit der Anweisung CREATE ROLLBACK SEGMENT erzeugt. Für ein Rollback-Segment werden die gleichen Storage-Klauseln wie für Tabellen oder Indizes verwendet. Zusätzlich gibt es eine OPTIMAL-Klausel, mit der angegeben wird, welches die optimale Größe für das Rollback-Segment ist. Intern sind Rollback-Segmente als zirkuläre Ringbuffer implementiert, und mehrere Transaktionen können das gleiche Rollback-Segment verwenden. Die Anzahl und Größe der Rollback-Segmente variiert natürlich je nach Applikation, aber zwischen 20 und 100 Rollback-Segmente sind nicht ungewöhnlich. Es empfiehlt sich meiner Erfahrung nach auch, MINEXTENTS auf 20 zu setzen, das reduziert noch die Wahrscheinlichkeit, dass ein ORA-1555 auftritt. OPTIMAL ist eher nicht zu empfehlen. Spart zwar Platz, aber die Wahrscheinlichkeit, dass ein Extent, das wiederverwendet wurde, bereits belegt ist, steigt wieder.

Traditionell wurden oft auch verschieden große Rollback-Segmente verwendet. Dann hat man beispielsweise ein riesiges ROLLBACK SEGMENT für den Langläufer. Im normalen Betrieb ist dieses Rollback-Segment aber offline. Damit will man verhindern, dass es von einer anderen Transaktion belegt wird. Wird es dann gebraucht, aktiviert man es mit ALTER ROLLABCK SEGMENT ... ONLINE und weist es der Verarbeitung mit SET TRANSACTION USE ROLLBACK SEGMENT zu. Mit dieser Technik können Sie sich ganz gut gegen einen ORA-1555 absichern.

Das ist Vergangenheit. Oracle 9*i* führte Automatic Undo Management oder kurz AUM ein. Mit Automatic Undo Management müssen Sie sich nicht mehr um die Größe und Anzahl der Rollback-Segmente kümmern, sondern legen nur noch einen Undo-Tablespace an und sagen Oracle, dass er den verwenden soll. Einen Undo-Tablespace legen Sie mit der Anweisung CREATE UNDO-TABLESPACE an. Verwenden Sie Locally Managed Extent Management. Alles was dann noch zu tun ist, ist das Setzen von Parametern in der init.ora-Datei oder im spfile beziehungsweise das Aktivieren der Parameter über ALTER SYSTEM. Mit dem Parameter UNDO_TABLESPACE sagen Sie Oracle, wie der Undo-Tablespace heißt. Ich nenne ihn immer UNDO, das ist einfach und klar und wird auch von Oracle gemacht. Es kann immer nur ein Undo-Tablespace in einer Datenbank aktiv sein. Mit der Einstellung UNDO_MANAGEMENT=AUTO sagen Sie Oracle, dass Sie Automatic Undo Management verwenden möchten. Falls Sie noch Rollback-Segmente verwenden möchten, müsste hier UNDO_MANAGEMENT=MANUAL stehen.

Wichtig ist auch der Parameter UNDO_SUPPRESS_ERRORS. Den gibt's in der Version 10*g* bereits nicht mehr, und vorher sollte er eigentlich immer auf TRUE stehen. Damit verhindern Sie, dass es einen Fehler gibt, wenn in einer Applikation SET TRANSACTION USE ROLLBACK SEGMENT verwendet wird.

Schließlich gibt es noch den Parameter UNDO_RETENTION. Damit geben Sie eine Zeitspanne (in Sekunden) an, innerhalb der Oracle die alten Extents nicht wieder verwenden soll. Damit ist die Wahrscheinlichkeit für einen ORA-1555 zwar sehr stark gesunken, aber der Fehler ist immer noch möglich. Wenn Oracle den Platz im Undo ausweiten muss und es nicht kann, dann wird es das älteste nicht benutzte Segment benutzen, und damit ist wieder alles offen. Deshalb sollten Sie die Undo-Datei auf AUTOEXTEND ON setzen, damit sie dynamisch wachsen kann. Den Platz im Dateisystem, damit Oracle die Datei wachsen lassen kann, brauchen Sie natürlich schon vorher. Das macht Oracle nicht für Sie.

Die andere Frage, die sich hier stellt, ist, wie groß der Undo-Tablespace sein soll. Seit Oracle 9*i* existiert die View V$UNDOSTAT, die Ihnen hier wichtige Informationen liefern kann. In der Spalte UNDOBLKS sehen Sie, wie viele Blöcke für Undo bisher benötigt wurden. Wenn Sie V$UNDOSTAT über einen angemessenen Zeitraum beobachten, sollten Sie in der Lage sein, eine einigermaßen korrekte Schätzung abzugeben. Erschrecken Sie nicht, wenn Sie da auf große Zahlen kommen. Je nach Applikation können Undo und Temp leicht ein paar Dutzend Gigabyte belegen. In der Spalte SSOLDERRCNT finden Sie übrigens die Information, wie oft ein ORA-1555 aufgetreten ist. Das sollte Ihnen bei der Einstellung der Undo Retention helfen.

Oracle 10*g* brachte hier noch einmal ein paar Verbesserungen. So können Sie jetzt die Zeitspanne für Undo Retention garantieren. Das erfolgt über die Klausel RETENTION GUARANTEE. Diese Klausel kann beim CREATE UNDO-TABLESPACE und beim ALTER TABLESPACE verwendet werden. Selbstverständlich geht auch das vor und zurück. Falls Sie also wieder das selbe Verhalten wie in Oracle 9*i* wollen, sagen Sie einfach ALTER TABLESPACE ... RETENTION NOGUARANTEE.

Falls Sie immer noch Rollback-Segmente verwenden, ist natürlich eine Migration auf Automatic Undo Management sehr empfohlen. Praktischerweise existiert in 10*g* eine Prozedur, die Ihnen (in Megabyte) direkt mitteilt, wie groß der Undo-Tablespace in diesem Fall denn nun sein soll:

```
Var undo_groesse NUMBER

BEGIN
 :undo_groesse= DBMS_UNDO_ADV.RBU_MIGRATION;
end;
/

print undo_groesse
```

Genau wie für die Redo Logs existiert in 10*g* auch ein Ratgeber für Undo, der Undo Advisor. Er wird wieder durch STATISTICS_LEVEL gesteuert und bedient sich der Daten aus dem Automatic Workload Repository. Den Undo Advisor können Sie wie den Redo Log Size Advisor über den Enterprise Manager bedienen, Sie können ihn aber auch direkt über das DBMS_ADVISOR Package aufrufen. Dabei legen Sie über START_SNAPSHOT und END_SNAPSHOT den Zeitraum fest. Hier ein Beispiel:

```
DECLARE
 id NUMBER;
 taskname VARCHAR2(30);
 oid NUMBER;
 BEGIN
 DBMS_ADVISOR.CREATE_TASK('Undo Advisor', id, taskname,
'Undo Advisor Task');
 DBMS_ADVISOR.CREATE_OBJECT(taskname, 'UNDO_TBS', null, null, null,
'null', oid);
 DBMS_ADVISOR.SET_TASK_PARAMETER(taskname, 'TARGET_OBJECTS', oid);
 DBMS_ADVISOR.SET_TASK_PARAMETER(taskname, 'START_SNAPSHOT', 1);
 DBMS_ADVISOR.SET_TASK_PARAMETER(taskname, 'END_SNAPSHOT', 100);
 DBMS_ADVISOR.execute_task(tname);
 end;
/
```

Ein weiterer wichtiger Tablespace ist der Temporary Tablespace. Den legen Sie seit Oracle 8.1 mit der Anweisung CREATE TEMPORARY TABLESPACE an. Hier sagen Sie übrigens TEMPFILE und nicht DATAFILE, also: CREATE TEMPORARY TABLESPACE .. TEMPFILE... Die Datei(en) des Temporary Tablespace sehen Sie auch nicht in V$DATAFILE, sondern nur in V$TEMPFILE. Den Temporary Tablespace sollten Sie auch wie alle übrigen Tablespaces als Locally Managed anlegen. In einem Temporary Tablespace können außer temporären Tabellen keine Objekte anlegen. Was sinnvoll ist, der Tablespace dient ja nur zum Sortieren. Ich empfehle, auch diesen Tablespace auf NOLOGGING zu setzen. Bringt zwar meist nicht so viel, aber hier ergibt LOGGING ja keinen Sinn. Seit 9*i* können Sie auch von Anfang an einen Temporary Tablespace setzen, den brauchen Sie den Benutzern dann nicht mehr explizit immer zuweisen. Sie können auch später einen anderen Tablespace hier mit ALTER DATABASE DEFAULT TEMPORARY TABLESPACE ... angeben. Oracle 10*g* schließlich führte noch die Möglichkeit, mehrere Temporary Tablespaces in einer Tablespace Group zusammen zu fassen, ein. Das ist wohl vor allem für den Einsatz von Parallel Query gedacht. Stellen wir uns mal vor, Sie haben eine mittelprächtige Abfrage, die parallel läuft. Diese Abfrage soll fünf Parallel Query Slave-Prozesse gleichzeitig sortieren. Vor Oracle 10*g* benutzten diese fünf Prozesse alle den gleichen Temporary Tablespace, das konnte dort einen Engpass ergeben. Jetzt mit 10*g* hat jeder seinen eigenen Tablespace.

Der wichtigste Tablespace schließlich ist in Oracle der Tablespace SYSTEM. Dort verwaltet Oracle die ganzen Informationen über die Datenbank im Data Dictionary. Wenn Sie den Tablespace SYSTEM verlieren, ist die Datenbank nicht mehr zu retten. Man kann dann zwar noch versuchen, Daten aus den übrigen Dateien zu holen, aber eigentlich ist das Kind dann schon in den Brunnen gefallen. Auf diesen Tablespace müssen Sie also gut aufpassen. Auch dieser Tablespace sollte Locally Managed Extent Management haben. Ab Oracle 9.2 ist das ohnehin der Fall, wenn zum Zeitpunkt des CREATE DATABASE der COMPATIBLE-Parameter auf 9.2 oder höher steht. Falls der Tablespace SYSTEM noch Dictionary Managed ist, kann er auch in einen Locally Managed Tablespace umgewandelt werden. Das will aber gut geplant sein, denn es gibt ein paar Randbedingungen. Ist der Tablespace SYSTEM erst mal Locally Managed, können Sie keine weiteren Tablespaces mehr anlegen, die Dictionary Managed sind.

Das ist keine große Einschränkung. Wichtiger ist die, dass alle sonstigen Tablespaces, die noch Dictionary Managed sind, READ ONLY sein müssen. Sind sie das nicht, können Sie auf die Daten in diesen Tablespaces nach der Migration des SYSTEM-Tablespace nicht mehr zugreifen. Deswegen sollte die Migration des SYSTEM-Tablespace auf Locally Managed erst dann erfolgen, wenn alle anderen Tablespaces in der Datenbank bereits umgestellt wurden. Die eigentliche Migration erfolgt dann über die Prozedur TABLESPACE_MIGRATE_TO_LOCAL im DBMS_SPACE_ADMIN-Package. Da der SYSTEM-Tablespace ja zu den Tablespaces gehört, auf die Oracle mehr oder minder dauernd zugreift, empfiehlt sich diese Migration aber schon. Die Belastung durch Routinen für die Platzverwaltung ist deutlich geringer in Locally Managed Tablespaces.

Zum SYSAUX-Tablespace, der neu in Oracle 10*g* hinzukam, ist nicht viel zu sagen, außer dass er sehr stark wachsen kann. Das passiert typischerweise dann, wenn STATISTICS_LEVEL auf ALL gesetzt wurde. Für den SYSTEM und SYSAUX empfiehlt sich natürlich auch wieder AUTOEXTEND ON und unbedingt MAXSIZE 2 GB, falls diese Grenze auf Ihrem Betriebssystem gilt. Als Startwert für seine Größe sind 512 MB oft ausreichend.

Tablespaces können Sie in Oracle auch auf READ ONLY setzen, dann ist er nur noch lesbar. DML-Befehle, also INSERT, UPDATE, DELETE oder MERGE, können dann nicht mehr auf Objekte in diesem Tablespace angewandt werden. Ideal für Datenbanken, die lesbare Daten zum Beispiel auf CD oder DVD haben. Für das Backup ist das auch prima. Ist der Tablespace erst mal auf READ ONLY gesetzt, muss man ihn nur noch einmal oder vorsichtshalber zwei- oder dreimal sichern, und dann nie wieder. Klar muss man dann später diesen Backup wieder überprüfen und eventuell nach einem Jahr oder so wieder erneuern, aber insgesamt gibt es doch weniger zum Sichern. Spart also Platz und Zeit. Ob ein Tablespace READ ONLY oder READ WRITE ist, sehen Sie in der Spalte STATUS in DBA_TABLESPACES. Sie können einen READ ONLY Tablespace später auch wieder READ WRITE setzen, das ist auch kein Problem. Beim Recovery kann das allerdings heikel werden. Wenn Sie viel zwischen diesen beiden Modi umschalten, brauchen Sie unter Umständen zu viele archivierte Redo Logs beim Recovery. Hier mag auch der richtige Zeitpunkt gekommen sein, um ein weit verbreitetes Missverständnis, was READ ONLY bedeutet, zu korrigieren. Schauen Sie mal hin, was da passiert:

```
SQL> create tablespace ro datafile 'D:\ORACLE\ORADATA\V92\RO_01.DBF' size 10M;
Tablespace wurde angelegt.
SQL> create table gugus (x number) tablespace ro;
Tabelle wurde angelegt.
SQL> insert into gugus values(1);
1 Zeile wurde erstellt.
SQL> insert into gugus values(2);
1 Zeile wurde erstellt.
SQL> commit;
Transaktion mit COMMIT abgeschlossen.
SQL> alter tablespace ro read only;
Tablespace wurde geändert.
SQL> insert into gugus values(3);
insert into gugus values(3)
 *
FEHLER in Zeile 1:
ORA-00372: Datei 21 kann zur Zeit nicht modifiziert werden
ORA-01110: Datendatei 21: 'D:\ORACLE\ORADATA\V92\RO_01.DBF'
SQL> delete from gugus;
delete from gugus
 *
FEHLER in Zeile 1:
ORA-00372: Datei 21 kann zur Zeit nicht modifiziert werden
ORA-01110: Datendatei 21: 'D:\ORACLE\ORADATA\V92\RO_01.DBF'
```

So weit, so schön. Das ist ja alles, wie man es sich denkt. Der Tablespace ist ja Read Only. Aber was passiert jetzt?

```
SQL> drop table gugus;
Tabelle wurde gelöscht.
```

Die Tabelle wurde wirklich gelöscht. Ein kurzer Test zeigt das:

```
SQL> select * from gugus;
 select * from gugus
 *
FEHLER in Zeile 1:
ORA-00942: Tabelle oder View nicht vorhanden
```

Im ersten Moment denkt man: Das ist ein Bug. Ist aber keiner. Der ANSI-Standard sieht das wohl so vor, und das ist auch im SQL Reference Manual dokumentiert. TRUNCATE funktioniert übrigens auch nicht. Die Tabelle, die mit DROP TABLE entfernt wurde, existiert dann noch als temporäres Segment im Tablespace. Das wird dann, falls der Tablespace irgendwann mal wieder auf Read Write zurückgesetzt wird, bereinigt:

```
SQL> select segment_name,segment_type from dba_segments
where tablespace_name='RO';

SEGMENT_NAME                                         SEGMENT_TYPE
---------------------------------------------------- ------------------
TEMPORARY                                            21.10
```

Fassen wir noch mal die Empfehlungen für die Oracle-internen Tablespaces zusammen: Für die Oracle-internen Tablespaces, also SYSTEM, SYSAUX, UNDO und TEMP, sollten Sie keine Dictionary-Managed Tablespaces mehr verwenden, sondern nur noch Locally Managed Tablespaces. In Oracle 9 kann es notwendig sein, dass Sie dann noch den Parameter UNDO_SUPPRESS_ERRORS setzen müssen. Ist dieser Parameter gesetzt, gibt es keinen Fehler, wenn in der Applikation die Anweisung SET TRANSAKTION USE ROLLBACK SEGMENT verwendet wird.

- Haben Sie noch einen traditionellen Dictionary Managed Rollback-Tablespace, empfehle ich Ihnen dringendst die Migration auf UNDO.
- In Oracle 10*g* können Sie mehrere temporäre Tablespaces in einer Tablespace Group zusammenfassen.

6.6 Platzverwaltung im Segment

Wie schon vorhin ausgeführt, sollten Sie immer Locally Managed Tablespaces mit ASSM verwenden. Damit ersparen Sie sich schon einiges, was Sie sonst setzen müssen. Neben Tabellen gibt es in relationalen Datenbanken noch alle möglichen anderen Objekte, die aus Verwaltungs- und Performancegründen benötigt werden, wie z.B. Indizes, Sequenzen, Synonyme oder Cluster.

Oracle fasst all seine Objekte unter dem Oberbegriff Segment zusammen. Ein Segment ist immer einem Tablespace zugeordnet (außer bei partitionierten Objekten, dazu später mehr). Die einzelnen Segmente ihrerseits bestehen aus einem oder mehreren so genannten Extents, das ist einfach noch mal eine logische Unterteilung mehr. Das Extent seinerseits besteht aus mindestens fünf Oracle-Blöcken. Der Oracle-Block seinerseits besteht aus einem oder mehreren Betriebssystemblöcken. Es ist zwar auch möglich, für die Oracle-Blockgröße einen Wert zu nehmen, der kleiner ist als eine Page auf dem Betriebssystem, aber das empfiehlt sich überhaupt nicht, da man damit das I/O zumindest verdoppelt. In einem Oracle-Block befinden sich nur die Daten eines Objekts. Je nach Größe kann das Objekt natürlich auch Tausende von Extents umfassen. Die Beziehung zwischen Segments, Extents und Blöcken lässt sich auch graphisch darstellen:

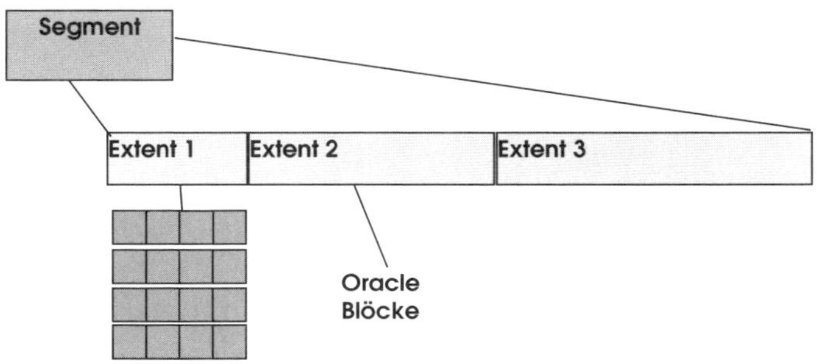

Das heißt also: ein Segment besteht aus einem oder mehreren Extents. Diese Extents können unterschiedlich groß sein, da sie ihrerseits aus fünf oder mehr Oracle-Blöcken bestehen.

Ein Oracle-Block wiederum hat auch ein bestimmtes Format, das mehr oder weniger gleich aussieht – auch bei unterschiedlichen Segmenten. Dieses Format hat sich zwar über die Versionen immer ein bisschen geändert, aber grob dargestellt sieht das ungefähr so aus:

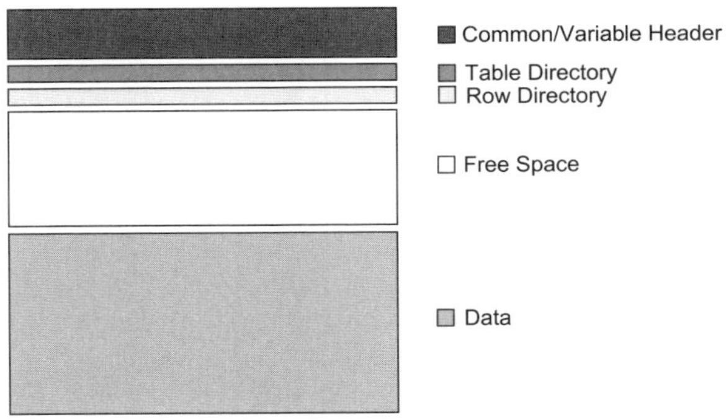

Im Header stehen ganz allgemeine Informationen wie die Adresse des Blocks und um welchen Segmenttyp es sich handelt, also Tabelle, Index oder Cluster. Im Table Directory steht, welche Tabellen in diesem Block wie viele Rows haben.

Das Row Directory gibt dann an, welche Rows hier aktuell existieren. Hier ist auch ein Teil der Adresse der Row abgelegt. Der Free Space ist leer und steht für neue Daten bereit. Falls eine Row über INSERT hinzukommt oder ein UPDATE eine bestehende Row erweitert, wird dieser Platz benutzt.

Ganz am Ende des Blocks kommt noch der Tail, dessen Größe minimal ist, weshalb er hier auch nicht dargestellt wurde. Den Tail braucht es nur wegen des Backups. Wir erinnern uns: Ein Oracle-Block kann aus mehreren Böcken des Betriebssystems bestehen. Das bedeutet: Während eines Online Backups könnte es passieren, dass der erste Teil eines Blocks bereits kopiert wurde, während der zweite gerade verändert wurde (während eines Online Backups steht die Datenbank vollumfänglich zur Verfügung). Um das abzufangen, führt Oracle im Header eine Prüfsumme mit, die bei jeder Veränderung des Blocks nachgeführt wird. Diese Prüfsumme erscheint dann noch mal im Tail. Haben wir hier Unterschiede, dann wissen wir, dass der Block noch mal kopiert werden muss.

Das ist auch der Nachteil beim Online Backup. In diesem Zustand werden immer die ganzen Blöcke ins Redo geschrieben, und nicht nur die geänderten Daten. Der Overhead für die ganzen Verwaltungsdaten (also Header, Tail, Table und Row Directory) schwankt je nach Betriebssystem typischerweise zwischen 84 und 107 Byte. Das kann aber auch noch mehr werden, z.B. wenn man Freelists erhöht.

Alle Parameter, die das Segment beeinflussen, wirken sich letzen Endes auf den Platz innerhalb des Blockes aus. An erster Stelle stehen hier PCTFREE und PCTUSED, die Sie bei CREATE oder ALTER angeben müssen. Für Tabellen sind diese beiden Parameter wichtig. PCTFREE bestimmt, wie viel Prozent eines Blockes für UPDATEs zur Verfügung stehen, und PCTUSED bestimmt, wie groß der Block sein kann, bevor neue Rows über INSERT eingefügt werden können. Voreingestellt sind PCTFREE 10 und PCTUSED 40. Das bedeutet: 10 Prozent des Blocks werden von Oracle für Datensätze bereitgehalten, die über ein UPDATE ihre Größe ändern. Damit beeinflussen Sie Row-Migrationen. Eine Row-Migration tritt auf, wenn Oracle einen Datensatz so modifizieren muss, dass er zu groß für den aktuellen Block wird. Dann muss Oracle diesen Block in einen anderen verschieben. Das macht erst mal gar nichts, dadurch ändert sich an der Applikation und am SQL für den Zugriff gar nichts. Was allerdings passiert, ist, dass Oracle einen Verweis auf den neuen Block im aktuellen Block behält. Es erfolgt also ein I/O mehr beim Zugriff auf diesen Block; Oracle muss ja erst den Verweis lesen und kann erst dann auf den Datensatz im neuen Block zugreifen.

Im Einzelfall bedeutet das keinen großen Unterschied, aber wenn es öfters vorkommt, merken Sie das schnell in der Performance. Deshalb ist es wichtig, dass man PCTFREE groß genug einstellt. Sie benutzen also PCTFREE für die Kontrolle von Row-Migrationen. PCTUSED dagegen verwenden Sie zur Kontrolle des Platzes. PCTUSED müssen Sie setzen, wenn Sie kein ASSM verwenden. Voreingestellt ist bei PCTUSED 40, was bedeutet, dass ein Block erst dann wieder für das INSERT von neuen Datensätzen zur Verfügung steht, wenn der Platz im Block unter diese 40% fällt. Das kann jetzt je nach Applikation viel oder wenig sein. Hohe Werte sind hier sinnvoll, wenn die Tabelle selten über UPDATE modifiziert wird oder das UPDATE die Datensätze eher kleiner macht. Ein niedriger Wert dagegen ist sinnvoll, wenn viele INSERTs passieren und ein allfälliges UPDATE den Datensatz oft vergrößert. Dann sollte auch PCTFREE einen höheren Wert haben. PCTFREE und PCTUSED zusammen müssen unter 100 liegen.

Seit Oracle 8*i* können Sie die Anzahl der Datensätze pro Block auch anders steuern: mit der Klausel MINIMIZE_RECORDS_PER_BLOCK können Sie Oracle angeben, was hier der ideale Wert sein soll. Das Vorgehen ist dabei das folgende:

- Sie legen die Tabelle an.
- Sie lassen typische Verarbeitungen gegen die Tabelle laufen. Wichtig ist hierbei, dass die Verarbeitung dann endet, wenn die maximale Länge der VARCHAR2()-Felder erreicht ist, zumindest der wichtigsten beziehungsweise derjenigen, die am stärksten wachsen können. Im Verlauf der Verarbeitung kann dann beispielsweise ein VARCHAR2()-Feld zuerst leer sein, dann 50 Byte enthalten; ein UPDATE lässt es auf 30 Byte schrumpfen, andere Sätze werden gelöscht, und schließlich endet die Verarbeitung, und das Feld hat 57 Byte.
- Danach ermitteln Sie die durchschnittliche Länge eines Datensatz. Das erfolgt über ANALYZE TABLE... COMPUTE STATISTICS oder DBMS_STATS.GATHER_TABLE_STATS.
- Die durchschnittliche Länge eines Datensatzes steht in der Spalte AVG_ROW_LEN in DBA_TABLES/USER_TABLES/ALL_TABLES.
- Ziehen Sie 10% von der Größe des Datenblocks ab, und teilen Sie den restlichen Wert durch AVG_ROW_LEN.

Das Ergebnis ist dann der Wert, den Sie in MINIMIZE_RECORDS_PER_BLOCK festlegen. Vorher wurden Migrated Rows schon erwähnt. Migrated Rows sollten Sie nicht mit Chained Rows verwechseln. Chained Rows entstehen, wenn ein Datensatz größer als der Block wird. Das kommt insbesondere bei Tabellen, die LONG oder LOBs enthalten, öfters vor, aber ist nicht auf diese beschränkt. Eine sehr breite Tabelle mit vielen Spalten kann genauso leicht mehrere Blöcke umfassen. Wenn eine Tabelle ein LONG oder LOBs enthält, sollten Sie darauf achten, dass diese Felder am Ende der Tabelle stehen. Das erhöht die Wahrscheinlichkeit, dass nur ein Zugriff auf den Block notwendig wird. Stehen diese Felder dagegen in der Mitte oder am Anfang des Blocks, wird auch die Wahrscheinlichkeit höher, dass beim Zugriff auf einen Datensatz gleich mehre Blöcke gelesen werden müssen. Das finden Sie öfters bei älteren Applikationen, die im Laufe der Zeit schon mehrfach verändert wurden. Sowohl Migrated als auch Chained Rows identifizieren Sie über das Kommando ANALYZE TABLE ... LIST CHAINED ROWS. Wenn Sie nichts weiter angeben, werden die ROWIDs der migrierten und verketteten Datensätze durch diese ANALYZE-Anweisung in der Tabelle CHAINED_ROWS gespeichert. Diese Tabelle können Sie mit dem Oracle Script UTLCHAIN.SQL erzeugen.

Für IOTs, die auf Universal ROWIDs basieren, benötigen Sie eine spezielle Form, das übernehmen dann UTLCHN1.SQL. IOTs, die auf Primärschlüsseln beruhen. Analysieren Sie nicht über das ANALYZE-Kommando, Sie müssen die Scripts DBMSIOTC.SQL und PRVTIOTC.PLB ausführen. Wenn Sie diese Scripts ausführen, wird die Prozedur BUILD_ CHAIN_ROWS_TABLE erstellt, mit der Sie dann den IOT analysieren. Diese Prozedur erstellt dann die Tabelle IOT_CHAINED_ROWS für den IOT, in der wieder die migrierten/verketteten Datensätze zu finden sind.

FREELISTS und FREELIST GROUPS müssen Sie nur setzen, wenn Sie ASSM nicht verwenden, was bereits am Anfang des Kapitels bei den Tablespaces besprochen wurde. Wenn Sie die Freelists hochsetzen, sollten Sie auch gleich INITRANS auf denselben Wert setzen. INITRANS gibt an, wie viele Transaktionen gleichzeitig verändernd auf einen Oracle-Block zugreifen können. Beachten Sie das Wörtchen verändernd, für lesende Transaktionen gibt es da keine Grenzen. Für jede Transaktion, die modifizierend auf den Block zugreift, wird ein Transaktionseintrag im Block benötigt. Dies ist eine dynamische Größe, es gibt noch eine obere Größe MAXTRANS, die per Default bei 255 liegt; da MAXTRANS eigentlich nie angepasst wurde, wurde es aus Oracle 10*g* übrigens konsequenterweise wieder entfernt. Greifen also mehr als eine Transaktion modifizierend auf denselben Block zu, werden dynamisch zusätzliche Transaktionseinträge generiert. Das ist zwar dynamisch, braucht aber auch Zeit, und wenn man jetzt ohnehin weiß, dass auf den Block parallele Modifikationen zukommen, kann man ja INITRANS gleich erhöhen. Die Größe für den Transaktionseintrag können Sie wieder V$TYPE_SIZE entnehmen.

In der Vergangenheit mussten Sie oft auch noch die Parameter INITIAL, NEXT und PCTINCREASE in der Storage-Klausel setzen, das wurde auch bereits bei den Tablespaces besprochen. Mit Locally Managed Tablespaces brauchen Sie das alles nicht. Verwenden Sie also Locally Managed Tablespaces und vorzugsweise mit einer UNIFORM-Größe. Dann sind alle Extents gleich groß, und der Tablespace wird nicht fragmentiert. Falls Sie keine einheitliche Größe setzen können, verwenden Sie dennoch Locally Managed Tablespaces, diesmal allerdings mit der AUTOALLOCATE-Option. Dies ist auch die Voreinstellung. Wenn Sie AUTOALLOCATE verwenden, legt Oracle die Größen der Extents fest.

Die Anzahl der Extents, die ein Objekt hat, spielt mit Locally Managed Tablespaces und ASSM keine Rolle mehr. Früher war das immer ein wichtiger Punkt, aber damals war auch die maximale Anzahl Extents pro Objekt abhängig von DB_BLOCK_SIZE. Das spielt heute alles keine Rolle mehr, wiewohl ich aus Administrationsgründen – und weil es einfach übersichtlicher ist – darauf achte, dass ein Objekt nicht mehr als 1000 Extents hat. Sie können übrigens auch manuell ein Extent für eine Tabelle bereits vorab anlegen. Das erfolgt über ALTER TABLE ... ALLOCATE EXTENT. Ist heutzutage mit Datafiles, deren Größe dynamisch sich anpasst (über die AUTOEXTEND Klausel) und deren Größe dynamisch verändert werden kann (über ALTER DATABASE DATAFILE ... RESIZE) eigentlich nicht mehr interessant. Sie können dort allerdings bestimmen, in welcher Datei das Extent angelegt werden soll, was die Sache wiederum für Oracle Parallel Server oder RAC interessant macht.

In Oracle 10*g* wurde endlich auch die Möglichkeit eingeführt, die Highwatermark einer Tabelle über ALTER TABLE ... SHRINK zurück zu setzen. Die Highwatermark ist der Punkt, bis zu dem ein Segment einmal gefüllt war. Wenn Oracle einen Full Table Scan durchführt, werden alle Blöcke vom Anfang der Tabelle bis zur Highwatermark gelesen. Hierbei ist es egal, ob diese Blöcke belegt sind oder nicht – was zu einem interessanten Phänomen führt: Legen Sie einmal eine große Tabelle an, und löschen Sie anschließend alle Daten über DELETE TABLE. Anschließend führen Sie ein SELECT COUNT(*) auf diese Tabelle aus. Jetzt würde man erwarten, dass das sehr schnell geht, weil ja die Tabelle leer ist. Ist aber nicht so, Oracle geht über jeden leeren Block bis zur Highwatermark, bevor die Meldung „Es wurden keine Zeilen ausgewählt“ zurückkommt. Die Highwatermark kann vor Oracle 10*g* nur über DROP TABLE oder TRUNCATE TABLE zurückgesetzt werden.

Die COMPRESS-Option existiert bereits in Oracle 8*i*, dort aber nur für Indizes. In Oracle 9*i* kann sie auch für Tabellen verwendet werden. Sie kann sowohl beim CREATE wie beim ALTER angegeben werden. COMPRESS sollten Sie verwenden, wenn Sie Daten haben, die sich wiederholen. Oracle wird dann sich wiederholende Werte in der Tabelle beziehungsweise im Index im Block nur einmal speichern. Das spart Platz und macht das Lesen potenziell schneller. Andererseits werden Modifikationen auf der Tabelle oder dem Index dadurch langsamer, das müssen Sie also berücksichtigen.

INSERT wird auch deutlich langsamer, da ja Oracle jetzt erst die Duplikate eliminieren muss. Bei Tabellen wird auch nur komprimiert, falls das INSERT über Direct-Path INSERT erfolgt. DELETE kann hier schneller werden, weil es jetzt ja weniger Blöcke löschen muss. Der Platzgewinn kann gerade bei Index Organized Tables (IOTs), Referenztabellen und in Data Warehouses enorm sein. COMPRESS hat aber Einschränkungen: ein eindeutiger Index muss mindestens aus 2 Spalten bestehen. Ein nicht eindeutiger Index darf nicht partitioniert sein.

Ein Bitmap-Index kann nicht komprimiert werden. Bei einem nicht eindeutigen Index können maximal alle Spalten des Index komprimiert werden; bei einem eindeutigen Index sind es alle Spalten bis auf die letzte, die komprimiert werden können. Nur normale Tabellen können komprimiert werden, mit External Tables geht das nicht. LOB-Segmente können auch nicht komprimiert werden. Sie können auch Range oder List Partitionen komprimieren. Die Kompression auf Tabellenebene wirkt sich nur bei Direct-Path INSERTs aus. Das ist ein wichtiger Punkt. Wenn Sie also die Tabelle nicht über Direct-Path laden, sollten Sie COMPRESS nicht verwenden.

CACHE und Buffer Pools wurden bereits am Anfang des Kapitels besprochen, ich verweise darauf. Diese Optionen werden benötigt, um Tabellen, Indizes oder Cluster im Hauptspeicher zu halten.

7

7 Oracle wird parallel

In diesem Kapitel behandeln wir die Parallelisierungsoptionen, die Ihnen Oracle für verschiedene Operationen zur Verfügung stellt.

7.1 Parallel Query

Noch zu Lebzeiten von Oracle 7 wurde Parallel Query eingeführt. Neben Parallel Query gab es damals auch noch Parallel Loads (über das Direct Load Parallel API) und parallel DDL, später in Version 8 kam dann auch noch Parallel DML dazu. Parallelisierung ist eine klasse Idee, allerdings war sie am Anfang arg holprig . Parallel Query ist in Oracle Version 7 (und auch noch in 8.0) meiner Meinung nach nicht zu empfehlen, danach aber sehr wohl. Die schwache Implementation in den ersten Oracle7-Versionen ist, denke ich, neben der Tatsache, dass sich in diesem speziellen Bereich zwischen den einzelnen Versionen dann auch so viel geändert hat, der Hauptgrund, warum Parallel Query teilweise immer noch so einen schlechten Ruf hat.

Spätestens seit 8*i* ist prima an der Parallelisierung, wie leicht sie sich beeinflussen lässt (obwohl man das erst ab 9.2 richtig behaupten kann). Es gibt drei Methoden, und alle wirken gut, wobei manche effizienter sind. Man kann aber auch nicht alles in allen Methoden machen und das sehen wir uns noch genauer an:

- Parallelisierung über Parameter: sehr effizient, vor allem wenn es auch online mittels ALTER SYSTEM durchgeführt werden kann;
- Parallelisierung bei CREATE/ALTER-Anweisungen: DDL-Anweisungen wie CREATE und ALTER TABLE/INDEX benötigen nur kurz ein Lock auf dem Objekt, das kann man oft auch im laufenden Betrieb machen. Dabei lassen sich die Statements selbst auch ganz gut parallelisieren;
- Explizite Parallelisierung: Das kann über Hints erfolgen im Falle von SQL oder über das ALTER SESSION Kommando, über ein Schlüsselwort wie PARALLEL im Loader oder die Data Pump-Versionen der Export/Import-Utlilities in Version 10*g*.

Bitte beachten Sie, dass einiges von dem, was hier besprochen wird, nur in der Enterprise Edition verfügbar ist. Insbesondere Parallelisierung und Partitionierung sind teilweise eng verzahnt.

Parallele Direct Loads werden mit dem SQL*Loader vorgenommen. Das klappt ganz gut; ich erinnere mich noch, wie ich damit bereits in der Version 7.3 die Ladezeit für eine Tabelle von 25 Minuten (die Tabelle hatte nur ein Varchar2(100) Feld) auf 5 (Direct Load) respektive 2,5 (Parallel Direct Load) Minuten senken konnte – und das auf einer einfachen Unix Workstation mit nur zwei CPUs und 512 MB Hauptspeicher. Es gibt allerdings einige Restriktionen für parallele Direct Loads: Weder lokale noch globale Indizes können während des Ladens nachgeführt werden. Der Index erhält während des Ladens den Status UNUSABLE und muss hinterher wieder neu gebaut werden. Das klingt jetzt schlimmer, als es ist, da man hier ja auch ein Parallel Index Rebuild vornehmen kann, was im Regelfall eine flotte Sache ist. Bitte beachten Sie hier, dass PRIMARY und UNIQUE Keys ja auch über Indizes implementiert werden. Wenn Sie also ein DISABLE auf ein Unique/Primary Key Constraint durchführen, wird der Index gelöscht. Referenzielle Integrität und Check Constraints sowie Trigger müssen während des Ladens ausgeschaltet werden. Auch können die Daten nur mit APPEND geladen werden, INSERT, REPLACE und TRUNCATE sind nicht möglich. Aber Truncate kann man ja manuell vorher ausführen, das ist also keine allzu große Einschränkung.

Da merkt man halt, dass die ganze Geschichte aus dem Data Warehousing-Bereich kommt. Dort kriegt man Daten normalerweise ja über ETL in die Datenbank und nicht interaktiv. ETL steht für Extraction, Transformation aund Loading. Kurz gesagt, werden in Data Warehouses die Daten zumeist über diesen Prozess geladen. Da das Datenmodell in einem Data Warehouse im Regelfall ganz anders aussieht als in den Ursprungssystemen, aus denen die Daten stammen, müssen sie noch ins passende Format transformiert werden. Nehmen wir mal an, Sie haben eine Tabelle mit Aufträgen – in der Datenbank AUFTRAG genannt – und eine zweite Tabelle AUFTRAGSPOSITION, in der dann die einzelnen Auftragsposten stehen. Beide Tabellen seien über referenzielle Integrität miteinander verbunden und würden über die gleiche Datendatei ins Data Warehouse geladen und die Datendatei sei ungeordnet. Sie enthält zwar alle Daten, aber der Auftragskopf kann auch nach den Auftragsdetails kommen. In einem solchen Szenario wäre die referenzielle Integrität während des Ladens verletzt, aber nach dem Laden wieder korrekt.

Zu bedienen ist das Ganze dafür recht einfach. Bitte beachten Sie, dass Sie Parallel Loads nur verwenden können, wenn Sie auch die DIRECT-Option verwenden:

```
sqlldr scott/tiger ... direct=true parallel=true ...
```

Das war's schon, nur direct und parallel angeben, und schon machen Sie parallele Direct Loads. Richtig sinnvoll ist das allerdings erst, wenn Sie partitionierte Tabellen haben. Das bedeutet, die Datei muss zum Tablespace der Tabelle gehören, die geladen werden soll. Wenn Sie parallel laden, legt Oracle in der angegebenen Datei ein temporäres Segment über der aktuellen Highwatermark an. Das bedeutet: Im schlimmsten Fall brauchen Sie doppelt so viel Platz! Behalten Sie das also im Auge. Es empfiehlt sich somit, die Datafiles des Tablespace auf AUTOEXTEND zu setzen. Bei parallelen Loads können Sie mit der FILE Option dem Loader noch explizit sagen, in welche Datei geladen werden soll. Die Datei muss natürlich zum Tablespace der Tabelle, die geladen wird, gehören. Zusätzlich können Sie beim parallelen Laden in den Options auch eine STORAGE-Klausel mitgeben, die natürlich dieselben Einstellungen wie die Tabelle/Index, die/der geladen wird bzw. der Tablespace, hat. Verwenden Sie Locally Managed Tablespaces mit ASSM, ist die STORAGE-Klausel nicht relevant. In Version 10*g* kam bei den Utilities hier noch die Data Pump hinzu, damit können auch Oracle Export und Import parallelisiert werden. Die entsprechenden Utilities heißen dann expdp und impdp statt exp und imp. Wenn Sie bereits mit Export/Import vertraut sind, sollten Sie keine allzu großen Schwierigkeiten haben, sich mit der Data Pump vertraut zu machen. Bei der Data Pump in 10*g* sollte der Grad, den Sie bei PARALLEL angeben, kleiner oder gleich der Anzahl Dump Files sein.

So weit, so schön, aber noch wissen wir damit nicht, wie stark wir parallelisieren. Mit der Option PARALLEL=TRUE ist ja nur gesagt, dass parallelisiert wird. Aber wir wüssten es schon gern ein wenig genauer. Zumal Parallelisierung die Maschine extrem belastet, das geht immer auf CPU und Hauptspeicher. Das führt uns auf den Begriff des Parallelisierungsgrads oder kurz gesagt Degree Of Parallelism (= DOP) auf Neudeutsch. Parallelisierung funktioniert grob gesagt so:

1. Der Benutzer startet eine Operation, die parallelisiert werden könnte. Ob es Oracle dann tut, insbesondere bei parallelem DML, steht auf einem anderen Blatt.
2. Oracle bestimmt den DOP der Operation. Das ist abhängig von mehreren Faktoren, im einfachsten Fall ist der DOP Anzahl CPUs * 2.
3. Falls ein paralleler Execution Plan ausgewählt wird, wird der Shadow-Prozess des Benutzers zur Ausführungszeit zum Query Coordinator. Falls Shared Server verwendet wird, ist das natürlich nicht der Fall. Der Query Coordinator ist dann die „Schaltzentrale“ für diese Operation.
4. Oracle startet die entsprechenden Hintergrundprozesse, wenn sie nicht bereits vorhanden sind. Dies sind neben dem Query Coordinator Prozess die eigentlichen Query Slaves. Unter Unix heißen diese Prozesse dann ora_p<nnn>_<SID>, wobei <nnn> ein numerischer Zähler und <SID> selbstverständlich ORACLE_SID, also der Datenbankname, ist. Somit können Sie auch auf dem Betriebssystem schauen, wie viele Parallel Query-Prozesse gerade laufen, Sie brauchen nur diese Prozesse zu zählen (unter Unix: ps –ef|grep ora_p|grep $ORACLE_SID|grep –v grep| wc –l).
5. Der Query Coordinator unterteilt die Query in Subqueries. Diese Subqueries selektieren einzelne Bereiche. Diese Bereiche können Bereiche von einzelnen Blöcken bzw. ROWIDs sein oder auch ab 8*i* ganze Partitionen oder Subpartitionen.
6. Der Query Coordinator verteilt die Arbeit über einen simplen Algorithmus. Producer Slaves lesen die Daten und platzieren sie in Table Queues, wo sie von Consumer Slaves oder dem Coordinator wieder abgeholt werden. Falls sortiert wird, werden die Daten von Consumer Slaves gelesen und sortiert. Die sortierten Daten werden dann in

neue Table Queues platziert, die vom Coordinator gelesen und vermischt werden. Falls nicht sortiert wird, liest der Coordinator die Producer Table Queues direkt.

7. Die Parallel Query-Hintergrundprozesse kommunizieren dabei über den Large Pool und verwenden Prozess Memory (PGA). Der Large Pool ist Teil der SGA. Die Größe des Large Pool kann automatisch (über PARALLEL_AUTOMATIC_TUNING vor Version 10*g* und mit Autotuning SGA seit 10*g*) und/oder direkt (über LARGE_POOL_SIZE) konfiguriert werden. Neben Parallel Query verwendet auch RMAN oder der Shared Server (= MTS) den Large Pool. Die Kommunikation geschieht dabei über so genannte Messages, was ja auch ein sinniger Name ist. In den Wait Events sehen Sie bei Parallel Query oft „direct path read" und „direct path write".

Parallel Query kann manchmal ein schwieriges Biest sein, das schwer zu zähmen ist. Das mag jetzt paradox klingen, aber Parallel Query ist eigentlich für einen einzelnen Benutzer gedacht! Die Idee dahinter ist, Alles an CPU und Hauptspeicher, über das die Maschine verfügt, ohne Rücksicht auf Verluste auszunutzen. Mit Parallel Query nagelt man die Maschine in der Hoffnung zu, die Verarbeitung insgesamt schneller durchzukriegen. Wenn man das falsch anpackt, nagelt man sich zwar immer noch die Maschine zu, aber deswegen ist es nicht schneller. Falls Sie ohnehin schon knapp an CPU und/oder Hauptspeicher sind, sollten Sie Parallel Query nicht verwenden. Ebenso, wenn das Disk I/O System schon ziemlich belastet ist, da die zusätzlichen Slave-Prozesse hier zusätzliches I/O generieren. Erschwerend hinzu kommt die Tatsache, dass Parallel Query sich ziemlich weiterentwickelt hat zwischen den einzelnen Versionen. Die hauptsächlichen Unterschiede liegen hier zwischen 8*i* und 9.2; es reicht also, sich mit diesen vertraut zu machen. Zwischen 9.2 und 10.2, genauer gesagt in 10.1, kam mit Ausnahme der Data Pump nichts Neues hinzu. Allerdings hat Oracle auch erkannt, dass es in der realen Welt nicht nur DSS-Systeme, sondern auch OLTP-Systeme gibt, die Parallel Query verwenden wollen, deshalb kann man das auch noch beeinflussen.

Parallel Query wird über mehrere Parameter beeinflusst. Der CPU_COUNT-Parameter wird von Oracle automatisch gesetzt, das ist, wie der Name schon sagt, die Anzahl der CPUs auf der Maschine. Es hat keinen Sinn, den auf einen anderen Wert zu setzen. Weiter gibt es PARALLEL_THREADS_PER_CPU. Der gibt an, wie viele Threads auf einer CPU laufen sollen, und steht per Default auf 2. Diese beiden Parameter bestimmen den Default DOP, der definiert ist als:

```
DOP = CPU_COUNT * PARALLEL_THREADS_PER_CPU
```

Je nach Maschine kann das also ganz schön hoch sein. Der DOP kann überschrieben werden. So können Sie einen Parallelisierungsgrad auf eine Tabelle oder einen Index setzen oder der Query einen Parallelisierungshint mitgeben. Auf Objektebene lässt sich das im CREATE TABLE/INDEX spezifizieren oder auch im ALTER TABLE/INDEX. Das kann auf zwei verschiedenen Arten geschehen. DEFAULT wird als Parallelisierungsgrad eingetragen, wenn Sie nur PARALLEL sagen, also:

```
ALTER TABLE ... PARALLEL;
```

Dann ist der DOP in diesem Fall CPU_COUNT * PARALLEL_THREADS_PER_CPU. Angenommen, Sie haben eine Maschine mit zwei CPUs, dann wäre das 4 (=2 * 2). In der Praxis kann sich das aber noch mal verdoppeln, dann hätten wir also 8, da wir bei Parallel Query Producer und Consumer Queues haben können, dazu später noch die Details.

Parallel Query kann übrigens auch eingesetzt werden, wenn die Tabelle keinen Parallelisierungsgrad hat, aber dafür der INSTANCES-Wert größer 1 (oder DEFAULT) ist. INSTANCES brauchen Sie nur, wenn Sie Parallel Server/RAC verwenden, sonst nicht. Aufgepasst, das hat sich geändert: In Version 7.3 und 8.0 hatte es keinen Einfluss, wenn INSTANCES auf DEFAULT gesetzt war und Sie nicht Parallel Server gefahren sind. Oracle hat in diesen Versionen den Wert einfach ignoriert. Ab 8.1 berücksichtigt Oracle aber diese Einstellung. Falls Sie also mal auf einer 8.1 arbeiten und sich wundern, dass Parallel Query verwendet wird, obwohl die Tabelle ausdrücklich als NOPARALLEL definiert ist, werfen Sie doch mal einen Blick auf INSTANCES. Wenn dort nicht 1 steht, ist das Rätsel gelöst. Welchen Parallelisierungsgrad eine Tabelle hat, entnehmen Sie der Spalte DEGREE in USER_TABLES/ALL_TABLES/DBA_TABLES. Steht dort 1, ist die Tabelle nicht parallelisiert.

Falls der Parameter PARALLEL_ADAPTIVE_MULTI_USER gesetzt ist, sieht die Sache noch mal anders aus, dann ist der DOP kleiner, weil dann noch ein Reduktionsfaktor hinzukommt. In der aktuellen Version 10.2 ist der Parameter automatisch gesetzt, dort geht Oracle auch davon aus, dass bis zu zwei Benutzer gleichzeitig Parallel Query ohne Einschränkung verwenden können. Generell geht Oracle in diesem Fall davon aus, dass es sich um ein OLTP-System handelt, d.h. es können immer wieder neue Benutzer/Prozesse hinzukommen. Oracle muss also schauen, dass immer eine gewisse Reserve übrig bleibt. Die Formel wird in diesem Fall verändert zu:

```
DOP = CPU_COUNT * PARALLEL_THREADS_PER_CPU * (Reduktionsfaktor)
```

Wobei der Reduktionsfaktor natürlich kleiner als 1 ist. Der genaue Reduktionsfaktor wird dann erst zur Laufzeit bestimmt. Eine Ahnung, welche Werte das sind, bekommen Sie aber aus V$SYSSTAT:

```
SQL> select name, value from v$sysstat where name like '%downgrade%';

NAME                                                              VALUE
---------------------------------------------------------------- ------
Parallel operations not downgraded                                120
Parallel operations downgraded to serial                          57
Parallel operations downgraded 75 to 99 pct                       932
Parallel operations downgraded 50 to 75 pct                       200
Parallel operations downgraded 25 to 50 pct                       102
Parallel operations downgraded 1 to 25 pct                        34
```

Diese Werte stammen offensichtlich von einem System, bei dem nicht alle parallelen Operationen mit dem gewünschten DOP laufen. Von den insgesamt 1445 Operationen, die parallel ausgeführt werden sollten, liefen viele Operationen mit einem kleineren Parallelitätsgrad; lediglich 120 liefen mit dem gewünschten DOP und der Großteil der Operationen (932) lief mit einem sehr viel kleineren Parallelisierungsgrad oder überhaupt nicht parallel (57). Daraus lassen sich zwei Schlüsse ziehen: Entweder ist das System schlecht getunt, oder es wird viel DML verwendet, das seriell ausgeführt wird.

Statt nur PARALLEL zu sagen, können Sie den Parallelisierungsgrad noch genauer angeben:

```
ALTER TABLE ... PARALLEL 4
```

Hier setzen wir also den Parallelisierungsgrad direkt auf 4. Den Parallelisierungsgrad können Sie dann, wie bereits erwähnt, in der Spalte DEGREE in DBA_TABLES abfragen. Die Spalte DEGREE im Data Dictionary hat einen lustigen Bug. Folgende Abfrage liefert Ihnen ALLE Tabellen in Ihrer Datenbank zurück:

```
SELECT TABLE_NAME, DEGREE FROM DBA_TABLES WHERE DEGREE != '1'
```

Das kommt daher, dass die Leerzeichen im Data Dictionary hier nicht bereinigt wurden. Das korrekte Ergebnis erhalten Sie mit:

```
SELECT TABLE_NAME, DEGREE FROM DBA_TABLES WHERE TRIM(DEGREE) != '1'
```

Den Bug gibt es noch an ein paar anderen Stellen im Data Dictionary, zum Beispiel bei der Spalte CACHE in DBA_TABLES/DBA_INDEXES oder bei der Spalte TRIGGERING_EVENT in DBA_TRIGGERS. Falls Sie also mal nicht das bekommen, was Sie erwarten, und es sich um eine VARCHAR2-Spalte in einer Data Dictionary-Tabelle handelt, probieren Sie's noch mal mit TRIM().

Vor Version 8*i* war die Syntax der Parallel-Klausel noch ein wenig anders:

```
PARALLEL (DEGREE|INSTANCES integer|DEFAULT)
```

INSTANCES wird, wie bereits oben erwähnt, nur in Parallel Server/RAC-Umgebungen benötigt. Falls Sie eine „ganz normale" Datenbank haben, sollten Sie INSTANCES nicht setzen. Aus Kompatibilitätsgründen ist es auch in 8*i* oder höher noch möglich, die alte Syntax zu verwenden. Ich rate allerdings davon ab.

Parallel Query setzt den Costbased Optimizer voraus, Sie müssen also auch korrekte Statistiken auf Ihren Tabellen haben. Da muss man sehr aufpassen. Wenn auf der Tabelle ein Parallelisierungsgrad gesetzt ist, wird der Costbased Optimizer in jedem Fall verwendet, also auch wenn keine Statistiken vorhanden sind! Ein paralleler Hint in der Query dagegen wird nicht funktionieren, wenn der Optimizer vorher auf RULE-based umgeschaltet wurde und keine Statistiken vorhanden sind.

Parallelisiert werden kann ziemlich viel. Am Anfang waren es nur Full Table Scans und Full Index Scans, aber schon in 8*i* können laut Manual alle diese Operationen parallelisiert werden:

- Table/Index scan
- Nested loop join
- Sort merge join
- Hash join
- NOT IN
- Group by
- Select distinct

- Union/union all
- Aggregationen (also SUM, COUNT, AVG etc.)
- Order by
- Create table as select
- Create index
- Rebuild index
- Rebuild index partition
- Move partition
- Split partition
- Update
- Delete
- Insert ... select
- Enable constraint (der Table Scan wird parallelisiert)
- Star transformation
- Cube
- Rollup

Am meisten Sinn ergibt Parallel Query natürlich für partitionierte Tabellen. Dabei gilt, dass Oracle vor 9.2 den Zugriff innerhalb einer einzelnen Partition serialisiert. Angenommen, wir haben eine Tabelle mit vier Partitionen und eine potenziell parallele Abfrage, die auf zwei Partitionen zugreift. Dann wird der Optimizer zwei Query Slaves starten, von denen jeder eine einzelne Partition bearbeitet. Falls noch sortiert werden muss, stehen noch zusätzliche Query Slaves zur Verfügung. Ab 9.2 kann dann auch der Zugriff innerhalb einer einzelnen Partition parallelisiert werden.

Parallel Query ist aktiviert per Default. Sie können es aber auch explizit an- und ausschalten über ALTER SESSION ENABLE/DISBALE PARALLEL QUERY. Hier können Sie beim Einschalten auch noch FORCE mitgeben, um den Optimizer noch mehr in diese Richtung zu zwingen. Damit werden die nachfolgenden Abfragen den voreingestellten DOP verwenden, alternativ kann man den DOP noch mit FORCE PARALLEL <nnn> angeben; <nnn> steht selbstredend für den gewünschten Parallelisierungsgrad. Falls in der Abfrage allerdings ein PARALLEL-Hint verwendet wird, hat dieser Vorrang. Falls PARALLEL_MAX_SERVERS auf einen Wert <= 1 gesetzt wird, funktioniert Parallel Query natürlich auch nicht, damit serialisieren Sie das System.

Während der Entwicklung einer Applikation oder zu Prüfzwecken kann noch PARALLEL_MIN_PERCENT interessant sein. Der Parameter wirkt im Zusammenspiel mit PARALLEL_ADAPTIVE_MULTI_USER. PARALLEL_MIN_PERCENT kann über ALTER SESSION gesetzt werden. Damit sagen Sie Oracle, bis zu welchem Prozentgrad eine Query parallelisiert werden soll. Defaultwert ist 0. Das bedeutet, wenn keine Parallel Query Slaves mehr zur Verfügung stehen, wird die Query einfach serialisiert. Wird ein anderer Wert gesetzt, bricht Oracle mit Fehler ab, wenn dieser Prozentsatz nicht erreicht werden kann. Angenommen, wir setzen PARALLEL_MIN_PERCENT jetzt auf 50 und haben als

Wert für PARALLEL_MAX_SERVERS 8 gesetzt, sechs Slaves seien bereits belegt. Wenn wir jetzt eine Query starten, die acht Query Slaves benötigen würde, wird der Fehler 'ORA-12827: insufficient parallel query slaves available' auftreten. Denn jetzt gibt es ja nur zwei Slaves, und das sind nur 25%, nicht 50%.

7.2 Hauptspeicherbedarf beim Einsatz von Parallel Query

Wie viel Hauptspeicher von Parallel Query benötigt wird, gehört mit zum schwierigsten, was Oracle zu bieten hat, zumindest in Version 8.1. (Es besteht aber Hoffnung: Ab 9.2 setzen wir dann nur noch zwei Parameter, und damit hat es sich, dazu gleich mehr.) In 8.1 wird's dadurch so kompliziert, dass es von so vielen Faktoren abhängt. Zum einen ist es wichtig, in welche Klasse die Parallel Query fällt. Es wird hier unterschieden zwischen Low, Medium und High Memory-Prozessen. Low benötigen bis zu 1 MB Hauptspeicher, Medium zwischen 1 und 10 MB und High schließlich bis zu 100 MB. Die folgenden Angaben finden Sie im Oracle Data Warehousing Guide Release 8.1, Kapitel 18, und gelten nur für Oracle 8*i*:

- Low Memory-Prozesse (100 KB bis 1 MB). Darunter fallen Table Scans, Index Lookups, Index Nested Loop Joins; Single-Row Aggregate (also SUM() oder AVG(), MIN(), MAX(), COUNT() ohne GROUP BY (oder mit nur ganz wenige Gruppierungen)); Sortierungen, die nur wenige Rows zurückgeben; Direct Path Loads.
- Medium Memory-Prozesse (1 MB bis 10 MB). Hierunter fallen große Sortierungen, Sort Merge Join, GROUP BY/ORDER BY-Operationen, die große Resultatmengen zurückbringen, parallele Inserts, die Indizes nachführen, das Erstellen von Indizes. Hier wird zusätzlich zu den Low Memory-Anforderungen noch Hauptspeicher für Sortierbereiche benützt. Das können einer oder auch mehrere sein, beim Sort Merge Join zum Beispiel brauchen Sie typischerweise zwei. Die Größe des Sorierbereichs wird durch die Parameter SORT_AREA_SIZE und SORT_AREA_RETAINED_SIZE bestimmt. Die Anzahl der Sortierblöcke, die pro Read von einem temporären Segment gelesen werden, wird durch SORT_MULTIBLOCK_READ_COUNT festgelegt, Voreinstellung ist 2. SORT_MULTIBLOCK_READ_COUNT ist dynamisch und kann über ALTER SESSION oder ALTER SYSTEM ... DEFERRED verändert werden.
- High Memory-Prozesse (10 MB bis 100 MB). Hier gibt es einen oder mehrere Hash Joins plus eventuell noch große Sortierungen. Hier benötigen Sie also noch einen oder mehrere Hashbereiche, der wird im Wesentlichen durch den Parameter HASH_AREA_SIZE bestimmt. Insgesamt brauchen Sie für die Operation:

  Hauptspeicherbedarf = DOP * HASH_AREA_SIZE * Anzahl

  Anzahl ist dabei entweder 2 oder 1, falls es nur einen Hash Join in der Operation gibt. Die Anzahl Hash-Blöcke pro I/O wird durch HASH_MULTIBLOCK_IO_COUNT festgelegt. Dieser Wert ist von der jeweiligen Query abhängig. Oracle rät davon ab, diesen Parameter zu setzen. Wenn Sie's doch tun wollen, müssen Sie aufpassen, welchen Wert er annimmt; das lesen Sie am besten selbst in der Oracle Reference nach.

Wie man sieht, ist alles nicht so einfach und ohne weiteres offensichtlich. Zumindest müssen Sie einen Blick auf den Ausführungsplan werfen können, um zu wissen, welche Klassen in der Abfrage benutzt werden. Wie man aus den Formeln sieht, haben HASH_AREA_SIZE und SORT_AREA_SIZE (und die Anzahl Blöcke pro I/O) hier einen sehr starken Einfluss, genau wie der DOP. Falls sich also an diesen Parametern/Einstellungen etwas verändert, kann das massive Auswirkungen haben. Angenommen, Sie haben vorher mit einem Parallelisierungsgrad von 4 gearbeitet, SORT_AREA_SIZE war auf 50 MB und HASH_AREA_SIZE auf 32 MB gesetzt. Es handelt sich um sehr große Parallel Queries, die auch viele Sortierungen vornehmen. Dann galt für den Bedarf ja zuerst:

Hauptspeicherbedarf = 4 (=DOP) * 32MB (=HASH_AREA_SIZE) * 1
+ 4 (= Anzahl Sortierungen) * 50 MB (= SORT_AREA_SIZE)

Das ergibt insgesamt 128 MB + 200 MB = 328 MB minimal. Nehmen wir mal an, jetzt wird der Parallelisierungsgrad der Tabelle auf 8 gesetzt, und schon benötigen wir mindestens 656 MB, also das Doppelte! Wird noch mehr sortiert oder werden mehr Parallel Query Slaves benötigt, kann das auch noch weiter hochgehen. Oracle hat kein Problem (insbesondere in der 64 Bit-Version), auch mehrere GB Hauptspeicher zu belegen, solange dieser verfügbar ist. Wie man hier deutlich sieht, ist SORT_AREA_SIZE sehr wichtig für Sortierungen, insbesondere beim Erstellen/Rebuild von Indizes. Gute Startwerte sind hier 64 MB oder 128 MB. Für HASH_AREA_SIZE würde ich Werte wie 8 MB oder 16 MB empfehlen und nur bei großen Data Warehouses höhere Werte. Sie sollten verschiedene Einstellungen dieser beiden Parameter testen.

In Version 9.2 wurde das alles glücklicherweise ein bisschen einfacher. Dort gibt es so genannte Advisories für die verschiedenen Größen. Wichtig hierbei ist, dass der Parameter STATISTICS_LEVEL zumindest auf TYPICAL (Defaultwert) gesetzt ist; ALL geht auch, aber nicht BASIC, damit erhalten Sie keine Ergebnisse. Weiter müssen Sie den Parameter PGA_AGGREGATE_TARGET setzen. Mit diesem Parameter bestimmen Sie, wie viel Hauptspeicher Oracle für die PGA reservieren soll. Oracle selbst empfiehlt als Startwerte:

Für OLTP: PGA_AGGREGATE_TARGET = (<total_mem>*80%)*20%

Für DSS: PGA_AGGREGATE_TARGET = (<total_mem>*80%)*50%

Mit <total_mem> ist der für Oracle zur Verfügung stehende Hauptspeicher gemeint. Angenommen, wir haben 4 GB Hauptspeicher zur Verfügung, dann wären in einem OLTP-System 4 GB * 80% * 20% = 655 MB und in einem DSS-System 4GB * 80% * 50% = 1600 MB gute Startwerte. Den Rest des verfügbaren Hauptspeichers brauchen wir ja noch für sonstige Programme, die SGA und eventuelle Benutzerprozesse. Der Wert für PGA_AGGREGATE_TARGET kann dynamisch über ALTER SYSTEM gesetzt und in Byte, Kilo-, Mega- oder Gigabyte spezifiziert werden. (Hängen Sie einfach noch K, M oder G an den Wert an) Aufgepasst, es heißt nicht KB, MB oder GB, was ja erst mal nahe liegen würde. Wenn Sie das versuchen, erhalten Sie einen Fehler:

```
SQL> alter system set pga_aggregate_target=1200mb;

alter system set pga_aggregate_target=1200mb
                                          *
```

```
ERROR at line 1:
ORA-02065: illegal option for ALTER SYSTEM
```

Wichtig ist auch der Parameter WORKAREA_SIZE_POLICY. Falls Sie den Parameter PGA_AGGREGATE_TARGET setzen, müssen Sie hier AUTO angeben, das kann auch über ALTER SESSION oder ALTER SYSTEM passieren. Falls Sie den Parameter überhaupt nicht setzen, setzt ihn Oracle auf AUTO, falls PGA_AGGREGATE_TARGET gesetzt ist. Die Standardeinstellung für PGA_AGGREGATE_TARGET ist dabei vom jeweiligen Betriebssystem abhängig. Falls Sie ihn aber auf MANUAL setzen, verwendet Oracle wieder die Einstellungen von Version 8*i*, dann werden wieder die ..._SIZE Parameter verwendet.

Das ist im Regelfall keine so gute Idee, PGA_AGGREGATE_TARGET ist das, was Sie wollen. Ist der Parameter mal gesetzt, testen Sie die Applikation. Danach können wir in V$PGA_TARGET_ADVICE nachschauen, wo der optimale Wert denn nun genau liegt. Dazu nehmen wir das Beispiel aus dem Performance Tuning Guide and Reference Release 2 (9.2). Erfreulicherweise gibt es mit Version 10 keine Neuerungen hier, das bleibt dort so:

```
SQL> SELECT round(PGA_TARGET_FOR_ESTIMATE/1024/1024) target_mb,
 2 ESTD_PGA_CACHE_HIT_PERCENTAGE cache_hit_perc,
 3 ESTD_OVERALLOC_COUNT
 4 FROM v$pga_target_advice;

TARGET_MB  CACHE_HIT_PERC ESTD_OVERALLOC_COUNT
---------- -------------- --------------------
63         23             367
125        24             30
250        30             3
375        39             0
500        58             0
600        59             0
700        59             0
800        60             0
900        60             0
1000       61             0
1500       67             0
2000       76             0
3000       83             0
4000       85             0
```

In der Spalte TARGET_MB sehen wir die Größe PGA_AGGEGATE_TARGET in MB, CACHE_HIT_PERC zeigt uns die zugehörige Cache Hit Ratio in Prozent und ESTD_OVERALLOC_COUNT schließlich den geschätzten Overallocation Count an. Den haben Sie, wenn die PGA zu klein ist, dann passt nicht alles in den Hauptspeicher und Oracle muss gewisse Bereiche auslagern. Das sollten Sie vermeiden, das kann die Performance im Einzelfall sehr verschlechtern. Hier im Beispiel brauchen Sie mindestens 375 MB, um das zu vermeiden, dann ist der Wert für ESTD_OVERALLOC_COUNT auf 0. Freilich haben Sie bei 375 MB erst eine Cache Hit Ratio von 39%, was noch sehr klein ist. Generell sollte die Cache Hit Ratio größer als 60 % sein. 100% werden Sie in der Praxis so gut wie nie erreichen, und 90% sind schon extrem gut. Die Cache Hit Ratio steigt im Beispiel zwar immer, aber zwischen 3000 MB und 4000 MB nur noch um 2%. Damit liegt der optimale Wert für PGA_AGGREGATE_TARGET hier bei 3000 MB.

Sehr zu empfehlen beim Einsatz von Parallel Query ist auch der Parameter PARALLEL_AUTOMATIC_TUNING. Wenn Sie den setzen, wird der Hauptspeicher aus dem Large Pool genommen. Oracle setzt dann auch automatisch die beiden Parameter PARALLEL_ADAPTIVE_MULTI_USER und LARGE_POOL_SIZE. In der aktuellen Version 10.2 ist der Parameter allerdings bereits wieder überflüssig.

Eine Anmerkung noch zur Parallelisierung von PL/SQL-Funktionen (neu ab 9*i*). Die Syntax ist recht einfach: CREATE FUNCTION …RETURN.. PARALLEL_ENABLE AS… In der Dokumentation wird der Eindruck erweckt, dies sei nur möglich, wenn es sich um eine Pipelined Table Function handelt. Nach meiner Erfahrung kann es aber auch – zumindest wenn es sich nur um eine einfache Funktion handelt, die in der SELECT Klausel verwendet wird – ohne diese Einschränkungen klappen, solange die Funktion als DETERMINISTIC deklariert wird.

7.3 Parallel DML (PDML) und parallel DDL (PDDL)

Parallel DML (PDML) wurde mit Version 8*i* eingeführt. PDML hatte und hat relativ viele Restriktionen, weshalb es nicht so häufig eingesetzt wird. Bei PDML geht es darum, dass der DML-Teil eines Statements parallelisiert wird. Dies ist möglich für folgende Statements: INSERT, UPDATE, DELETE und MERGE. MERGE kam neu hinzu in 9*i*, hier handelt es sich um ein kombiniertes INSERT/UPDATE. PDML für INSERT-Operationen ist nur möglich, wenn es sich um ein INSERT … SELECT … handelt. Dabei wird der SELECT-Teil unabhängig vom INSERT parallelisiert, was manchmal ein bisschen verwirrend sein kann. Um PDML zu nutzen, muss die Session für PDML aktiviert sein. Das geht nur über ALTER SESSION ENABLE PARALLEL DML, optional können Sie noch FORCE angeben. Dies ist eine unabdingbare Voraussetzung! Am besten lässt sich das natürlich über einen ON-LOGON Trigger realisieren. Wenn PDML funktioniert, sehen Sie das auch im Query Execution Plan, achten Sie auf die beiden Spalten IN-OUT und PQ Distrib:

```
SQL> delete from employees;

PLAN_TABLE_OUTPUT
---------------------------------------------------------------------------------------
| Id | Operation          | Name       | Rows | Bytes | Cost | TQ     | IN-OUT | PQ Distrib |
---------------------------------------------------------------------------------------
|  0 | DELETE STATEMENT   |            |  107 |  4601 |    1 |        |        |            |
|  1 | DELETE             | EMPLOYEES  |      |       |      | 20,00  | P->S   |  QC (RAND) |
...
```

Die beiden Einträge P->S und QC zeigen, dass Parallel Query verwendet wird. QC steht für Query Coordinator und P->S steht für Parallel zu Seriell.

Parallelisierung innerhalb einer Partition (Intra-Partition-Parallelisierung) für UPDATE/MERGE/DELETE funktioniert nur, wenn COMPATIBLE größer oder gleich 9.2 gesetzt ist und die Tabelle in Version 9*i* oder 9.2 angelegt wurde (wegen geänderter Anforderungen an die Speicherung). Das müssen Sie also bei Upgrades von 8*i* oder früher auf 9*i* oder

10*g* bedenken. Abgesehen davon gibt es Intra-Partition Parallelisierung nicht in 8.1, das kam erst mit 9*i*. Vor 9*i* gab's höchstens einen Slave pro Partition. Das bedeutet in Version 8*i* praktisch, dass der maximale Parallelisierungsgrad durch die Anzahl der Partitionen begrenzt wird, auf die im Statement zugegriffen wird.

Parallel DML muss ausdrücklich aktiviert werden, das erfolgt über ALTER SESSION ENABLE PARALLEL DML oder noch härter über ALTER SESSION FORCE PARALLEL DML. Wurde das nicht getan, ist Parallel DML nicht möglich. Im Unterschied dazu ist parallel DDL genau wie parallel Query per Default aktiviert. Aber selbst wenn Parallel DML aktiviert wurde, gibt es noch viele Einschränkungen:

1. INSERT/UPDATE/MERGE/DELETE funktionieren nicht auf nicht partitionierten Tabellen, falls dort ein Bitmap-Index existiert. In 8*i* muss die Tabelle außerdem noch partitioniert sein, damit Parallel DML überhaupt möglich ist.
2. Falls die Tabelle partitioniert ist und ein Bitmap-Index existiert, ist der DOP höchstens so groß wie die Anzahl der Partitionen, auf die zugegriffen wird.
3. In der gleichen Transaktion können mehrere parallele DML-Statements ablaufen, sofern sie auf verschiedene Tabellen zugreifen. Nachdem eine Tabelle durch Parallel DML modifiziert wurde, kann nicht mehr in der gleichen Transaktion auf sie zugegriffen werden, das gibt dann einen Fehler. Diese Einschränkung gibt es auch für Direct-Path INSERTs. Bitte beachten Sie, dass der Zugriff auf die Tabelle vor der Modifikation keinen Einschränkungen unterliegt.
4. Parallel DML ist nicht möglich, wenn Sie den Parameter ROW_LOCKING auf Intent setzen. ROW_LOCKING gibt es ab Version 10*g* nicht mehr.
5. Parallel DML ist nicht möglich, wenn Trigger auf der Tabelle definiert sind.
6. Replication ist mit Parallel DML nicht möglich. (Das ist etwas Spezielles: damit ist Advanced Replication gemeint, aber die muss erst mal aufgesetzt werden)
7. Parallel DML ist nicht möglich, wenn folgende Constraints aktiviert sind: Self-Referential Integrity, Delete Cascade (für Fremdschlüssel), Deferred Integrity. Direct-Path Insert hat noch zusätzlich die Einschränkung, dass überhaupt keine Referential Integrity möglich ist.
8. Parallel DML können Sie auf Tabellen mit Objekt-Kolumnen nur durchführen, wenn auf diese Objekt-Spalten in der Transaktion nicht zugegriffen wird.
9. Tabellen mit LOBs können mit Parallel DML nur modifiziert werden, wenn sie partitioniert sind. Allerdings kann innerhalb einer Partition hier nicht parallelisiert werden.
10. Parallel DML ist mit verteilten Transaktionen, die auf mehrere Datenbanken zur gleichen Zeit zugreifen, nicht möglich.
11. Parallel DML ist nicht möglich mit Tabellen, die in einem Cluster liegen.
12. Ab 9.2 können auch Multitable Inserts und Updates auf Bitmap Join Indexes parallelisiert werden.
13. Parallel DML mit IOTs ist nur möglich, wenn diese partitioniert sind. Intra-Partition-Parallelisierung geht hier nicht. Letzteres ist wohl ein Bug, denke ich.

Falls irgendeine dieser Einschränkungen verletzt wurde, wird das Statement ohne Warnung oder Fehler (mit Ausnahme von Punkt 3. oben), seriell ausgeführt. Wenn Sie also beispielsweise in 8*i* ein paralleles Update auf eine nicht partitionierte Tabelle durchführen, wird das immer seriell ausgeführt.

In der Praxis stört uns vor allem, dass nur eine parallele DML pro Transaktion gültig ist und keine weitere DML innerhalb der gleichen Transaktion erfolgen kann. In der Praxis bedeutet dies, dass Sie Parallel DML nur verwenden können, wenn Sie nach jedem INSERT/UPDATE/DELETE/MERGE sofort ein COMMIT/ROLLBACK durchführen. Wenn Sie Parallel DML verwenden, brauchen Sie auch mehr Locks. Jede Partition benötigt dann beim Zugriff über Parallel DML ein exclusive Lock. Sie können also kein DML gegen eine Partition ausführen, solange dort eine parallele DML-Operation läuft! Außerdem wird das für Sie auch bedeuten, dass Sie den Parameter DML_LOCKS erhöhen müssen.

Aus Performance-Gründen sollten Sie, wenn Sie Parallel DML verwenden, sowohl FREELISTS als auch INITRANS anpassen. Ein guter Wert hier ist die Anzahl paralleler Prozesse, die auf den gleichen Block zur gleichen Zeit zugreifen. Ich empfehle FREELISTS und INITRANS auf den selben Wert zu setzen. Wenn Sie Locally Managed Tablespaces verwenden, müssen Sie nur INITRANS anpassen, da kümmert sich dann Oracle um den Rest. Definieren Sie den Tablespace noch zusätzlich mit ASSM, müssen Sie sich auch um FREELISTS nicht mehr kümmern. Wenn Sie zu wenig Freelists haben, sehen Sie im Wait Interface (V$SESSION_WAIT/V$SYSTEM_EVENT) „Buffer Busy Waits" und „Enqueue" Events. Für die „Buffer Busy Waits" können Sie mit folgender Query rausbekommen, wo sie auftreten:

```
SELECT s.username, e.owner, e.segment_name, p1 "File#", p2 "Block#
FROM v$session s, v$session_wait w, dba_extents e
WHERE w.event='buffer busy waits'
AND s.sid = w.sid AND e.file_id = p1
AND p2 between e.block_id and e.block_id + (e.blocks - 1);
```

Für die Enqueue wird es ein bisschen komplizierter. Am einfachsten geht es noch über das folgende SQL (In der Version 10.2 müssen Sie ksqstreq stat ksqstget verwenden.):

```
SELECT ksqsttyp "Enqueue Name", ksqstget "Gets", ksqstwat "Waits"
FROM x$ksqst
WHERE ksqsttyp = 'HW';
```

Die HW (=Highwater) Enqueue wird benötigt, wenn ein Prozess über der aktuellen Highwatermark Daten einfügen will. Das ist vor allem bei Inserts der Fall. Am häufigsten passiert das aber, wenn Sie mehrere FREELIST GROUPS verwenden. Falls Sie mit Oracle Parallel Server, dem Vorläufer des Real Application Cluster, arbeiten, sollten Sie, wenn möglich, FREELIST GROUPS verwenden. Addieren Sie pro Maschine eine FREELIST GROUP dazu (nur schreibende Nodes müssen berücksichtigt werden). FREELIST GROUPS können nur beim CREATE TABLE/INDEX angegeben werden, denken Sie also frühzeitig daran. Die zusätzlichen Waits auf die HW Enqueue, die Sie damit erzeugen, können sich allerdings ziemlich negativ auswirken; das System kann dadurch auch langsamer werden! Wenn Sie also FREELIST GROUPS einsetzen, müssen Sie auch unbedingt die Auswirkungen auf die Performance testen.

Wenn Sie auf einer 9.2 oder später arbeiten, verwenden Sie stattdessen Automatic Segment Space Management (ASSM), das ersetzt die FREELIST GROUPS. Automatic Segment Space Management kann nur beim CREATE TABLESPACE angegeben werden; also am besten gleich alle applikatorischen Tablespaces hier mit ASSM und Local Extent Management aufsetzen.

Wie schon im Abschnitt über die Hauptspeicheranforderungen von parallel Query erwähnt, wird die Performance von Parallel DML und parallel DDL in der 8*i* im Wesentlichen durch die Parameter ...SIZE... bestimmt. Ab 9*i* setzen Sie am besten einfach PGA_AGGREGATE_TARGET und vergessen den Rest. Am wichtigsten für die Version 8*i* sind hier wieder SORT_AREA_SIZE und HASH_AREA_SIZE. Insbesondere bei parallelem DDL können Sie hier einiges rausholen. Parallel DDL ist wie parallel Query per Default aktiviert. Parallel DDL umfasst im Wesentlichen CREATE TABLE AS SELECT (CTAS) und das Anlegen beziehungsweise der Rebuild von Indizes. Seit 8*i* kann der Rebuild eines Index auch online erfolgen. Das ist aber im Regelfall wesentlich langsamer als der Offline Rebuild. Am schnellsten ist immer noch ein Offline Rebuild mit der Nologging Operation (dann braucht es halt danach ein Backup, aber das brauchen wir ja sowieso irgendwann).

Was Sie an Redo benötigen, sollte sich auch ziemlich gleich bleiben, egal ob die Operation seriell oder parallel ausgeführt wird. Eine Ausnahme hiervon sind aber parallele Inserts, da Sie hier ja Blöcke über der Highwatermark einfügen. Parallele Inserts generieren Redo, aber kein Undo (zumindest nicht nennenswert – wenn die Highwatermark im Extent hochgesetzt wird, braucht es ein wenig). Das Verhalten ist wie beim Direct-Path Insert, das über den SQL*Loader erfolgt. Beim parallelen Update/Delete/Merge ist das anders, die verhalten sich in dieser Beziehung wie die normalen nicht parallelisierten Statements.

7.4 Statistiken für Parallel Query

Das benötigte Memory für Parallel Query wird aus der PGA genommen. Wenn Sie sehen wollen, wie viel Memory Sie wirklich benötigt haben, werfen Sie mal einen Blick in V$SESSTAT/V$SYSSTAT in die entsprechend benannten Statistiken:

```
session pga memory     2021571
session pga memory max 20412320
...
```

Interessant ist hier vor allem „session pga memory max", da es die obere Grenze angibt. Vermeiden Sie auf alle Fälle, dass Sie mehr Hauptspeicher verbrauchen, als physikalisch vorhanden ist. Falls es doch mal passiert, werden Prozesse aus dem Hauptspeicher ausgelagert, das System fängt an zu swappen, und dann wird alles extrem langsam. Der benötigte Hauptspeicher für Parallel DML und Parallel DDL hängt übrigens nur vom Abfrageteil (nur Anweisungen, die (implizit) Abfragen enthalten, können parallelisiert werden) des jeweiligen Statements ab.

Für Parallel Query stehen auch ein paar Data Dictionary Views zur Verfügung. Davon sind ein paar nur gültig für die jeweilige Session. Die Einträge in diesen session-spezifischen

Views sind meiner Meinung nach nur beschränkt nützlich. Während der Entwicklung können sie schon mal sinnvoll sein; aber die meisten Entwickler benutzen sie nach meiner Erfahrung nicht. Am brauchbarsten scheint mir hier V$PQ_SESSTAT. Der View sieht zwischen 8*i* und 10.2 gleich aus, hier mal eine beispielhafte Abfrage:

```
SQL> select * from v$pq_sesstat;

STATISTIC                          LAST_QUERY SESSION_TOTAL
---------------------------------- ---------- -------------
Queries Parallelized               0          5
DML Parallelized                   0          0
DDL Parallelized                   0          0
DFO Trees                          0          2
Server Threads                     0          2
Allocation Height                  0          2
Allocation Width                   0          0
Local Msgs Sent                    0          70
Distr Msgs Sent                    0          0
Local Msgs Recv'd                  0          36
Distr Msgs Recv'd                  0          0
```

Die Spalte LAST_QUERY zeigt immer den Wert für das letzte Statement an, SESSION_TOTAL summiert über die ganze Session. Aber wie gesagt, diese Views sind nur in der jeweiligen Session gültig. Sobald Sie die Session beenden, sind die Einträge verloren. Interessant sind vor allem die beiden ersten Statistiken: „Queries Parallelized" gibt an, wie viele Abfragen parallelisiert wurden, und „DML Parallelized" zeigt den Wert für DML-Operationen an. „Server Threads" zeigt, wie viele Parallel Query Server-Prozesse gebraucht wurden und „Allocation Height", wie viel Parallel Query Server angefordert wurden. „Local Msgs Sent" und „Local Msgs Recv'd" schließlich geben an, wie viel Messages zwischen den einzelnen Parallel Query-Prozessen ausgetauscht wurden. Daneben gibt es noch Statistiken, die nur Werte anzeigen, wenn Sie Parallel Query in einem Parallel Server/RAC-Umfeld betreiben. Es sind dies „Allocation Width" (Anzahl angeforderte Nodes), „Distr Msgs Sent" und „Distr Msgs Recv'd", die angeben, wie viele Meldungen zwischen den einzelnen Nodes ausgetauscht wurden.

Wenn Sie ein bestehendes System tunen müssen, ist die View der Wahl zuerst einmal V$PQ_SYSSTAT. Hier gibt es mehr oder weniger die gleichen Werte wie in V$PQ_SESSTAT, aber systemweit. Hier ein nur minimal modifiziertes Beispiel aus einem echten Data Warehouse. Die Statistiken wurden nach einer großen Stapelverarbeitung gezogen:

```
SQL> select * from v$pq_sysstat


STATISTIC                      VALUE
------------------------------ ----------
Servers Busy                   0
Servers Idle                   0
Servers Highwater              120
Server Sessions                186
Servers Started                968
Servers Shutdown               968
Servers Cleaned Up             0
Queries Initiated              10817
DML Initiated                  0
DDL Initiated                  0
DFO Trees                      12386
Sessions Active                0
```

```
Local Msgs Sent                154319706
Distr Msgs Sent                0
Local Msgs Recv'd              154241637
Distr Msgs Recv'd 0
```

Interessant ist hier „Servers Highwater“, das ist die größte Zahl an Parallel Query-Servern, die je gebraucht wurden. Hier ist sie bei 120, es empfiehlt sich also, den PARALLEL_MAX_SERVERS Parameter auf einen Wert größer als 120 zu setzen. „Servers Idle“ ist 0, daran sehen Sie, dass PARALLEL_MIN_SERVERS nicht gesetzt ist. Ob man PARALLEL_MIN_SERVERS setzen soll oder nicht, ist eine Frage, über die man sich trefflich streiten kann. Mit diesem Parameter geben Sie Oracle eine untere Grenze, wie viel Parallel Query Server laufen sollen. Das bringt natürlich eine gewisse Grundlast aufs System. Allerdings benötigt das Hoch- und Runterfahren auch Resourcen. Das ist aber von Betriebssystem zu Betriebssystem verschieden. Unter VMS erachte ich den Parameter als sinnvoll (dort ist das Starten eines Prozesses eine relativ teure Angelegenheit), unter Unix oder auf dem PC (dort werden einfach zusätzliche Threads aufgemacht) macht's nicht so viel aus, da kann man es sich also überlegen. Hier sehen Sie zum Beispiel, dass während der Verarbeitung insgesamt 968 Prozesse gestartet und wieder runtergefahren wurden, auch nicht ganz wenig. Falls Sie die totale Kontrolle haben wollen, können Sie auch PARALLEL_MIN_SERVERS und PARALLEL_MAX_SERVERS gleich setzen, da wissen Sie dann immer, wie viele Parallel Query Server-Prozesse Sie gerade haben. Warum es in V$PQ_SESSTAT „Queries Parallelized“ und „DML Parallelized“ heißt, in V$PQ_SYSSTAT dagegen „Queries Initiated“ und „DML Initiated“, wird wohl immer ein Geheimnis der Entwickler bleiben. Sehr nützlich hier ist noch „DDL Initiated“, diese Statistik haben wir in V$PQ_SESSTAT nicht.

In V$SYSSTAT finden Sie die Informationen, die Sie bereits über V$PQ_SYSSTAT sehen. Wie bereits vorher erwähnt, ist das Verhältnis der Anzahl paralleler Operationen, die mit kleinerem Degree bzw. seriell ausgeführt wurden, zur Anzahl paralleler Operationen, die ohne Anpassung ausgeführt wurden, ist guter Ausgangspunkt für weitere Untersuchungen. Ein kleines Beispiel:

```
SQL> SELECT NAME,value from v$sysstat
      where name like '%parall%' or name like '%downgrade%';

NAME                                                                  VALUE
---------------------------------------------------------------------.-----
DBWR parallel query checkpoint buffers written                            0
queries parallelized                                                     16
DML statements parallelized                                               0
DDL statements parallelized                                               0
DFO trees parallelized                                                   16
Parallel operations not downgraded                                       16
Parallel operations downgraded to serial                                  0
Parallel operations downgraded 75 to 99 pct                               0
Parallel operations downgraded 50 to 75 pct                               0
Parallel operations downgraded 25 to 50 pct                               0
Parallel operations downgraded 1 to 25 pct                                0

11 rows selected.
```

7.5 Parallele Ausführungspläne

Für die Darstellung paralleler Query Execution-Pläne müssen Sie anstelle des Scripts utlxpls.sql das Script utlxplp.sql verwenden. Beide Scripts sind wieder mal im $ORACLE_HOME/rdbms/admin zu finden. Wenn Sie das Script laufen lassen, erhalten Sie eine Darstellung, die im Unterschied zur seriellen Darstellung zusätzliche Spalten wie TQ oder IN-OUT besitzt. TQ steht dabei für Table Queue. Interessant ist aber vor allem, was in der Spalte IN-OUT zu lesen ist: P->S bedeutet Parallel auf Seriell (Das wollen Sie nur an oberster Stelle im Ausführungsplan sehen, da wird ja wieder serialisiert.), und P-> P ist parallel zu parallel. Das ist, was wir wollen.

Anstatt EXPLAIN PLAN und utlxplp kann natürlich auch noch SET AUTOTRACE ON mit der EXPLAIN-Option verwendet werden, dort sehen Sie auch, ob etwas parallel ausgeführt wird. Das geht aber aufgrund der Restriktionen nicht für paralleles DML, dort müssen Sie den Ausführungsplan über EXPLAIN PLAN und utlxplp anschauen. Hier ein Beispiel für eine Abfrage, die mit SET AUTOTRACE TRACEONLY EXPLAIN ausgeführt wird. Der Ausführungsplan wurde für die bessere Darstellung hier editiert, einige Spalten wurden ausgelassen:

```
SQL> SELECT /*+ PARALLEL(e) PARALLEL(d) */ dname,
 2 MAX(sal), AVG(sal) FROM emp e, dept d WHERE e.deptno = d.deptno GROUP BY
 3 dname;

Execution Plan
----------------------------------------------------------
Plan hash value: 3000051826

-----------------------------------------------------------------------------------------
| Id | Operation                        | Name       |...| TQ      | IN-OUT | PQ Distrib |
-----------------------------------------------------------------------------------------
|  0 | SELECT STATEMENT                 |            |   |         |        |            |
|  1 |  PX COORDINATOR                  |            |   |         |        |            |
|  2 |   PX SEND QC (RANDOM)            | :TQ10001   |   | Q1,01   | P->S   | QC (RAND)  |
|  3 |    HASH GROUP BY                 |            |   | Q1,01   | PCWP   |            |
|  4 |     PX RECEIVE                   |            |   | Q1,01   | PCWP   |            |
|  5 |      PX SEND HASH                | :TQ10000   |   | Q1,00   | P->P   | HASH       |
|  6 |       NESTED LOOPS               |            |   | Q1,00   | PCWP   |            |
|  7 |        PX BLOCK ITERATOR         |            |   | Q1,00   | PCWC   |            |
|  8 |         TABLE ACCESS FULL        | EMP        |   | Q1,00   | PCWP   |            |
|  9 |        TABLE ACCESS BY INDEX ROWID | DEPT     |   | Q1,00   | PCWP   |            |
|*10 |         INDEX UNIQUE SCAN        | PK_DEPT    |   | Q1,00   | PCWP   |            |
-----------------------------------------------------------------------------------------

Predicate Information (identified by operation id):
---------------------------------------------------

  10 - access("E"."DEPTNO"="D"."DEPTNO")
```

Hier sehen Sie auch, woran Sie in Traces leicht erkennen können, ob Parallel Query verwendet wird. Wenn Sie ein Select auf einen Doppelpunkt gefolgt von Q mit einer Zahl sehen (also … FROM :TQ0020 oder :Q20 …) oder Abfragen, die auf Spalten wie C1, C2 etc. gehen (obwohl es die theoretisch natürlich auch in der Applikation geben könnte), sehen, dann dürfte es sich um Parallel Query-Abfragen handeln. Ein anderer Hinweis sind die Operationen selbst, die alle mit PX beginnen; PX steht für Parallel Execution.

Der obige Ausführungsplan wurde mit Version 10.2 erstellt, dort sehen Sie auch in der Spalte Time (hier im Beispiel ausnahmsweise nicht angezeigt), wie viel Zeit für den jeweiligen Schritt benötigt wird. Diese Spalte existiert in früheren Versionen nicht.

7.6 Parallelisierung und Partitionierung

Parallelisierung geht oft mit Partitionierung einher. Das kommt daher, dass Oracle am Anfang nur Full Table Scans und Full Index Scans parallelisieren konnte. Vereinfacht gesagt, bedeutet dies, wenn Sie alle Daten aus einer Tabelle mit zwei Partitionen holen, dann sucht Oracle jede Partition einzeln, aber parallel ab und mischt zum Schluss die Ergebnisse zusammen, was dann oft schneller sein kann als der Zugriff über den Index. Funktioniert wunderbar, aber bringt Last aufs System. Ideal ist Parallelisierung auf Maschinen mit mehreren CPUs, aber sie kann auch auf Single Prozessor-Maschinen eingesetzt werden. Allerdings sollte man dann mit dem Parallelisierungsgrad nicht allzu hoch gehen. Als Faustregel empfehle ich, für PARALLEL_MAX_SERVERS die Anzahl CPUs zu nehmen und diese zu verdoppeln. Manchmal kann man auch bis zu 3- oder 4-mal die Anzahl der CPUs angeben, aber die besten Erfahrungen habe ich mit der doppelten Anzahl der CPUs gemacht. Die Anzahl CPUs wird von Oracle direkt ermittelt und in CPU_COUNT abgelegt. Man kann auch mit CPU_COUNT direkt spielen, aber davon ist eher abzuraten. Ab Oracle 9 gilt dies nicht mehr, dort sollten Sie Automatic PGA Management verwenden und dann mit PARALLEL_MAX_SERVERS so weit hochgehen, wie es nach V$PQ_SYSSTAT sinnvoll ist.

Wenn Sie eine Tabelle oder einen Index partitionieren, muss der Optimizer nicht mehr alle Daten holen, sondern muss nur noch auf die einzelnen Partitionen zugreifen. Passen Sie auf, wenn Sie den Ausführungsplan anschauen: SET AUTOTRACE zeigt solche Dinge vor Version 10*g* oft nicht richtig an. Verwenden Sie stattdessen das vorher erwähnte Script utlxplp.sql für die Darstellung paralleler Ausführungspläne.

Schauen wir uns das mal im Beispiel an. Die Tabelle BIG_EMP_PART ist nach DEPTNO partitioniert. Ich habe die Tabelle mit Range Partitioning in drei Partitionen aufgesetzt. In der ersten Partition sind alle Datensätze, in denen DEPTNO kleiner 11 ist, die zweite Partition enthält alle Datensätze mit DEPTNO kleiner 21 und die dritte schließlich alle Datensätze, die DEPTNO kleiner 31 haben. Dies deshalb, weil ich die Werte 10, 20 und 30 für DEPTNO in den Daten habe. Schauen Sie sich mal folgenden Output vom utlxplp aus einer Version 10.1 an, nur anhand der Spalten Pstart und Pstop (und dem Prädikat filter) ist ersichtlich, dass wir lediglich auf die erste Partition zugreifen.

```
SQL> explain plan for select * from big_emp_part partition (p01) where deptno=10;

EXPLAIN PLAN ausgeführt.

SQL> @d:\oracle\ora90\rdbms\admin\utlxplp
```

```
PLAN_TABLE_OUTPUT
-------------------------------------------------------------------------------
| Id | Operation           | Name         | Rows | Byte | Cost | Pstart | Pstop |
-------------------------------------------------------------------------------
| 0  | SELECT STATEMENT    |              | 768K | 28M  |  478 |        |       |
|* 1 | TABLE ACCESS FULL   | BIG_EMP_PART | 768K | 28M  |  478 | 1      | 1     |
-------------------------------------------------------------------------------

Predicate Information (identified by operation id):
---------------------------------------------------

PLAN_TABLE_OUTPUT
-------------------------------------------------------------------------
 1 - filter("BIG_EMP_PART"."DEPTNO"=10)

Note: cpu costing is off

14 Zeilen ausgewählt.
```

Sehr verwirrend auf den ersten Blick. In der Spalte Operation sehen wir TABLE ACCESS FULL, und nur anhand der Information in den beiden Spalten Pstart und Pstop ist ersichtlich, dass wir wirklich nur auf eine Partition zugreifen. Vergleichen Sie das mal mit dem Ausführungsplan für einen Full Table Scan über die ganze Tabelle:

```
SQL> explain plan for select * from big_emp_part;

EXPLAIN PLAN ausgeführt.

SQL> @d:\oracle\ora90\rdbms\admin\utlxplp

PLAN_TABLE_OUTPUT
----------------------------------------------------------------------------------
| ID | Operation             | Name         | Rows  | Bytes | Cost | Pstart | Pstop |
----------------------------------------------------------------------------------
|  0 | SELECT STATEMENT      |              | 3590K |  140M | 2274 |        |       |
|  1 | PARTITION RANGE ALL   |              |       |       |      |      1 | 3     |
|  2 | TABLE ACCESS FULL     | BIG_EMP_PART | 3590K |  140M | 2274 |      1 | 3     |
----------------------------------------------------------------------------------

Note: cpu costing is off

10 Zeilen ausgewählt.
```

Auch hier haben wir wieder TABLE ACCESS FULL, aber über alle drei Partitionen, wie man in Pstart und Pstop sieht. Allerdings ist hier auch ein PARTITION RANGE ALL vorgeschaltet, und das zumindest ist eine eindeutige Bezeichnung.

Last but not least, wie es dann aussieht, wenn wir nur die Daten aus dem Index holen. Der Index ist auf dieselbe Weise wie die Tabelle partitioniert:

```
SQL> explain plan for select deptno from big_emp_part where deptno=10;

EXPLAIN PLAN ausgeführt.

SQL> @d:\oracle\ora90\rdbms\admin\utlxplp

PLAN_TABLE_OUTPUT
------------------------------------------------------------------------------------
| Id | Operation            | Name            | Rows|Bytes  | Cost | Pstart | Pstop |
------------------------------------------------------------------------------------
|  0 | SELECT STATEMENT     |                 | 768K| 2251K |  146 |        |       |
|* 1 | INDEX FAST FULL SCAN | BIG_EMP_PART_IX | 768K| 2251K |  146 | 1      | 1     |
------------------------------------------------------------------------------------
```

```
Predicate Information (identified by operation id):
---------------------------------------------------

PLAN_TABLE_OUTPUT
---------------------------------------------------------------------------
 1 - filter("BIG_EMP_PART"."DEPTNO"=10)

Note: cpu costing is off

14 Zeilen ausgewählt.
```

Auch hier sehen wir nur anhand der Werte in den Spalten Pstart und Pstop, dass lediglich auf eine einzige Index Partition zugegriffen wird. Die Operationsbezeichnung INDEX FAST FULL SCAN impliziert ja, ebenso wie der FULL TABLE SCAN, dass auf alles zugegriffen wird. Also immer schön auf die Werte in Pstart und Pstop schauen. Die Filter-Operation gibt auch einen Hinweis – dort wird ja gesagt, dass wir nur auf DEPTNO 10 zugreifen.

Hier in unseren Beispielen waren immer Werte für Pstart und Pstop zu sehen. Das bedeutet: Der Optimizer kann bereits beim Parsen der Query bestimmen, auf welche Partitionen er zugreifen muss. Falls wir eine Abfrage haben, bei welcher der Optimizer das erst zur Laufzeit bestimmen kann, sehen wir statt konkreten Werten nur KEY dort und als übergelagerte Operation PARTITION RANGE ITERATOR.

7.7 Parallel Tracing

Werfen wir noch einen kurzen Blick auf das Tracen von parallelen Operationen. In der Version 8*i* erfolgte dies über numerische Events, wie wir sie schon an anderen Stellen kennen gelernt haben. Die numerischen Events sind aber in den höheren Versionen nach wie vor verfügbar. Ab 9.0.1 kam dann noch das _px_trace Event für das Tracen paralleler Operationen hinzu. Dies sollte das parallele Tracing vereinfachen. Es kann damit auch mehr als über die numerischen Events getraced werden; zum Beispiel kann das Kompilieren nicht numerisch getraced werden. Beim Tracing mittels _px_trace geben Sie an, in welchem Bereich der parallelen Ausführung getraced werden soll, in welcher Ausführlichkeit und schließlich noch, ob Zeitinformationen ausgegeben werden sollen. Das Tracing wird mit _px_trace eingeschaltet, entweder über den Befehl ALTER SESSION oder in der init.ora-Datei bzw. im spfile. Für die Ausführlichkeit geben Sie „high“, „medium“ oder „low“ an, für Zeitinformationen wird am Schluss einfach „time“ mitgegeben. Als Bereiche können Sie angeben:

```
"scheduling"
"execution"
 "granule"
"messaging"
"buffer"
"compilation"
"all" (das bedeutet dann alle Bereiche)
"none" (damit schalten wir es wieder aus)
```

Als Beispiel nehmen wir wieder das Select von vorhin und setzen:

```
alter session set
"_px_trace"="low","compilation","low","execution","low",
 "messaging","time";
```

Im Trace sehen wir dann noch die „alten" Namen, die Funktionsnamen beginnen mit kx. Ab Version 10.2 ist der Trace dann noch ausführlicher. Ausschalten können wir das Tracing dann schließlich über:

```
alter session set "_px_trace"="none";
```

Bitte beachten Sie die Hochkommas, die müssen beim Aufruf mit angegeben werden. Falls Sie die Hochkommas mal vergessen, ist das aber auch nicht so schlimm, Sie erhalten dann einen Fehler beim Aufruf des ALTER SESSION-Kommandos.

7.8 Parallele Wait Events

Wait Events für parallele Operationen beginnen normalerweise mit PX seit 8*i*, bis 8.0.3 begannen die Namen noch mit KX..., und in 7.3 waren es Namen, die mit PARALLEL_QUERY_... begannen. Die folgenden Events können als Idle Events betrachtet werden. Idle Events haben wir schon im Kapitel über Ratios und Wait Events genauer beschrieben, hier noch mal ganz kurz: Idle Events beschreiben im Wesentlichen Wartezustände. Diese Wartezustände können dauern, aber ändern lässt sich an ihnen nichts. Nehmen wir beispielsweise ein Event wie "SQL*Net Message from client". Das bedeutet der Server wartet jetzt auf Input vom User und diese „Think Time" ist natürlich variabel.Wenn Sie tunen, brauchen Sie diese Idle Events also in aller Regel nicht zu beachten. Wenn Sie aber einen signifikanten Bruchteil der Wartezeit ausmachen, müssen sie untersucht werden. Es handelt sich hierbei um die folgenden Events:

- „PX Idle Wait"
- „PX Deq: Execution Msg"
- „PX Deq: Table Q Normal"
- „PX Deq Credit: send blkd"
- „PX Deq: Execute Reply"
- „PX Deq: need buffer"
- „PX Deq: Signal ACK"
- „PX Deque wait"

Diese Events werden dummerweise nicht alle im 9*i* Statspack rausgefiltert, da müssen Sie also Statspack anpassen. Dazu tragen Sie einfach das Event in der Tabelle STATS$-IDLE_EVENT ein. Hier ein Beispiel:

```
insert into STATS$IDLE_EVENT(event) values ('PX Deq: Signal ACK');
```

Im AWR geht das Herausfiltern bestimmter Events leider nicht so einfach. Alle anderen parallelen Wait Events können auf ein Problem hinweisen. Dabei lassen sich die parallelen Operationen in mehrere Klassen einteilen, zum Beispiel Events für parallele Indexoperationen wie „PX Deq: Index Merge Execute“ oder Events, die sich nur auf Parallel Query beziehen.

Neben den bereits besprochenen können noch zusätzliche Operationen, zum Beispiel das Recovery, parallelisiert werden. Ich habe es aber auch schon mit und bis 8*i* erlebt, dass paralleles Recovery langsamer war als serielles. Paralleles Recovery wird über den Parameter RECOVERY_PARALLELISM gesteuert (ein Wert von 0 oder 1 schaltet parallel Recovery aus). Beim parallelen Recovery werden die Archive Logs parallel eingelesen, aber die Change Vectors müssen ja seriell appliziert werden. Ich habe es allerdings seit Version 9.2 nicht mehr getestet, aktuell könnte es also anders aussehen.

Seit Version 9.2 kann auch Redo parallel geschrieben werden. Dazu sollten Sie mindestens 16 CPUs haben. In der Version 9.2 und nur in dieser Version setzen Sie dazu den Parameter LOG_PARALLELISM auf 2, das ist gleichzeitig auch das Maximum.

7.9 Einsatz und Tuning paralleler Operationen

Überlegen Sie sich zuerst, ob und bis zu welchem Grad Sie Parallelität haben wollen. Parallel Query ist dazu gebaut, die bestehenden Ressourcen maximal auszunutzen. Für einzelne Abfragen, die besser über einen Index erledigt werden, ist Parallel Query nicht gedacht. Läuft das System bereits am Anschlag, ergibt Parallel Query auch keinen Sinn. Es kann durchaus sinnvoll sein, nur einzelne Verarbeitungsschritte parallel arbeiten zu lassen. Wenn Sie beispielsweise eine Stapelverarbeitung haben, die im ersten Teil nur INSERTs durchführt, die ihrerseits sehr schnell abgearbeitet werden (so im Bereich 1 bis 10 Sekunden), aber im zweiten Teil in der Verdichtungsstufe dann große Summierungen, ist es wahrscheinlich das Beste, den ersten Batch seriell und den zweiten parallel durchzuführen. Parallel Query ist ein „Number Cruncher“ und sollte auch als solcher eingesetzt werden.

Einen gute Übersicht, wie es mit Parallel Query in der Datenbank läuft, bietet insbesondere auch der ASH-Bericht in Version 10*g*. Dort existiert ein eigeener Abschnitt für SQL, das Parallel Query verwendet. Hier mal ein kleiner Ausschnitt:

```
Top Sessions running PQs       DB/Inst: FTEST/ftest  (Jul 03 10:57 to 11:47)
-> This section aggregates all the work done by the PQ slaves into
      the session issuing the parallel query.

Sid,Srl# (Inst) % Activity SQL ID        Event                          % Event
--------------- ---------- ------------- ------------------------------ -----
User                    Program
---------------------- ------------------------------
143,UNKNOWN(1)        48.63  gt8njjrhy1ws7 PX Deq Credit: send blkd       23.05
UserID:                 select /*+ PARALLEL */ * from scott.big_emp
                                           PX qref latch                  16.18
                        select /*+ PARALLEL */ * from scott.big_emp
                                           direct path read                9.40
                        select /*+ PARALLEL */ * from scott.big_emp
149,UNKNOWN(1)        47.17 gt8njjrhy1ws7 PX Deq Credit: send blkd       24.2
```

Wie Sie hier sehen, werden die Informationen aus der Parallel Query Slaves auf Session-Ebene summiert; dies und die weitere Unterteilung nach Wait Events ist sehr hilfreich.

Extrem wichtig für Parallel Query sind versionsspezifisch bedingt die Parameter, die den Hauptspeicherbedarf bestimmen, also SORT_AREA_SIZE und HASH_AREA_SIZE bis Version 8*i* und ab Version 9*i* dann PGA_AGGREGATE_TARGET. In der 9*i* und darüber sollte zur Ermittlung des Wertes von PGA_AGGREGATE_TARGET unbedingt das Advisory herangezogen werden. Das Advisory haben Sie auch in den Statspack-Berichten oder auch in der AWR-Auswertung. PARALLEL_MAX_SERVERS muss hoch genug gesetzt sein, überprüfen Sie dafür die Statistiken vor allem in V$PQ_SYSSTAT und V$PQ_SESSSTAT zum richtigen Zeitpunkt. Vor und bis 8*i* empfehle ich für PARALLEL_MAX_SERVERS-Werte von 2 * Anzahl CPU oder auch 4 * Anzahl CPU, ab 9*i* können Sie hier aufgrund der einfacheren Konfiguration über PGA_AGGREGATE_TARGET viel höhere Werte verwenden. Von höheren Werten in der 8*i* rate ich eher ab, da man dann wieder das Problem hat, dass zuviel Hauptspeicher gefressen werden kann. CPU_COUNT und PARALLEL_THREADS_PER_CPU sollten Sie nicht antasten. Vor Oracle 10*g* sollten Sie PARALLEL_AUTOMATIC_TUNING verwenden, ab 10*g* brauchen Sie diesen Parameter nicht mehr.

DEFAULT sollte als Wert für den Parallelisierungsgrad nur in Ausnahmefällen verwendet werden, ein eigens gesetzter Grad ist meiner Meinung nach fast immer besser. Sonst kann es Ihnen passieren, das Sie den Server mit ein paar zusätzlichen CPUs ausbauen und plötzlich steht die Systemlast am Anschlag. Überlegen Sie sich, für welche Tabellen und Indizes Parallelisierung sinnvoll ist, und welchen Grad Sie dort haben wollen. Ein guter Startwert ist die Anzahl Benutzer, die gleichzeitig parallel den gleichen Block verändern wollen. Um das zu ermitteln, müssen Sie sich allerdings über die Applikation informieren und mit ihr vertraut machen. Idealerweise sollten die Tabellen/Indizes, die Sie parallelisieren wollen, groß sein, und am besten noch partitioniert.

Beim Einsatz von Parallel DML müssen Sie sich über die umfangreichen Einschränkungen klar sein. Parallel DML benötigt mehr Ressourcen als serielles DML, setzen Sie Parallel DML deshalb nur gezielt ein.

Dagegen ist parallel DDL sehr viel einfacher einzusetzen und sollte insbesondere auch bei Index-Reorganisationen immer mit berücksichtigt werden.

Für weitere Details zur Parallelisierung möchte ich Ihnen insbesondere Kapitel 25 in [OraDW 2005] ans Herz legen.

8

8 Hints, Outlines und SQL-Profile

In diesem Kapitel lernen Sie verschiedene Methoden kennen, mit denen Sie einen bestimmten Ausführungsplan erzwingen können.

8.1 Hints

Hints sind ein Mittel, dem Optimizer einen bestimmten Ausführungsplan nahe zu legen. Ein Hint ist keine verbindliche Direktive, sondern sollte als Empfehlung betrachtet werden. Hints sollten nur in Ausnahmefällen verwendet werden. Sie können im Regelfall nicht immer garantieren, dass der Hint wirkt. Falls sich die zugrunde liegenden Statistiken ändern oder die Struktur der Datenbank ändert, kann der Hint auch ungültig werden. Oder stellen Sie sich vor, Sie führen einen Upgrade der Datenbank durch, und der Hint existiert nicht mehr oder wurde umbenannt. Deshalb sollten Sie sich nicht zu 100 Prozent auf den Hint verlassen. Bevor Sie einen Hint verwenden, sollten Sie zuerst überprüfen, ob Ihre Anweisung nicht funktioniert, weil die Statistiken fehlen oder nicht mehr aktuell sind. Sie sollten Hints und auch Outlines sowie SQL-Profile, die anschließend besprochen werden, immer als ein Mittel für den Notfall betrachten. Hints sollten auch nicht allzu oft notwendig sein. Wenn Sie ein Prozent des SQL in Ihrer Applikation mit Hints versehen müssen, sollte das vollkommen ausreichend sein. So ungefähr ist die offizielle Meinung.

Demgegenüber steht die Erfahrung: Ein Hint wirkt immer, wenn er korrekt spezifiziert ist und ausgeführt werden kann. Es kann manchmal sein, dass Sie noch zusätzliche Hints angeben müssen, bevor Ihr Hint wirkt, aber wenn der Hint keinen Syntaxfehler hat, sollten Sie sich eigentlich schon auf ihn verlassen können. Der folgende Hint: SELECT /*+ INDEX(der_korrekte_Namen_eines_Index) */ ... wirkt zum Beispiel nicht, weil im Index Hint auch der Name der Tabelle mit angegeben werden muss.

Hints können für einzelne Statements oder auch nur einzelne Blöcke im Statement verwendet werden. Es gibt Hints, die sich auf mehrere Tabellen beziehen, wie beispielsweise LEADING, aber auch Hints, die sich nur auf eine Tabelle beziehen, wie INDEX zum Beispiel. Hints müssen unmittelbar nach der Anweisung erscheinen. Ein Hint kommt also sofort nach SELECT, INSERT, UPDATE, DELETE oder MERGE und sieht wie ein Kommentar aus; hier ein Beispiel:

```
SELECT /*+ INDEX(EMP I_EMPNO) */ ... FROM... WHERE...
```

Wichtig ist das +-Zeichen. Es muss sofort nach dem * kommen. Wenn Sie hier einen Leerraum lassen, wird Oracle den Hint einfach als ungültigen Kommentar betrachten. Das ist kein Fehler: Oracle wird einfach die Anweisung so ausführen, als ob Sie keinen Hint angegeben hätten. Wenn Sie einen Hint verwenden und der Hint nicht zu wirken scheint, überprüfen Sie zuerst, ob die Syntax richtig ist. Hints gelten immer nur für die jeweilige Anweisung oder den Query-Block. Soll ein Hint für mehrere Anweisungen gültig sein, muss er in jeder Anweisung wieder angegeben werden.

Hints haben Vorrang vor Parametern, die bereits über ALTER SESSION, ALTER SYSTEM oder in der init.ora-Datei bzw. im spfile gesetzt sind. Falls in der Anweisung Aliasnamen für Tabellen verwendet werden, müssen diese Aliasnamen auch im Hint verwendet werden. Der folgende Hint wirkt somit nicht:

```
SELECT /*+ FULL(EMP) */ … FROM EMP E … WHERE
```

Sie können auch mehrere Hints angeben, die durch Kommas getrennt sein müssen. Oracle ignoriert aber sich widersprechende Hints in einer Anweisung. Werden mehrere Hints angegeben und sind diese nur teilweise falsch, berücksichtigt Oracle immer noch die richtigen Hints. Denken Sie daran, dass Sie unabhängig davon, wie falsch oder richtig die Hints in der Anweisung sind, keinen Fehler erhalten. Je nach Hint schalten Sie die Berücksichtigung der Kosten aus. Die Kosten werden vom Optimizer anhand der Statistiken für Tabellen und Indizes erstellt. Ab Version 9 können auch CPU und I/O-Kosten hier mit aufgenommen werden, das erfolgt über die Prozedur GATHER_SYSTEM_STATS. In Version 10 können schließlich noch die Kosten für die Netzwerkübertragung hier mit eingeschlossen werden. Diese Kosten stimmen manchmal nicht und können fantastisch hohe Zahlen annehmen. In den Ausführungsplänen sehen Sie diese Kosten, die immer als COST erscheinen. Hier ein Beispiel mit Version 10.2:

```
Execution Plan
----------------------------------------------------------
Plan hash value: 3956160932

----------------------------------------------------------------------
| Id | Operation          | Name | Rows | Bytes | Cost (%CPU) | Time     |
----------------------------------------------------------------------
|  0 | SELECT STATEMENT   |      |   14 |   518 |     3   (0) | 00:00:01 |
```

In frühere Versionen ist die Darstellung leicht anders, auch hier ein Beispiel:

```
Ausführungsplan
----------------------------------------------------------
SELECT STATEMENT Optimizer=CHOOSE (Cost=11 Card=1 Bytes=3)
...
```

Nehmen Sie diese Kosten nicht allzu ernst. Wenn Sie wissen, dass ein bestimmter Ausführungsplan besser ist, berücksichtigen Sie diese Kosten einfach nicht. Falls Sie wissen möchten, wie diese Kosten errechnet werden, ist [Lewis 2005] sehr zu empfehlen, dort werden die Mechanismen des CBO genau untersucht.

Es gibt verschiedene Klassen von Hints. In der folgenden Auswahl sind nicht alle Hints dokumentiert, sondern nur jene, die sich meiner Meinung nach bewährt haben. Es kann aber trotzdem noch vorkommen, dass der Hint, den Sie gerade jetzt brauchen, nicht in dieser Liste ist; schlagen Sie dann in der offiziellen Dokumentation nach. Die vollständige Liste der Hints entnehmen Sie jeweils dem Performance Guide der verwendeten Oracle-Version.

8.1.1 Hints, die den Optimizer steuern

Es gibt ein paar Hints, die explizit den verwendeten Optimizer beeinflussen. Diese können auch systemweit in der init.ora-Datei bzw. im spfile über den Parameter OPTIMIZER_MODE gesetzt werden. Das Setzen dieser Hints ist auch in der individuellen Session über ALTER SESSION möglich. Es sind dies die Hints:

- **ALL_ROWS:** ein Hint, der den Costbased Optimizer verwendet und Voreinstellung in Oracle 10*g* ist. Ziel ist hier maximaler Durchsatz. Für Stapelverarbeitungen ist dies eine gute Einstellung. Achten Sie darauf, dass die Statistiken auf den Tabellen und Indizes vorhanden sind.
- **FIRST_ROWS** und **FIRST_ROWS_(n)**: Am Anfang gab es nur FIRST_ROWS. Dies ist auch ein Hint für den Costbased Optimizer, also sollten auch hier Statistiken vorhanden sein. FIRST_ROWS weist den Optimizer an, die Anweisung so zu optimieren, dass möglichst schnell ein Ergebnis zurückkommt. FIRST_ROWS gab es schon in Version 8*i*, aber ab 9 kann das genauer angegeben werden. Sie können dann Werte wie FIRST_ROWS_1, FIRST_ROWS_10, FIRST_ROWS_1000 oder FIRST_ROWS_1000 verwenden. Wenn möglich, sollten die genaueren Formen verwendet werden und nicht FIRST_ROWS. Der Optimizer hat dann genauere Angaben und kann dann besser entscheiden. FIRST_ROWS ist in Oracle Version 10*g* nur noch aus Kompatibilitätsgründen.
- **CHOOSE:** Dieser Hint existiert offiziell nur bis Oracle 10*g* und dann nicht mehr. CHOOSE ist der Parameter, der nicht verwendet werden sollte. CHOOSE bedeutet Verwendung des Costbased Optimizer, falls Statistiken vorhanden sind. Wenn keine Statistiken vorhanden sind, wird der RULE-based Optimizer verwendet. Den gibt es in Oracle 10 offiziell nicht mehr, und er sollte auch nicht verwendet werden. Der RULE-based Optimizer ist sehr eingeschränkt in den Operationen, die ihm zur Verfügung stehen.
- **RULE:** Dieser Hint existiert seit Oracle Version 9 nicht mehr, funktioniert aber auch dort noch. Der RULE-based Optimizer verwendete Regeln und keine Statistiken. Er ist einfacher als der Costbased Optimizer. Der RULE-based Optimizer wurde seit längerem nicht mehr weiterentwickelt und kennt viele Optimierungsmöglichkeiten nicht. Partitionierte Tabellen und Indizes zum Beispiel sind etwas, zu denen der RULE-based Optimizer keinen vernünftigen Ausführungsplan erzeugen kann. Für Abfragen auf das Data Dictionary, also alle DBA_/ALL_/USER_-Views, ist der RULE-based Optimizer bis Version 10*g* sehr gut geeignet. Vor Version 10*g* werden normalerweise keine Sta-

tistiken im Data Dictionary verwendet. Somit ist dann der RULE-based Optimizer, der keine Statistiken verwendet, die bessere Wahl für Zugriffe auf das Data Dictionary. RULE war in Oracle 6 und 7 noch der Optimizer der Wahl. Falls eine Applikation nach einem Upgrade plötzlich nur noch langsam ist, setzen Sie mal RULE in der init.ora oder im spfile und schauen dann, was passiert. Das könnte durchaus die Lösung des Problems sein. Das ist aber nur eine Zwischenlösung, die Applikation muss dann unbedingt noch auf den Costbased Optimizer umgeschrieben werden.

Die übrigen Hints, die jetzt besprochen werden, sind solche, die in den jeweiligen Anweisungen direkt verwendet werden. Wenn der Hint also in einer Anweisung gesetzt ist, gilt er nur für diese Anweisung. Alle folgenden Anweisungen in der Session bleiben unbeeinflusst.

8.1.2 Hints für Zugriffspfade

Eine weitere Klasse von Hints gibt Zugriffspfade an. Diese Hints wirken, wenn der Zugriffspfad über einen Index realisiert werden kann oder wenn die Anweisung diesen Zugriffspfad ermöglicht. Falls ein Zugriffspfad angegeben wird, der nicht realisiert werden kann, wird der Hint ignoriert. Falls Sie ein Alias für eine Tabelle verwenden, müssen Sie unbedingt dieses Alias verwenden. Der Besitzer der Tabelle sollte nicht angegeben werden, selbst wenn dies in der Anweisung so ist:

- **FULL:** Mit dem FULL-Hint forcieren Sie einen Full Table Scan. Das klappt auch, wenn ein Index vorhanden ist. Hier ein Beispiel, achten Sie auch auf das Alias für die Tabelle:

```
SQL> select /*+ FULL(d) */ * from dept d;

    DEPTNO DNAME          LOC
---------- -------------- -------------
        10 ACCOUNTING     NEW YORK
        20 RESEARCH       DALLAS
        30 SALES          CHICAGO
        40 OPERATIONS     BOSTON
...

---------------------------------------------------------------------------
| Id | Operation          | Name | Rows | Bytes | Cost (%CPU) | Time     |
---------------------------------------------------------------------------
|  0 | SELECT STATEMENT   |      |    4 |    80 |     3   (0) | 00:00:01 |
|  1 |  TABLE ACCESS FULL | DEPT |    4 |    80 |     3   (0) | 00:00:01 |
---------------------------------------------------------------------------
```

  Dieser Hint ist insbesondere für kleinere Tabellen und beim Einsatz von Parallel Query nützlich.

- **INDEX:** Mit dem INDEX-Hint wird ein Index angegeben, der für den Zugriff verwendet werden soll. Dieser Hint kann für Domain-, B*-Baum- und Bitmap-Indizes verwendet werden. Wichtig bei diesem Hint ist, dass Sie auch die Tabelle angeben, auf welcher der Index definiert ist. Wenn Sie ein Alias für eine Tabelle verwenden, muss dieses Alias verwendet werden. Falls Sie mehrere Bitmap-Indizes verwenden, wird aber INDEX_COMBINE empfohlen, der ist da besser geeignet. Sie können auch mehrere Indizes in diesem Hint angeben, es braucht nicht nur einer zu sein. Wenn Sie diesen Hint angeben, sagen Sie Oracle, dass er keinen Full Table Scan und auch keinen anderen Index verwenden soll. Falls mehrere Indizes angegeben werden, berechnet Oracle für jeden Index in der Liste die Kosten. Dann wird entweder der Index mit den niedrigsten Kosten verwendet, oder der Optimizer nimmt mehrere Indizes und mischt dann das Ergebnis zusammen. Sie können diesen Hint auch ohne weitere Angaben angeben. Dann wird Oracle einfach die Kosten jedes Index auf der Tabelle berechnen und den mit den niedrigsten Kosten verwenden. Falls eine Tabelle mehrere Indizes hat ist dies der erste Versuch, der gemacht werden sollte.

Es gibt noch zwei weitere Varianten dieses Hints, den INDEX_ASC- und den INDEX_DESC-Hint. Der INDEX_ASC-Hint unterscheidet sich im Augenblick nicht vom INDEX-Hint. Mit diesem Hint sagen Sie Oracle aber ausdrücklich, dass Sie die Einträge des Index in aufsteigender Reihenfolge auslesen wollen. Das ist allerdings auch die Voreinstellung. Somit ist dieser Hint etwas für ganz vorsichtige Gemüter. Denn wenn Oracle die Voreinstellungen hier mal ändern sollte, wäre es wohl zuerst angebracht zu sehen, wie die Anweisung ohne diesen Hint dann funktioniert. Sie können im Regelfall nicht davon ausgehen, dass nach einem größeren Upgrade, also beispielsweise von Oracle 8.1.7 auf Oracle 10.1.0.3, alles noch so funktioniert wie vorher. Da erweist sich der INDEX_DESC-Hint schon als sinnvoller. Wenn Sie den angeben, werden die Einträge im Index in absteigender Reihenfolge gelesen. Das kann sinnvoll sein bei Applikationen, die aufsteigende Schlüssel vergeben und bei denen der Zugriff immer auf die letzten vergebenen Schlüssel erfolgt.

- **INDEX_COMBINE:** Der INDEX_COMBINE wurde vorher schon erwähnt. Er ist dafür gedacht, wenn Sie mehrere Bitmap-Indizes auf einer Tabelle kombinieren möchten. Wenn Sie dort mehrere Indizes angeben, wird Oracle diese über Boolesche Operationen kombinieren, also OR, AND und XOR, und dann die Kombination nehmen, die die niedrigsten Kosten hat. Sie können den INDEX_COMBINE-Hint auch wie den INDEX-Hint ohne weitere Argumente angeben, dann wird Oracle alle Bitmap-Indizes auf der Tabelle in Betracht ziehen. Im Ausführungsplan werden Sie dann Operationen wie BITMAP OR und BITMAP AND finden.
- **INDEX_SS:** Der INDEX_SS-Hint wird für den Index Skip Scan verwendet. Index Skip Scan wurde mit Oracle 9 eingeführt. Der Index Skip Scan wird bei konkatenierten Indizes verwendet. Er gibt an, dass Oracle den ersten Teil des Index überspringen und nur mit den folgenden Feldern arbeiten soll. Das funktioniert nur, wenn Oracle den Index logisch in Subindexes unterteilen soll. Dafür sollten das vordere Feld oder die vorderen Felder sich oft wiederholende Werte haben. Hier ein Beispiel:

```
SQL> select /*+ INDEX_SS(person IX_PERSON) */ firstname,lastname
  2  from person where lastname='Meier';

Execution Plan
----------------------------------------------------------
Plan hash value: 3732057389

-------------------------------------------------------------------------------
| Id | Operation            | Name        | Rows | Bytes | Cost (%CPU) | Time     |
```

```
--------------------------------------------------------------------------------
|  0 | SELECT STATEMENT |           | 8192 | 98304 |    65   (0) | 00:00:01 |
| *1 |  INDEX SKIP SCAN | IX_PERSON | 8192 | 98304 |    65   (0) | 00:00:01 |
--------------------------------------------------------------------------------

Predicate Information (identified by operation id):
---------------------------------------------------

1 - access("LASTNAME"='Meier')
    filter("LASTNAME"='Meier')
```

Vor Oracle 9 war Index Skip Scan nicht möglich. Wenn Sie also in Oracle 8*i* die Felder FIRSTNAME und LASTNAME in dieser Reihenfolge indiziert haben, kann Oracle den Index nur verwenden, wenn in der WHERE-Klausel FIRSTNAME oder FIRST-NAME und LASTNAME verwendet wird. Wird in 8*i* nur LASTNAME verwendet, kann der Index nicht verwendet werden. Neben dem INDEX_SS-Hint gibt es auch noch wie beim INDEX-Hint einen INDEX_SS_ASC- und INDEX_SS_DESC-Hint für das Auslesen in aufsteigender oder absteigender Reihenfolge. Dieser Hint kann in Oracle 9.2 und den ersten 10er-Versionen von Oracle sinnvoll sein, weil in diesen Versionen die Kosten eines Index Skip Scan vom Optimizer generell zu hoch eingeschätzt werden. Um den Index Skip Scan auszuschließen, existiert ab Oracle 10*g* der NO_INDEX_SS-Hint.

- **INDEX_JOIN:** Den INDEX_JOIN-Hint kann nur verwendet werden, wenn mehrere Indizes existieren. Der Optimizer soll mit diesem Hint mehrere Indizes verwenden und kombinieren. Das klappt nur, wenn die indizierten Spalten auch in der Anweisung verwendet werden.
- **INDEX_FFS:** Der INDEX_FFS-Hint bewirkt einen Fast Full Index Scan. Das kann sinnvoll sein, um den Full Table Scan zu vermeiden. Dies ist ein sehr nützlicher Hint, insbesondere wenn Sie Summierungsfunktionen verwenden. Ein SELECT COUNT(*) kann dann beispielsweise effektiv über den Primary Key Index bestimmt werden. In Oracle 10*g* können Sie den Fast Full Index Scan über NO_INDEX_FFS ausdrücklich ausschließen.
- **NO_INDEX:** Mit NO_INDEX können Sie einen oder mehrere Indizes angeben, die der Optimizer nicht in Betracht ziehen soll. Indizes auf der Tabelle, die im Hint nicht angegeben sind, werden vom Optimizer berücksichtigt. Dieser Hint kann auch für funktionsbasierte Indizes verwendet werden, genauso wie für B*-Baum-, Bitmap-, oder Domain-Indizes. Verwenden Sie diesen Hint nicht zusammen mit anderen Index-Hints, die denselben oder dieselben Indizes angeben, das betrachtet der Optimizer als Fehler.

8.1.3 Hints für die Transformierung von SQL-Anweisungen

Die nächste Klasse von Hints wird verwendet, um eine Anweisung zu transformieren. Das ist insbesondere interessant, wenn es sich um komplexe Anweisungen mit vielen Subqueries handelt. Die Anweisung wird also durch Oracle umgeschrieben. Das Mischen von Views in eine Abfrage, Query Rewrite und die Star Transformation fallen auch hierunter. Es gibt in Oracle 10*g* auch einen NO_QUERY_TRANSFORMATION-Hint, der all diese Transformationen ausdrücklich ausschaltet. Es gibt hier:

- **USE_CONCAT:** Mit USE_CONCAT schalten Sie die normale Verarbeitung von IN-Listen aus. Stattdessen wird OR verwendet. Logisch sind ja die Ausdrücke WHERE spalte IN (1,2,3) und WHERE spalte = 1 OR spalte =2 OR spalte = 3 gleichbedeutend. OR und IN können also wechselseitig benutzt werden. Wenn Sie diesen Hint verwenden, wird die Anweisung so umgeschrieben, dass kombinierte OR-Anweisungen in der WHERE-Klausel in eine zusammengesetzte Abfrage, die UNION ALL verwendet, transformiert werden. Oracle macht diese Transformation ansonsten nur, wenn die Kosten niedriger scheinen.
- **NO_EXPAND:** Mit NO_EXPAND sagen Sie dem Optimizer, dass er OR-Anweisungen nicht expandieren soll. Die normale IN-Liste wird nicht umgewandelt.
- **MERGE:** Mit diesem Hint aktivieren Sie das Zusammenmischen komplexer Views. Dies basiert nicht auf Kosten, der Hint muss also ausdrücklich angegeben werden. Damit lassen sich zum Beispiel Subqueries, die in einer IN-Anweisung stehen, in die übergeordnete Query mischen. Falls die View eine GROUP BY-Klausel enthält oder SELECT DISTINCT verwendet, muss MERGE verwendet werden, um die View Query in die Anweisung zu mischen. Sonst macht das der Optimizer nicht.
- **NO_MERGE:** Mit diesem Hint sagen Sie Oracle, dass Sie eine View, der in die Abfrage eingebunden werden könnte, nicht mit der Abfrage zusammenmischen möchten. Sie können den Hint mit und ohne den Namen der View verwenden. Wenn Sie ihn ohne den Namen der View verwenden, sollte er in die View Query platziert werden. Wenn der Name der View im Hint angegeben wird, sollten Sie den Hint in die Hauptabfrage stellen.

8.1.4 Hints für Query Rewrite

Die nächsten Hints sind speziell für Materialized Views und Query Rewrite. Falls Sie Query Rewrite nicht verwenden wollen, benötigen Sie diese Hints nicht. Dito falls Sie keine Materialized Views haben. Damit Query Rewrite überhaupt funktionieren soll, muss die Materialized View mit ENABLE QUERY REWRITE angelegt worden und je nach Oracle Version müssen noch bestimmte Parameter aktiviert sein. Statistiken müssen auch vorhanden sein, und der Costbased Optimizer muss genutzt werden. Zu den Parametern: COMPATIBLE muss mindestens auf 8.1.6 stehen und QUERY_REWRITE_ENABLED auf TRUE. Die Hints sind dann:

- **REWRITE:** Mit dem REWRITE-Hint sagen Sie Oracle, dass es die Abfrage mit Materialized Views umschreiben soll, ohne die Kosten zu betrachten. Das ist aber nur möglich, wenn die entsprechenden Materialized Views bestehen. Wenn Sie also ein SELECT SUM(umsatz) FROM verkauefe mit diesem Hint versehen und es keine Materialized View gibt, die auf diesem SELECT basiert, ist diese Transformation nicht möglich. Sie können den Hint mit und ohne eine Liste von Materialized Views verwenden. Verwenden Sie keine Liste, sucht Oracle, ob es eine Materialized View gibt, die es verwenden könnte. Wenn Sie eine Liste verwenden, wird Oracle nur die Materialized Views in der Liste in Erwägung ziehen. Materialized Views, die nicht in der Liste erscheinen, werden dann nicht mehr berücksichtigt. Auch hier wird wieder, falls es eine verwendbare Materialized View gibt, die Materialized View ohne Berücksichtigung der Kosten verwendet.

- **REWRITE_OR_ERROR:** Der Hint ist sehr interessant zum Testen insbesondere von Materialized Views. Falls ein Query Rewrite nicht möglich ist, wird ein Fehler erzeugt. Somit können Sie gut testen, ob Query Rewrite überhaupt funktioniert.
- **NOREWRITE/NO_REWRITE:** Mit NOREWRITE schalten Sie Query Rewrite ausdrücklich aus. Hier brauchen Sie weiter nichts anzugeben. In Oracle 10*g* wurde der Hint in NO_REWRITE umbenannt.

8.1.5 Hints für die Star Transformation

Mit den folgenden Hints beeinflussen Sie die Star Transformation. Dazu werden temporäre Tabellen verwendet. Die Star Transformation ist quasi eine Star Query ohne die Restriktionen derselben, so müssen hier keine Bitmap-Indizes vorhanden sein. Stern-Schemata und Abfragen auf dieselben sind in Data Warehouses sehr gebräuchlich. Das Schema in diesen Datenbanken sieht dann so aus, dass es eine zumeist riesige so genannte Faktentabelle gibt und darum herum Tabellen für die einzelnen Dimensionen. Das kann man sich dann wie einen Stern vorstellen mit der Faktentabelle in der Mitte. So können beispielsweise die summierten Verkäufe in der Faktentabelle sein und Produkte und Zeitintervalle als Dimensionen vorhanden sein. Die Faktentabelle ist typischerweise riesig, während die einzelnen Dimensionstabellen sehr klein sind. Die Star Transformation wirkt nur in manchen Fällen. Hier handelt es sich also um Hints, die nur eingesetzt werden sollten, wenn Sie den gewünschten Ausführungsplan nicht über andere Mittel, zum Beispiel andere Hints, erzwingen können. Die Star Transformation ist nicht dasselbe wie eine Star Query. Die erzwingen Sie über den Star Hint. Bei der Star Transformation dagegen verwenden Sie die Hints:

- **STAR_TRANSFORMATION:** Der Hint STAR_TRANSFORMATION lässt den Optimizer nach dem besten Ausführungsplan suchen, in dem diese Transformation verwendet wird. Ohne den Hint könnte sich der Optimizer auch für einen Ausführungsplan ohne diese Transformation entscheiden. So muss der Optimizer in der Transformation Unterabfragen verwenden. Das macht er aber nur, wenn es ihm sinnvoll erscheint. Werden keine Unterabfragen erzeugt, kann auch diese Transformation nicht verwendet werden.
- **FACT:** Mit dem FACT-Hint geben Sie an, welche Tabelle als Faktentabelle betrachtet werden soll.
- **NO_FACT:** Mit dem NO_FACT-Hint geben Sie explizit an, welche Tabelle nicht als Faktentabelle verwendet werden soll.
- **NO_STAR_TRANSFORMATION:** Mit diesem Hint wird die Star Transformation ausdrücklich ausgeschaltet.

8.1.6 Hints für Joins

Eine weitere Klasse von Hints beeinflusst die Reihenfolge, in der die Tabellen gejoined werden. Unter dem RULE-based Optimizer war die Reihenfolge immer durch die Syntax in der SQL-Anweisung festgelegt. Dort wurden die Tabellen von rechts nach links in der Reihenfolge, in der sie in der FROM-Klausel erschienen, abgearbeitet. Das machte das Tuning hier sehr einfach. Waren die Joins im Ausführungsplan ungünstig, musste einfach die Reihenfolge der Tabellennamen in der FROM-Klausel verändert werden. Unter dem Costbased Optimizer ist das nicht mehr der Fall. Deshalb brauchen wir hier diese Hints:

- **ORDERED:** Mit ORDERED sagen Sie dem Optimizer, dass er die Tabellen in der Reihenfolge, in der sie in der FROM-Klausel erscheinen, joinen soll. Dieser Hint kann sehr nützlich sein, wenn Sie ungefähr wissen, was bei Ihrer Abfrage herauskommt. Der ORDERED Hint hat Vorrang vor dem LEADING-Hint.
- **LEADING:** Dieser Hint wirkt wie ORDERED. Er ist neu in Version 10*g* und wird auch genau wie ORDERED verwendet. In Version 10 wird dieser Hint statt ORDERED empfohlen. Der Hint wirkt nicht, wenn Oracle beim Parsen der Query erkennt, dass er die Tabellen nicht in der gewünschten Reihenfolge joinen kann. Er wirkt auch nicht, wenn Sie mehrere LEADING-Hints angeben.

Die nächste Klasse von Hints schließlich bestimmt, welche Join-Operationen auf den mit den beteiligten Tabellen durchgeführt werden sollen. Diese Hints sind sehr nützlich. Im Wesentlichen handelt es sich um drei Operationen, die hier verwendet werden: Nested Loop, Sort-Merge Join und Hash Join. Am Anfang gab es nur Nested Loop und Sort-Merge Join, der Hash Join kam erst später dazu. Nested Loop können Sie sich wie eine WHILE()- oder FOR()-Schleife in der konventionellen Programmierung vorstellen. Es werden die Rückgabewerte der ersten Tabelle abgearbeitet und für jeden Rückgabewert wird auf den entsprechenden Datensatz der zweiten Tabelle zugegriffen. Das bedeutet: Die Ergebnisse eines Nested Loop können sehr schnell zurückkommen. Oracle kann ja hier die ersten Sätze bereits an den Benutzer zurückliefern, während die Schleife noch abgearbeitet wird.

Ganz anders beim Sort-Merge Join. Der heißt so, weil dort die Tabellen erst zusammengemischt und dann sortiert werden. Das macht den Sort-Merge Join nicht ineffizienter als den Nested Loop Join. Der Sort-Merge Join ist aber eher dann gefragt, wenn ein guter Durchsatz erwünscht ist und nicht die schnelle Rückgabe von Ergebnissen. Beim Sort-Merge Join muss ja im Unterschied zum Nested Loop Join zuerst das komplette Ergebnis vorliegen, bevor Oracle die Resultate an den Benutzer liefern kann. Bei diesen beiden Joins sollten Sie auch ORDERED verwenden, um sicherzustellen, dass der Optimizer die Tabellen in der richtigen Reihenfolge verwendet.

Der Hash Join schließlich ist vor allem interessant, wenn mit kleinen Tabellen gearbeitet wird. Hier werden die beteiligten Tabellen über den Hash-Bereich im Hauptspeicher zusammengemischt. Das ist sehr effizient, benötigt aber Hauptspeicher. Die entsprechenden Hints sind hier:

- **USE_NL:** Der USE_NL-Hint sagt dem Optimizer, dass ein Nested Loop verwendet werden soll. Sie geben im Hint zumindest an, über welche Tabelle die Schleife abgearbeitet wird. Hier ein Beispiel:

```
1  select /*+ USE_NL */ ename, dname from emp, dept
2*  where emp.deptno = dept.deptno

Execution Plan
----------------------------------------------------------
Plan hash value: 351108634

-----------------------------------------------------------------------------------------
| Id | Operation                      | Name      | Rows | Bytes | Cost(%CPU) | Time     |
-----------------------------------------------------------------------------------------
|  0 | SELECT STATEMENT               |           |   14 |   308 |    4   (0) | 00:00:01 |
|  1 |  NESTED LOOPS                  |           |   14 |   308 |    4   (0) | 00:00:01 |
|  2 |   TABLE ACCESS FULL            | EMP       |   14 |   126 |    3   (0) | 00:00:01 |
|  3 |   TABLE ACCESS BY INDEX ROWID  | DEPT      |    1 |    13 |    1   (0) | 00:00:01 |
| *4 |    INDEX UNIQUE SCAN           | PK_DEPT   |    1 |       |    0   (0) | 00:00:01 |
-----------------------------------------------------------------------------------------

Predicate Information (identified by operation id):
---------------------------------------------------

4 - access("EMP"."DEPTNO"="DEPT"."DEPTNO")
```

  Bitte beachten Sie, dass dies gerade bei kleineren Tabellen nicht der beste Ausführungsplan zu sein braucht. Dort sind Hash Joins in der Regel sehr viel effektiver. In Oracle 10*g* wurde noch USE_NL_WITH_INDEX eingeführt. Damit können Sie dann zusätzlich zur Tabelle auch noch den Index, der für den Nested Loop verwendet werden soll, angeben. In Oracle 10*g* existiert auch die Möglichkeit, über NO_USE_NL Nested Loops im Ausführungsplan auszuschließen.

- **USE_MERGE:** Beim USE_MERGE-Hint geben Sie an, auf welche Tabellen über einen Sort-Merge Join zugegriffen werden soll. In Oracle 10*g* können Sie das über NO_USE_MERGE ausschließen.
- **USE_HASH:** Beim USE_HASH geben Sie an, dass ein Hash Join verwendet werden soll. Für diesen Hint sollten Statistiken auf den Tabellen vorhanden sein. Kann in Oracle 10*g* über NO_USE_HASH ausgeschlossen werden.

Für NOT IN-Abfragen schließlich können Sie bis Oracle 10*g* noch spezifisch einstellen, wie die Antijoins abgearbeitet werden sollen. Dazu können Sie die Hints NL_AJ, MERGE_AJ und HASH_AJ verwenden.

8.1.7 Hints für spezielle Operationen

Daneben gibt es noch eine Reihe von anderen Hints für ganz spezielle Situationen. Hier sind vor allem zu nennen:

- **APPEND:** Dieser Hint wird nur für INSERT verwendet, insbesondere für INSERT… SELECT. Wenn Sie INSERT /*+ APPEND / angeben, sagen Sie dem Optimizer, dass er das so genannte Direct-Path INSERT verwenden soll. Beim konventionellen INSERT werden die Daten in die Blöcke eingefügt und dann über COMMIT bestätigt.

Beim Direct-Path INSERT dagegen werden ganze Blöcke über der augenblicklichen Highwatermark der Tabelle während des INSERT belegt. Das kann sehr viel schneller sein als das gewöhnliche INSERT. Direct-Path INSERT ist die Voreinstellung, wenn Sie die Enterprise Edition und die Parallel Option verwenden. Direct-Path INSERT kann auch beim Laden von Daten über SQL*Loader mit der Option DIRECT=TRUE eingeschaltet werden. Eine Alternative hierzu sind in der Version 10 Data Pump Export und Import, die auch ein sehr schnelles Laden von Daten ermöglichen.

- **NOAPPEND:** Dieser Hint wird ebenfalls wie der vorige für das INSERT verwendet. Mit NOAPPEND sagen Sie dem Optimizer, dass er das konventionelle INSERT verwenden soll und nicht Direct-Path INSERT. Das kann sehr nützlich sein, wenn Sie während einer parallelen Verarbeitung einen Verarbeitungsschritt haben, der auf einzelne Werte seriell zugreift.
- **DRIVING_SITE:** Dieser Hint wird nur benötigt, wenn Sie verteilte Abfragen, die auf mehrere verschiedene Datenbanken in derselben Anweisung zugreifen, tunen müssen. Damit sagen Sie dem Optimizer, wo etwas ausgeführt werden soll. Bei einer verteilten Abfrage sollten Sie das Hauptaugenmerk darauf richten, wo etwas lokal und wo etwas remote ausgeführt wird und was günstiger ist. Soll der Join lokal ausgeführt werden oder sollen zuerst alle Werte zur anderen Seite geschickt und dort dann gejoined werden?
- **CACHE:** Mit dem CACHE Hint geben Sie an, dass die Resultate erst mal im Hauptspeicher an das MRU-Ende der LRU-Liste gestellt werden sollen. Dies machen Sie, wenn Sie davon ausgehen, dass gleich wieder auf dieselben Blöcke zugegriffen wird. Dann ist es effizienter, wenn die Blöcke bereits im Hauptspeicher vorhanden sind und nicht erst wieder von der Festplatte gelesen werden sollen. Dazu müssen die Blöcke der Tabelle über einen Full Table Scan eingelesen werden. Das lässt sich seit Version 8*i* auch über einen Startup Trigger erledigen. Dadurch wird das Starten der Datenbank etwas langsamer, aber die Tabelle steht von Anfang an im Hauptspeicher zur Verfügung. Das macht aber nur Sinn, wenn auch auf die Blöcke zugegriffen wird, ansonsten werden sie von Oracle wieder aus dem Hauptspeicher entfernt. Der entsprechende Trigger könnte zum Beispiel so aussehen:

```
CREATE OR REPLACE TRIGGER tr_startup
AFTER STARTUP ON DATABASE
DECLARE
cursor c1 is
select * from scott.emp;
BEGIN
  For c1_rec in c1 LOOP
         exit when c1%NOTFOUND;
         NULL; -- do nothing, just load
  end loop;
END;
/
```

Handelt es sich um Daten, die ohnehin dauernd in der Applikation benötigt werden, sollten Sie die Tabellen aber ohnehin permanent im Hauptspeicher halten. Dies kann über ALTER TABLE … CACHE oder über den KEEP Buffer Pool, der auch über

ALTER TABLE ... STORAGE eingestellt werden kann, erreicht werden. Der KEEP Buffer Pool ist vorzuziehen, hier wird ein ausgewiesener Bereich im Hauptspeicher verwendet, der nicht in Konkurrenz mit dem übrigen Bereich für die Blöcke der Datenbank steht. Wenn Sie allerdings noch Oracle 7 verwenden, müssen Sie ALTER TABLE ... CACHE verwenden, Buffer Pools gab es damals noch nicht. Ab Oracle 10*g* werden Tabellen in der Größe bis zu 20 Blöcken übrigens automatisch gecached.

- **CURSOR_SHARING/CURSOR_SHARING_EXACT:** CURSOR_SHARING_EXACT existiert erst seit Oracle 10*g*. Mit diesem Parameter sagen Sie Oracle, dass es keinen Versuch unternehmen soll, in der Anweisung Konstanten durch Bind-Variablen zu ersetzen. Das ist im Zusammenhang mit dem init.ora/spfile-Parameter CURSOR_SHARING zu sehen. Falls CURSOR_SHARING auf FORCE gestellt wird, sagen Sie Oracle, dass er versuchen soll, jede Anweisung mit Konstanten durch Bind-Variablen zu ersetzen. Oracle wird also die Anweisung

  ```
  SELECT * FROM EMP WHERE ENAME = 'SCOTT'
  ```

  durch die Anweisung

  ```
  SELECT * FROM EMP WHERE ENAME = :B1
  ```

  ersetzen. Das ist prima, wenn viele Benutzer diese Anweisung ausführen und sich nur der Wert in ENAME ändert. Allerdings ist es etwas, das nur in einer kontrollierten Umgebung verwendet werden sollte. Ich betrachte CURSOR_SHARING als Hilfe beim Upgrade, aber nicht als etwas, das immer gesetzt sein sollte. Mehr dazu im Kapitel über die verschiedenen Parameter.
- **DYNAMIC_SAMPLING:** Der Parameter DYNAMIC_SAMPLING ist relativ neu, den gab es in Oracle 8*i* noch nicht. Damit sagen Sie Oracle, dass er zur Laufzeit noch mehr Statistiken erstellen soll. Ist eigentlich nur sinnvoll, wenn in der Abfrage Tabellen ohne Statistiken und Indizes verwendet werden. Wenn Sie öfters temporäre Tabellen – die zumeist keine Statistiken haben, da sie dynamisch erzeugt werden – verwenden, könnte dieser Hint interessant sein. Hier geben Sie ausnahmsweise keine Tabelle an, sondern einen Wert zwischen 0 und 10, der bestimmt, wie ausgiebig Oracle diese dynamischen Statistiken sammeln soll. Im Level 0 wird nichts gesammelt, im Level 1 sind es gerade 32 Blöcke, im Level 2 64 Blöcke und so weiter. Level 10 bedeutet, dass alle Blöcke gelesen werden sollen. Ab Oracle 10*g* werden bei Abfragen auf Tabellen ohne Statistiken automatisch zur Laufzeit Statistiken erzeugt.

8.1.8 Hints für die parallele Ausführung

Eine weitere Klasse von Hints schließlich gibt an, ob und mit welchem Parallelisierungsgrad gearbeitet werden soll. Es sind dies die Hints:

- **PARALLEL:** Mit dem PARALLEL-Hint sagen Sie Oracle, dass die angegebene Tabelle parallelisiert werden soll. Der FULL-Hint kann in diesem Fall speziell in Version 8*i* auch oft notwendig sein. Ab 9.2 können Sie dann ja auch innerhalb einer Partition parallelisieren, was bis dahin nicht möglich ist. Sie können im Hint neben dem Namen der Tabelle auch noch einen Parallelitätsgrad mit angeben. Falls in der Anweisung aber sortiert wird, bedeutet dies, dass Sie doppelt so viele Parallel Query Slaves benötigen. Das bedeutet, Sie brauchen mehr Hauptspeicher für die einzelnen Parallel Query Slave-Prozesse. Falls Sie keinen Parallelitätsgrad angeben, wird Oracle die Voreinstellung benutzen. Es ist dies entweder die Einstellung in der Tabelle oder, falls dort nichts gesetzt ist, die Voreinstellung. Die Voreinstellung ergibt sich aus init.ora/spfile Parametern, es ist dies CPU_COUNT * PARALLEL_THREADS_PER_CPU. In der Praxis oft zweimal die Anzahl der CPUs.

- **NOPARALLEL/NO_PARALLEL:** Genauso wie Sie mit PARALLEL einen parallelen Ausführungsplan verwenden möchten, können Sie mit dem NOPARELLEL-Hint Oracle einen seriellen Ausführungsplan vorgeben. Das ist insbesondere interessant, wenn die Tabelle einen Parallelitätsgrad hat. Den Parallelitätsgrad einer Tabelle entnehmen Sie der Spalte DEGREE in DBA_TABLES/ALL_TABLES/USER_TABLES. Steht dort nichts oder 1, ist die Tabelle seriell und nicht parallel. Ab Oracle 10*g* sollten Sie NO_PARALLEL verwenden.
- **PARALLEL_INDEX:** Mit diesem Hint können Sie Index Range Scans parallelisieren. Dazu muss der Index partitioniert sein.
- **NOPARALLEL_INDEX/NO_PARALLEL_INDEX:** Mit diesem Hint sagen Sie Oracle, dass Sie keinen parallelen Index Range Scan haben möchten. Das ist wieder wie bei Tabellen interessant, wenn ein Parallelitätsgrad auf dem Index gesetzt ist. Ob das so ist oder nicht, entnehmen Sie wieder der Spalte DEGREE, diesmal allerdings in DBA_INDEXES/ALL_INDEXES/USER_INDEXES. In Oracle 10*g* wurde der Hint in NO_PARALLEL_INDEX umbenannt.

8.1.9 Hints und Views

Hints sollten Sie, wann immer möglich, nicht in Views verwenden. Damit habe ich persönlich schon ganz schlechte Erfahrungen gemacht. Hints beziehen sich ja auf die Anweisung, in der sie erscheinen, nicht auf zugrunde liegende Strukturen. Wenn Sie aber einer View in der Anweisung verwenden und möchten, dass der Hint in der View Definition wirksam ist, müssen Sie dem Optimizer mitteilen, dass der Hint in der View aufgelöst werden muss. Dazu dienen globale Hints. Auf den ersten Blick sieht es so aus, als ob Sie den Namen des Besitzers der View spezifizieren, wenn Sie globale Hints verwenden, in Wirklichkeit geben Sie aber die Ebene an, auf der er wirken soll. Im folgenden Beispiel soll der Index Hint in der View aktiv werden:

```
create index ind_deptno on emp (deptno);

create view v_sales_emp
as select * from emp where deptno = 20;

select /*+ INDEX(v_sales.emp.ind_ deptno) */ dname, ename
from v_sales_emp, dept
where v_sales_emp.deptno = dept.deptno;

SQL> select dname, ename
 2 from v_sales_emp, dept
```

```
  3 where v_sales_emp.deptno = dept.deptno;

Execution Plan
----------------------------------------------------------
Plan hash value: 2523689228

------------------------------------------------------------------------------------------
| Id | Operation                        | Name       | Rows | Bytes | Cost(%CPU) | Time     |
------------------------------------------------------------------------------------------
|  0 | SELECT STATEMENT                 |            |    5 |   110 |     2  (0) | 00:00:01 |
|  1 |  NESTED LOOPS                    |            |    5 |   110 |     2  (0) | 00:00:01 |
|  2 |   TABLE ACCESS BY INDEX ROWID    | DEPT       |    1 |    13 |     1  (0) | 00:00:01 |
| *3 |    INDEX UNIQUE SCAN             | PK_DEPT    |    1 |       |     0  (0) | 00:00:01 |
|  4 |   TABLE ACCESS BY INDEX ROWID    | EMP        |    5 |    45 |     1  (0) | 00:00:01 |
| *5 |    INDEX RANGE SCAN              | IND_DEPTNO |    5 |       |     0  (0) | 00:00:01 |
------------------------------------------------------------------------------------------

Predicate Information (identified by operation id):
---------------------------------------------------

   3 - access("DEPT"."DEPTNO"=20)
   5 - access("DEPTNO"=20)
```

Der Hint INDEX(v_sales.emp.ind_deptno) ist hier der globale Hint, und er wirkt auch, aber wie gesagt, darauf können Sie sich hier nur selten verlassen. Das Problem hier ist, dass auf die View auf vielfältige Weise zugegriffen wird, damit ändert sich dann auch der Ausführungsplan. Damit bin ich auch schon mit Glanz und Gloria auf die Nase gefallen. Wenn Oracle in einer Anweisung eine View sieht, wird zuerst versucht, die Abfrage, die die View definiert, in die Hauptanweisung einzubinden. Eine andere Möglichkeit besteht darin, dass Oracle versucht, die Prädikate in der WHERE-Klausel der Anweisung in die Abfrage des View einzubinden. Egal, was Oracle probiert, in jedem Fall ist damit ein anderer Ausführungsplan gegeben und der Hint wirkt nicht mehr. Das könnte man dann eventuell über den NO_MERGE beziehungsweise ab Oracle 10*g* auch über den NO_QUERY_TRANSFORMATION-Hint wieder verhindern, aber das wirft dann eventuell neue Probleme auf.

8.2 Outlines: Stabile Optimizer-Pläne

Eine Möglichkeit, die über Hints hinausgeht, nennt sich Outlines. Ein Outline ist quasi ein stabiler Ausführungsplan. Outlines gibt es seit Oracle 8*i*. Das können Sie sich als verstärkten Hint-Mechanismus vorstellen. Noch mal zur Wiederholung: Für jede SQL-Anweisung generiert Oracle einen so genannten Ausführungsplan. In diesem Ausführungsplan wird festgelegt, wie die Anweisung ausgeführt werden soll. Der Ausführungsplan ändert sich nicht, solange sich die zugrunde liegenden Statistiken und Strukturen der Datenbank nicht ändern. Eine Datenbank ist von Natur aus dynamisch, die Wahrscheinlichkeit, dass sich die Statistiken und Strukturen der Datenbank irgendwann ändern, ist also hoch. Damit ist nicht gesagt, dass der Ausführungsplan schlechter wird, er wird oft gleich bleiben oder sich sogar verbessern, aber eine Verschlechterung kann nicht von vornherein ausgeschlossen werden. Genau für diesen Fall gibt es die Möglichkeit, den Ausführungsplan intern von Oracle einfrieren zu lassen. Dazu werden Outlines benötigt. Mit diesen bekommen Sie dann einen stabilen Ausführungsplan für Ihre Anweisungen. Dieser Ausführungsplan ändert sich nicht mehr. Was passiert, ist, dass Oracle dafür intern ein eigenes Schema verwendet, den Benutzer OUTLN, der die Anweisung intern in der Tabelle OL$ abspeichert, und allfällige Hints für den Ausführungsplan in OL$HINTS. Diese Tabellen gehören zum Data Dictionary, sollten also nicht direkt vom Benutzer manipuliert werden. Dieser Ausführungsplan bleibt dann unbeeinflusst von allfälligen Änderungen in den Statistiken und sogar Datenbankupgrades.

Outlines haben Vorrang vor allen anderen Einstellungen. Wenn Sie Parameter, die Einfluss auf die Performance haben, ändern oder über ALTER SESSION modifizieren, dann bleibt das Outline davon unberührt. Damit ist dieses Feature auch hervorragend geeignet für Upgrades der Datenbank, die sehr zeitkritisch sind und bei denen keine Zeit zum Testen des Upgrades vorhanden ist. Ein Upgrade ohne vorigen Test ist natürlich etwas, was laut Theorie niemals und nirgends vorkommt.

Outlines basieren auf dem Text der Anweisung. Das ist von Version zu Version ein bisschen verschieden. In der Version 8*i* muss der Text absolut identisch sein, das schließt auch Leerzeichen und Tabulatoren mit ein. Wenn Sie also ein Outline für die Abfrage:

```
SELECT * FROM EMP;
```

erstellt haben und jetzt die Abfrage:

```
SELECT *  FROm EMP;
```

verwenden, dann wird das Outline nicht verwendet werden, schließlich hat die zweite Anweisung ein Leerzeichen mehr vor dem Schlüsselwort FROM und das Schlüsselwort FROM ist unterschiedlich geschrieben, einmal mit großem M und einmal mit einem kleinen. Das ist zu beachten, der Text der Anweisungen muss wirklich absolut und zu 100 Prozent identisch sein in Version 8*i*. In Oracle 10*g* ist das nicht mehr ganz so eingeschränkt, dort wird zwischen Groß- und Kleinschreibung nicht mehr unterschieden, und die unterschiedliche Anzahl von Leerzeichen und Tabulatoren hat auch keinen Einfluss auf das Outline. In Oracle 10*g* ist das Outline für beide Anweisungen gültig. Die generelle Beschränkung auf den gleichen Text macht Outlines sehr ungeeignet für Applikationen, die viel mit dynamischem SQL arbeiten und in denen oft Konstanten verwendet werden. In solchen Fällen müssen die entsprechenden Anweisungen so umgeschrieben werden, dass Bind-Variablen verwendet werden. Dazu ein Beispiel (die folgende Anweisung wird in der Applikation immer wieder mit unterschiedlichen Werten für ENAME verwendet):

```
SELECT * FROM EMP WHERE ENAME = 'SMITH';
```

Hier kann erst mal kein Outline verwendet werden, weil es nur wirkt, wenn SMITH für ENAME steht. Die Anweisung muss so umgeschrieben werden, dass sie Bind-Variablen verwendet:

```
SELECT * FROM EMP WHERE ENAME = :B1;
```

Outlines können Kategorien zugeteilt werden. Es gibt eine Kategorie DEFAULT, die verwendet wird, wenn nichts anderes angegeben ist. Dabei kann dieselbe Anweisung auch in mehreren Kategorien erscheinen, so können Sie zum Beispiel eine Kategorie PRODUKTION und eine Kategorie TEST verwenden. Outlines beruhen teilweise auch auf Hints und werden in Tabellen im Data Dictionary gespeichert. Wenn Sie also sehr viele Outlines haben, benötigen Sie auch mehr Platz im SYSTEM-Tablespace.

Sie können Outlines für einzelne Anweisungen oder für Ihre Session erzeugen. In der Session erzeugen Sie Outlines mittels der Anweisung ALTER SESSION SET CREATE_STORED_OUTLINES = TRUE. Dann wird die Kategorie DEFAULT verwendet und jede Anweisung mit einem Outline versehen, bis Sie es wieder ausschalten. Statt TRUE können Sie auch den Namen einer eigenen Kategorie verwenden, zum Beispiel TEST. Das Ausschalten der Erzeugung von Outlines geschieht dann über den Befehl ALTER SESSION SET CREATE_STORED_OUTLINES = FALSE oder indem Sie die Session beenden. Alternativ besteht auch die Möglichkeit, für eine einzelne Anweisung ein Outline über das CREATE OUTLINE-Kommando zu erzeugen. Hier ein Beispiel:

```
CREATE OUTLINE DEPT_SCAN FOR SELECT * FROM DEPT;
```

Damit das Outline benutzt wird, müssen Sie in der Session USE_STORED_OUTLINES verwenden. Wenn Sie hier TRUE angeben, wird wieder die Kategorie DEFAULT verwendet. Wenn Sie eine bestimmte Kategorie verwenden möchten, muss diese hier angegeben werden. Wenn Sie mehrere Kategorien haben und es kein Outline für die Anweisung in der aktuellen Kategorie gibt, dann wird das Outline aus der Kategorie DEFAULT verwendet, falls dort eines existiert. Beachten Sie bitte, dass auch allfällige Hints, die in der Anweisung vorhanden sind, auch im Outline vorhanden sein müssen. Das Outline wird ja nur verwendet, wenn der Text übereinstimmt, und dazu gehören auch Hints und Kommentare. Falls Sie CURSOR_SHARING auf FORCE oder SIMILAR gesetzt haben, müssen Sie auch das Outline mit diesen Einstellungen erstellen.

Informationen über die Outlines in Ihrer Datenbank finden Sie in den Data Dictionary Views ALL_OUTLINES, DBA_OUTLINES und USER_OUTLINES beziehungsweise ALL_OUTLINE_HINTS, DBA_OUTLINE_HINTS und USER_OUTLINE_HINTS. Bei Outlines interessiert uns in erster Linie, ob das Outline überhaupt benutzt wurde oder nicht. Ob dem so ist oder nicht, entnehmen Sie der Spalte USED in ALL_OUTLINES, DBA_OUTLINES oder USER_OUTLINES. Ob für eine spezifische SQL-Anweisung ein Outline verwendet wird, entnehmen Sie der Spalte OUTLINE_CATEGORY in V$SQL. In Version 10*g* können Sie schließlich noch zwischen privaten und öffentlichen Outlines unterscheiden. Wenn OUTLINE_SID in V$SQL auf 0 steht, handelt es sich um ein PUBLIC Outline, ansonsten finden Sie dort die SID der Session.

Um sicher zu gehen, dass ein Outline verwendet wird, sollten Sie die Anweisung einmal mit USE_STORED_OUTLINES laufen lassen und einmal ohne und anschließend die beiden Ausführungspläne vergleichen. Outlines können genauso wie Statistiken von einer Datenbank zur anderen übertragen werden. Dazu müssen Sie nur den Benutzer OUTLN exportieren und auf der neuen Datenbank wieder importieren.

Mit Outlines können Sie also, wie schon vorher kurz erwähnt, ein Rückfallszenario für Upgrades der Datenbank implementieren. Erstellen Sie einfach VOR dem Upgrade ein (oder auch mehrere) Outlines. Der Zeitraum sollte hierbei so lange gewählt sein, dass alle kritischen Funktionen der Applikation auch ausgeführt wurden. Das ist wichtig, sonst nützt Ihnen das Outline nichts. Damit sind Sie dann für das Upgrade vorbereitet. Führen Sie es durch und testen Sie die Applikation. Gibt es dann Probleme, müssen Sie nur das Outline aktivieren, und schon sind wieder die alten Ausführungspläne aktiv. Falls auch applikatorisch Veränderungen beim Upgrade durchgeführt werden oder sich die Datenmengen in der Datenbank drastisch ändern, kann diese Methode nicht verwendet werden – das sollte offensichtlich sein.

Im DBMS_OUTLN-Package existieren mehrere Prozeduren zur Verwaltung von Outlines: DROP_UNUSED löscht einfach alle Outlines, die nie benutzt wurden. DROP_BY_CAT löscht die Outlines einer bestimmten Kategorie, und mit UPDATE_BY_CAT können Sie Outlines einer anderen Kategorie zuweisen.

Seit Oracle 9*i* gibt es auch private Outlines. Ein privates Outline ist nur in der aktuellen Session sichtbar, für andere Benutzer gilt es nicht. Sie müssen dafür mit ALTER SESSION den Parameter USE_PRIVATE_OUTLINES setzen. Private Outlines sind insofern nützlich, als Sie damit OL$ und OL$HINTS editieren können. Wie schon vorher erwähnt, gehören die Basistabellen für Outlines: OL$ und OL$HINTS zum Data Dictionary und sollten nicht editiert werden. Wenn man es jetzt aber trotzdem machen sollte, können Sie dies über private Outlines tun. Zuerst müssen Sie sicherstellen, dass Sie unter einem Benutzer arbeiten, der das Privileg CREATE ANY OUTLINE besitzt. Das Vorgehen ist dann wie folgt:

- Der Benutzer muss die Anweisung, die ein Outline hat, ausführen können.
- Dann erstellen Sie über DBMS_OUTLN_EDIT.CREATE_EDIT_TABLES eine temporäre Kopie der Tabellen OL$ und OL$HINTS. In Oracle 10*g* brauchen Sie das nicht mehr, da existieren die temporären Kopien ohnehin bereits im Schema SYSTEM.
- Sie erzeugen dann mit CREATE PRIVATE OUTLINE eine Kopie des Outline.
- Jetzt können Sie die Tabellen OL$ und OL$HINTS in Ihrer lokalen Kopie modifizieren. Für Änderungen in der Reihenfolge der Joins verwenden Sie die Prozedur DBMS_OUTLN_EDIT.CHANGE_JOIN_POS.
- Wenn Sie zufrieden sind, resynchronisieren Sie Ihr privates Outline mit dem Data Dictionary durch DBMS_OUTLN_EDIT.REFRESH_PRIVATE_OUTLINE.
- Als allerletzter Schritt bleibt jetzt nur noch das Ersetzen des eigentlichen Outline. Das erfolgt durch CREATE OR REPLACE OUTLINE … FROM PRIVATE …

Outlines sind genau wie Hints ein Mittel für den Notfall. Wo Sie aber ganz hervorragend geeignet sind, ist die Beeinflussung von applikatorischem Code, der sonst nicht verändert werden kann. Das kommt in der Praxis häufiger vor und war bis zur Einführung von Outlines ein fast unlösbares Problem. Stellen Sie sich mal folgende Situation vor: Sie verwenden applikatorische Software, und der Hersteller der Software existiert nicht mehr. Die Applikation besteht aus C-Programmen, die mit eingebettetem SQL arbeiten, und Zugriff auf den Quellcode ist auch nicht gegeben. Es ist Ihnen also nicht möglich, Veränderungen in dieser Software zu machen. Sie haben aber über Tracing und Debugging das SQL herausbekommen, das Sie tunen möchten. Sie können das SQL auch tunen, aber haben keine Möglichkeit, Ihren Code in die Applikation zu bringen. In diesem Fall könnte ein Outline die Rettung sein. Voraussetzung hier ist allerdings, dass sich der Text der Abfrage nicht ändert. Das bedeutet, Sie müssen den gewünschten Ausführungsplan über ALTER SESSION-Kommandos, neue Statistiken oder zusätzliche Indizes erzwingen, der Text der Anweisung darf sich ja nicht ändern. Aber alles, was sonst den Optimizer beeinflusst, können Sie verändern. Ist der Ausführungsplan dann in Ordnung, erzeugen Sie ein Outline und aktivieren dies dann in der Applikation über einen LOGON-Trigger. Hier ein Beispiel, das die Kategorie DEFAULT aktiviert:

```
CREATE OR REPLACE TRIGGER tr_logon_outline
AFTER LOGON ON DATABASE
BEGIN
EXECUTE IMMEDIATE 'ALTER SESSION SET USE_STORED_OUTLINES=TRUE';
END;
/
```

Falls Sie die Anweisung auch über Parameter beeinflussen können und keine ON-LOGON-Trigger verwenden wollen oder können, könnten eventuell auch die Prozeduren SET_INT_PARAM_IN_SESSION und SET_BOOL_PARAM_IN_SESSION aus dem DBMS_SYSTEM Package noch eine Lösung für diesen Fall bieten.

In manchen Fällen ist natürlich auch Query Rewrite eine Lösung für diesen Fall. Query Rewrite ist ja transparent zur Applikation, und wenn die Anweisung nach wie vor gleich aussieht, kann ja auch auf eine Materialized View statt auf eine Tabelle zugegriffen werden. Das ist aber wohl eher etwas für sehr spezielle Fälle.

8.3 SQL-Profile

SQL-Profile sind neu in Version 10*g*. Sie bilden stellen quasi eine modifizierte Variante von Outlines dar und werden über intern gespeicherte Hints realisiert. Genau wie Outlines werden SQL-Profile im Data Dictionary abgespeichert und können dort über DBA_SQL_PROFILES abgefragt werden. SQL Profile können über den Enterprise Manager oder das DBMS_SQLTUNE-Package verwaltet werden. Ein SQL-Profil wird vom SQL Tuning Advisor vorgeschlagen. Es gilt immer für eine bestimmte Anweisung. Ein SQL-Profil kann zusätzliche Statistiken, die vom Optimizer dynamisch für die SQL-Anweisung des Benutzers erzeugt wurden, oder auch Parametereinstellungen, beispielsweise OPTIMIZER_MODE, enthalten. Wird ein SQL-Profil über die Prozedur DBMS_SQLTUNE.ACCEPT_SQL_PROFILE akzeptiert, berücksichtigt es der Optimizer beim Erstellen des Ausführungsplans für die SQL-Anweisung. Im Unterschied zu Outlines werden aber neuere Statistiken berücksichtigt. Wenn also das SQL-Profil zu einer Zeit akzeptiert wurde, als die Tabelle in der Anweisung noch 5000 Zeilen hatte und jetzt 50 000 Datensätze vorhanden sind, wird der Optimizer dies berücksichtigen. Die Annahme ist hierbei, dass der Optimizer mit besseren Statistiken einen besseren Ausführungsplan erzeugen kann.

SQL-Profile stellen wie Outlines ein Hilfsmittel dar für Applikationen, bei denen der Code nicht verändert werden kann. Sie benötigen die Privilegien: CREATE ANY SQL PROFILE, ALTER ANY SQL PROFILE und DROP ANY SQL PROFILE für das Arbeiten mit SQL-Profilen. Der Name des Systemprivilegs CREATE ANY SQL PROFILE ist ein wenig irreführend, da Sie das Profil ja nicht erzeugen. Das SQL-Profil wird vom SQL Tuning Advisor vorgeschlagen. Was Ihnen bleibt, ist, das SQL-Profil zu akzeptieren oder nicht.

9

9 Tuning über Parameter

In diesem Kapitel behandeln wir das Tuning durch Setzen von Parametern in der init.ora-Datei bzw. im spfile oder auch auf Ebene der einzelnen Session.

Während das Setzen der Parameter in der Parameterdatei eine Aufgabe ist, die typischerweise dem Datenbankadministrator obliegt, erfolgt das Setzen der Parameter auf Ebene der Session normalerweise innerhalb der Anwendung oder durch den Benutzer.

9.1 Die Oracle-Parameter

Oracle hat jede Menge Parameter, die in der so genannten init.ora-Datei beziehungsweise ab Oracle 9*i* auch im spfile verwaltet werden. Diese Parameter umgibt zuweilen ein gewisser mystischer Hauch. Das hat mehrere Gründe. Zum einen gibt es sehr viele Parameter. In Oracle 8.1.7 sind es 205 Parameter, in Oracle 9.2 bereits 260 und dabei bleibt es dann auch, in Version 10.2 sind es nur noch 257. Langfristig soll die Zahl der Parameter aber reduziert werden. In Oracle 10*g* tauchen in der Default init.ora im Unterschied zu 9.2 nur noch 32 statt 64 Parameter auf.

Diese Parameter beeinflussen das System auf mannigfaltige Weise, und viele von ihnen haben auch Einfluss auf die Performance. Allerdings sollten Sie sich hier nur in Ausnahmefällen drastische Wirkungen versprechen. Gute Performance in Oracle ist zu 80% gut geschriebenes SQL, aber als Datenbankadministrator sind Sie es ja gewohnt die Sünden der Programmierer ausbaden zu müssen.

Außerdem gibt es neben den offiziell dokumentierten Parametern noch die undokumentierten Parameter, und diese umgibt aus historischen Gründen eine gewisse Aura. Diese undokumentierten Parameter beginnen immer mit einem Unterstrich und haben mitunter drastische Effekte. Oft dienen sie nur dazu, ein bestimmtes Feature in einer bestimmten Version ein- oder auszuschalten. Aber je nachdem, was Sie da verwenden, können Sie auch prima die Datenbank zerschießen. So gibt es beispielsweise einen Parameter, mit dem Sie sich die Redo Logs korrumpieren können. Das mag jetzt auf den ersten Blick schräg erscheinen, ist aber in sehr seltenen Fällen notwendig, zum Beispiel, wenn Sie keine andere Möglichkeit mehr haben, die Datenbank zu starten. Ein anderes Beispiel ist der Parameter _OFFLINE_ROLLBACK_SEGMENTS, mit dem Rollback-Segmente offline genommen werden konnten. Der war in Oracle 6 manchmal notwendig, dort gab es noch kein ALTER ROLLBACK SEGMENT ... OFFLINE- Kommando. Das ist ja seit Oracle 7 kein Thema mehr. Anzeigen lassen sich die undokumentierten Parameter nicht über V$PARAMETER, aber über X$-Views ist es möglich, auch diese Parameter anzuzeigen. Die entsprechende Query (muss natürlich unter SYS ausgeführt werden) ist dann:

```
SELECT A.KSPPINM 'Parameter Name',
 A.KSPPDESC 'Beschreibung',
 B.KSPPSTVL 'SESSION Wert',
 C.KSPPSTVL 'SYSTEM Wert'
FROM X$KSPPI A, X$KSPPCV B, X$KSPPSV C
WHERE A.INDX = B.INDX AND A.INDX = C.INDX;
```

Undokumentierte Parameter sollten nur in begründeten Ausnahmefällen nach Absprache mit Oracle Support gesetzt werden. Es gibt allerdings einen undokumentierten Parameter, den ich zumindest auf Entwicklungs- und Testsystemen unbedingt empfehle: _TRACE_FILES_PUBLIC. Wenn Sie diesen Parameter unter Unix auf TRUE setzen, sind Trace-Dateien auch für alle Benutzer, die nicht in der Gruppe dba sind, lesbar. Per Default sind sie das nämlich nur für den Oracle-Account und die Gruppe dba.

Die Parameter werden, wie schon oben erwähnt, in der so genannten init.ora-Datei verwaltet. Diese Datei finden Sie unter Unix per Default im Verzeichnis $ORACLE_HOME/dbs; der konkrete Dateiname ist hier immer: init$ORACLE_SID.ora. Falls Sie nicht die Voreinstellungen für den Dateinamen oder ein anderes Verzeichnis verwenden, müssen Sie beim STARTUP die PFILE-Option verwenden. Bei der init.ora handelt sich um eine ganz normale ASCII-Datei, die Sie mit jedem Editor bearbeiten können. Werfen wir mal einen Blick darauf:

```
...
db_files = 80                          # INITIAL
db_file_multiblock_read_count = 8 # INITIAL
db_block_buffers = 1000                # INITIAL
shared_pool_size = 10000000            # INITIAL
log_checkpoint_interval = 10000
log_checkpoint_timeout = 0
processes = 59                         # INITIAL
parallel_max_servers = 5               # SMALL
...
```

Also ganz einfach Parameter = Wert, und Kommentare mit # markieren. Oracle liest die Parameter beim Startup und dann nicht mehr. Es nützt also nichts, wenn Sie einen Parameter in der init.ora ändern, während die Datenbank läuft. Die Änderung wird erst beim Neustart der Datenbank aktiv. Viele Parameter können allerdings mit ALTER SYSTEM oder ALTER SESSION dynamisch modifiziert werden. ALTER SYSTEM gilt dann für die ganze Datenbank, während ALTER SESSION nur für die augenblickliche Session gültig ist. Manche Parameter lassen sich nur mit ALTER SYSTEM, manche nur mit ALTER SESSION ändern, manche aber auch mit beiden Kommandos oder überhaupt nicht. Bei statischen Parametern ist ein Neustart der Datenbank notwendig. Es gibt auch einige Parameter, die von anderen Parametern abgeleitet sind. So gibt es zum Beispiel einen Parameter SESSIONS, der angibt, wie viele Sessions parallel möglich sind. Wenn der Parameter nicht gesetzt ist, wird er auf 1.1 * PROCESSES + 5 gesetzt. Die Defaultwerte der Parameter sind zum großen Teil in der Oracle Server Reference zu finden.

Neben der init.ora hat Oracle in Version 9 noch das so genannte spfile eingeführt. Dies ist im Prinzip das gleiche wie die init.ora-Datei. Allerdings ist das spfile eine Binärdatei, die können Sie also nicht so einfach ansehen. Man kann aber auch aus dem spfile eine init.ora machen und umgekehrt, dazu gibt es die SQL-Kommandos CREATE SPFILE und CREATE PFILE. In manchen Konstellationen (zum Beispiel, wenn Sie RAC fahren oder eine Standby-Datenbank) ist das spfile obligatorisch.

Das spfile hat noch den weiteren Vorteil, dass es mit ALTER SYSTEM modifiziert werden kann, was ja mit der init.ora nicht möglich ist. Bei ALTER SYSTEM gibt es noch eine SCOPE-Klausel.

- Mit SCOPE=SPFILE sagen Sie Oracle, dass der Parameter nur im spfile geändert werden soll. Die neue Einstellung wird also erst nach dem Neustart der Datenbank aktiv. Das entspricht also dem Editieren in der init.ora, Änderungen werden dort auch erst nach dem Neustart wirksam.
- Mit SCOPE=MEMORY sagen Sie Oracle, dass die neue Parametereinstellung sofort aktiv sein soll. Damit können Sie also Parametereinstellungen im laufenden Betrieb und ohne Neustart der Datenbank ändern.
- Mit SCOPE=BOTH schließlich sagen Sie Oracle, dass der Parameter sofort aktiv ist und im spfile geändert werden soll. Das ist mit der init.ora nicht möglich. Ob ein Parameter im Hauptspeicher geändert werden kann oder nicht, hängt vom jeweiligen Parameter ab. Wenn Sie es nicht wissen, können Sie es auch einfach ausprobieren. Oracle sagt Ihnen dann schon, ob es geht oder nicht.

Generell sollten Sie hier möglichst wenige Parameter setzen und erst nach und nach, wenn die Applikation eingeführt wird, Anpassungen vornehmen. Falls Ihnen die init.ora-Datei bzw. das spfile abhanden kommt, können Sie Oracle erst mal nicht starten. Was Sie in diesem Fall machen können, ist, eine minimale init.ora zu verwenden. Minimal benötigen Sie den Parameter DB_NAME (und wahrscheinlich CONTROL_FILES), um Oracle starten zu können. Sie können auch eine init.ora-Datei verwenden und dort mit dem Parameter SPFILE angeben, welche spfile-Datei verwendet werden soll.

Sie können die Parameter natürlich auch im Enterprise Manager verwalten und pflegen. Sie erreichen die Seite mit den Initialisierungsparametern, indem Sie, ausgehend von der Startseite, auf den Reiter Administration klicken. Auf der Administrationsseite sehen Sie dann unter dem Abschnitt Datenbankkonfiguration verschiedene Links. Der Link Speicherparameter bringt Sie auf eine Seite, auf der Sie spezifisch die Parameter für SGA und PGA setzen können und der Link 'Alle Initialisierungsparameter' auf eine Seite, in der Sie die aktuellen Einstellungen sehen und ändern können. Die Abbildung zeigt einen Ausschnitt der entsprechenden Seite. Sie sehen dort auch gleich, ob eine Einstellung geändert wurde:

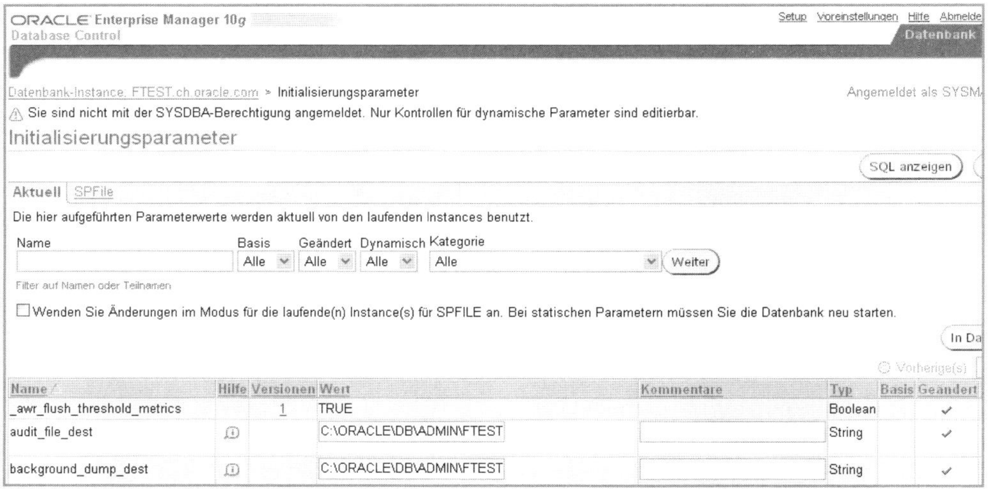

9.2 Ausgewählte Parameter

Im Folgenden beschreibe ich einige ausgewählte Parameter, die speziell für das Tuning interessant sein können:

- **BUFFER_POOL_KEEP/DB_KEEP_CACHE_SIZE:** Dieser Parameter gibt an (in Anzahl Blöcken oder in Anzahl Blöcken plus Anzahl LRU Latches), wie viel Platz für den KEEP Buffer Pool reserviert werden soll. Wenn Sie eine Tabelle oder einen Index in der KEEP Buffer Pool stellen, bedeutet das im Wesentlichen, dass Sie die Tabelle im Hauptspeicher halten wollen. Dazu geben Sie einfach in der Storage-Klausel BUFFER_POOL KEEP beim CREATE/ALTER TABLE/INDEX an. Um zu bestimmen, wie viele Blöcke Sie brauchen selektieren Sie die Summe der Spalte BLOCKS aus DBA_SEGMENTS für die entsprechenden Tabellen/Indizes. BLOCKS wird auch in DBA_TABLES und DBA_INDIZES geführt. Tabellen, die immer wieder verwendet werden (z.B. mit Referenzdaten), sollten in den KEEP Buffer Pool gesteckt werden. Es gibt drei Buffer Pools: KEEP, DEFAULT und RECYCLE. Wenn Sie nichts angeben, wird der Default genommen. Die Anzahl Blöcke für den DEFAULT Pool errechnet sich aus DB_BLOCK_BUFFERS – BUFFER_POOL_KEEP – BUFFER_POOL_RECYCLE. Der Parameter ist statisch. Vor den Buffer Pools gab (und gibt es nach wie vor) die CACHE-Option. Die wirkt sich allerdings nur bei Full Table/Index Scans aus. Damit sagen Sie Oracle, dass er in diesem Fall die Blöcke an das Most Recently Used-Ende der LRU Liste platzieren soll. Das hat den Nachteil, dass der nächste Full Table Scan einer größeren Tabelle sehr wahrscheinlich trotzdem alle Blöcke entfernt. Verwenden Sie also besser Buffer Pools, da haben Sie eine bessere Kontrolle. Ab Oracle9*i* verwenden Sie anstelle dieses Parameters besser DB_KEEP_CACHE_SIZE, dort müssen Sie dann nur die absolute Größe des Hauptspeicherbereichs festlegen.

- **BUFFER_POOL_RECYCLE/DB_RECYCLE_CACHE_SIZE:** Analog zum BUFFER_POOL_KEEP bestimmen Sie hier, wie viel Platz für den RECYCLE-Pool reserviert werden soll. Die Blöcke im RECYCLE-Pool werden sehr schnell freigegeben. Dieser Pool ist also sinnvoll z.B. für Historisierungs- und Auditing-Tabellen, die naturgemäß erst mal nur gefüllt werden, ohne dass man sie gleich wieder verwendet. Auch dieser Parameter ist statisch. Ab Oracle9*i* verwenden Sie besser DB_RECYCLE_CACHE_SIZE, dort müssen Sie dann nur die absolute Größe des Hauptspeicherbereichs festlegen.
- **COMPATIBLE:** Dieser Parameter hat indirekt Auswirkungen auf die Performance. Hiermit bestimmen Sie, bis zu welchem Release Sie mit Ihrer Datenbank rückwärtskompatibel sein wollen. Das kann bedeuten, dass manche neuen Features nicht oder nur in eingeschränkter Form verfügbar sind. Deshalb empfehle ich eigentlich, COMPATIBLE auf das jeweilige Release zu setzen. Der Parameter ist statisch.
- **CURSOR_SHARING:** Das ist jetzt ein dynamischer Parameter, den Sie auch über ALTER SYSTEM oder ALTER SESSION verändern können. Damit sagen Sie Oracle, welche SQL-Statements denselben Cursor verwenden können, also was alles als Shared SQL gelten soll. Per Default wird EXACT verwendet, dann gilt es nur für identische Statements. Man kann ihn aber auch auf FORCE setzen, dann werden auch Statements verwendet, wenn sie – bis auf die verwendeten Konstanten – identisch sind. Das heißt also: Wenn Sie FORCE verwenden, wird Oracle aus den beiden Abfragen SELECT * FROM EMP WHERE DEPTNO=7699 und SELECT * FROM EMP WHERE DEPTNO=7800 die Query SELECT * FROM EMP WHERE DEPTNO=:b1 generieren. :b1 ist dann eine Bind-Variable, die zur Laufzeit mit den beiden Werten 7699 und 7800 abgefüllt wird. Damit muss die Anweisung nur einmal (hard) geparsed werden, bei ihrem zweiten Aufruf kann die In-Memory-Repräsentation verwendet werden, und lediglich der aktuelle Wert für die Bind-Variable muss noch eingesetzt werden. Klingt gut, aber … Diesen Parameter betrachte ich nur als Übergangslösung. Denn wenn Sie plötzlich neue Statements in Ihrer Applikation haben, kann dies auch bedeuten, dass Sie neben veränderten Ausführungsplänen auch veränderte Darstellungen haben und Ihre schönen SQL*Plus-Berichte plötzlich ganz anders aussehen. Bind-Variablen sind eine wunderbare Sache und sollten eingesetzt werden, wann immer möglich, aber nicht auf diesem Weg. In Oracle 9*i* wurde der Parameter um den Wert SIMILAR ergänzt, das ist dann eine abgemilderte Variante; dann wird Oracle nicht wie bei EXACT in jedem Fall versuchen, Bind-Variablen zu verwenden.
- **CURSOR_SPACE_FOR_TIME:** Dieser Parameter ist statisch und steht per Default auf FALSE. Wird er auf TRUE gesetzt, hat das den Effekt, dass Shared SQL nicht aus dem Shared Pool herausaltert, solange es noch einen Cursor gibt, der das jeweilige SQL Statement referenziert. Das bedeutet: Die Ausführung wird schneller. Das ist sinnvoll, wenn Sie häufig Pins/Unpins für Cursors in V$LATCH_MISSES sehen; Sie sehen dann in den Latch Waits dort „kglpnc: child" und „kglupc: child". Allerdings setzt CURSOR_SPACE_FOR_TIME voraus, dass Sie genügend Platz im Hauptspeicher für alle Cursor haben. Sonst bekommen Sie zur Laufzeit den berüchtigten Fehler ORA-

4031 und das wollen Sie nicht. Wie viel Hauptspeicher Sie gerade brauchen, sehen Sie in der Spalte SHARABLE_MEM in V$SQL bzw. V$SQLAREA.

- **DB_BLOCK_BUFFERS:** Dieser Parameter ist statisch und gibt an, wie viele Blöcke Sie für den Buffer Cache reservieren wollen. Damit wirkt er indirekt auf die Performance, da Sie damit ja angeben, wie viel jeweils im Hauptspeicher gehalten werden kann. Es gibt Grenzen, je nach Version und Betriebssystem. Generell gilt: je mehr, desto besser, aber man muss aufpassen. Vor 8*i* ist die Bufferverwaltung noch nicht so effizient, da müssen Sie dann im Regelfall auch DB_BLOCK_LRU_LATCHES anpassen. Ab Oracle 9*i* gibt es Dynamic SGA, dann können Sie auch im laufenden Betrieb die Größe des Buffer Cache verändern. Dann verwenden Sie allerdings nicht mehr den Parameter DB_BLOCK_BUFFERS, sondern die DB_CACHE-Parameter.
- **DB_BLOCK_CHECKING:** Mit diesem Parameter geben Sie an, ob Oracle Block Checking für Datenblöcke durchführt. Der Parameter gilt nur für benutzerdefinierte Tablespaces, im SYSTEM-Tablespace macht das Oracle sowieso per Default. Default ist FALSE. Wird der Parameter auf TRUE gesetzt, prüft Oracle bei verändernden Operationen, ob die Daten im Block konsistent sind. Das kann einige Korruptionen verhindern, wirkt sich aber auf die Performance aus. Der Overhead liegt normalerweise im Bereich zwischen 1% und 10% je nach Workload. Der Parameter ist dynamisch und kann auch über ALTER SYSTEM oder ALTER SESSION verändert werden. Ich empfehle, von Anfang an mit dieser Einstellung zu arbeiten. Haben Sie dann später Performanceprobleme und sind alle Möglichkeiten ausgeschöpft, haben Sie hier immer noch die eine Extraschraube, mit der Sie was rausholen können.
- **DB_BLOCK_CHECKSUM:** Der Parameter ist ähnlich wie DB_BLOCK_CHECKING. Default ist FALSE. Wird er auf TRUE gesetzt, dann berechnen der Database Writer (also die DBWn Prozesse) und Direct Loads, die mit dem SQL*Loader durchgeführt werden, Prüfsummen, die im Cache Header des Blocks gespeichert werden, wenn er auf Disk geschrieben wird. Dito für Redo Log Blocks. Beim nächsten Lesen des Blocks kann dann anhand dieser Prüfsumme verifiziert werden, ob er noch in Ordnung ist. Der Parameter ist dynamisch und kann über ALTER SYSTEM verändert werden. Der Parameter gilt wieder nur für benutzerdefinierte Tablespaces, im SYSTEM-Tablespace macht es Oracle sowieso. Da der Performance-Overhead mit 1% bis 2% vernachlässigbar ist, sollte der Parameter in jedem Fall auf TRUE gesetzt werden. Nach meiner Erfahrung merken Sie den nicht.
- **DB_BLOCK_LRU_LATCHES:** Dies ist ein statischer Parameter, Defaultwert ist CPU_COUNT/2. Der Parameter gibt an, wie viele LRU Latch Sets maximal verwendet werden können. Ab Oracle 9*i* ist das ein undokumentierter Parameter. Die Buffer Caches werden in LRU Listen verwaltet; der Maximalwert hier ist CPU_COUNT*2*3 oder DB_BLOCK_BUFFERS/50, es gilt jeweils der kleinere Wert. In Oracle 7.3 und 8.0 kann der Parameter bei großen Buffer Caches ganz nützlich sein, in höheren Versionen muss man sich normalerweise nicht mehr großartig darum kümmern.
- **DB_BLOCK_MAX_DIRTY_TARGET:** Der Parameter bestimmt, wie viele Blöcke „schmutzig“ im Buffer Cache sein können. „Schmutzig“ bedeutet, dass der Block im

Cache modifiziert ist, diese Änderungen aber noch nicht runter auf Disk geschrieben sind. Der Parameter ist dynamisch und kann über ALTER SYSTEM verändert werden. Per Default steht er auf DB_BLOCK_BUFFERS. Das kann bei großen Buffer Caches dazu führen, dass der Database Writer zum Engpass wird. Deshalb empfehle ich als Faustregel, hier 10% des Buffer Cache zu nehmen. In der Oracle Server Reference wird der Parameter nur im Zusammenhang mit Recovery beschrieben, was etwas unglücklich ist. Gerade bei OLTP-Systemen mit hoher Last kann hier auch im täglichen Betrieb ein Engpass auftreten, wenn der Default nicht angepasst wird.

- **DB_BLOCK_SIZE:** Dieser Parameter ist ganz speziell, siehe dazu auch meine Anmerkungen im Kapitel über physikalische Strukturen. Der Parameter ist statisch und kann nach dem Anlegen der Datenbank nicht mehr geändert werden. Allerdings kann in den neueren Oracle-Versionen die Blockgröße pro Tablespace angegeben werden, womit das Problem deutlich entschärft sein sollte. Der Parameter bestimmt, wie groß ein einzelner Oracle-Block ist. Der Defaultwert ist betriebssystemspezifisch, typisch sind Werte von 4096 Byte oder 8192 Byte. Der Wertebereich liegt je nach Betriebssystem zwischen 2048 Byte bis zu 32768 Byte. Was Sie auf keinen Fall machen sollten, ist, einen Wert zu wählen, der kleiner ist als die Page Size des Betriebssystems, weil Sie damit den I/O zumindest verdoppeln Die Ermittlung der Größe einer Page unterscheidet sich von Betriebssystem zu Betriebssystem, unter Solaris gibt es zum Beispiel das Shell Kommando pagesize. Ich empfehle als Faustregel für OLTP-Systeme 8192 Byte und für DSS Systeme 16384 oder 32768 Byte.
- **DB_CACHE_SIZE/DB_<n>K_CACHE_SIZE:** Dieser Parameter ist neu ab Oracle 9*i*. Er ersetzt DB_BLOCK_BUFFERS. DB_BLOCK_BUFFERS und DB_CACHE_SIZE können Sie nicht gleichzeitig verwenden. Damit geben Sie eine absolute Größe für den Block Cache im Hauptspeicher an. Das ist der Block Cache für die Standard-Blockgröße. Wenn Sie SGA_TARGET in Oracle 10*g* verwenden, wird der Parameter automatisch gesetzt. Oracle 9*i* führte auch die Möglichkeit ein, pro Tablespace eine eigene Blockgröße zu verwenden. Das ist eine großartige Sache. Wenn Sie das tun, müssen sie die entsprechenden Block Caches setzen. Wenn Sie also beispielsweise 8 KB als normale Blockgröße und daneben auch noch 16 KB und 32 KB verwenden, müssen Sie neben DB_CACHE_SIZE auch noch die Parameter DB_16K_CACHE_SIZE und DB_32K_CACHE_SIZE setzen.
- **DB_FILE_DIRECT_IO_COUNT:** Dieser Parameter ist dynamisch und kann über ALTER SYSTEM ... DEFERRED verändert werden. Der Parameter ist ab 9.2 nicht mehr gültig. Die Voreinstellung ist 64. Der Parameter bestimmt die Größe des Buffers (in Anzahl der Blöcke), der für Backup und Recovery sowie Direct Path Read- und Write-Operationen benutzt wird. Die effektive Größe des Buffers berechnet sich aus DB_FILE_DIRECT_IO_COUNT * DB_BLOCK_SIZE. Wenn man hier höhere Werte setzt, braucht man zwar mehr PGA und SGA im Hauptspeicher, aber das I/O wird ja reduziert. Deshalb bin ich hier auch für hohe Werte.
- **DB_FILE_MULTIBLOCK_READ_COUNT:** Dieser Parameter ist dynamisch und kann mittels ALTER SYSTEM oder ALTER SESSION verändert werden. Der Defaultwert

ist 8. Der Wert gibt an wie viele Blöcke in einem I/O Call während eines Sequential Scan gelesen werden. Sequential Scans sehen Sie bei Full Table Scans oder Full Index Scans oder auch bei Range Scans. Mit diesem Parameter müssen Sie sehr aufpassen, da höhere Werte Full Table Scans begünstigen. Das ist aber manchmal durchaus gewünscht. Ein Beispiel hier wäre der Einsatz von Parallel Query, da im Wesentlichen Full Table/Index Scans parallelisiert werden können; ab Oracle 9*i* auch Intrapartition Scans. In Oracle 10.2 wird der Parameter dynamisch zur Laufzeit angepasst, das ist eine feine Sache. Für das Tuning ist das einer der wichtigsten Parameter.

- **DB_WRITER_PROCESSES:** Dies ist ein statischer Parameter. Der Defaultwert ist 1, Maximum ist 10. Generell sollte er nicht auf einen höheren Wert als die Anzahl der CPUs gesetzt werden, vor Oracle 8.1 sollte er auch nicht größer als DB_BLOCK_LRU_LATCHES sein, pro zusätzlichem Database Writer wird ein LRU Latch benötigt. Der Parameter muss nur erhöht werden, wenn der Database Writer unter hoher Last ist. Falls Sie Asynchronous I/O haben, brauchen Sie ihn normalerweise nicht zu festzulegen. Wenn er gesetzt ist, werden zusätzliche I/O Queues verwendet. Setzen Sie in diesem Fall auch LARGE_POOL_SIZE.
- **DBWR_IO_SLAVES:** Dies ist ein statischer Parameter, Defaultwert ist 0. Hier handelt es sich um eine andere Implementation des Database Writer. Verwenden Sie DBWR_IO_SLAVES auf Maschinen mit nur einer CPU oder wenn asynchroner I/O auf ihrer Plattform nicht verfügbar ist. Setzen Sie DISK_ASNYCH_IO = FALSE, wenn Sie Database Writer I/O Slaves benutzen. Mit I/O Slaves simulieren Sie asynchronen I/O. Es ist im Regelfall wenig sinnvoll, I/O Slaves zu benutzen, wenn asynchroner I/O verfügbar ist. Auch hier haben wir wieder Extra Overhead, setzen Sie unbedingt auch LARGE_POOL_SIZE.
- **DISK_ASYNCH_IO:** Dies ist ein statischer Parameter, der Defaultwert ist TRUE. Das bedeutet, dass asynchroner I/O verwendet wird, wenn er vom Betriebssystem angeboten wird. Setzen Sie diesen Parameter nur auf FALSE, wenn Sie I/O Slaves verwenden, oder ein massives Problem mit dem asynchronen I/O besteht. Dann wird aber alles langsamer, denn dann wird synchron geschrieben, und das kann dauern. Das wiederum kann dann allerdings durch DBWR_IO_SLAVES entschärft werden.
- **DML_LOCKS:** Dies ist ein statischer Parameter, der abgeleitet ist (=4*TRANSACTIONS), wenn er nicht gesetzt wird. Minimalwert ist 20. Hiermit bestimmen Sie das Maximum für DML Locks im System. Er beeinflusst die Performance nur indirekt, da Sie einen Fehler bekommen, wenn Sie hier den Wert überschreiten. Allerdings wollen Sie ja vorher wissen, ob Sie hier an das Limit kommen. Das können Sie mit folgenden Abfragen ermitteln:

```
select count(*) HIGH_DML_LOCKS
from sys.x$ktadm
where ksqlkses != hextoraw('00') and ksqlkres != hextoraw('00') ;

select count(*) MAX_DML_LOCKS
from sys.x$ktadm;
```

- **ENQUEUE_RESOURCES:** Enqueues sind Locking-Mechanismen, die von Oracle intern benutzt werden. Der Parameter ist statisch und wird von SESSIONS abgeleitet, wenn er nicht gesetzt ist. Minimalwert ist 10. Der Wert sollte größer als DML_LOCKS + 20 sein. Genau wie bei DML_LOCKS beeinflusst der Parameter die Performance nur indirekt, da Sie einen Fehler bekommen, wenn Sie den Wert überschreiten. Allerdings möchten wir auch hier wissen, wann wir an das Limit kommen:

```
select count(*) HIGH_ENQ_RES
from sys.x$ksqrs
where ksqrsidt != chr(0)||chr(0) ;

select count(*) MAX_ENQ_RES
from sys.x$ksqrs;
```

- **EVENT:** Des ist ein sehr spezieller statischer Parameter, den Sie nur in Ausnahmefällen setzen, z.B. beim Tracing. Damit können Sie je nach Event alles Mögliche machen, z.B. einen bestimmten Bug umgehen oder ein bestimmtes Feature ausnutzen. Da müssen Sie im Einzelfall auf Metalink nachschauen, welchen Effekt welches Event hat. Mit Event 10046 z.B., das wir in den anderen Kapiteln ausführlich behandeln, können Sie die ganze Datenbank in Trace-Modus setzen, was natürlich Auswirkungen auf die Performance hat.
- **FAST_START_IO_TARGET:** Dieser Parameter ist dynamisch, er kann auch über ALTER SESSION und ALTER SYSTEM geändert werden. Der Parameter bestimmt die Anzahl I/Os, die für das Recovery benötigt werden sollen. Der Defaultwert sind alle Buffer im Cache, Minimumwert ist 1000. Der Parameter hat indirekt Einfluss auf die Performance. Ist er gesetzt, wird der Database Writer „schmutzige" Blöcke häufiger rausschreiben, so dass die Anzahl Blöcke immer unter dem Limit bleibt, das durch den Parameter gegeben ist. Da man das aber im Normalfall nicht braucht, ist meine Empfehlung hier, den Parameter auf 0 zu setzen, damit schaltet man das Feature aus. Die gleichen Überlegungen gelten für FAST_START_PARALLEL_ROLLBACK.
- **HASH_AREA_SIZE:** Der Parameter ist dynamisch und kann über ALTER SESSION gesetzt werden. Defaultwert ist 2 * SORT_AREA_SIZE. Er gibt in Byte das Maximum an, das für Hash Joins verwendet wird. Das ist Hauptspeicher, das aus der PGA genommen wird; passen Sie also auf, dass Sie hier keinen zu hohem Wert setzen, der gilt ja für alle dann. Besser ist es, den Wert individuell über ALTER SESSION zu setzen oder automatisches PGA Memory Management zu verwenden, dann muss der Parameter überhaupt nicht mehr gesetzt werden.
- **HASH_JOIN_ENABLED:** Der Parameter ist dynamisch und kann über ALTER SESSION gesetzt werden. Defaultwert ist TRUE, und der sollte auch so bleiben. Hash Joins sind nicht nur in Data Warehouses nützlich, wie es in der Server Reference angedeutet wird, sondern eigentlich fast immer.
- **JAVA_POOL_SIZE:** Dies ist ein statischer Parameter, der Defaultwert liegt bei 20 MB. Damit geben Sie die Größe des Hauptspeicherbereichs an, der für Java Execution reserviert ist. Meiner Erfahrung nach ist hier ein Wert von 50 MB sinnvoller. Wenn Sie SGA_TARGET in Oracle 10*g* verwenden, wird der Parameter automatisch gesetzt.

- **JOB_QUEUE_INTERVAL:** Dies ist ein statischer Parameter, Defaultwert ist 60. Das bedeutet: Alle 50 Sekunden wacht der Snapshot Background-Prozess auf. Meiner Meinung nach braucht er im Regelfall nicht geändert zu werden. Man kann ihn runter bis auf 1 Sekunde nehmen, aber das ergibt keinen Sinn. Das Job-System führt die Snapshots zu den spezifizierten Zeiten ohnehin aus, wenn JOB_QUEUE_PROCESSES größer 0 gesetzt ist.
- **JOB_QUEUE_PROCESSES:** Dieser Parameter ist dynamisch und kann über ALTER SYSTEM verändert werden. Defaultwert ist 0. Wenn Sie Snapshots/Materialized Views verwenden, sollten Sie den Parameter setzen, Wertebereich ist 1 bis 10. Höhere Werte als 1 benötigen Sie nur, wenn viele Snapshots zu gleicher Zeit aufgefrischt werden.
- **LARGE_POOL_SIZE:** Dies ist ein statischer Parameter und gibt die Größe des Large Pool in Byte an. Wenn Sie MTS/Shared Server fahren, parallel Query verwenden oder Backups mit RMAN durchführen, sollten Sie den Parameter unbedingt setzen. Starten Sie mit einem Wert zwischen 20 und 50 MB, je nachdem, wie viel Memory Sie erübrigen können. Wenn Sie SGA_TARGET in Oracle 10*g* verwenden, wird der Parameter automatisch gesetzt.
- **LOG_BUFFER:** Dieser statische Parameter gibt die Größe des Log Buffer in Byte an. Redo Log Pages haben eine fixe Größe, oftmals 512 Byte. Der aktuelle Wert kann über

  ```
  select max(lebsz) from x$kccle;
  ```

  ermittelt werden. Wann immer ein COMMIT erfolgt, schreibt Oracle die veränderten Daten in das Redo Log (das ist vereinfacht ausgedrückt ...). Dies erfolgt durch den Logwriter-Prozess (= LGWR). Der LGWR ist also mehr oder weniger ständig am Schreiben. Der Defaultwert ist je nach Version und Betriebssystem im Bereich von ein paar Hundert Kilobyte. Ist die Datenbank sehr aktiv, kann es sinnvoll sein, den Parameter bis zu 1 Megabyte (oder noch größer) hochzuschrauben. Entsprechende Infos können Sie in V$SYSSTAT finden: „redo size" gibt an, wie viel Redo überhaupt physikalisch geschrieben wurde, „redo wastage" gibt in der Summe an, wie viel Platz noch vorhanden war, als die Redo Page heruntergeschrieben wurde (Dies ergibt sich durch die fixe Größe der Redo Page.) und „redo writes" gibt an, wie oft Redo geschrieben wurde.
- **LOG_CHECKPOINT_INTERVAL:** Dieser Parameter ist dynamisch, er kann mit ALTER SYSTEM verändert werden. Der Defaultwert ist vom Betriebssystem abhängig. Der Parameter gibt die Anzahl Betriebssystemblöcke zwischen dem letzten Checkpoint an und wann das letzte Redo Block geschrieben wurde. Ich empfehle, den Wert immer auf 0 zu setzen, denn wenn ein Redo Log Switch erfolgt, wird ohnehin ein Checkpoint durchgeführt.
- **LOG_CHECKPOINT_TIMEOUT:** Dieser Parameter ist dynamisch, er kann mit ALTER SYSTEM verändert werden. Der Defaultwert ist 900 Sekunden für die Standard und 1800 Sekunden für die Enterprise Edition von Oracle. Im Unterschied zu LOG_CHECKPOINT_INTERVAL wird hier in Sekunden angegeben, wann der letzte Checkpoint erfolgte. Ich empfehle auch hier, den Wert auf 0 zu setzen (im Unterschied zur

Oracle Reference, die davon abrät). Checkpoints braucht es meiner Meinung nach nur, wenn ein Log Switch erfolgt.

- **OPEN_CURSORS:** Dies ist ein statischer Parameter, der angibt, wie viele Cursor eine Session parallel offen halten kann. Der Parameter setzt damit auch ein Maximum für die Größe des PL/SQL Cursor Cache. Der Defaultwert liegt bei 50, ich empfehle hier von Anfang an, 1000 zu nehmen. Das ist zwar relativ hoch, aber dadurch sinkt die Wahrscheinlichkeit, dass ein Reparse eines Statements eher erfolgt.
- **OPEN_LINKS:** Dies ist ein statischer Parameter, der angibt, wie viele offene Verbindungen über SQL*Net in einer Transaktion parallel möglich sind. Der Defaultwert von 4 ist normalerweise ausreichend, da es eher selten vorkommt, dass eine Transaktion mehr als vier Datenbanken in einer Transaktion anspricht. Falls aber doch, sollte der Wert unbedingt erhöht werden.
- **OPTIMIZER_FEATURES_ENABLE:** Dies ist ein statischer Parameter, der bestimmt, welche Optimizer-Features verwendet werden können oder auch nicht. So gibt es zum Beispiel Index Joins erst ab Oracle 8.1.7. Ist aber in Ihrer Oracle 8*i*-Datenbank der Parameter auf 8.1.6 (Default in 8*i*) gesetzt, kann dieses Feature nicht verwendet werden. Ich empfehle hier den Wert immer auf die verwendete Version zu setzen, um möglichst alle neuen Optimizer Features auch effektiv nutzen zu können. Abhängig davon, wie der Wert gesetzt ist, werden damit auch andere Parameter beeinflusst, die genauen Einstellungen entnehmen Sie [OraRef 2005].
- **OPTIMIZER_INDEX_CACHING:** Der Parameter ist dynamisch und kann über ALTER SESSION verändert werden, Defaultwert ist 0. Dieser Parameter hat massive Auswirkungen auf die Performance. Hier sagen Sie dem Optimizer, wie viele Indexblöcke (in Prozent) im Buffer Cache zu finden sind. Das wirkt sich dann vornehmlich auf Abfragen aus, die IN verwenden und Nested Loop Joins, Letzteres kommt ja im Regelfall dauernd vor. Nehmen Sie hier 90, und wenn Sie einen Index cachen (über den KEEP Buffer Pool oder ALTER INDEX .. CACHE), können Sie in einer Query ruhig noch höher gehen. Der Parameter wird oft übersehen.
- **OPTIMIZER_INDEX_ADJ:** Dieser dynamische Parameter kann auch über ALTER SESSION verändert werden, Defaultwert ist 100. Damit geben Sie an, wie teuer Index Scans im Verhältnis zu Full Table Scans sind. Der Default sagt gleich teuer. Dies sollte geändert werden, nehmen Sie 10 hier. Damit sagen Sie dem Optimizer, dass der Index Scan 10-mal so schnell ist wie der Full Table Scan, was realistischer ist als der Default. Damit werden natürlich auch Zugriffe über den Index favorisiert, wie schon beim OPTIMIZER_INDEX_CACHING. Wenn Sie also ein Data Warehouse betreiben, bei dem hauptsächlich Zugriffe über Parallel Query erfolgen sollen, sollten Sie diese Parameter nicht anrühren bzw. hier einen Wert höher als 100 nehmen.
- **OPTIMIZER_MODE:** Dies ist ein dynamischer Parameter, der über ALTER SESSION verändert werden kann. Defaultwert ist CHOOSE bis Oracle 10*g* und ALL_ROWS in Oracle 10*g*. Damit wird dem Optimizer gesagt, dass er den CBO verwenden soll, falls Statistiken vorhanden sind (oder ein Parallel Degree gesetzt ist etc.), und ansonsten den

RULE-based Optimizer. Eine weitere Einstellung vor Oracle 10*g* ist RULE, dann wird der RBO verwendet, wenn nicht entsprechende Hints etc. gesetzt sind. Weitere Möglichkeiten, mit denen der CBO verwendet wird, sind FIRST_ROWS oder ALL_ROWS. FIRST_ROWS ist gut für OLTP-Systeme, ALL_ROWS für Batchverarbeitung und Data Warehouses. FIRST_ROWS favorisiert auch Full Table Scans, wenn Sie Parallel Query verwenden. RULE sollten Sie nur verwenden, wenn die Applikation den RBO verwendet (da gibt's noch genügend) oder bei Abfragen aufs Data Dictionary vor 10*g*. CHOOSE und RULE sind in Oracle 10*g* nicht mehr gültig. Datenbanken vor Version 10*g* sollten nur in Ausnahmefällen Statistiken auf Data Dictionary-Tabellen haben, ansonsten wird dort intern der RBO verwendet.

- **OPTIMIZER_PERCENT_PARALLEL:** Dies ist ein dynamischer Parameter, der über ALTER SESSION verändert werden kann. Der Defaultwert ist 0. Der Wertebereich liegt zwischen 0 und 100. Mit dem Defaultwert von 0 sagen Sie dem Optimizer, dass er den besten seriellen Plan verwenden soll, parallele Execution-Pläne werden nicht favorisiert. Kleine Werte favorisieren Zugriff über Index, hohe Werte den Zugriff über Full Table Scans. Nicht mehr gültig in Oracle 10*g*.
- **OPTIMIZER_DYNAMIC_SAMPLING:** Diesen Parameter gibt es erst seit Oracle 9.2. Dort steht er auf 1, in Oracle 10*g* dann auf 2. Damit sagen Sie Oracle, wie stark er dynamisch sammeln soll. Dynamisch sammeln bedeutet, dass der Optimizer beim Erstellen eines Ausführungsplans automatisch Statistiken für Tabellen sammelt, die bestimmte Kriterien erfüllen. Der Parameter kann Werte zwischen 0 (damit wird dynamisches Sammeln ausgeschaltet) und 10 haben. Level 1 bedeutet, vereinfacht gesagt, dass Statistiken gesammelt werden, wenn keine vorhanden sind und auch kein Index auf der Tabelle existiert. Statistiken für 32 Blöcke werden gesammelt. In Level 2 werden 64 Blöcke gesammelt. Der Parameter wird auch durch OPTIMIZER_FEATURES_ENABLE beeinflusst. Auf Anweisungsebene erfüllt der DYNAMIC_SAMPLING Hint den gleichen Zweck.
- **PARALLEL_AUTOMATIC_TUNING:** Dies ist ein statischer Parameter, der in Oracle 10*g* nicht mehr verwendet werden sollte, Default ist FALSE. Wenn Sie Parallel Query einsetzen, können Sie sich überlegen, diesen Wert auf TRUE zu setzen. Dann wird relativ viel von Oracle automatisch gemacht. Vergessen Sie in diesem Fall nicht, auch LARGE_POOL_SIZE hochzuschrauben. Dann sollten Sie auch PARALLEL_BROADCAST_ENABLED setzen, aber nur bis 9.2, dort gibt es den Parameter nicht mehr. Ich bin kein allzu großer Freund von diesem Ansatz. Ich bevorzuge die Festlegung einer oberen Grenze über den Parameter PARALLEL_MAX_SERVERS und die individuelle Verwendung der Parallel Query-Option. PARALLEL_MAX_SERVERS ist im Wesentlichen durch den verfügbaren Hauptspeicher und die Anzahl CPUs begrenzt. Details hierzu im Kapitel über Parallel Query. In Oracle 10*g* wird der Parameter automatisch in Abhängigkeit von PARALLEL_ADAPTIVE_MULTIUSER gesetzt.
- **QUERY_REWRITE_ENABLED:** Dynamischer Parameter, der über ALTER SYSTEM oder ALTER SESSION verändert werden kann, Defaultwert ist FALSE. Ich empfehle,

den Parameter immer auf TRUE zu setzen. Für Function-Based Indizes brauchen Sie diese Einstellung auch in früheren Versionen.

- **RECOVERY_PARALLELISM:** Statischer Parameter, der Defaultwert ist abhängig vom Betriebssystem. Wenn dort 0 oder 1 steht, wird ein Recovery seriell durchgeführt. Parallelisierung hier bedeutet aber im Wesentlichen Parallelisierung beim Einlesen der Logs. Das eigentliche Applizieren der Logs geschieht nach wie vor sequentiell und verbrät meiner Erfahrung nach die meiste Zeit beim Recovery. Ich empfehle das also nicht. Falls Sie hier Grenzen haben, die Sie einhalten müssen, tunen Sie besser über FAST_START_IO_TARGET.
- **SESSION_CACHED_CURSORS:** Dynamischer Parameter, der über ALTER SESSION verändert werden kann, Default ist 0. Falls Statements innerhalb derselben Session öfters geparsed werden, ist es sinnvoll, die Statement Cursor zu cachen. Dann geben Sie hier an, wie viele Cursor gecached werden sollen. Entsprechende Anhaltswerte bekommen Sie über:

```
select name,value
from v$sysstat
where name in
('session cursor cache hits','parse count (total)','parse count (hard)');
```

- **SGA_MAX_SIZE:** Dieser Parameter existiert seit Oracle 9*i*. Damit geben Sie Oracle eine obere Größe für die SGA an. Wenn Sie SGA_MAX_SIZE verwenden, dürfen Sie DB_BLOCK_BUFFERS nicht setzen. Das Zusammenspiel zwischen SGA_MAX_SIZE und SGA_TARGET ist detailliert im Kapitel 6 beschrieben.
- **SGA_TARGET:** Dieser Parameter ist neu in Oracle 10*g*. Damit geben Sie eine absolute Größe an und Oracle dimensioniert dynamisch die folgenden Speicherbereiche, um die Sie sich dann nicht mehr kümmern müssen: DB_CACHE_SIZE, SHARED_POOL_SIZE, LARGE_POOL_SIZE und JAVA_POOL_SIZE. Wenn Sie bisher diese Parameter verwendet haben, kommentieren Sie sie aus, zählen Sie die Werte zusammen und addieren noch 10%, weil SGA_TARGET ein kleines bisschen mehr braucht. Sehr zu empfehlen – nachteilig ist aber, dass Sie die speziellen Buffer Block Caches, also die DB_<n>K_CACHE_SIZE-Einstellungen, nach wie vor durchnehmen müssen. Für Details verweise ich auf die Diskussion im 6. Kapitel über ASMM.
- **SHARED_POOL_SIZE:** Wenn Sie SGA_TARGET in Oracle 10*g* verwenden, wird der Parameter automatisch gesetzt. Dies ist ein statischer Parameter, voreingestellt sind 16 MB in der 32 Bit-Oracle-Version und 64 MB in der 64 Bit-Version und je nach Version gibt es auch wieder Unterschiede. Mit Dynamic SGA in 9*i* kann der Parameter auch im laufenden Betrieb geändert werden. Das ist einer der ganz, ganz wichtigen Parameter für Oracle. Damit geben Sie die Größe des Hauptspeicherbereichs an, der für Shared SQL benutzt werden kann. In Version 7.3 und 8.0 empfehle ich höchstens 50 MB für Applikationen, die keine Bind-Variablen verwenden, sondern Konstanten im SQL (dabei ist es egal, ob das SQL dynamisch erzeugt wird oder nicht). Ab Oracle 8*i* empfehle ich Werte zwischen 100 und 500 MB je nachdem, wie viel Shared SQL innerhalb der Applikation verwendet wird. Die Information, wie viel Platz Sie im Shared Pool belegt haben und wie viel noch frei ist, erhalten Sie mit:

```
select sum(bytes) used_sga
from v$sgastat where name not like '%free memory%'
union
select sum(bytes) free_sga
from v$sgastat where name like '%free memory%';
```

Der Shared Pool kann fragmentiert werden, und dann gibt es den gefürchteten ORA-4031 Fehler. Vor Oracle 8.1.7.2 empfiehlt sich als Präventivmaßnahme gegen diesen Fehler noch das Setzen der beiden undokumentierten Parameter _SQLEXEC_PROGRESSION_COST und _DB_HANDLES_CACHED auf den Wert 0. Der beste Schutz gegen Fragmentierung ist aber nicht ein großer Shared Pool, sondern die Verwendung von Shared SQL, wann immer möglich. Shared SQL bedeutet den Einsatz von Bind-Variablen in der Applikation und das Pinnen der PL/SQL-Prozeduren im Hauptspeicher. Falls Ihre Applikationsentwickler nicht wissen, was Bind-Variablen sind, werden auch keine verwendet.

Ein anderer Indikator ist das Verhältnis zwischen "parse count" und "execute count" in der View V$SYSSTAT. Je höher der Unterschied zwischen beiden Werten, desto besser. Wenn Sie eine Prozedur im Hauptspeicher pinnen, bedeutet dies, dass Sie diese Prozedur quasi „festnageln“, bis Sie wieder explizit entladen wird. Nachteilig beim Pinnen ist, dass Änderungen an der Prozedur erst ein Entladen der Prozedur notwendig machen können. Andererseits: Wenn eine Applikation mal produktiv ist, braucht man ja im Regelfall nicht mehr Prozeduren zu ändern. Die Größe des benötigten Hauptspeichers sehen Sie in der Spalte PARSED_SIZE in DBA_OBJECT_SIZE. Normalerweise sollten Sie die applikatorischen Packages und zusätzlich Packages von SYS pinnen, die öfters benötigt werden, insbesondere STANDARD, DBMS_JOB und DIUTIL. Kandidaten fürs Pinnen können Sie auch aus V$DB_OBJECT_CACHE ermitteln, falls Sie hier LOADS größer 1 oder KEPT = ‘YES’ sehen. Wenn Sie viel Memory übrig haben, können Sie auch alles pinnen. Das Pinnen wird ab 8*i* über einen Startup-Trigger realisiert; hier ein Beispiel, das alle Packages/Prozeduren pinned:

```
Create or replace trigger tr_pin_all_after_startup
After startup on database
begin
 for i in (select owner, object_name from dba_objects
          where object_type in 'PACKAGE' or 'PROCEDURE') loop
       dbms_shared_pool.keep(i.owner||'.'||i.object_name);
 end loop;
end;
/
```

- **SORT_AREA_SIZE:** Dynamischer Parameter, der über ALTER SYSTEM ... DEFERRED und ALTER SESSION verändert werden kann. Der Defaultwert ist abhängig vom Betriebssystem. Der Parameter gibt die Größe des Sortierbereichs im Hauptspeicher, den Oracle für Sortierungen benutzt, an. Sortierungen kommen grob gesagt bei Selects vor, die die ORDER BY- oder GROUP BY-Klausel verwenden, oder beim Erstellen/Rebuild von Indizes. In V$SYSSTAT gibt es die Statistiken „sorts (memory)“ und „sorts (disk)“. Gerade bei größeren Index-Operationen empfehle ich hier, hohe Werte von 50 oder 100 MB zu nehmen. Überlegen Sie sich auch in diesem Fall, SORT_AREA_MULTIBLOCK_READ_COUNT auf einen Wert größer als 2 (Default) zu setzen. Nehmen Sie aber keinen Wert, der höher als DB_FILE_MULTIBLOCK_READ_COUNT ist. Ab 9*i* gibt es hier mit PGA_AGGREGATE_TARGET aber noch mehr Möglichkeiten. Wenn Sie PGA_AGGREGATE_TARGET verwenden, brauchen Sie SORT_AREA_SIZE nicht mehr zu setzen.

- **SQL_TRACE:** Des ist ein statischer Parameter, der per Default auf FALSE steht. Wenn Sie den auf TRUE setzen, wird jede Session getraced. Sie produzieren dann jede Menge Tracefiles, und an der Performance merken Sie's im Regelfall auch. Außer für Tests und beim Tuning müssen Sie das eigentlich nie machen. Bitte beachten Sie, dass Tracing individuell vorgenommen werden kann und sollte, das wird im Kapitel 5 im Detail beschrieben.
- **STAR_TRANSFORMATION_ENABLED:** Das ist ein dynamischer Parameter, der über ALTER SESSION verändert werden kann; Defaultwert ist FALSE. Die Star Transformation wird vor allem in Data Warehouses verwendet. Dabei werden mehrere kleinere Tabellen mit Referenzdaten (mindestens drei müssen es sein) mit einer großen Datentabelle gejoined. In diesem Fall ist es manchmal vorteilhafter, wenn zuerst ein kartesisches Produkt (normalerweise der blanke Horror ...) aus den Referenzdaten erzeugt wird und dann über einen Hash Join auf die Datentabelle zugegriffen wird. Geht aber auch nur, wenn die Indizes auf den Referenztabellen Bitmap Indizes sind.
- **STATISTICS_LEVEL:** Dieser Parameter kam neu mit Oracle 9.2 hinzu. Er ist einer der wichtigsten Parameter in 9.2 und Oracle 10*g*. Abhängig von der Einstellung dieses Parameters werden auch andere Parameter gesetzt und Advisories aktiviert. In Oracle 10*g* wird damit auch das Automatic Workload Repository gesteuert. Die Voreinstellung ist TYPICAL, Sie sollten sie nicht ohne guten Grund ändern. Für die Untersuchung von Performanceproblemen mag es manchmal notwendig sein, ihn auf ALL zu stellen, aber damit füllen Sie sich in Oracle 10*g* extrem schnell den SYSAUX Tablespace. Das sollten Sie also nur machen, wenn es unbedingt notwendig ist. Wenn Sie den Parameter auf BASIC setzen, werden die abhängigen Parameter und die Advisories ausgeschaltet. In Oracle 10*g* schaltet Basic auch das Automatic Workload Repository aus. BASIC sollte meiner Meinung nach nie verwendet werden. Was genau wie gesteuert wird, sehen Sie in V$STATISTICS_LEVEL. Sie sehen dort auch, wie die Einstellung auf Session- und Systemebene ist und ob es in der Session gesetzt werden kann. Welcher Dictionary View für welchen Ratgeber verwendet wird – wie beispielsweise V$SHARED_POOL_ADVICE für den Shared Pool Ratgeber – ist dort auch ersichtlich:

```
col description for a50
col statistics_name for a30
col statistics_view_name for a25
set linesize 200
select * from v$statistics_level;
```

- **TIMED_OS_STATISTICS:** Ein dynamischer Parameter, der über ALTER SYSTEM verändert werden kann und der das Zeitintervall (in Sekunden) angibt, nach dem Oracle jeweils Statistiken vom Betriebssystem sammelt. Defaultwert ist 0, damit werden diese Statistiken nicht gesammelt. Das ist eine aufwändige Operation, deshalb sollten Sie den

Parameter nur beim Tunen über ALTER SYSTEM verändern. Ansonsten lassen Sie ihn auf 0. STATISTICS_LEVEL ALL aktiviert auch diesen Parameter.

- **TIMED_STATISTICS:** Dynamischer Parameter, der über ALTER SYSTEM oder ALTER SESSION gesetzt werden kann. Defaultwert ist FALSE in Oracle 8*i*. Ab Oracle 9.2 ist die Voreinstellung TRUE, wenn STATISTICS_LEVEL zumindest auf TYPICAL steht. Ich empfehle den Wert generell auf TRUE zu setzen, da die dadurch erzeugte Mehrbelastung absolut vernachlässigbar ist. Nur wenn Sie TIMED_STATISTICS gesetzt haben, bekommen Sie Zeitangaben in den verschiedenen Traces, insbesondere bei TKPROF und AUTOTRACE in der Version 10.2!

10

10 Spezifische Einstellungen

Im letzten Kapitel werden spezifische Einstellungen beschrieben, wie sie für verschiedene Betriebssysteme oder in Umgebungen, die hochverfügbar sein müssen, nötig sin,.

Dieses Kapitel ist sicher dasjenige, welches am schnellsten veraltet, weshalb ich es auch sehr kurz halte Ich hoffe aber dennoch, dass Sie die Informationen hier brauchbar finden. Ich beschränke mich hier zum großen Teil auf die Systeme, mit denen ich am besten vertraut bin. Das deckt zwar einen relativ großen Teil der Oracle-Systeme ab, aber nicht alle. Für aktuelle Informationen sollten Sie immer bei Oracle direkt nachfragen.

10.1 Tuning in hochverfügbaren Umgebungen

10.1.1 Was ist Hochverfügbarkeit?

Oracle ist auch dafür bekannt, dass es erlaubt, Systemumgebungen zu betreiben, die rund um die Uhr zur Verfügung stehen. Gerade in den letzten Jahren mit der zunehmenden Verbreitung des Internet ist dieses Thema immer wichtiger geworden. Dadurch ergeben sich aber auch besondere Anforderungen an die Performanz und das Tuning. Oder anders ausgedrückt: Wie tunen Sie Systeme, die rund um die Uhr laufen müssen? Da sich dieses Thema allerdings rasant weiterentwickelt, habe ich mich hier auf einige ausgewählte Aspekte beschränkt.

Für die Diskussion dieser Umgebungen muss zuerst einmal festgelegt werden, was Hochverfügbarkeit meint und was nicht. Es ist ganz wichtig, dass sich die Benutzer darüber im Klaren sind, dass nicht verfügbar wirklich das meint: Kein Benutzer hat in dieser Zeit Zugriff auf die Daten. Punkt. Zweiter Punkt hier ist, ob Datenverlust toleriert werden kann oder nicht bzw. in welchem Umfang und wie lange. Diese Punkte bestimmen eindeutig, wie teuer das Backup-/Recovery-Verfahren wird. Falls überhaupt kein Datenverlust toleriert werden kann und die Datenbank immer verfügbar sein soll (also die berühmten 7x24x365), dann wird es richtig teuer. In dem Fall müssen wir uns ja alle Worst-Case-Szenarios abdecken können. Die größte Katastrophe hier ist sicher, wenn der gesamte Datenbank-Server schlagartig kaputtgeht, beispielsweise durch Naturkatastrophen wie Überschwemmungen oder Erdbeben. Da gibt es natürlich regionale Unterschiede, in San Francisco ist Erdbeben viel eher ein Thema als zum Beispiel in München. 100% ist in der Praxis oft nicht wirklich gefordert, aber man kann doch recht nahe an diese Zahl kommen. Die Verfügbarkeit wird oft in Prozentangaben angegeben. Diese Prozentangaben lassen sich dann umrechnen in Zeitangaben. Die folgende Liste übersetzt die Angabe der Verfügbarkeit in Prozent in entsprechende Angaben, wie lange die Maschine nicht zur Verfügung steht:

Tabelle 10.1 Hochverfügbarkeit: Übersetzung Prozent in Zeitdauer

Verfügbarkeit (in %)	nicht verfügbar/Tag	nicht verfügbar/Monat	nicht verfügbar/Jahr
95	72 Minuten	36 Stunden	18,26 Tage
99	14,4 Minuten	7 Stunden	3,65 Tage
99.9	86,4 Sekunden	43 Minuten	8,77 Stunden
99.99	8,64 Sekunden	4 Minuten	52,6 Minuten
99.999	0n86 Sekunden	26 Sekunden	5,26 Minuten

Die Tabelle zeigt uns, dass zum Beispiel ein System mit 99,9% Verfügbarkeit für 86,4 Sekunden pro Tag nicht zur Verfügung stehen kann; das ist ziemlich knapp und reicht ja kaum, um sich einen Kaffee zu holen. Im Monat sind es dann immerhin 43 Minuten und pro Jahr 8,77 Stunden. Schon besser. Hier heißt es also gut planen, wann man Patches einspielt oder Upgrades durchführt.

Downtime kann jetzt geplant (für Upgrades und Patches) oder nicht geplant (Hardware- oder Software-Fehler) sein. Die Zeiten geben aber absolute Grenzen an, das heißt, wir müssen auch ungeplante Downtime in der Planung berücksichtigen. Viele kommerzielle Applikationen kommen mit 99,5% aus. Oft genügen auch viel kleinere Zahlen, weil es vollkommen ausreicht, wenn das System von Montag bis Freitag zu den normalen Büroarbeitszeiten – typischerweise 8:00 bis 18:00 oder auch 6:00 bis 22:00, das macht keinen großen Unterschied mehr – zur Verfügung stehen muss. Hochverfügbar (= Highly available oder HA) sind wir bei 99,9%, fehlertolerant bei 99,999 Prozent. Kontinuierlicher Betrieb (also 100%) lässt überhaupt keine Downtime mehr zu. Es muss auch im Einzelfall geprüft werden, wie diese Zahlen verwendet werden.

Verschiedene Personen beziehungsweise Abteilungen definieren diese Zahlen vielleicht unterschiedlich. Es hängt davon ab, was hier unter verfügbar verstanden wird: Für den naiven Endbenutzer ist die Frage klar, für ihn muss die Applikation wieder zur Verfügung stehen. Das sehen andere vielleicht anders: Für den Hardware-Techniker steht das System wieder zur Verfügung, wenn er es an den Systemadministrator übergeben kann. Für den Systemadministrator steht es zur Verfügung, wenn das System wieder gebootet hat. Für den Datenbankadministrator steht es zur Verfügung, wenn die Datenbank hochgefahren ist. Daneben ist aber auch vor allem gefragt, wie realistisch oder unrealistisch welches Szenario ist und was dann gefordert ist. Wenn 100% Verfügbarkeit für eine Applikation gefordert werden, ist es dann realistisch, davon auszugehen, dass im schlimmsten Fall die Applikation weiterlaufen muss? Angenommen, 100% werden gefordert, damit auch im Falle eines schweren Erdbebens die Applikation weiterläuft, und angenommen, der schlimmste Fall tritt wirklich ein? Sind dann nicht vielleicht andere Prioritäten gesetzt und müssen zuerst andere Dinge erledigt werden? Bei diesen Planungen ist immer Phantasie und gesunder Menschenverstand gefragt. Es muss auch betont werden, dass hochverfügbar auch mehr Geld bedeutet. Je mehr das System zur Verfügung stehen muss, desto mehr Geld muss investiert werden. Wenn Sie wirklich 100% Verfügbarkeit brauchen, wird das sehr teuer. Die Kosten steigen hier mit jedem Prozentpunkt exponentiell.

10.1.2 Wie viele Rechner?

Am billigsten ist es sicher, wenn Sie nur einen Rechner mit einer Festplatte mit einem Bandlaufwerk oder CD-/DVD-Brenner für die Sicherung haben. Wenn Sie dann täglich (oder noch öfter) sichern, verlieren Sie maximal die Daten, die zwischen dem Crash und der letzten Sicherung hinzukamen. Das setzt natürlich voraus, dass Sie einen Ersatzrechner mit bereits vorinstallierter Software zur Verfügung stehen haben. Dann müssen Sie in diesem Fall noch die letzte Sicherung wieder auf dem Ersatzrechner einspielen, und Ihre Applikation steht wieder zur Verfügung. Die Ausfallzeit sollte sich so auf einen Tag beschränken lassen. Dafür ist diese Umgebung sehr billig. Steht nur ein Rechner zur Verfügung, gibt es auch keine Möglichkeit, etwas zu testen oder die Applikation weiter zu entwickeln, ohne dass potenziell die Produktion davon betroffen ist. Aus diesem Grund ist es enorm wichtig, dass nicht nur zwei, sondern mindestens drei Rechner zur Verfügung stehen: ein Rechner für die Produktion, ein zweiter Rechner für die Entwicklung und schließlich ein Testsystem, das es erlaubt, neue Komponenten und Upgrades zu testen, ohne den produktiven Betrieb zu beeinträchtigen. Manchmal fallen diese aus Kostengründen zusammen, aber das kann auf längere Sicht teurer kommen. Falls es sich um ein größeres Projekt handelt, kommen Sie um ein entsprechendes Testsystem, das den produktiven Verhältnissen möglichst nahe kommt, nicht herum.

Dazu ein Beispiel: Ende 1995 war ich bei der Einführung einer Datenbank dabei, die damals schon sehr groß war, mehrere Hundert GB. Die Applikation war vorher auch getestet worden, das Testsystem war sogar genauso groß wie die spätere Produktionsversion. Nur dumm, dass die Datenmenge und die Verarbeitungen auf dem Testsystem nur 10% der Produktion betrugen. Die Tests verliefen im Übrigen allgemein zufriedenstellend. Als dann die letzten Tests, diesmal auf der Produktion, stattfanden, wurde plötzlich festgestellt, dass das System gar nicht mehr so gut lief, wir sahen das Schluckauf-Phänomen. Dieses Thema wurde schon näher beleuchtet, hier genügt es zu sagen, dass unter Unix vorkommen kann, dass sich Unix und Oracle Buffer Cache behindern. Es sieht dann fast so aus, als ob das System Schluckauf hat: kurzzeitig wird es aktiv, und man sieht I/O, dann ist es ruhig, und es passiert nichts, dann gibt es kurz wieder I/O und so weiter und so fort. Wichtig hier ist aber nur, dass dies etwas ist, das wir vorher nicht sehen konnten und mit dem keiner gerechnet hat. Das Phänomen tritt nur auf, wenn eine gewisse Datenmenge und Last auf dem

System ist. Deshalb ist es so wichtig, dass ein realistisches Testsystem existiert. Das sollten Sie sicherstellen, wenn Sie unangenehme Überraschungen in letzter Minute vermeiden wollen.

Das Entwicklungssystem wird gebraucht für die Weiterentwicklung der Applikation. Das schließt auch die Wartung der Applikation mit ein, deshalb ist dieses System unumgänglich. Für das Tuning ist es natürlich sehr vorteilhaft, wenn Test und Produktion mehr oder weniger identisch sind. So können Sie Tuningmaßnahmen zuerst auf dem Testsystem überprüfen, bevor Sie sie in die Produktion bringen. Wenn die Umgebungen identisch sind, können Sie dies dann auch mit der Gewissheit tun, dass Ihre Anpassungen in der Produktion den gewünschten Erfolg haben werden. Dies ist ein Idealfall, der nur selten erreicht werden wird, meistens gibt es doch einige Differenzen zwischen den beiden Umgebungen. Falls Sie nicht die Daten aus der Produktion verwenden können, nehmen Sie wenigstens die Strukturen und Statistiken, die sind normalerweise nicht sicherheitsrelevant. Falls doch, wird es sehr mühsam. Sie benötigen also minimal:

- Ein System für die Entwicklung;
- Ein System für den Test;
- Ein System für die Produktion.

System kann hier je nach Anforderung als eigener Rechner, eigene Applikation und/oder eigene Datenbank oder eigener Tablespace innerhalb der Datenbank verstanden werden. In großen Projekten ist es nicht ungewöhnlich, mehrere oder sogar mehrere Dutzend Rechner für das Projekt zu haben. So ist zum Beispiel auch ein „Spielrechner" für das Testen neuer Hardware- und Software-Releases oft ganz nützlich. Eigene Rechner sind ideal, um die Ausfallzeit zu minimieren. Wenn die Entwicklung oder der Test nicht mehr laufen, läuft zumindest die Produktion weiter.

10.1.3 Anforderungen an die Hardware

Meistens wird aber nicht der ganze Rechner ausfallen, sondern nur einzelne Komponenten, und von diesen wiederum ist die Festplatte der Kandidat Nummer eins. Bei Festplatten wird ein statistischer Wert von 20 Jahren angenommen, bis es zum Ausfall derselben kommt. Dieser Wert wird als Mean Time Between Failure oder auch nur MTBF beschrieben. 20 Jahre klingt jetzt erst mal nach sehr viel, doch handelt es sich um einen statistischen Wert. Es kann also sehr gut sein, dass Sie heute eine Festplatte kaufen und diese bereits nächste Woche oder in einem Jahr oder in 5 Jahren kaputt geht. Es muss nicht so sein, aber es kann so sein, und wenn Sie große Umgebungen mit sehr vielen Festplatten haben, gehört das Auswechseln defekter Festplatten zur täglichen Arbeit. Hier hilft es natürlich, wenn die Festplatten gespiegelt sind. Ist eine Festplatte defekt, ist das erst mal kein größeres Problem. Allerdings muss natürlich auch richtig gespiegelt werden. Wenn Sie nur zwei Festplatten im Rechner haben, muss die ganze Datenbank auf der ersten Festplatte liegen und auf der zweiten Festplatte der Spiegel.

Wenn jetzt aber Ihr Kollege kommt und die Datenbank gleichmäßig auf die beiden Festplatten verteilt, weil damit eine bessere Lastverteilung erreicht wird, werden beim nächsten

Defekt der Festplatte Daten verloren gehen! Es muss also darauf geachtet werden, dass alle Daten und Dateien gespiegelt werden und dies richtig durchführen, denn nur so kann Datenverlust verhindert werden.

Dabei kann oft ein so genannter Hot Spare definiert werden. Das ist eine Festplatte, beziehungsweise ein Plattenbereich, der bereits im System eingebaut ist, aber noch nicht verwendet ist. Falls nun eine Festplatte defekt wird, wird diese Festplatte/dieser Bereich aktiviert und dient als Ersatz für den defekten Bereich. Damit ist sichergestellt, dass auch im Falle eines Defektes das Risiko eines Totalverlusts gering bleibt. Wann immer möglich, sollte dabei eingebaute Spiegelung verwendet werden. Wenn Spiegelung über Hardware oder Software möglich ist, verwenden Sie Hardware. Diese Variante ist schneller und sicherer. Sie können natürlich auch auf die Spiegelung verzichten und einfach immer Recovery fahren, falls Ihnen eine Festplatte Goodbye sagt. Das ist aber nur bei kleinen Datenbanken praktikabel. Sobald die Datenbank ein bisschen größer wird, wird die Ausfallzeit einfach zu lang.

Deshalb gilt:
Spiegeln Sie Ihre Festplatten, und verwenden Sie Hardware zur Spiegelung.
Stellen Sie ausreichend Hot Spares zur Verfügung.

Eine Ausnahme hiervon stellen die Oracle Online Redo Logs und das Oracle Controlfile dar. Diese Dateien können von Oracle gespiegelt werden. Bei den Redo Logs geschieht das über Multiplexing, dazu müssen Sie einfach mehr als eine Datei innerhalb der Log Gruppe beim CREATE oder ALTER DATABASE angeben, das Controlfile wird über den Parameter CONTROLFILES in der init.ora-Datei bzw. im spfile gespiegelt. Das sollten Sie immer tun, da Oracle die Möglichkeit hat, hier einige Korruptionen zu erkennen, die über Spiegelung durch die Hardware nicht erkannt werden. Das liegt daran, dass Oracle die Formate dieser Dateien kennt, während es für die Spiegelung beziehungsweise die dabei verwendete Hard- oder Software nur bedeutungslose Ströme von Bytes sind. Zusätzlich können diese Dateien auch noch über das System gespiegelt werden.

Deshalb gilt:
Online Redo Logs und Controlfiles werden immer durch Oracle gespiegelt!

Die Online Redo Logs werden mehr oder weniger fortlaufend auf die Festplatte geschrieben. Was passiert aber, wenn der Blitz in den Rechner einschlägt und noch nicht alle Veränderungen geschrieben wurden? Dann haben Sie Datenverlust. Der Datenverlust beträgt hierbei an Daten maximal so viel, wie über den Parameter LOG_BUFFER festgelegt worden ist. Um das zu verhindern, benötigen Sie eine unterbrechungsfreie Stromversorgung oder USV. Diese läuft auf Batterie und sollte zumindest das ordentliche Herunterfahren des Systems ermöglichen.

Deshalb gilt:
Um Datenverlust zu vermeiden,
brauchen Sie eine unterbrechungsfreie Stromversorgung!

Neben der Festplatte können auch andere Komponenten wie die CPU innerhalb des Rechners ausfallen. Diese Komponenten können natürlich auch gespiegelt werden, wenn es die verwendete Hardware zulässt. Falls Sie einen unterbrechungsfreien Betrieb gewährleisten müssen, kommen Sie um diese Investitionen nicht herum.

10.1.4 Datenbanktypen in Hochverfügbarkeitsumgebungen

Um eine bessere Verfügbarkeit gewährleisten zu können, bietet Oracle einige Features, die eine normale Datenbank erweitern. Speziell unter dem Gesichtspunkt der Hochverfügbarkeit sind hier OPS/RAC, Standby-Datenbank und Flashback Database zu nennen.

Flashback Database

Flashback Database ist ein Feature, das es erst seit Oracle 10*g* gibt. Die Datenbank muss dafür zwingend im ARCHIVELOG-Modus operieren, und Flashback Database muss über das Kommando ALTER DATABASE FLASHBACK ON aktiviert werden. Zusätzlich müssen zwei Parameter in der init.ora bzw. im spfile gesetzt sein: DB_RECOVERY_FILE_DEST gibt das Verzeichnis an, in dem der Flashbackbereich angelegt wird, und DB_FLASHBACK_RETENTION_TARGET gibt das Zeitintervall an, bis zu dem die Datenbank zurückgeholt werden kann. Ist dieses Feature aktiviert, kann der Datenbankadministrator mit dem Kommando FLASHBACK DATABASE ... TO SCN|TIMESTAMP eine Datenbank auf einen früheren Zeitpunkt zurücksetzen. Das ist also so eine Art ganz schnelles Point-In-Time Recovery. Die Zeit für das Zurückholen ist dabei proportional zur Transaktionsrate und generiertem Undo. Der Overhead für dieses Feature ist nicht so groß. Oracle spielt unregelmäßig die Veränderungen in so genannte Flashback Logs in den Flashbackbereich. Diese Flashback Logs werden nicht archiviert. Die Verwaltung dieser Flashback Logs erledigt Oracle selber, da müssen Sie nichts mehr tun. Allerdings kann der Flashbackbereich sehr groß werden. Zur Abschätzung, wie viel Platz Sie im Flashbackbereich benötigen, dient der Data Dictionary View V$FLASHBACK_DATABASE_LOGS.

Standby-Datenbanken

Standby-Datenbanken gibt es seit Oracle 8.1.7, damals nur auf Solaris. Mit Oracle 9*i* wurden sie dann auch auf anderen Plattformen verfügbar. Am Anfang gab es nur die physikalische Standby-Datenbank. Das ist eine zweite Datenbank, die immer im Recovery-Modus fährt. Sobald auf der ursprünglichen Datenbank, der Primary DB, das aktive Redo Log gefüllt ist, wird es über SQL*Net auf die Standby-Datenbank übertragen und dort appliziert. ARCHIVELOG-Modus ist also eine zwingende Voraussetzung für diese Konfiguration. Sie müssen auch ein spfile verwenden, wenn Sie eine Standby-Datenbank aufsetzen wollen. Stirbt jetzt die Primary DB, wird einfach auf die Standby-Seite umgeschaltet. Das letzte Log wird noch appliziert, die Standby-Datenbank wird geöffnet und die Standby-Seite wird zur Primary DB. Damit ist die Unterbrechungsszeit im Falle eines schweren Fehlers deutlich reduziert und der maximale Datenverlust sehr gering. Im günstigsten Fall haben Sie überhaupt keinen Datenverlust. Ist die-Primary Seite dann repariert, kann man später natürlich wieder zurückschalten.

Oracle 9.2 brachte außerdem die Möglichkeit, eine logische Standby-Datenbank aufzubauen. Nachteilig bei der physikalischen Standby-Datenbank ist der Umstand, dass sie für den normalen Betrieb nicht zur Verfügung steht. Das ist bei der logischen Standby-Datenbank anders, diese Datenbank steht zumindest für Leseoperationen zur Verfügung. Bei der logischen Datenbank werden nur ausgewählte Objekte der Primary-Datenbank repliziert, damit lassen sich also sehr gut Auswertungsdatenbanken bauen. Falls Sie aber die Standby-Datenbank wollen, um im Fehlerfall schnell wieder auf die Datenbank zugreifen zu können, brauchen Sie eine physikalische Standby-Datenbank. In diesem Szenario müssen Sie ja alles replizieren. Bitte beachten Sie, dass Tabellen, die in einer Standby-Datenbank repliziert werden, zwingend Primärschlüssel haben müssen. Noch ein Grund mehr, immer einen Primärschlüssel zu definieren. Standby-Datenbanken sind eine ausgezeichnete Möglichkeit, einen Rolling Upgrade zu implementieren. Dafür klemmen Sie die Standby-Seite ab, führen dort einen Upgrade durch und applizieren die ausstehenden Logs von der Primary-Seite. Dann öffnen Sie die Standby-Seite und machen sie zur Primary-Seite. Jetzt können Sie die Primary-Seite upgraden, und dann können Sie wieder umschalten.

OPS und RAC

Oracle Parallel Server verwenden Sie heutzutage nicht mehr, ich erwähne ihn hier nur der Vollständigkeit halber. Oracle Parallel Server (OPS) ist der Vorläufer des Real Application Cluster (RAC). OPS ist eine Konfiguration, bei der mindestens zwei Datenbanken auf verschiedenen Rechnern auf die gleichen Datenbankdateien zugreifen. Werden die Datenbankdateien gespiegelt, können Sie damit eine Verfügbarkeit von echten 100% garantieren. Explodiert die eine Maschine, gibt es keinen Unterbrechungs, sondern die Applikation läuft weiter wie gehabt. Damit das funktioniert, brauchen Sie erst mal die entsprechende Hardware und Software. Wenn Sie OPS/RAC verwenden wollen, müssen alle Komponenten aufeinander abgestimmt sein. Auf Betriebssystemebene zum Beispiel muss der Cluster auch unterstützt werden, Sie brauchen also auch die richtige Cluster-Software in der richtigen Version. OPS hat das große Problem, dass die Applikation im Regelfall nicht skaliert, wenn sie unter OPS läuft.

Applikatorische Anpassungen, die teilweise auch noch unter RAC notwendig sind, werden im nächsten Abschnitt besprochen. Es gibt aber unter OPS noch ein grundsätzliches Problem. Angenomme, Sie haben zwei Maschinen und die Applikation unter OPS läuft. Erfolgt der ganze schreibende Zugriff über Maschine 1 und der ganze lesende Zugriff über Maschine 2, haben Sie kein Problem. Die Applikation wird genauso schnell sein wie ohne OPS. Falls Sie eine der seltenen Applikationen haben, bei denen nur gelesen wird, dürfen Sie sogar mit einer Steigerung der Performanz rechnen, wenn Sie die Applikation auf OPS bringen. Falls Sie aber schreibenden Zugriff von beiden Maschinen haben, dürfen Sie mit einem ziemlichen Einbruch in der Performanz rechnen. Der Grund dafür ist das so genannte Block Pinging. Beim schreibenden Zugriff von beiden Seiten muss Oracle ja die „schmutzigen" Blöcke, die in den jeweiligen SGAs der beiden Maschinen sind, synchronisieren. Diese Synchronisierung geschieht aber über die Festplatte, und das ist langsam. Als OPS entwickelt wurde, war das allerdings die einzige Möglichkeit, damals ging es nicht anders.

Das ist bei RAC besser, dort ist dieses Problem nicht mehr in diesem Ausmaß vorhanden. Unter RAC geschieht die Synchronisation beim schreibenden Zugriff im Hauptspeicher, die Blöcke werden dabei zwischen den Maschinen über eine dedizierte Leitung, den so genannten InterConnect übertragen. Das muss unbedingt eine sehr schnelle Netzwerkverbindung sein, sonst kriegen Sie ganz schnell Probleme.

Was hier nicht so ganz einfach ist, ist die Wahl der geeigneten Hardware. Je nach Hersteller gibt es da Unterschiede. Wenn Sie eine RAC-Datenbank aufbauen wollen, bei der die beiden Maschinen 100 km voneinander entfernt sind, kommen nicht alle Hersteller in Frage. RAC kann selbstverständlich auch mit einer Standby-Datenbank kombiniert werden. Aktuell ein bisschen unschön, zumindest bei den meisten Unix-Derivaten, ist die Tatsache, dass man die Datenbank- und Controlfiles – eigentlich fast alle Files außer den archivierten Redo Logs (aber man muss auch dafür sorgen, dass sie von der anderen Maschine aus gesehen werden können) – auf Raw Devices halten muss. Das ist kein Bug, sondern eine Restriktion mancher Unix-Derivate. Wird neuerdings ein bisschen besser: Es gibt ein ClusterFileSystem (cfs) unter Linux, und unter Tru64 gibt es auch ein Dateisystem, das im Cluster funktioniert.

10.1.5 Backup und Recovery

Zum Thema Backup und Recovery ist hier eigentlich nicht viel zu sagen, was nicht bereits allgemeingültig ist. Eine Grundanforderung hier wird sein, dass die Datenbank auch während eines Backups zur Verfügung stehen muss. Die Datenbank muss also im laufenden Betrieb gesichert werden. Das ist auch ohne weiteres möglich und nennt sich Online Backup. Allerdings ist eine Voraussetzung für das Online Backup, dass die Datenbank im ARCHIVELOG-Modus läuft. Als Backup-Tool wird Oracle RMAN empfohlen. Zum einen ist RMAN eng in Oracle integriert, zum anderen bietet es einige Features, die gerade beim Backup und Recovery großer Datenbanken unverzichtbar sind. Als wichtigste sind hier zu nennen: Block Level Recovery und Integritätsprüfung während des Backups. Block Level Recovery, bei dem nicht mehr die ganze Datei, sondern nur die betroffenen Blöcke aus der Sicherung wiederhergestellt werden, kann gerade bei sehr großen Dateien die entscheidende Zeitersparnis bedeuten. Die Integritätsprüfung während des Backups schließlich kann Korruptionen in den Dateien der Datenbank bereits beim Sichern erkennen.

10.1.6 Applikatorische Anforderungen

Idealerweise müssen Sie eine Applikation, die sie in eine Hochverfügbarkeitsumgebung bringen, nicht anpassen. In der Praxis ist es dann aber doch so, dass Sie die eine oder andere Anpassung machen müssen. Bei einer Oracle-Applikation betrifft das vor allem Freelist Groups und Sequenzen. Mit Freelist Groups gewähren Sie, dass sich parallele INSERTs auf die gleichen Blöcke nicht behindern. Einen Stau hier sehen Sie in V$WAITSTAT unter der Klasse 'free list'. Unschön dabei ist, dass Freelist Groups nur beim CREATE TABLE oder CREATE INDEX angegeben werden können. Allerdings können Sie ab Oracle 9.2 Tablespaces mit Automatic Segment Space Management anlegen (ASSM). Wenn

Sie ASSM verwenden, erfolgt die Verwaltung von Freelist Groups automatisch über Bitmaps in der Datei, und eine Anpassung der Freelist Groups ist erst mal nicht notwendig.

Bei Indizes ergibt sich dieses Problem vor allem dann, wenn der Index auf Sequenzwerten basiert, die streng monoton ansteigen. Für diesen Fall existieren auch noch Reverse Key Indizes, bei denen der Indexwert rückwärts gelesen wird. Damit werden aufeinander folgende Indexwerte beim Einfügen auf verschiedene Blöcke verteilt. Allerdings sind dann auch keine Index Range Scans mehr möglich, weshalb ich von diesen Indizes eher abrate. Verwenden Sie auch hier einen Tablespace mit ASSM.

Sequenzen werden in RAC-Umgebungen nicht synchronisiert, Sie müssen also applikatorisch sicherstellen, dass sich die Sequenzwerte nicht überschneiden. Eine mögliche Technik ist hier der Einsatz verschiedener Nummernkreise. Auf Maschine 1 startet die Sequenz dann beispielsweise mit 10 und wird immer um 10 erhöht, es ergeben sich also folgende Sequenzwerte: 10, 20, 30, 40... . Auf Maschine 2 wird die Sequenz auch immer um 10 erhöht, startet aber bei 11. Damit ergeben sich dann folgende Werte: 11, 21, 31, 41... . Wie Sie sehen, überlappen sich die Sequenzwerte nicht, und es ist auch noch Platz übrig, falls noch mehr Maschinen in den RAC-Verbund aufgenommen werden sollen.

Last but not least kann es sogar sein, dass Sie auch Client-Software für Standby- oder OPS/RAC-Umgebungen anpassen müssen. Schließlich müssen die Clients ja auch wissen, wann sie auf Maschine 1 und wann sie auf Maschine 2 zugreifen müssen. Dies kann teilweise über Software erreicht werden. Zum Beispiel für SQL*Net konfigurieren Sie dann Transparent Application Failover (TAF). Vorzuziehen ist aber eine Lösung, die auf Hardware beruht, zum Beispiel ein Load Balancer, um auch andere Protokolle als SQL*Net abzudecken

10.2 Spezifische Einstellungen für das Betriebssystem

Im folgenden beschreibe ich Tuningmaßnahmen für einige ausgewählte Betriebssysteme und Dateisysteme.

10.2.1 I/O

Raw Devices

Wenn Sie Oracle auf Unix betreiben, ist eine der wichtigsten Entscheidungen, ob Sie Raw Devices oder Filesystem-Dateien verwenden wollen. Auf dem PC stellt sich diese Frage nicht, dort werden Sie mit Dateien arbeiten wollen. Unter Unix werden Sie Filesystem-Dateien verwenden wollen. Das sind eigentlich ganz normale Dateien, die Sie dann im CREATE DATABASE bzw. CREATE/ALTER TABLESPACE verwenden. Das kann zum Beispiel so aussehen:

```
ALTER TABLESPACE users ADD DATAFILE '/db/oracle/MYDB/users_01.dbf' ...
```

Wenn Sie danach auf dem Betriebssystem ein ls –l /db/oracle/MYDB/users_01.dbf ausführen, werden Sie so was Ähnliches zurückbekommen wie:

```
-rw-r----- oracle dba 5243699 2Sep 2216:52 /db/oracle/MYDB/users_01.dbf
```

Bei Raw Devices sieht die Sache anders aus. Unter einem Raw Device versteht man die nackte Partition, dort existiert noch kein Dateisystem. Eine Partition ist dabei einfach ein Stück Festplatte in einer bestimmten Größe. Sie kennen das vielleicht vom PC her, dort müssen Sie ja auch zuerst die Partitionen mit dem Befehl format anlegen, wenn es sich nicht um ein vorkonfiguriertes System handelt. Sie können also kein ls unter einem Raw Device ausführen, da sehen Sie schlichtweg nichts. Sie erkennen nur an den Dateiattributen, ob es sich um eine Datenbankdatei handelt oder nicht. Per Default kann jede Disk in 7 Partitionen unterteilt werden, wobei Partition 2 für die ganze Disk steht. Statt Partitionen wird auch der Begriff Slice verwendet.

Raw Devices sind bei Systemadministratoren äußerst unbeliebt, weil sie so schlecht zu administrieren sind. Die ganzen vertrauten Unix-Kommandos funktionieren nicht, weil es ja kein Dateisystem gibt. Beim Backup muss man auch aufpassen, denn das Backup-Tool muss mit Raw Devices umgehen können. Das können auch nicht alle Tools.

Da ein Raw Device kein Dateisystem hat, muss man auch aufpassen, wie man es in Oracle in der DATAFILE-Klausel verwendet. Ohne Dateisystem schreibt Oracle noch einen eigenen Header-Block vorneweg. Das muss so sein, nur so kann Oracle das Dateiende (=EOF) korrekt bestimmen. Ist also beispielsweise das Raw Device /dev/rdsk/c0t6d0s4 100 Megabytes groß, dann verwenden Sie im Oracle nur 99 Megabytes. Das sieht dann so aus:

```
ALTER TABLESPACE users ADD DATAFILE '/dev/rdsk/c0t0d0s4' size 99M…
```

Nur so stellen Sie sicher, dass keine Katastrophe passiert. Würden Sie hier die gleiche Größe verwenden wie physikalisch vorhandene, würde Oracle (aufgrund der Header-Blöcke) über die Partition hinausschreiben, wenn das Ende erreicht wäre. In dieser Situation könnten Sie dann nur noch auf den Stand des letzten Backups zurückgehen und hoffen, dass das Backup in Ordnung ist. Aus den gleichen Gründen können Sie Oracle Tablespaces, die auf Raw Devices liegen, auch nicht einfach via RESIZE vergrößern. Es ist für Raw Devices auch eine ganz schlechte Idee, AUTOEXTEND zu verwenden; das geht natürlich nicht.

Jetzt stellt sich natürlich die Frage, warum man sich überhaupt die ganze Mühe machen soll mit diesen Raw Devices, wenn's auch einfacher geht. Der Grund hierfür liegt im so genannten Buffer Cache. Wenn Sie ein Dateisystem haben, haben Sie auch einen Buffer Cache. Der Buffer Cache dient dazu, Blöcke, auf die gerade schreibend oder lesend zugegriffen wird, im Hauptspeicher zwischenzuspeichern. Der Zugriff auf Raw Devices kann über Kernelized Asynchronous I/O erfolgen (KAIO). Wenn Sie KAIO haben, setzt das Betriebssystem beim Zugriff eine asynchrone I/O-Anforderung an den Gerätetreiber ab. Der Gerätetreiber stellt die physikalische I/O-Operation in eine Queue und gibt die Kontrolle an den aufrufenden Prozess zurück. Sobald das I/O dann erledigt ist, wird von der Hardware ein Interrupt an eine CPU geliefert. Die CPU verarbeitet dann die Interrupt-Routine, führt den I/O-Status nach und liefert eventuell das Signal SIGIO an den aufrufenden Prozess zurück. Falls SIGIO nicht verwendet werden kann, muss der aufrufende Prozess über aio_error() pollen. Der aufrufende Prozess verwendet dann aio_return() für die weitere Verarbeitung der I/O-Resultate. Mit Oracle 10*g* können Sie natürlich auch ASM anstelle von Raw Devices in Erwägung ziehen.

Asynchronus I/O und Direct I/O

Neben Raw Devices gibt es auf manchen Unix-Derivaten auch noch andere Formen des I/O, die ebenfalls einen sehr schnellen Zugriff erlauben: Asynchronous I/O und Direct I/O. Beides sollten Sie, wenn es verfügbar ist, verwenden, um die optimale Performanz aus Ihrem System rauszuholen. Fangen wir mit Asynchronous I/O an. Oracle ist in der Programmiersprache C geschrieben und benutzt für alle Zugriffe auf die Disks die Standardbefehle, die auf dem jeweiligen Betriebssystem vorhanden sind.

Wenn Oracle also auf Platte schreibt, wird ein write() Befehl abgesetzt beziehungsweise ein read() beim Lesen. So war es ganz am Anfang. Problematisch hierbei ist, dass insbesondere der schreibende Zugriff sehr lange dauern kann. Hatte Oracle erst mal das write() abgesetzt, hieß es warten, bis das Betriebssystem meldete, dass es alles gelesen hat. Das war sehr ineffektiv, und das erkannten auch die Betriebssystementwickler. Die Lösung dafür nannte sich Asynchronous Disk I/O und wurde über aiowrite() beziehungsweise aioread() implementiert. Wird aiowrite() anstelle des normalen write() verwendet, stoppt das Programm nicht, sondern kann weiterarbeiten, während auf Platte geschrieben wird. Asynchronous Disk I/O ist in Oracle 7 per Default gesetzt, dort heißen die entsprechenden init.ora-Parameter async_write und async_read. In Oracle 8*i* heißt der Parameter disk_asnych_io und ist per Dafault auch TRUE. Ab Oracle 9.2 erfolgt die Kontrolle über den FILESYSTEMIO_OPTIONS init.ora/spfile-Parameter. Bei Direct I/O wird der Buffer Cache umgangen. Damit Direct I/O funktioniert, müssen auch die Dateisysteme entsprechend gemounted werden. Asynchronous I/O und/oder Direct I/O müssen vom Betriebssystem, dem verwendeten Dateisystem und Oracle unterstützt werden, sonst funktionieren sie nicht.

10.2.2 Betriebssysteme

Solaris

Asynchronous I/O ist verfügbar uns muss auch nicht ausdrücklich aktiviert werden. Direct I/O kann seit Solaris 8 Update 3 verwendet werden. FILESYSTEMIO_OPTIONS muss hierzu auf SETALL gesetzt werden. Die Dateisysteme müssen mit den entsprechenden Optionen gemounted werden:

Für ufs: `forcedirectio,noatime,logging`

Für vxfs: `delaylog,mincache=direct,convosync=direct (Temp und Undo)`
`mincache=direct,convosync=dsync (Daten und Redo)`

Unter Solaris 2.7 sollten Sie in /etc/system `priority_paging=1` setzen. Dieser Eintrag muss aber unter Solaris 2.8 unbedingt wieder raus.

Linux

Unter Linux ist Asynchronous I/O seit Oracle 9.2 verfügbar, muss aber ausdrücklich aktiviert werden. Es ist auch nur für Read Hat Advanced Server und United Linux/SUSE Linux verfügbar. Sie müssen auch einen neuen Oracle Kernel mit Asynchronous I/O bauen. Das machen Sie als unter dem Oracle-Account, wenn die Datenbank heruntergefahren ist. Für Oracle 9.2 umfasst das die folgenden Schritte:

```
cd $ORACLE_HOME/rdbms/lib
make -f ins_rdbms.mk async=on
make -f ins_rdbms.mk ioracle
```

In der init.ora-Datei bzw. im spfile müssen dann DISK_ASYNCH_IO auf TRUE und FILESYSTEMIO_OPTIONS auf ASYNCH stehen. Die Dateien der Datenbank müssen entweder auf Raw Devices oder auf einem Dateisystem, das Asynchronous I/O unterstützt, liegen. Unter Linux sind dies die Dateisysteme ext2 und ext3. Für Oracle 10*g* ist es das make-Kommando: make PL_ORALIBS=-laio -f ins_rdbms.mk async_on. Sie brauchen auch die entsprechende aio Linux Library. Direct I/O ist unter Linux ab Oracle 10*g* verfügbar, setzen Sie wieder FILESYSTEMIO_OPTIONS auf SETALL. Für Oracle 9*i* schauen Sie bitte in Metalink nach, da funktioniert es nur in speziellen Kombinationen.

AIX

Unter AIX 5L existiert sowohl Direct I/O als auch Concurrent I/O. Allerdings ist Direct I/O unter JFS lange nicht so schnell wie Concurrent I/O unter JFS2. Deshalb sollte JFS2 verwendet werden. Die Mount Option für Concurrent I/O ist: `cio`. Unter GPFS sind Direct I/O und Concurrent I/O sowieso aktiviert, da brauchen Sie nichts mehr zu machen Setzen Sie wieder FILESYSTEMIO_OPTIONS auf SETALL in der init.ora beziehungsweise im spfile.

HPUX

Unter HPUX ist Asynchronous I/O nur für Raw Devices verfügbar. Für Datenbanken, die auf dem Dateisystem liegen, verwenden Sie mehrere Database Writer Prozesse, dafür erhöhen Sie den init.ora/spfile-Parameter DB_WRITER_PROCESSES. Für Asynchronous I/O müssen Sie zuerst unter root das Async Device anlegen:

```
/sbin/mknod /dev/async c 101 0x0
chown oracle:dba /dev/async
chmod 660 /dev/async
```

Danach müssen Sie im SAM in der „Kernel Configuration" unter „Drivers" den neuen Treiber hinzufügen. Der Treiber heißt: asyncdsk. Dann müssen Sie einen neuen Kernel generieren und booten. Nach dem Boot sollten Sie wieder über SAM noch zwei Parameter im Unix Kernel setzen. Dies sind max_async_ports und aio_max_ops, beide stellen Sie in den „Configurable Parameters" in „Kernel Configuration" ein. max_async_ports sollte größer sein als die Summe aus der Anzahl der Oracle-Hintergrundprozesses, plus dem Wert des/der PROCESSES Parameter(s). aio_max_ops sollte den voreingestellten Wert 2048 haben.

11

11 Glossar

ASH

ASH steht für Active Session History. ASH wurde mit Version 10*g* eingeführt und stellt historische Informationen für die einzelne Session inklusive der Waits bereit. ASH ist ein Bestandteil von WAR. ASH, ADDM und AWR werden im Detail in den Kapiteln 4 und 5 besprochen.

ADDM

ADDM steht für Automatic Database Diagnostics Monitor und wurde ebenfalls mit Version 10*g* eingeführt. ADDM ist integraler Bestandteil der AWR-Infrastruktur und wird periodisch aktiviert, um eine Performance-Analyse des Systems zu erhalten.

ASM

ASM steht für Automatic Storage Management und ist neu in 10g. ASM bietet Ihnen quasi ein Dateisystem bzw. einen Logical Volume Manager, der direkt in Oracle eingebaut ist. Damit wird die Verwaltung des Speicherplatzes sehr vereinfacht, für die Details verweise ich auf Kapitel 6.

ASSM

ASSM steht für Automatic Segment Space Management. ASSM wurde mit Version 9.2 eingeführt. ASSM wird beim Anlegen eines Tablespaces definiert, damit werden verschiedene STORAGE-Klauseln hinfällig. ASSM ist sehr zu empfehlen, für Details verweise ich auf Kapitel 6.

ASMM

ASMM steht für Automatic Shared Memory Management, gelegentlich wird auch die Bezeichnung Autotuning SGA verwendet. ASMM kam auch mit Version 10*g*. Im Wesentlichen setzen Sie nur noch den Parameter SGA_TARGET und Oracle passt dann verschiedene Hauptspeicherbereiche in der SGA automatisch zur Laufzeit an. Für Details siehe Kapitel 6; der Einsatz ist zu empfehlen.

AUM

AUM bedeutet Automatic Undo Mangement und wurde mit Version 9*i* eingeführt. Im Unterschied zur traditionellen Verwaltung von Undo über Rollback Segmente übernimmt bei Verwendung von AUM Oracle die Details. Der Benutzer muss nur noch die Größe des Undo Tablespaces angeben und wie lange Undo-Informationen vorrätig gehalten werden sollen.

AWR

AWR bedeutet Active Workload Repository und existiert seit Version 10*g*. AWR bildet die Infrastruktur für ADDM und ASH und kann als Weiterentwicklung des Statspack Repositories verstanden werden.

LMT

LMT bedeutet Locally Managed Tablespace, eine Neuerung der Version 8*i*. Im Unterschied zu einem traditionell Dictionary Managed Tablespace wird in einem LMT die Information, welcher Platz belegt ist und welcher frei, nicht in Tabellen – namentlich UET$ und FET$ –, sondern in Bitmaps, die in den Dateien direkt gespeichert werden, abgelegt. Verwenden Sie immer LMT.

SGA

SGA bedeutet System Global Area. Dies ist der Hauptspeicherbereich, der von der Datenbank beim Hochfahren belegt wird. Für nährere Details verweise ich auf Kapitel 6.

SID

SID kann sowohl System Identifier als auch Session Identifier bedeuten. System Identifier bezeichnet die Datenbank, wie Sie durch die Umgebungsvariable ORACLE_SID benannt wird. Der Session Identifier bezeichnet die einzelne Session, die Sie in der Spalte SID im View V$SESSION sehen.

TTS

TTS bedeutet Transportable Tablespace. TTS gibt es seit Version 8*i*. TTS wird vor allem als administratives Feature verstanden. Ist TTS aufgesetzt, können Sie damit auf einfache (und schnelle) Weise komplette Tablespaces von einer Datenbank in eine andere verschieben. Für Details verweise ich auf Kapitel 2.

Literatur

[Abbey 2004] *Abbey, M., Abramson, M. und Corey, I.:* Oracle Database 10*g* für Einsteiger. Hanser, 2004.

[Kyte 2001] *Kyte, T.:* Expert One-on-One Oracle. Wrox, 2001.

[Kyte 2005] *Kyte, T.:* Expert Oracle Database Architecture: 9*i* and 10*g* Programming Techniques and Solutions. Apress 2005.

[Loaiza 2000] *Loaiza, J:* Optimal Storage Configuration Made Easy. Whitepaper, URL: technet.oracle.com/deploy/availability/pdf/oow2000_sane.pdf, 2000.

[Lewis 2001] *Lewis, J.:* Practical Oracle 8*i*, Addison-Wesley, 2000.

[Lewis 2005] *Lewis, J:* Cost-Based Oracle Fundamentals.Apress 2005.

[Millsap 2003] *Millsap, C. und Holt, J.:* Optimizing Oracle Performance. O'Reilly 2003.

[Morle 2001] *Morle, J.:* SANE SAN. Whitepaper, URL: scale-abilities.com/papers/Sane_SAN_WP_Morle.pdf, 2001.

[OraAppDev 2005] *Ashdown, L., et al.:* Oracle Application Developer's Guide – Fundamentals 10*g* Release 2 (10.2). Oracle Corporation, 2005.

[OraAdvBck 2005] *Romero, A., et al.:* Oracle Backup and Recovery Advanced User's Guide 10g Release 2 (10.2). Oracle Corporation, 2005.

[OraCon 2005] *Cyran, M., et al.:* Oracle DatabaseData Warehousing Guide, 10*g* Release 2 (10..2). Oracle Corporation, 2005

[OraDW 2005] *Lane, P., et al.:* Oracle Database Concepts, 10*g* Release 2 (10..2). Oracle Corporation, 2005

[OraPer 2005] *Chan, I., et al.:* Oracle Database Performance Tuning Guide 10*g* Release 2 (10..2). Oracle Corporation, 2005.

[OraRef 2005] *Rich, K., et al.:* Oracle Database Reference, 10*g* Release 2 (10..2). Oracle Corporation, 2005.

[OraSql 2005] *Lorentz, D., et al.:* Oracle Database SQL Reference, 10*g* Release 2 (10..2). Oracle Corporation, 2005.

[Patterson 1988] *Patterson, D., Gibson, G., und Katz, R.:* A Case for Redundant Arrays of Inexpensive Disks (RAID). In: International Conference on Management of Data (SIGMOD), Juni 1988, 109-116.

[Stürner 2001] *Stürner, G.:* Oracle 8*i*. Der objekt-relationale Datenbank Server. dbms publishing, 2000.

Register

J

K

L

M

N

O

P

Q

R

T

U

V

W

eBooks zum sofortigen Download
www.ciando.com
find out!
Know How ist nur einen Klick entfernt.
- eBooks können Sie sofort per Download beziehen.
- eBooks sind ganz oder kapitelweise erhältlich.
- eBooks bieten eine komfortable Volltextsuche.
SUCHMASCHINEN OPTIMIERUNG
EIN LEITFADEN AUS DER PRAXIS FÜR DIE PRAXIS
Internet-Telefonie
VoIP für Alle!
Technik, Geräte, Provider, Einsatz, Sicherheit
HANSER
Kochbuch
PHP 5
HANSER
MOBILE SECURITY
RISIKEN MOBILER KOMMUNIKATION UND LÖSUNGEN ZUR MOBILEN SICHERHEIT
HANSER
Jürgen Ratzkowski
Keine Angst vor der Akquise!
Mehr Erfolg in Vertrieb und Verkauf
3. erweiterte Auflage
Statistik am PC
Lösungen mit Excel 97, 2000, 2002 und 2003
HANSER
4. Auflage
ciando eBooks

Vögel an Binnengewässern

Helfrich/Bauschmann

Vögel an Binnengewässern

Rolf Helfrich
Gerd Bauschmann

Landbuch

Umschlagfoto: Jürgen Weber
Fotos im Innenteil: BHB-Photo Rolf Helfrich – Gerd Bauschmann

---

Landbuch-Verlag GmbH, Hannover

Lektorat: Wolfgang Lutz, Hemmingen

Farblithos: ReproDukt, Hannover

Satz, Druck und buchbinderische Verarbeitung:
Landbuch-Verlag GmbH, Hannover

ISBN 3 7842 0298 5

Inhalt

Einführung

Dieser kleine Naturführer behandelt 24 verschiedene Vogelarten, die wir auf oder an unseren Binnengewässern beobachten können. Wir haben bewußt die Kategorie der Fließgewässer außer acht gelassen, um einen möglichst überschaubaren Rahmen zu schaffen. Die Auswahl der Vogelarten erfolgte dabei so, daß wir 12 Schwimmvogelarten ausgewählt haben, die man auch noch mit einiger Sicherheit an unseren Gewässern beobachten kann. Es sind aber nicht nur zahlenmäßig häufige Arten dabei, sondern auch seltenere, die man zum Teil nur während der Zugzeiten beobachten kann. Durch diesen Querschnitt hoffen wir, einen möglichst gelungenen Überblick über die Formenvielfalt der Schwimmvögel auf unseren Gewässern geschaffen zu haben.

Wesentlich schwieriger war die Auswahl bei den 12 Vogelarten, die nur am Rande von Gewässern wohnen oder sie nur zur Nahrungsaufnahme aufsuchen. Um einen Eindruck von den vielfältigen Funktionen zu geben, die ein Gewässer für die unterschiedlichsten Vogelarten erfüllen kann, wurden hier auch repräsentative Vertreter ausgewählt, die sich die verschiedenen Eigenschaften der Gewässer zunutze machen. Da wäre zum Beispiel die Uferschwalbe, die die steilen Uferhänge als Nistplatz wählt, die Rohrammer, die ihr Nest in der Ufervegetation errichtet, und der Graureiher, der das Nahrungsangebot im Gewässer nutzt ebenso wie der Flußregenpfeifer, der in der Uferzone seine Nahrung sammelt und auch dort brütet. Um die einzelnen Gewässertypen besser gegeneinander abgrenzen zu können, wollen wir uns im folgenden näher mit den einzelnen Formen beschäftigen.

Der Tümpel

Das kleinste Gewässer im Rahmen unserer Betrachtungen ist der Tümpel. Kennzeichnend für ihn ist seine geringe Flächenausdehnung und die Tatsache, daß er keine Verbindung zum Grundwasser hat. Tümpel können während der heißen Jahreszeit austrocknen oder auch den Sommer mit mehr oder weniger Wasser überdauern. In aller Regel ist der Wasserstand eines Tümpels aber im Jahresverlauf sehr großen Schwankungen unterworfen. Für die Tier- und Pflanzenwelt bedeutet dies, daß sich nur diejenigen Arten dauerhaft halten können, die in der Lage sind, mit diesen Extremen fertig zu werden.

Insektenarten, wie zum Beispiel der Rückenschwimmer oder der Wasserläufer, die fliegen können, weichen beim Austrocknen des Tümpels auf andere Gewässer aus. Dies ist ihnen dank ihrer Flugfähigkeit ohne weiteres möglich. Schwieriger gestaltet sich das Überleben schon bei Tierarten, die nicht über diesen hohen Grad an Beweglichkeit verfügen. Als Beispiel seien hier die winzigen Ruderfußkrebse (Copepoda),

auch Hüpferlinge genannt, erwähnt. Treten schlechte Umweltbedingungen ein, so können einige Hüpferlingsarten einen Schleim ausscheiden, der das ganze Tier wie ein Mantel umhüllt. In Verbindung mit Schlammpartikelchen entsteht so eine feste Cyste, in der das Tier auch lange Trocken- und Frostperioden überleben kann.
Für die Vogelwelt kann auch ein so kleines Gewässer wie der Tümpel eine Vielzahl von Funktionen übernehmen. So kann der Tümpel als vorübergehende Lebensstätte für die Stockente, die Teichralle oder die Bleßralle dienen. Über der Wasseroberfläche findet der Fliegenschnäpper seine Nahrung, und am Ufer kann der Kleiber sich Schlamm zur Verkleinerung des Einschlupfloches seiner Nisthöhle holen.

Der Weiher

Während es sich beim Tümpel um ein meist kleinflächiges Gebilde handelt, kann ein Weiher schon recht beachtliche Ausmaße annehmen. Wichtigstes Kriterium bei der Beurteilung von Wasserflächen und der Frage, ob es sich hier um einen Weiher handelt, ist jedoch die Entstehungsgeschichte, die das Gewässer aufweist. Weiher sind ohne menschliches Zutun entstandene Gewässer, die nicht tiefer als 2 m sind. Dieser Tatsache ist es auch zu verdanken, daß der gesamte Weiherboden von Pflanzen besiedelt werden kann. In größeren Tiefen fehlt meist das notwendige Licht, so daß sich Pflanzen dort nicht entwickeln können.

In vielen Fällen sind Weiher durch zunehmende Verlandung von Seen entstanden. Die Tier- und Pflanzenwelt des Weihers ist in größten Teilen mit der des Teiches identisch. Die Unterscheidungskriterien beruhen im wesentlichen auf der Entstehungsgeschichte und sind im Kapitel „Der Teich" näher erläutert. Weiher weisen in aller Regel einen ausgeprägten Pflanzengürtel aus Schilf, Rohrkolben und Sauergräsern im Randbereich auf und verfügen über eine vielfältige Schwimmpflanzenflora. Als auffällige Vertreter seien die Seerosen, Laichkräuter und der Froschbiß erwähnt. Lediglich in Gebieten, wo ein Weiher auf Felsuntergrund oder auf Schotterterrassen von Flüssen liegt, ist die Pflanzenbesiedlung wegen des Nährstoffmangels gering. Viele Tierarten wie Amphibien, Libellen und Köcherfliegen besiedeln den Weiher. Für die Vogelarten ist der Weiher Nahrungsgrundlage, Nistmöglichkeit und ganzjähriger Lebensraum. Die einzelnen Vogelarten, die wir hier beobachten können, sind im Kapitel „Der Teich" erwähnt.

Der Teich

Teich und Weiher können sich auf den ersten Blick recht ähnlich sehen, sowohl was die Tier- als auch was die Pflanzenwelt angeht. Ihr wesentlichster Unterschied liegt in ihrer Entstehungsgeschichte. Im Gegensatz zum Weiher hat ein Teich eine künstliche Entstehungsgeschichte. Teiche sind von Menschenhand gemacht und ablaßbar. Oft sind sie von künstlichen Dämmen umgeben und wurden früher einfach durch Anstau eines Baches angelegt. Heute werden Teichanlagen in aller Regel nicht mehr auf diese Weise gebaut. Da die Wasserverhältnisse (Wassertemperatur, Nährstoffangebot etc.), in einem Teich völlig anders sind als in einem Fließgewässer, führt die Anlage eines Teiches im Bachlauf zu einer Veränderung dessen Gewässereigenschaften. Dies wirkt sich nachteilig auf die Lebensgemeinschaften im Bachlauf aus, da diese ja auf die Wasserverhältnisse des Fließgewässers angewiesen sind. Man schließt deshalb heute normalerweise die Teiche nicht mehr an einen bestehenden Bachlauf an. Teiche werden vor allem zur Fischzucht errichtet.

Was über die Tier- und Pflanzenwelt im Kapitel „Der Weiher" erwähnt wurde, gilt auch weitgehend für den Teich. Wir wollen jetzt deshalb nur noch etwas näher auf die Vogelwelt an Teich und Weiher eingehen. Als Nahrungsbiotop wird von den Vogelarten sowohl der Raum im Wasser als auch über dem Wasser genutzt. Während Bleß- und Teichralle meist den Pflanzenbewuchs abweiden oder kleinere Insekten erbeuten, machen sich der Graureiher und auch der Weißstorch z. B. das Vorkommen von Fröschen und Fischen als Nahrungsgrundlage zunutze. Am Ufersaum kann man die Bachstelze, die Schafstelze und den Flußregenpfeifer beobachten, die die Insekten dieser Region erbeuten. Im dichten Pflanzengürtel der Ufervegetation baut im Schilf der Teichrohrsänger sein Nest. Aus Wasserpflanzenteilen errichtet der Haubentaucher in Ufernähe sein Schwimmnest. Dies sind nur einige Beispiele dafür, wie vielfältig ein solches Gewässer genutzt wird.

Der See

Als letztes wichtiges Binnengewässer sei der See genannt. Er zeichnet sich durch seine größere Wassertiefe aus, die auch verhindert, daß der gesamte Seeboden mit einer Pflanzendecke bewachsen ist. Meist findet sich beim See ein Pflanzengürtel nur in den Rand- und Uferbereichen. Die Vogelwelt des Sees ist sehr reichhaltig. Wir finden hier Arten, die sich im Pflanzengürtel der Uferregion aufhalten, ebenso wie Arten, die die ufernahe Wasserpflanzenvegetation bevorzugen. Zu den Arten, die die freien Wasserflächen als Aufenthaltsort aufsuchen, gehören z. B. der Gänsesäger, die Tafelente und die Reiherente. Bei allen drei genannten Arten handelt es sich um Vögel, die über ein ausgezeichnetes Tauchvermögen verfügen und in der Lage sind, ihre Nahrung tauchend zu erbeuten. Während es der Gänsesäger dabei vorwiegend auf kleine Fische und Frösche abgesehen hat, bevorzugt die Tafelente pflanzliche Kost und verzehrt nur gelegentlich Wasserinsekten, Würmer und Kaulquappen. Die Reiherente hingegen ernährt sich fast ausschließlich von kleinen Krebstieren, Insektenlarven und kleinen Fischen. Nur im Sommer wird auch verstärkt pflanzliche Kost aufgenommen. Die Nester von Reiher- und Tafelente sind meist in dichter Ufervegetation, bevorzugt im dichten Schilf. Der Gänsesäger ist ein Höhlenbrüter und nistet in Baumhöhlen in der Nähe des Gewässers. Die reichhaltige und abwechslungsreiche Tier- und Pflanzenwelt an intakten Seen ist ein schönes Beispiel für das Zusammenwirken verschiedener Lebensgemeinschaften.

Rote Listen

Der Schutz gefährdeter Tier- und Pflanzenarten (Artenschutz) steht gleichberechtigt neben dem Schutz gefährdeter Lebensräume (Biotopschutz) oder dem Schutz von Luft, Wasser, Boden usw. (Umweltschutz). Um einen wirksamen Artenschutz betreiben zu können, muß mit der Erstellung einer Übersicht über die Gefährdung von Pflanzen- und Tierarten eine Grundlage geschaffen werden. Solche Zusammenstellungen bedrohter Arten werden als „Rote Listen“ bezeichnet. Innerhalb dieser „Roten Listen“ werden die einzelnen Arten in verschiedene Gefährdungsstufen eingereiht:

Vom Aussterben bedroht:

Hierzu gehören Arten, die entweder
- nur in Einzelvorkommen oder wenigen, isolierten und kleinen bis sehr kleinen Populationen auftreten
- oder deren Bestände durch lange anhaltenden starken Rückgang auf eine bedrohliche bis kritische Größe zusammengeschmolzen sind
- oder deren Rückgangsgeschwindigkeit im größten Teil des heimischen Areals extrem hoch ist.

Das Überleben dieser Arten ist unwahrscheinlich, wenn die verursachenden Faktoren weiterhin einwirken oder bestandserhaltende Schutz- und Hilfsmaßnahmen des Menschen nicht unternommen werden bzw. wegfallen.

Stark gefährdet:

Hierzu gehören

- Arten mit niedrigen Beständen im nahezu gesamten einheimischen Verbreitungsgebiet
- oder Arten, deren Bestände im nahezu gesamten einheimischen Verbreitungsgebiet signifikant zurückgehen oder regional verschwunden sind.

Die Gefährdung dieser Arten besteht im nahezu gesamten einheimischen Verbreitungsgebiet.

Gefährdet:

Hierzu gehören

- Arten mit regional niedrigen oder sehr niedrigen Beständen
- Arten, deren Bestände regional bzw. vielerorts lokal zurückgehen oder lokal verschwunden sind.

Die Gefährdung dieser Arten besteht in großen Teilen ihres einheimischen Verbreitungsgebietes.

Potentiell gefährdet:

Hierzu gehören

- Arten, die im Gebiet nur wenige Vorkommen besitzen
- Arten, die in kleinen Populationen am Rande ihres Areals leben.

Auch wenn eine aktuelle Gefährdung noch nicht besteht, sind solche Arten schon allein auf Grund ihres räumlich eng begrenzten Vorkommens potentiell bedroht.

Hilfsmaßnahmen für Wasservögel

Viele unserer heimischen Wasservogelarten sind durch die Veränderung oder Zerstörung ihrer Lebensräume akut gefährdet. Hilfsmaßnahmen sind wichtiger denn je. Am wirkungsvollsten ist dabei der Biotopschutz, also die Erhaltung der natürlichen Lebensstätten. Neben den Vögeln ist damit auch gleichzeitig den übrigen Tier- und Pflanzenarten einer Lebensgemeinschaft geholfen.
Den gleichen Effekt kann man mit der Schaffung neuer naturnaher Lebensräume erzielen, z. B. mit der Anlage von Tümpeln. Nur sollte man dabei darauf achten, daß man den Vorteil für eine Art nicht mit dem Nachteil für eine andere einkauft; also zum Beispiel einen Teich nicht auf einer Orchideenwiese errichtet oder ein Feldgehölz nicht auf einem Trockenrasen pflanzt.
Sind solche Biotopschutzmaßnahmen aus diesem oder jenem Grund nicht durchführbar, so kann man mit speziellen Nisthilfen die verschiedenen Vogelarten an einem Gewässer halten oder heimisch machen.

Brutwand für Uferschwalben

Uferschwalben graben ihre Brutröhren in Steilwände von Uferböschungen oder Sandgruben. Sind diese nicht natürlich vorhanden, kann man mit dem Spaten flache Böschungen abstechen und sie so in Steilwände ver-

wandeln. Um diese dauerhafter zu sichern, kann an der Wasserlinie eine Steinpackung aufgetragen werden, um das Abspülen zu vermindern. Außerdem kann an der Oberkante unterhalb der Grasnarbe eine schräg nach vorn geneigte Eternitplatte eingegraben werden, die das Auswaschen verhindern soll.
Sogar völlig künstlich aufgebaute Brutwände werden von der Uferschwalbe angenommen. Dazu wird bis über die Wasserlinie ein Steilufer aus Schotter errichtet, das durch eine Stützmauer aus Bruchsteinen gesichert ist. Darauf kommt eine 70 cm hohe Lehm-Sand-Schicht, in die aus Stabilisierungsgründen zwei Lagen Schalungssteine eingebaut werden. Die Abdeckung erfolgt mit Humus, der mit Rasensoden bepflanzt wird. Ähnlich wie bei der Sicherung der natürlichen Wand kann zwischen der Lehm-Sand-Schicht und dem Humus eine Eternitplatte eingebaut werden.

Kiesinsel für Flußregenpfeifer

Früher brütete der Flußregenpfeifer ungestört auf Kies- und Sandbänken der großen Flüsse. Doch sie sind heute in der Regel mehr oder weniger kanalisiert, und die Brutmöglichkeiten für die Regenpfeifer sind verschwunden. Die Vögel mußten sich umstellen und nisten jetzt an Baggerteichen, Kläranlagen und selbst in Steinbrüchen. Dort besteht jedoch, neben der direkten Bedrohung des Geleges durch Planierraupen, Bagger, Lastwagen usw., die Gefahr der schnellen Verkrautung des Brutplatzes. Abhilfe ist möglich: an einer schwach erhöhten Stelle, deren Umgebung frei von höherer Vegetation ist, wird auf einer Fläche von etwa

20 × 20 m ein Sand-Kies-Gemisch verteilt. Um ein Durchwachsen von Pflanzen zu verhindern, kann die Kiesinsel mit Teichfolie oder Grobschotter unterlegt werden.

Brutfloß für Haubentaucher

Haubentaucher verankern ihre Schwimmnester oft an Wasserpflanzen. Schwankt der Wasserstand des Gewässers während der Brutzeit stark, z. B. an Stauseen, wird meistens das Gelege vernichtet. Steigt nämlich der Wasserspiegel, werden die Eier überstaut, sinkt er, kippt das Nest ab und die Eier rutschen ins Wasser. Abhilfe kann ein Brutfloß schaffen, das die Wasserstandsschwankungen mitmacht. Aus 2 × 2 cm starken Dachlatten wird ein Holzrahmen gefertigt, der eine Fläche von ca. 1,5 qm umfaßt. In diesen Rahmen werden dann 2 cm starke Styroporplatten eingepaßt und durch Schwartenbretter, die auf die Ober- und Unterseite des Rahmens genagelt werden, in ihrer Lage gehalten. An diesem Floß wird ein verwitterungsunempfindliches, genügend langes Seil befestigt, an dessen anderem Ende ein Stein hängt. Versenkt man nun diesen Stein, wird das Floß an der gewünschten Stelle auf dem Gewässer gehalten.
Um es für den Haubentaucher besonders attraktiv zu gestalten, kann man das Floß noch mit Wasserpflanzenteilen bedecken.

Brutfloß für Flußseeschwalben

Früher brüteten die Flußseeschwalben auf Kiesinseln der Flüsse, die heute verschwunden sind. Um etwas für diese bedrohte Vogelart zu tun, müssen künstliche Inseln geschaffen werden. Die eine Möglichkeit besteht darin, eine feste Nistinsel aufzuschütten, die andere ist die, ein schwimmendes Brutfloß zu bauen. Hier soll die zweite Methode beschrieben werden: vier 5 × 5 cm starke und 50 cm lange Rahmenschenkel werden an ihren unteren Enden durch einen Kranz von 3 × 2-cm-Dachlatten (2 Stück à 100 cm und 2 Stück à 104 cm) und an den oberen Enden mit 5 × 2 cm starken Brettern (ebenfalls 100 und 104 cm lang) verbunden. An den Seiten werden vier 140 cm lange Querverstrebungen aus 3 × 2-cm-Dachlatten eingesetzt. In dieses Gestell wird ein Styroporblock von etwa 43 cm Höhe eingesetzt und verankert. Eine Schicht aus Kies vervollständigt die Nistmöglichkeit für die Flußseeschwalbe. Der Styroporblock verleiht der schwimmenden Insel einen solchen Auftrieb, daß sie weit aus dem Wasser herausragt und zum Beispiel von Schwänen nicht mehr bestiegen werden kann. Die Verankerung im Gewässer erfolgt wie beim Haubentaucherfloß. Da die Flußseeschwalbe in Kolonien brütet, empfiehlt sich ein Aneinanderbinden mehrerer Flöße im Abstand von ca. 3 m.

Rechtlicher Status der Vögel

Ein Teil der in der Bundesrepublik Deutschland wildlebenden Vögel unterliegt dem Jagdrecht. Diese Arten können ganzjährig geschont sein oder innerhalb einer vom Gesetzgeber festgelegten Zeit (der Jagdzeit) bejagt werden.
Ein anderer Teil der heimischen Vögel unterliegt dem Naturschutzrecht. Diese Arten sind in der Regel ganzjährig geschützt. Das Bundesnaturschutzgesetz sieht jedoch vor, daß die Länder einzelnen Arten diesen Schutz entziehen können „zur Abwendung erheblicher land-, forst-, wasser- und sonstiger gemeinwirtschaftlicher Schäden“. In den meisten Bundesländern sind Rabenkrähen, Elstern, Eichelhäher, Haussperlinge und verwilderte Haustauben „vogelfrei“.

Status der einzelnen Vogelarten

Standvögel: Arten, die ansässig sind und das ganze Jahr hindurch in ihren Brutgebieten oder in deren Nähe bleiben.

Strichvögel: Arten, deren regelmäßige Wanderungen sich lediglich über kurze Entfernungen erstrecken.

Teilzieher: Arten, bei denen nur ein Teil der Brutpopulation die Brutgebiete verläßt und zu den weit entfernten Winterquartieren wandert. Der andere Teil bleibt im Lande.

Sommervögel: Arten, die für die Winterperiode das Brutgebiet verlassen. Dies sind die typischen „Zugvögel“.

Sommergäste: Arten, die regelmäßig in der Somme periode bei uns nachgewiesen werden, hier aber nicht brüten.

Wintergäste: Arten, die sich in unserem Gebiet regelmäßig während der Winterperiode aufhalten.

Durchzügler: Arten, die bei uns regelmäßig während ihrer Wanderungen erscheinen.

Die einzelnen Vogelarten in Wort und Bild

Haubentaucher

Podiceps cristatus

Familie:	Lappentaucher
Status:	Teilzieher
Größe:	Etwa entengroß (48 cm)
Besondere Kennzeichen:	Schwanzlos erscheinend, mit langem, schlankem Hals; im Brutkleid mit Ohrbüscheln und Halskrause
Färbung:	Oberseite graubraun, Unterseite leuchtendweiß; Ohrbüschel schwarz, Halskrause auffallend rostbraun-rot; Dunenjunge mit schwarzweiß-gestreiftem Hals
Stimme:	Verschiedenartig; häufig bellendes „kärr-arr"
Vorkommen:	Seen, Teiche, Kiesgruben, Stauseen; im Winter auch auf Flüssen und an der Meeresküste
Verbreitung:	Von Südskandinavien bis Nordafrika, von Irland bis China, außerdem im Süden von Afrika, Australien und Neuseeland
Nest:	Schwimmnest aus Wasserpflanzen; wird am Rande des Schilfsaumes verankert
Eier:	3–6 weiße, durch faulende Wasserpflanzen später braune Eier
Brut:	Brutzeit: April–August; Brutdauer: 26 bis 29 Tage; 1 Jahresbrut, selten 2; Junge sind Nestflüchter

Dieser sehr eindrucksvolle Wasservogel ist unser größter Lappentaucher, der besonders im Brutkleid durch die schwarzbraune, in zwei Zipfeln auslaufende Haube und die rostbraune, schwarz gesäumte Halskrause auffällt.
Der Haubentaucher ist, mit Ausnahme von Nordskandinavien, über fast ganz Europa verbreitet. Außerdem bewohnt er weite Teile in Asien, Afrika, Australien, Tasmanien und Neuseeland. Im März bereits erscheinen die stattlichen Vögel an ihren Brutplätzen an größeren Seen, Teichen, Kiesgruben und Stauseen. Die sonst recht heimlichen Haubentaucher verraten sich dann durch ihre lautstarke Balz, die aus einer Reihe von Einzelelementen besteht und recht langwierig ist. Am eindrucksvollsten sind das „Kopfschütteln", bei dem sich beide Partner schwimmend gegenüberstehen und den Kopf schwingend hin und her bewegen, und die „Pinguin-Pose", bei der die Tiere mit den Füßen paddelnd so hoch aufsteigen, daß sie sich schließlich beide Brust an Brust senkrecht aus dem Wasser herausheben. All dies wird noch von lauten, durchdringenden Rufen begleitet.
Die gewöhnlich 3–6 weißen, später braunen Eier werden in ein Nest aus faulenden Pflanzenteilen gelegt, das in der Nähe des Ufers verankert ist. Nach fast einem Monat Brutzeit schlüpfen die Dunenjungen, die einen schwarzweiß gestreiften Hals haben. Sie können sofort schwimmen, werden aber meist auf dem Rücken der Eltern umhergetragen, zwischen deren Gefieder sie dann hervorschauen. Fast 3 Monate werden die jungen Haubentaucher noch von den Alttieren geführt, bis sie

selbständig geworden sind. Im Alter von 1–2 Jahren sind sie geschlechtsreif.
Die Haubentaucher erbeuten ihre Nahrung meist tauchend. Das Nahrungsspektrum reicht von Fischen, Amphibien und deren Larven über Krebstiere bis zu Wasserinsekten.
Im Winterkleid fehlt die Halskrause völlig, und die schwarze Haube ist nur angedeutet. Wenn die Gewässer zufrieren, weichen die Vögel auf Flüsse, eisfreie Teiche und an die Meeresküsten aus. In Mitteleuropa kommt es dann zum Zuzug nord- und osteuropäischer Haubentaucher, während wohl ein Teil des einheimischen Bestandes nach Süden, bis in das Mittelmeergebiet, ausweicht. Der Haubentaucher gehört zwar in der Bundesrepublik Deutschland noch nicht zu den akut gefährdeten Vogelarten, gilt aber in einigen Bundesländern bereits als bedroht.
Dem Haubentaucher recht ähnlich ist der etwas kleinere Rothalstaucher *Podiceps griseigena.* Seinen Namen hat er durch den im Brutkleid rostroten Hals erhalten, der angenehm zu den hellgrauen Kopfseiten und der dunklen Kopfplatte kontrastiert. In seinem Verhalten ähnelt er stark dem Haubentaucher, ist aber wesentlich seltener. Er gilt in der Bundesrepublik als potentiell gefährdet und ist ganzjährig geschützt.

Schwarzhalstaucher

Podiceps nigricollis

Familie:	Lappentaucher – Podicipedidae
Status:	Sommervogel, Durchzügler, Wintergast
Größe:	Etwa rebhuhngroß (30 cm)
Besondere Kennzeichen:	Aufgeworfener Schnabel, im Prachtkleid Federbüschel hinter den Augen
Färbung:	Kopf, Hals und Rücken schwarz; Flanken rostbraun, Unterseite weißlich; goldgelbe Federbüschel hinter den Augen; im Ruhekleid Oberseite, Hinterhals und Kopf dunkelgraubraun, Wangen weißlich, Vorderhals grauweiß; Dunenjunge schwarz und grau längsgestreift, blutroter Stirnfleck
Stimme:	Balzruf weiches, oft gereihtes „huit", auch schnelles, lautes Bibbern
Vorkommen:	Vegetationsreiche Seen und Teiche; im Winter an eisfreien Seen und an der Küste
Verbreitung:	Von den Britischen Inseln und Südschweden über Teile Mittel- und Südeuropas nach Osteuropa; Asien, Afrika, Nordamerika
Nest:	Schwimmnest aus faulenden Pflanzenteilen und Schlamm; meist in knietiefem Wasser zwischen Wasserpflanzen
Eier:	3–4 (6) bläulichweiße, später bräunliche Eier
Brut:	Brutzeit: Mai–Juni, Brutdauer: 20–21 Tage; 1 Jahresbrut; Junge sind Nestflüchter

Mit 30 cm Körperlänge ist der Schwarzhalstaucher etwas größer als der Zwergtaucher, aber immer noch deutlich kleiner als der Haubentaucher. Im Frühjahr trägt er seinen Namen zu Recht, denn dann trägt er sein Prachtkleid mit schwarzem Kopf, Hals und Rücken. Die Flanken sind rostbraun, die Unterseite ist weißlich. Hinter den rubinroten Augen fällt an jeder Kopfseite ein fächerförmiger, goldgelber Federbüschel auf. Im Ruhekleid sind Oberseite, Hinterhals und der Kopf bis unter die Augenlinie dunkel graubraun gefärbt. Die Wangen sind weißlich und der Vorderhals ist grauweiß. Besonders der aufgeworfene Schnabel ist ein gutes Unterscheidungsmerkmal gegenüber anderen Tauchern im Schlichtkleid.
Die Brutheimat des Schwarzhalstauchers erstreckt sich von den Britischen Inseln und Südschweden über Teile Mittel- und Südeuropas bis nach Osteuropa und weiter nach Asien, Afrika und Nordamerika. Die europäischen Vögel überwintern in West- und Südeuropa.
Im April erscheinen die Schwarzhalstaucher an ihren Brutplätzen auf vegetationsreichen Seen und Teichen. Dort bilden sie lockere Kolonien, oft mit Lachmöwen vergesellschaftet, aber auch mit Schnepfen, Teichhühnern und Seeschwalben gemeinsam. In meist knietiefem Wasser, im Schutze von Binsen und Röhricht, wird das Nest errichtet, ein schwimmender, mit Schlamm verklebter Haufen aus verrottenden Pflanzenteilen. Dort hinein werden im Mai oder Juni die Eier gelegt und von beiden Partnern 20–21 Tage lang bebrütet. Im Laufe der Zeit nehmen die Eier durch die Feuchtigkeit und den Verrottungsprozeß des Nestes eine bräunliche

Tönung an. Die Dunenjungen, undeutlich schwarz und grau längsgestreift und mit einem blutroten Fleck auf der Stirn versehen, sind Nestflüchter, die sich gerne von den Eltern im Rückengefieder transportieren lassen. Mit 5 Wochen sind sie flügge, aber erst mit einem Jahr geschlechtsreif.

Die Nahrung der Schwarzhalstaucher besteht aus allerlei Wirbellosen und kleineren Wirbeltieren. So fangen sie Wasserinsekten und deren Larven, besonders von Schwimmkäfern und Libellen, Weichtiere, Krebschen, aber auch kleine Amphibien, Kaulquappen und Fischchen.

Der Schwarzhalstaucher ist eine in der Bundesrepublik Deutschland vom Aussterben bedrohte Brutvogelart. Er ist völlig geschützt.

Eine dem Schwarzhalstaucher recht ähnliche Art ist der Ohrentaucher *Podiceps auritus.* Er ist nur wenig größer und hat ebenfalls spreizbare, orangegelbe Federbüschel an den Kopfseiten. Allerdings ist er während der Brutzeit durch einen rostroten Hals und ebensolche Flanken gut zu erkennen. Auch im Verhalten ähnelt er dem Schwarzhalstaucher. Sein Brutgebiet liegt weiter im Norden und erstreckt sich von Island, Schottland, Skandinavien und dem Baltikum weiter nach Osten. In der Bundesrepublik taucht er nur als Durchzügler oder Wintergast auf und genießt hier vollen Schutz.

Zwergtaucher

Tachybaptus ruficollis

Familie:	Lappentaucher – Podicipedae
Status:	Teilzieher
Größe:	Kleinster Lappentaucher (27 cm)
Besondere Kennzeichen:	Rundliche Formen, verhältnismäßig kurzer Hals, relativ dicker Schnabel
Färbung:	Oberseite dunkelbraun, Unterseite heller; Hals und Wangen kastanienbraun; grünlichgelber Schnabelwinkel; Winterkleid oberseits graubraun; Dunenjunge schwarz, hell längsgestreift
Stimme:	Andauerndes helles Trillern zur Balz
Vorkommen:	An verwachsenen Teichen, Seen und Flüssen, im Winter auch an anderen Gewässern
Verbreitung:	Ganz Europa mit Ausnahme des Nordens, Asien, Nordafrika und südlich der Sahara
Nest:	Schwimmnest aus faulenden Wasserpflanzen; meist in 1–3 m vom Ufer an Röhricht verankert
Eier:	(4) 5–6 (7) bläulichweiße, später bräunliche Eier
Brut:	Brutzeit: April–Juli; Brutdauer: 20–21 Tage; 2, selten 3 Jahresbruten; Junge sind Nestflüchter

Mit einer Körperlänge von nur 27 cm ist der Zwergtaucher der kleinste der Lappentaucher. Auch durch seine rundlicheren Formen, den verhältnismäßig kurzen Hals und den relativ dicken Schnabel unterscheidet er sich deutlich von seinen größeren Vettern. Im Brutkleid sind sowohl Männchen als auch Weibchen oberseits dunkelbraun, unterseits heller gefärbt. Wangen und Hals sind kastanienbraun. Am auffälligsten ist ein grünlichgelber Fleck an der Schnabelwurzel, der schon von weitem hell aufleuchtet. Das Winterkleid ist wesentlich schlichter; Oberkopf und Oberseite sind graubraun gefärbt, die Kehle weiß und der Hals bräunlichgelb.
Der Zwergtaucher bevorzugt zur Brutzeit die Röhrichtgürtel verlandender Seen, Teiche und träge dahinfließender Bäche. Hier verhält er sich heimlicher als die übrigen Lappentaucher. Nur zur Balz verrät er sich durch sein andauerndes Trillern, wiederholtes schnelles Entgegenschwimmen beider Partner und häufiges Tauchen. Das Nest, ein etwa tellergroßer Haufen aus faulenden Wasserpflanzen, wird in der Regel im Röhricht verankert, kann jedoch auch frei schwimmen. In der Regel ist der Neststandort 1–3 m vom Ufer entfernt.
Die Brutzeit erstreckt sich vom April bis in den Juli. Zwei Jahresbruten sind die Regel, in günstigen Jahren können es aber auch 3 werden. Die 5–6 (selten 4–7) bläulichweißen Eier nehmen im feuchten Nest bald eine bräunliche Färbung an. Nach einer Brutdauer von 20–21 Tagen schlüpfen die schwarzen, hell längsgestreiften Dunenjungen mit einem weißen Fleck auf der Stirn. Sie sind Nestflüchter und können bereits nach 6 Stunden schwimmen und tauchen. Gerne sitzen sie

wie die Beine. Die Kurzschnabelgans überwintert an den Küsten Mittel- und Westeuropas und kommt nur gelegentlich in das Binnenland. Auch sie gilt in der Bundesrepublik als gefährdeter Wintergast, wird jedoch nicht bejagt.

In den sumpfigen, seereichen Küstentundren Nordrußlands, Grönlands und Nordamerikas brütet die Bläßgans *Anser albifrons,* die durch einen auffallend weißen Fleck am Grunde des rötlichen Schnabels gekennzeichnet ist. Mit maximal 76 cm Körperlänge ist sie etwas kleiner als Grau- und Saatgans und von diesen, neben der Blesse, auch noch durch breite, schwarze Querflekken am Bauch zu unterscheiden, die individuell ausgeprägt sind. Die europäische Rasse überwintert an den Küsten Westeuropas, des Mittelmeeres, des Schwarzen und des Kaspischen Meeres, in Indien, China und Japan. Auf dem Zug sind die Bläßgänse oft mit Saatgänsen vergesellschaftet und werden auch mit diesen bejagt, obwohl sie ebenfalls gefährdet sind.

Die kleinste der grauen Gänse ist die Zwerggans *Anser erythropus,* die nicht viel größer als eine Stockente wird. Sie erinnert im Aussehen sehr an die Bläßgans, der weiße Fleck reicht jedoch bei ihr am Schnabelgrund noch höher auf den Scheitel hinauf, und um das Auge hat sie einen gelben Ring. Die Zwerggans ist ein gefährdeter Durchzügler, der von den Brutgebieten Nordeuropas und Nordasiens zu den Überwinterungsplätzen in Südosteuropa und Kleinasien zieht. In der Bundesrepublik Deutschland hat diese Art vollständige Schonzeit.

Graugans

Anser anser

Familie:	Entenvögel – Anatidae
Status:	Strichvogel
Größe:	76–89 cm
Besondere Kennzeichen:	Schnabel ohne dunkle Abzeichen, bei der westeuropäischen Rasse orangefarben, bei der osteuropäischen fleischfarben
Färbung:	Hell braungrau, Kopf und Hals nicht dunkler als sonstiger Körper; Vorderränder der Flügel hell; Unterseite ungebändert; Beine fleischfarben; Dunenjunge grünlichgelb mit dunkler Zeichnung
Stimme:	Hausgansähnlich „gagagag“
Vorkommen:	Sümpfe, verwachsene Teiche und Seen, Flußniederungen, im Winter auf Feldern und Wiesen
Verbreitung:	Inselartig von Nord- nach Südosteuropa und über die gemäßigten Zonen Asiens bis zur Halbinsel Kamtschatka
Nest:	Umfangreicher Bau aus Wasserpflanzenteilen, innen mit einer dicken Schicht Daunen ausgekleidet; befindet sich meist auf trockenen Erhebungen oder Inseln
Eier:	(4) 5–8 (9) schmutzigweiße Eier
Brut:	Brutzeit: März–Mai; Brutdauer: 28–29 Tage; 1 Jahresbrut

Die Graugans ist die einzige in Mitteleuropa wild brütende Gänseart. Ihre Verbreitung ist aber durch Bejagung und Änderung der Landschaftsstruktur nicht mehr zusammenhängend, sondern nur noch lückenhaft. Das Brutgebiet erstreckt sich inselartig von Island, Schottland und Skandinavien im Norden bis nach Österreich, Jugoslawien und Mazedonien im Süden und über die gemäßigten Zonen Klein- und Zentralasiens bis zur Halbinsel Kamtschatka im Osten.
Die Graugans erreicht eine Länge von rund 80 cm und ein Gewicht von 3,5 kg. Das Gefieder ist durchweg grau, wobei die Unterseite heller ist und lediglich einige dunkle Flecken an der Brust aufweist. Die östliche Rasse *Anser anser rubrirostris* erscheint infolge der lichten Federenden auf der Überseite heller als die westliche Rasse *Anser anser anser.* Auch am Schnabel, der bei der Ostrasse einfarbig fleischfarben, bei der Westrasse einfarbig orangerot ist, kann man sie unterscheiden. Auffällig sind weiter die sehr hellen Vorderflügel und die fleischfarbenen Beine.
Graugänse brüten gesellig in Sümpfen und feuchten Niederungen, jedoch wird zwischen den einzelnen Paaren ein gewisser Individualabstand gewahrt. Das Nest wird meist auf kleinen, trockenen Erhebungen oder Inseln angelegt, um es so vor Feinden zu schützen. Es besteht in der Hauptsache aus Schilf, Binsen, Rohr und sonstigen Pflanzenteilen. Die Nestmulde wird mit einer dicken Schicht Daunen ausgepolstert, die sich die Gans selbst aus dem Bauchgefieder rupft.
Die 4–8 schmutzigweißen Eier werden vom Weibchen alleine bebrütet, während der Ganter ständig in der

Nähe Wache hält. Nach etwa 28 Tagen schlüpfen die gelb und braun gemusterten Jungen, die nach weiteren zwei Tagen das Nest verlassen. An der Führung der Gössel beteiligt sich nun auch der Ganter. Die Nahrung der Graugansjungen besteht in den ersten Lebenstagen in der Hauptsache aus den zarten Spitzen von Gräsern und Wasserlinsen. Im Alter von zwei Monaten beginnen die Graugänse bereits zu fliegen, jedoch bleibt der Familienverband weiterhin bestehen, bis die Junggänse ihren „Partner fürs Leben" gefunden haben. Die Nahrung der Graugänse ist ausschließlich pflanzlich und besteht überwiegend aus Wildgräsern und jungem Getreide.
Während die östlichen Graugänse in China, Nordwestindien und Kleinasien bis zum östlichen Mittelmeer überwintern, verbringen die West-Gänse die kalte Jahreszeit in England, den Niederlanden, Frankreich, Spanien und Nordafrika.
Die Graugans ist die Stammform nahezu aller Hausgansrassen. Schon 2200 v. Chr. hielten sich die Ägypter halbwilde Gänse, um sie zu mästen und anschließend ihren Göttern zu opfern oder selbst zu verspeisen. Heute unterliegt die Graugans in der Bundesrepublik Deutschland dem Jagdrecht. In einigen Bundesländern steht sie in der „Roten Liste" der bedrohten Vogelarten. Mit der Graugans zu verwechseln sind alle übrigen, bei uns als Durchzügler und Wintergäste auftretenden grauen Gänsearten, auf die in der Beschreibung der Saatgans näher eingegangen wird.

Kanadagans

Branta canadensis

Familie:	Entenvögel – Anatidae
Status:	Unregelmäßiger Brutvogel, regelmäßiger Durchzügler und Wintergast
Größe:	Größte Gans (etwa 100 cm)
Besondere Kennzeichen:	Langer, schlanker Hals
Färbung:	Graubraun; schwarzer Kopf und schwarzer Hals; Brust weiß; weißer Fleck von der Kehle bis zu den Wangen; Dunenjunge grünlichbraun und grünlichgelb
Stimme:	Flugruf ein lautes „a-hong“
Vorkommen:	Sumpfiges Gelände oder Sumpfwälder mit freien Wasserflächen im Binnenland
Verbreitung:	Ursprünglich in ganz Nordamerika, heute auch in Neuseeland, Island, Großbritannien, Schweden, gelegentlich auch in Norwegen, Dänemark und Deutschland
Nest:	Aus Pflanzenteilen, gepolstert mit Dunen; wird unter niedrigen Büschen oder in hohem Gras errichtet, bevorzugt auf kleinen Inseln
Eier:	(4) 5–6 (11) rahmfarbene Eier
Brut:	Brutzeit: April–Juni; Brutdauer: 28–30 Tage; 1 Jahresbrut; Junge sind Nestflüchter

Die Kanadagans ist die größte der in Europa vorkommenden Gänsearten. Sie kann über einen Meter lang werden. Von dem braunen Rücken und der hellen Brust setzen sich der schwarze Hals und der schwarze Kopf mit den weißen Wangenflecken konstrastreich ab. Ursprünglich war die Kanadagans in zwölf Rassen über ganz Nordamerika verbreitet. Vor etwa 300 Jahren wurde sie auch in England eingebürgert, vor einigen Jahrzehnten auch in Skandinavien. Heute ist sie zum Beispiel in Oberbayern Brutvogel. In Neuseeland, wo die Kanadagans ebenfalls eingeführt wurde, hat sie sich so explosionsartig vermehrt, daß sie heute als „Schädling“ verfolgt wird.
Die Kanadagans liebt, ähnlich wie die Graugans, sumpfiges Gelände oder Sumpfwälder mit freien Wasserflächen im Binnenland. Dort brütet sie einzeln oder in kleinen Gruppen unter niedrigen Büschen oder im hohen Gras, bevorzugt auf kleinen Inseln. Das Nest besteht aus den Stengeln und Blättern verschiedener Wasserpflanzen. Innen ist es mit weicheren Pflanzenteilen sowie Dunen ausgepolstert. Die 5–6, in Ausnahmefällen auch 4–11 rahmfarbenen Eier werden 28–30 Tage lang bebrütet. Dann schlüpfen die mit grünlichbraunen und grünlichgelben Dunen bedeckten Gössel. Mit 63 Tagen sind sie zwar flügge, verbleiben jedoch noch im Familienverband, bis die Eltern im nächsten Jahr einen neuen Nistplatz beziehen. Die Geschlechtsreife erreichen sie erst im dritten Lebensjahr, selten schon im zweiten. Jedoch schreiten sie dann bereits zur Paarbildung und verhalten sich genau wie geschlechtsreife Gänse.

Außerhalb der Brutzeit trifft man die Kanadagans oft auf Äckern an, wo sie Klee und junge Saat äsen. Im Sommer nehmen sie aber auch häufig tierische Kost, wie Insekten, Würmer, Krebse, Schnecken usw., auf oder fressen, nach Schwanen- und Entenart gründelnd, verschiedene Wasserpflanzen. Die Kanadagans gilt in der Bundesrepublik Deutschland nicht als bedroht.

Ähnlich gefärbt, mit weißen Wangen, weißer Stirn und weißer Kehle, ist die Nonnen- oder Weißwangengans *Branta leucopsis*. Oberkopf, Hals und Brust sind schwarz, der Rücken ist schiefergrau mit dunklen Querwellen. Die Nonnengans ist deutlich kleiner als die vorige Art und taucht auch nur gelegentlich im Binnenland auf. Sie brütet auf steilen Felsenklippen Nordostgrönlands, Spitzbergens und im Süden der Insel Nowaja Semlja. Im Winter kommt sie an die Wattenküste der Nordsee und an die Flußmündungen. Sie gehört bei uns zu den gefährdeten Überwinterern und genießt ganzjährige Schonzeit.

Ebenfalls an die Meeresküste gebunden ist die dunkelste aller Gänse, die nur etwa stockentengroße Ringelgans *Branta bernicla*. Ihren Namen verdankt sie den zwei weißen Flecken auf beiden Seiten des braunschwarzen Halses. Die Ringelgans wird als gefährdeter Wintergast aufgeführt.

Stockente

Anas platyrhynchos

Familie:	Entenvögel – Anatidae
Status:	Teilzieher
Größe:	58 cm
Besondere Kennzeichen:	Blauvioletter Spiegel mit weißem Rand; Erpel mit „Erpelfedern“
Färbung:	Ente braun gefleckt mit grünlichem Schnabel; Erpel im Brutkleid mit grünem Kopf, weißem Halsring, brauner Brust und gelbem Schnabel; Dunenjunge olivbraun mit blaßgelben Flecken
Stimme:	Erpel ruft gedämpft „räb-räb“, Ente nasal und schallend „waak-waak“
Vorkommen:	An nahezu allen Binnengewässern
Verbreitung:	Europa mit Ausnahme des Nordens und Nordostens; große Teile Asiens; Nordamerika
Nest:	Aus trockenen Blättern und Halmen, mit Daunen ausgepolstert; in dichter Vegetation in Wassernähe, aber auch auf Bäumen oder weitab vom Gewässer
Eier:	(5) 7–11 (16) hellgrüne Eier
Brut:	Brutzeit: März–Mai; Brutdauer: durchschnittlich 28 Tage; 1 Jahresbrut; Junge sind Nestflüchter

Unser häufigster Entenvogel ist die Stockente. Mit einer Körperlänge von 58 cm gehört sie zu den größten Entenarten. Während das Weibchen ein unscheinbar braun geflecktes Gefieder und einen grünlichen Schnabel besitzt, trägt das Männchen (der Erpel) zur Brutzeit ein buntes Federkleid mit metallisch grün glänzendem Kopf, weißem Halsring und schokoladenbrauner Brust zum hellgrauen Unterkörper. Die 4 mittleren Schwanzfedern sind zu den sogenannten „Erpelfedern" eingedreht. Der Schnabel hat eine gelbliche Farbe. Beide Geschlechter besitzen einen blauvioletten, weiß gesäumten Flügelfleck („Spiegel") und orangerote Füße. Jungvögel und Männchen im Ruhekleid ähneln dem Weibchen.
Stockenten fühlen sich auf allen Binnengewässern heimisch. So bevölkern sie Seen, Teiche, Weiher, Tümpel ebenso wie Flüsse, Bäche, Gräben und brüten manchmal selbst weit ab von Gewässern. Das Verbreitungsgebiet der Stockente erstreckt sich über fast ganz Eurasien, mit Ausnahme der nördlichen und südlichen Gebiete, und nahezu ganz Nordamerika, nach Norden bis über den Polarkreis hinaus.
Bereits im Spätherbst beginnt die Balz und dauert bis in den Vorfrühling hinein. Dabei zeigen sowohl die Männchen als auch die Weibchen eine Reihe festgelegter Verhaltensweisen, die zu beobachten sehr interessant ist. Haben sich dann die Paare gefunden, wird Ende März aus trockenen Blättern und Halmen ein Nest errichtet und mit einer dicken Schicht Daunen ausgepolstert. Es befindet sich in der Regel auf der Erde unter Strauchwerk, in Brennessel- und Grasbe-

stand, im Schilf, bisweilen jedoch auch hoch oben in den Bäumen, in Astgabeln oder in den verlassenen Nestern anderer Vögel. Meist wird es zwar in Gewässernähe errichtet, mitunter aber auch in großer Entfernung davon.

In das Nest legt die Ente ihre durchschnittlich 7–11 hellgrünen Eier und bebrütet sie dann rund 28 Tage lang allein, während der Erpel umherstreunt. Die olivbraun gefärbten und mit blaßgelben Flecken auf Kopf- und Halsseiten, Rücken und Bürzel versehenen Dunenjungen verlassen, sobald sie trocken sind, sofort das Nest. Sie bewegen sich gleich sehr lebhaft auf dem Wasser und werden mehrere Wochen lang allein von der Mutter betreut. Mit acht Wochen sind sie flügge und mit etwa einen Jahr geschlechtsreif.

Stockenten gehören zu den sogenannten „Gründelenten“, die gemäß dem Kinderlied „Köpfchen in das Wasser, Schwänzchen in die Höh’“ den Boden seichter Gewässer nach Nahrung absuchen. Aber auch an Land finden sie ihr Futter. Dieses besteht größtenteils aus Pflanzenkost. Zur Brutzeit jedoch überwiegen tierische Bestandteile, vor allem Würmer, Schnecken, Kleinkrebse, Insekten und deren Larven, kleine Amphibien und Kaulquappen.

Aus der Stockente wurde im Laufe der Zeit eine Reihe von Hausentenrassen herangezüchtet. Oft verwildern diese oder werden ausgesetzt und sind dann mit den wilden Stockenten zu verwechseln, mit denen sie auch bastardieren. Stockentenweibchen oder Erpel im Schlichtkleid können mit Weibchen anderer Entenarten verwechselt werden.

Reiherente

Aythya fuligula

Familie:	Entenvögel – Anatidae
Status:	Teilzieher
Größe:	43 cm
Besondere Kennzeichen:	Schopf am Hinterkopf; beim Schwimmen liegt der kurze Schwanz der Wasseroberfläche auf; taucht häufig
Färbung:	Männchen tiefschwarz mit weißen Flanken, blaugrauem Schnabel und gelben Augen; Weibchen dunkelbraun, an den Flanken düster; Dunenjunges olivbraun mit schwärzlichem Augenstrich und heller Unterseite
Stimme:	Erpel pfeift leise; Weibchen knarrt
Vorkommen:	Teiche und Seen mit dicht bewachsenen Ufern und freier Wasserfläche
Verbreitung:	In Europa nördlich des 50., in Asien nördlich des 45. Breitengrades; lokale Verbreitung in Süddeutschland, Österreich, in der Schweiz und in Frankreich
Nest:	Aus grünen Pflanzenteilen, nur spärlich mit Daunen ausgelegt; in feuchtem Gelände oder im Wasser errichtet
Eier:	(5) 8–11 grünlichgraue Eier
Brut:	Brutzeit: Mai–Juni; Brutdauer: 23–25 Tage; 1 Jahresbrut; Junge: Nestflüchter

Die Reiherente ist eine kleine, 43 cm messende Tauchente. Der Erpel ist kontrastreich gezeichnet: während der ganze Körper tiefschwarz gefärbt ist, leuchten die Flanken rein weiß. Ein schwarzer, vom Hinterkopf herabhängender Federschopf (wie bei einem Reiher – daher der Name), gelbe Augen und ein blaugrauer Schnabel machen den Reiherentenerpel zu einer ansprechenden Erscheinung. Das Weibchen ist oberseits dunkelbraun, an den Flanken düster gefärbt und hat eine weiße Unterseite. Bei ihm ist der Schopf nur wenig ausgeprägt. Im Ruhekleid ähnelt das Männchen der Ente, jedoch sind die Seiten heller und der Schopf ist länger.
Das Hauptverbreitungsgebiet der Reiherente liegt in Europa nördlich des 50. Breitengrades (etwa Linie Frankfurt–Prag–Krakau), in Asien nördlich des 45. Daneben gibt es noch kleinere Vorkommen in Süddeutschland, Österreich, der Schweiz und in Frankreich.
Die Reiherente bewohnt Teiche und Seen, die neben freier Wasserfläche gut bewachsene Ufer aufzuweisen haben. Auch auf Parkteichen ist sie ein häufiger Gast. Reiherenten brüten oft gesellig, manchmal mit Lachmöwen zusammen. Das Nest wird gut verborgen in feuchtem Gelände oder im Wasser errichtet. Im Mai oder Juni werden die 8–11 grünlichgrauen Eier gelegt und allein vom Weibchen bebrütet, während der Erpel in der Nähe patrouilliert. Nach 23–25 Tagen schlüpfen die Jungen. Ihr Dunengefieder ist oberseits olivbraun mit einem schwärzlichen Augenstrich, unterseits heller. An der Aufzucht beteiligen sich wieder beide Eltern.

Nach fast 2 Monaten schließlich sind die Jungenten selbständig und flügge.
Die Reiherente taucht sehr oft. Dabei holt sie ihre Nahrung, Würmer, Weichtiere, Insektenlarven, aber auch Wasserpflanzen, Fischlaich und kleine Fische, an die Oberfläche.
Die Winterquartiere der europäischen Reiherenten liegen in Mittel-, West- und Südeuropa sowie in Afrika.
In einigen Bundesländern gilt die Reiherente als bedroht. Sie unterliegt jedoch dem Jagdrecht.
Mit der Reiherente leicht zu verwechseln ist die Bergente *Aythya marila*. Beim Männchen sind ebenfalls Kopf, Hals, Brust und Schwanz schwarz und die Seiten weiß. Jedoch ist der Rücken hellgrau gewellt und der Schopf fehlt. Auch die Weibchen ähneln sich sehr, allerdings hat die Bergente einen breiten, weißen Ring um die Schnabelwurzel. Die Bergente brütet in Nordeuropa und überwintert an den Küsten. Nur gelegentlich kommt sie ins Binnenland.
Eine weitere verwandte Art ist die Moorente *Aythya nyroca*. Sie kann von weitem mit der weiblichen Reiherente verwechselt werden. In beiden Geschlechtern sind Kopf, Hals und Brust tiefdunkel-kastanienbraun. Als Unterscheidungsmerkmal können die weißen Unterschwanzdecken und im Flug große, weiße, gebogene Flügelfelder dienen. Die Moorente brütet nur an einigen Stellen in Mitteleuropa.

Tafelente

Aythya ferina

Familie:	Entenvögel – Anatidae
Status:	Sommervogel, Wintergast
Größe:	46 cm
Besondere Kennzeichen:	Schwanz kurz, beim Schwimmen der Wasseroberfläche aufliegend; taucht häufig
Färbung:	Erpel im Brutkleid mit kastanienbraunem Kopf und Hals; Rücken grau; Brust und Schwanz schwarz; Schnabel dunkelgrau, vorne blau; Weibchen braun, nur Flanken und Unterseite heller; Dunenjunge bräunlich, Wangen, Brust und Flecken an Körperseite gelb
Stimme:	Männchen pfeifendes „wibwibwib"; Weibchen schnarrendes „körrr"
Vorkommen:	Verwachsene Weiher, Seen und Teiche
Verbreitung:	Von den Britischen Inseln über Südskandinavien und Mitteleuropa nach Osteuropa und Asien
Nest:	Bodenmulde mit feinen Halmen, Blättern und Daunen; meist am Ufer oder auf kleinen Inseln; Schwimmnest möglich
Eier:	(4) 6–9 grünlichgraue Eier, bei zunehmender Bebrütung glänzend
Brut:	Brutzeit: Mai–Juni; Brutdauer: 24–26 Tage; 1 Jahresbrut; Junge sind Nestflüchter

Die Tafelente hat eine typische Tauchentenfigur mit kurzem, der Wasseroberfläche aufliegenden Schwanz. Sie ist mit 46 cm Körperlänge etwas größer als die Reiherente. Auch sie liebt verwachsene Weiher, Seen und Teiche. Dunkel kastanienbraun leuchten Kopf und Hals der Erpel im Prachtkleid. Davon heben sich die schwarze Brust und der ebenso gefärbte Schwanz sowie der graue, feingewellte Rücken kontrastreich ab. Die Augen sind orangerot, und der Schnabel ist dunkelgrau, an seiner vorderen Hälfte blau. Das Weibchen ist, wie bei fast allen Enten, wesentlich einfacher gefärbt. Grundfarbe Braun, nur die Wangen, die Flanken und die Unterseite sind heller. Jungvögel und Männchen im Ruhekleid ähneln dem Weibchen.
Das Verbreitungsgebiet der Tafelente erstreckt sich von den Britischen Inseln über Mitteleuropa und Südskandinavien nach Osteuropa und von dort weiter nach Asien, wo sie etwa zwischen dem 40. und 60. Breitengrad brütet. Weitere inselartige Vorkommen liegen in Nordafrika und auf Kreta.
Nach einer lebhaften Balz beginnt die Tafelente im Mai mit dem Nestbau. Dazu dreht sie nahe am Ufer oder auf einer kleinen Insel eine Mulde in den Boden, die mit feinen Halmen, Blättern und Dunen ausgelegt wird. Auch Schwimmnester sind möglich und erreichen wegen der Fülle des dazu verwendeten Nistmaterials meist einen beachtlichen Umfang. Im Mai oder Anfang Juni werden die 6–9 Eier gelegt. Sie sind anfangs matt grünlichgrau, nehmen aber im Laufe der Bebrütung eine glänzende Oberfläche an. Nach 24–25tägiger Brutdauer schlüpfen die Jungen. Sie sind mit dunkel-

bräunlichen Dunen bedeckt, nur Wangen, Brust und Flecken an der Körperseite sind gelb. Fast zwei Monate werden sie geführt, bis sie selbständig und flügge sind.
Als Nahrung dienen der Tafelente hauptsächlich pflanzliche Bestandteile, wie Blätter, Knospen und Wurzelstöcke von Wasserpflanzen, die aus durchschnittlich 1–4 m Tiefe heraufgetaucht werden. Daneben werden aber auch Würmer, Weichtiere, Wasserinsekten, Krebstiere sowie kleine Wirbeltiere (Kaulquappen, Fischbrut) nicht verschmäht.
Auch die Tafelente gilt in einigen Bundesländern als gefährdet.
Eine andere Ente mit rötlichem Kopf ist die Kolbenente *Netta rufina*. Sie ist fast so groß wie eine Stockente und damit deutlich größer als die Tafelente. Auch die klobige Kopfform, der rote Schnabel und das braune Rückengefieder mit den leuchtend weißen Flanken sind gute Unterscheidungskriterien. Das Weibchen ist an den hellgrauen Wangen, die sich deutlich von dem sonstigen graubraunen Gefieder abheben, zu erkennen. Die Kolbenente brütet nur lokal in Mitteleuropa an größeren Seen mit breiter Verlandungszone. Ihr Hauptverbreitungsgebiet hat sie im westlichen Mittelmeerraum. Sie gehört zu den in der Bundesrepublik Deutschland stark gefährdeten Arten.

Teichralle

Gallinula chloropus

Familie:	Rallen – Rallidae
Status:	Teilzieher
Größe:	Rebhuhngroß (33 cm)
Besondere Kennzeichen:	Schwimmt mit nickenden Kopfbewegungen und aufgestelztem, nickendem Schwanz
Färbung:	Schwarzgrau mit dunkelbraunen Flügeln; Stirn rot; Beine grünlich; Unterschwanzdecken weiß; Dunenjunge schwarz, am Kopf rot und hellblau gestreift
Stimme:	Helles, durchdringendes „kürrk“
Vorkommen:	Teiche, Tümpel, Sümpfe, Wiesengräben, langsam fließende Bäche und Altwässer
Verbreitung:	Europa mit Ausnahme von Island, Nordskandinavien und Nordosteuropa; Asien, Afrika, südliches Nordamerika und Teile Südamerikas
Nest:	Fester Bau aus Schilfblättern und -halmen; am Gewässerufer in dichter Vegetation
Eier:	6–10 (11) rötlichgraue, dunkelbraun gefleckte Eier
Brut:	Brutzeit: April–Juli; Brutdauer: 20–21 Tage; selten 3 Jahresbruten; Junge sind Nestflüchter

Die Teichralle ist ein noch relativ häufiger Bewohner aller Arten von stehenden oder langsam fließenden Gewässern. So trifft man sie an bewachsenen Teichen und Tümpeln, in Sümpfen, in Wiesengräben, träge fließenden Bächen und Altwässern.
Das Teichhuhn, wie diese Ralle auch genannt wird, ist etwa rebhuhngroß. Es ist oberseits schwarzgrau gefärbt, nur die Flügel sind dunkelbraun. Auffallend sind der rote Schnabel mit der gelben Spitze und das rote Stirnschild. Kommt das Teichhuhn an Land, kann man gut die grünlichen Beine mit den großen Füßen und einem roten Band am Oberschenkel sehen. Beim Laufen und Schwimmen wippt die Teichralle mit ihrem aufgestelzten Schwanz, so daß die weißen Unterschwanzdecken aufleuchten. Beim Schwimmen nickt sie zusätzlich noch mit dem Kopf. Junge Teichhühner sind dunkel graubraun gefärbt, die Unterseite ist weißlich und Schnabel und Stirnschild sind grünlichbraun.
Die Teichralle ist, mit Ausnahme des äußeren Nordostens, Islands und Nordskandinaviens, über ganz Europa verbreitet. Daneben kommt sie auch in Asien, auf den Sundainseln, in Afrika, auf Madagaskar, im südlichen Nordamerika und in weiten Teilen Südamerikas vor. Die Teichralle überwintert auch in Süd- und Mitteleuropa.
Das Nest wird vom Männchen meist in dichter Ufervegetation, aber auch über dem Wasser, oder mehrere Meter hoch im Gebüsch errichtet. Es besteht aus miteinander verflochtenen Schilfhalmen und -blättern. Innen wird es mit feinen Hälmchen ausgepolstert. Dort hinein legt das Weibchen seine durchschnittlich 6–10

rötlichgrauen, fein dunkelrotbraun gefleckten Eier. Diese werden 20–21 Tage lang von beiden Eltern bebrütet. Die schwarzen Dunenjungen sind um die Augen rot und hellblau gestreift. Der Schnabel ist rot mit einer gelben Spitze und geht in den kleinen roten Stirnfleck über. Sofort nach dem Trockenwerden folgen die Teichhuhn-Jungen ihren Eltern in das Wasser. Von diesen werden sie nur etwa 2 Wochen lang umsorgt, denn dann beginnen bereits die Vorbereitungen für die nächste Brut. Mit 5–6 Wochen sind die Teichrallen des ersten Geleges voll ausgewachsen und kümmern sich dann sogar gelegentlich um ihre Geschwister aus der zweiten Brut. Mit 1 Jahr sind sie geschlechtsreif. Bei günstigen Bedingungen kann noch eine dritte Brut folgen.

Als Nahrung erbeuten Teichhühner neben Würmern, Weichtieren, Wasserinsekten und deren Larven auch kleine Amphibien und gelegentlich Vogeleier. Daneben fressen sie Blätter, Knospen, Früchte und Samen von den verschiedensten Wasser- und Landpflanzen. In der Nähe menschlicher Siedlungen werden Garten- und Küchenabfälle nicht verschmäht.

Die Teichralle ist glücklicherweise in der Bundesrepublik Deutschland noch nicht bedroht und genießt völligen Schutz. Nahe Verwandte sind die übrigen Rallenarten, die jedoch alle deutlich kleiner sind und braune Färbung aufweisen.

Bleßralle

Fulica atra

Familie:	Rallen – Rallidae
Status:	Teilzieher
Größe:	Entengroß (38 cm)
Besondere Kennzeichen:	Ruckartige Bewegungen des Kopfes; spitzer Schnabel
Färbung:	Einfarbig schwarzgrau; weißer Schnabel und weiße Stirn (Blesse, daher Name!); Dunenjunges schwarz mit rotgelben Flaumfedern am Kopf und mit rotem Schnabel und roter Kopfhaut
Stimme:	Lautes, bellendes „köw“
Vorkommen:	Stehende Gewässer aller Art, auch Parkteiche
Verbreitung:	Ganz Europa mit Ausnahme des Nordostens und Nordskandinaviens; weite Teile Asiens, Australiens und Nordafrikas
Nest:	Aus Halmen und Blättern von Schilf und Rohr; meist im Röhrichtgürtel verankert, selten im Ufergebüsch oder Schwimmnest
Eier:	(4) 6–9 (10) hellgraubraune, fein rötlichbraun und schwarz punktierte Eier
Brut:	Brutzeit: April–Juli; Brutdauer: 21–23 Tage; 1–2 Jahresbruten; Junge: Nestflüchter

Der gebräuchliche deutsche Name „Bleßhuhn" für diesen Vogel ist irreführend, denn nur oberflächlich betrachtet erinnert die Ralle an ein Huhn. In Wirklichkeit gehört sie in die Verwandtschaft von Kranich und Trappe, die beide zu den imponierendsten Erscheinungen in der europäischen Vogelwelt zählen.
Die Bleßralle selbst ist mit 38 cm Körperlänge nur etwa entengroß und trotzdem schon die größte der bei uns vorkommenden Rallenarten. Männchen und Weibchen sind einfarbig schwarzgrau mit grünlichem Schimmer. Dazu kontrastieren der weiße Schnabel und die ebenso gefärbte Stirn. Jungvögel sind brauner, ihre Wangen sind weißlich, ebenso Kehle und Brust. Der Schnabel ist bräunlich.
Alle größeren stehenden Gewässer mit Schilfzonen und freier Wasserfläche bewohnt die Bleßralle. Das Brutgebiet erstreckt sich über ganz Europa, mit Ausnahme des Nordostens und Nordskandinaviens, sowie über weite Teile Asiens, Australiens und Nordafrikas. Viele Bleßrallen überwintern, oft in großen Scharen, auf eisfreien Seen und träge fließenden Strömen Mitteleuropas. Bereits im zeitigen Frühjahr treffen die Bleßrallen auf ihren Brutgewässern ein und tragen ihre meist lautstarken Revierkämpfe aus. Solche Streitigkeiten kann man noch während des Brutgeschäftes immer wieder beobachten. Auch die Balz ist von ständigen Rufen begleitet. Beim Imponiergehabe stellen die Männchen die Flügel giebelförmig auf und schwimmen mit vorgestrecktem Kopf auf die Weibchen los. Außerdem wird so viel Blut in die weiße, häutige Stirn gepumpt, daß sie anschwillt.

Auf eine Unterlage aus Rohr- und Schilfhalmen sowie weiteren Teilen von Sumpfpflanzen werden trockene Schilfblätter und Stengel getragen. Dort hinein werden die in der Regel 6–9 hellgraubraunen, fein schwarz und rötlichbraun punktierten Eier gelegt. 21–23 Tage lang werden sie von beiden Altvögeln bebrütet. Dann schlüpfen die Jungen, die sofort nach dem Trockenwerden das Nest verlassen und zu den Eltern ins Wasser gehen. Sie haben ein schwarzes Dunengefieder mit rotgelben Flaumfedern am Kopf. Der Schnabel und die Kopfhaut sind rot. 6 Wochen lang werden die Jungvögel von den Alttieren geführt und gefüttert, dann sind sie selbständig. Mit 8 Wochen sind sie flügge und mit etwa 1 Jahr geschlechtsreif. Gelegentlich kann auf die erste Brut (April/Mai) im Juni und Juli noch eine zweite folgen.

Bleßrallen nehmen besonders gerne tierische Nahrung zu sich. So ernähren sie sich von Insekten und deren Larven, Schnecken und Muscheln, Würmern, Krebschen, kleinen Fischen, Amphibienlaich, Kaulquappen, gelegentlich auch von Aas oder den Gelegen anderer Vögel. Daneben werden Wasserpflanzen aufgenommen, die entweder am Ufer abgeweidet oder tauchend an die Oberfläche geholt werden.

In der Bundesrepublik sind Bleßrallen noch nicht bestandsbedroht, und können in bestimmten Zeiten bejagt werden. Bekannt ist die „Belchenschlacht“ am Bodensee, bei der alljährlich Tausende der dort überwinternden Bleßrallen abgeschossen werden.

Flußregenpfeifer

Charadrius dubius

Familie:	Regenpfeifer – Charadriidae
Status:	Sommervogel, Durchzügler
Größe:	Etwa lerchengroß (15 cm)
Besondere Kennzeichen:	Weiße Linie über dem schwarzen Stirnband
Färbung:	Kopfoberseite, Rücken und Flügel sandbraun (ohne weiße Flügelbinde wie beim Sandregenpfeifer), schwarze Stirnzeichnung, darüber eine weiße durchgezogene Linie; breites schwarzes, nach hinten schmaler werdendes Halsband; Schnabel schwarz, Beine blaßgelb
Stimme:	Hohes pfeifendes „tiü". Der trillernde Gesang ist meist eine Wiederholung von „tri-ä, tri-ä, tri-ä"; Balzgesang „dü-dü-dü-drü-drü-drürr"
Vorkommen:	Auf Sand-, Kies- und Schotterflächen an Fluß- und Seeufern, auf Kiesgrubengelände, teils auch auf Müllplätzen, Klärteichen und Filterbecken
Verbreitung:	Von Marokko bis England und Südskandinavien; im Osten bis Japan
Nest:	Eine flache, mit kleinen Steinchen ausgelegte Mulde auf Kies- und Sandflächen, meist in Wassernähe
Eier:	Gewöhnlich 4 Eier, grau bis sandfarben mit dunklen Klecksen und Punkten gefleckt
Brut:	Brutzeit: Mitte April–Juni; Brutdauer: 24 bis 26 Tage, häufig 2 Jahresbruten, Nestflüchter

Von den in Deutschland anzutreffenden Regenpfeiferarten ist der Flußregenpfeifer noch am häufigsten zu beobachten. Er verdankt sein Überleben seiner Fähigkeit, Lebensräume aus zweiter Hand nutzen zu können. Da er kiesige Flächen als Lebensraum benötigt und im Zuge der Flußregulierungen solche Flächen fast völlig verschwunden sind, hat der Flußregenpfeifer begonnen, die vom Menschen geschaffenen Kiesgrubengelände zu erobern. Auch Klärteiche und Spülflächen werden von ihm besiedelt. In jüngster Zeit liegen sogar einige Beobachtungen von Brutversuchen auf mit Kieseln bedeckten Flachdächern vor.
Entsprechend dem Brutplatz passen sich die Eier des Flußregenpfeifers optimal in ihrer Färbung dem umgebenden Kiesgrund an. Meist legt das Weibchen vier Eier in eine mit kleinen Steinchen ausgepolsterte Mulde. Am Brutgeschäft beteiligen sich beide Elterntiere. Nach einer Brutdauer von etwa 25 Tagen schlüpfen die Jungen. Bei diesen handelt es sich um Nestflüchter, das heißt, unmittelbar nach dem Schlüpfen verlassen sie das Nest. Ihr getupftes Dunenkleid läßt sie fast völlig mit dem Untergrund verschmelzen. Naht dem Jungtier eine Gefahr, so geben ihm die Eltern über Warnlaute Nachricht. Hierauf drücken sich die Kleinen zwischen Steine oder legen sich einfach flach auf den Boden. Die Eltern versuchen nun, durch Vortäuschen einer Verletzung den Feind von den Jungtieren abzulenken. Sie nähern sich ihm, flattern hilflos mit den Flügeln und laufen vor ihm her. Meist gelingt es dadurch, den Angreifer auf sich aufmerksam zu machen. Dieser folgt nun dem scheinbar verletzten Elterntier, um es zu

fangen. Hat das Alttier den Feind weit genug von den Jungen weggelockt, so fliegt es dem Räuber davon, und er hat das Nachsehen. Der Zoologe spricht bei einer solchen Verhaltensweise vom „Verleiten".
Zur Nahrungsaufnahme findet sich der Flußregenpfeifer meist am Ufersaum des Gewässers ein. Hier kann man ihn dann beobachten, wie er mit schnellen, kleinen Schrittchen am Ufer entlanghuscht. Wer genau hinsieht, kann erkennen, wie er beim Stehenbleiben in rascher Folge mit seinen Füßen auf den Schlamm tritt. Durch die dadurch ausgelösten Vibrationen scheucht er seine Beutetiere auf und ist so in der Lage, sie leichter zu ergreifen. Die Nahrung des Flußregenpfeifers besteht vorwiegend aus Insekten und ihren Larven, Würmern und Schnecken. In einigen Bundesländern wird der Flußregenpfeifer als bedrohte Art eingestuft. Er ist bundesweit geschützt.
Von dem sehr ähnlich aussehenden Sandregenpfeifer *Charadrius hiaticula* läßt sich der Flußregenpfeifer durch einen völlig dunklen Schnabel, eine weiße Linie über dem schwarzen Stirnband und seine blaßgelblichen Beine unterscheiden.

Grünschenkel

Tringa nebularia

Familie:	Schnepfen – Scolopacidae
Status:	Durchzügler, gelegentlich Sommer- oder Wintergast
Größe:	Etwa die Größe einer Misteldrossel (30,5 cm)
Besondere Kennzeichen:	Im Flug sieht man einen bis zu den Schultern hinaufreichenden weißen Bürzelfleck
Färbung:	Oberseite hellgraubraun mit weißlich gesäumten Federn. Im Brutkleid dunkler. Schwanz schwarzbraun gebändert, grüne Beine, schwarzblauer Schnabel
Stimme:	Flugruf ein melodisches „djü-djü-djü“. Wenn aufgeschreckt, ein lautes „kri-kri-kri“
Vorkommen:	Sümpfe, Moore, Verlandungszonen, feuchte Wiesen, sumpfige Waldlichtungen, Rieselfelder
Verbreitung:	Von Nordschottland und Nordskandinavien nach Osten bis zum Pazifik
Nest:	Nestmulde am Boden an freier Stelle, aber meist in der Nähe eines Steines, Astes oder Baumstammes. Kleine Erdkrumen und wenige Pflanzenteile dienen als Nistmaterial
Eier:	Meist 4 Eier; grauweiß bis gelblichbraun mit unregelmäßigen dunklen Flecken
Brut:	Brutzeit: Mai–Juni, Brutdauer: 23–25 Tage. Junge sind Nestflüchter; 1 Jahresbrut

Etwa von April bis Mitte Mai sowie von Juli bis Anfang Oktober ist bei uns am Rande von Gewässern ein Vogel mit langen grünlichen Beinen und leicht aufwärts gebogenem Schnabel zu beobachten. Es ist der Grünschenkel. Er hat den Hauptschwerpunkt seiner Brutverbreitung in Schottland und in Skandinavien. Die Überwinterungsgebiete liegen vorwiegend in Afrika und im Mittelmeergebiet.
Besonders charakteristisch ist der laut vorgetragene Flugruf, der mit „djü-djü-djü" an den Ruf des Grünspechtes erinnert. Das Brutbiotop des Grünschenkels umfaßt Moore, Sümpfe und Verlandungszonen an Gewässern. Das Nest wird in einer Mulde am Boden im offenen Gelände errichtet, meist in unmittelbarer Nähe einer Sichtmarke – z. B. ein abgebrochener Ast, ein Stein oder ähnliches. Die flache Nestmulde wird nur wenig mit Pflanzenteilchen und Erdklümpchen ausgelegt. Normalerweise werden 4 Eier gelegt, die von beiden Partnern bebrütet werden. Diese Nestflüchter werden von beiden Alttieren in den nächsten 4 Wochen geführt und betreut. In der Regel findet nur eine Jahresbrut statt. Wenn die Tiere während der Zugzeit bei uns auftauchen, so kann man sie oft in kleinen Trupp beobachten. Meist laufen sie im seichten Wasser der Uferregion entlang und suchen dort nach Nahrung. Sie besteht überwiegend aus Würmern, kleinen Krebsen, Wasserinsekten und kleinen Lurchen und Fischen. Der Grünschenkel ist bisher noch nicht gefährdet und ist in der Bundesrepublik aber völlig geschützt.
Der Rotschenkel *Tringa totanus* sieht dem Grünschenkel recht ähnlich. Er ist jedoch von diesem im Fluge

durch einen auffallenden weißen Hinterrand der dunklen Flügel zu unterscheiden. Auch besitzt der Rotschenkel rote Beine und ist kleiner als der Grünschenkel. Als Brutvogel ist der Rotschenkel bei uns sehr bedroht. Das hängt in erster Linie mit der ständigen Abnahme der für ihn geeigneten Brutbiotope zusammen – wie z. B. Niedermoorwiesen, Überschwemmungs-Wasserwiesen und nicht zu trockene Viehweiden. Hauptursachen sind Melioriationen, Entwässerung und Kanalbauten. Sein Nest baut der Rotschenkel in das Gras, wobei er sich während des Brütens oft die umstehenden Halme zusammenzieht, so daß eine richtige Haube entsteht. In der Regel liegen 4 Eier im Nest. Beide Elternteile brüten sie aus. Die Brutdauer beträgt etwa 26 Tage.
Im Schlichtkleid dem Rotschenkel sehr ähnlich ist der Dunkle Wasserläufer *Tringa erythropus*. Er ist jedoch etwas größer, und im Fluge ragen seine langen Beine weit über den Schwanz hinaus. Im Brutkleid ist der Dunkle Wasserläufer sehr leicht an seinem mattschwarzen Gefieder mit den vielen weißen Flecken zu erkennen.

Lachmöwe

Larus ridibundus

Familie:	Möwen – Laridae
Status:	Sommervogel, Durchzügler, Wintergast
Größe:	38 cm
Besondere Kennzeichen:	Schnabel und Beine rot; im Flug reinweißer Keilfleck auf den Handschwingen zu erkennen
Färbung:	Im Brutkleid: weißes Gefieder mit hellgrauem Rücken und dunkel schokoladenbraunem Kopf. Im Ruhekleid ist der Kopf weiß mit schwärzlicher Zeichnung an der Ohrengegend. Die Jungen sind oberseits hell- und dunkelbraun gefleckt, der Schwanz hat eine schwarze Spitze. Beine dunkel fleischfarben, Schnabel dunkel fleischfarben mit schwarzer Spitze
Stimme:	Zur Brutzeit lautes rauhes Rufen „kwerr“ und kreischendes „kriää“
Vorkommen:	Im Binnenland und an der Küste; an Gewässern aller Art: Flüssen, Stauseen, Rieselfeldern, Häfen. Auf Ackerland und Mülldeponien
Verbreitung:	Von Island und Südskandinavien im Norden bis Südfrankreich und Norditalien im Süden; im Osten bis nach Tibet und Ostsibirien
Nest:	Das Nest wird in einer flachen Mulde am Boden aus Halmen und Schilfstückchen errichtet
Eier:	3–4 verschieden gefärbte Eier, von blaßblau bis oliv oder rostbraun, immer dunkel gefleckt
Brut:	Brutzeit: Ende April bis Mitte Juni; Brutdauer: 22–24 Tage; 1 Jahresbrut, Nestflüchter

Als ausgesprochener Kulturfolger hat sich in den letzten Jahren die Lachmöwe erwiesen. Sie ist mittlerweile zu der häufigsten Möwenart in unserer Heimat geworden und wird daher auch bejagt. Man kann sie sowohl an den Küsten als auch im Binnenland beobachten. Die Tatsache, daß es sich bei der Lachmöwe um einen nicht wählerischen Allesfresser handelt, hat ihre enormen Ausbreitungstendenzen nachhaltig unterstützt. Sie versteht es ausgezeichnet, die anfallenden Mengen „Wohlstandsmüll“ in unseren Städten zur Grundlage ihrer Ernährung zu machen. An Mülldeponien, Kläranlagen und ähnlichen Einrichtungen sind die Lachmöwen oft zu Hunderten und Tausenden anzutreffen. Ihre übliche Nahrung besteht jedoch meist aus Insekten, Würmern, kleinen Fischen und Amphibien.
Die Lachmöwe ist ein ausgesprochener Koloniebrüter. Ab Mitte April wird mit der Eiablage begonnen. Das Gelege umfaßt 3–4 Eier. Die Nestmulde wird mit feinen Hälmchen ausgepolstert. Beide Elternteile bebrüten das Gelege etwa 23 Tage lang. Die Jungen, die ein zartes Dunenkleid tragen, werden nach rund 5 Wochen flügge. Sie werden vorzugsweise mit Würmern und Insekten gefüttert. Der schokoladenbraune Kopf der Alttiere färbt sich zum Winter hin um: Er erscheint dann weiß mit jeweils einem schwarzen Fleck vor und hinter dem Auge. Die jugendlichen Lachmöwen haben eine bräunliche Zeichnung auf ihrem weißen Rücken. Im Fluge erkennt man die Lachmöwe am besten an dem rein weißen Vorderrand der Flügel.
Leicht mit der Lachmöwe zu verwechseln ist die Schwarzkopfmöwe *Larus melanocephalus*. Sie ist etwas

größer als die Lachmöwe, ist jedoch bei weitem nicht so häufig im Binnenland zu beobachten wie diese. Ihre Handschwingen besitzen keine schwarzen Spitzen, woran man sie zu jeder Jahreszeit von der Lachmöwe unterscheiden kann. Im Brutkleid ist ihr Kopf außerdem tiefschwarz und nicht schokoladenbraun wie der der Lachmöwe. Diese Gesichtsmaske erstreckt sich bis weit in den Nacken. Im Binnenland brüten die Schwarzkopfmöwen bei uns nur vereinzelt. Ihre wahre Heimat sind die Seen Griechenlands und die Küste Rumäniens. Hier erreicht die Kopfstärke der einzelnen Kolonien mitunter beachtliche Ausmaße. Wie bei der Lachmöwe erfolgt während der Brutzeit eine Umstellung der Nahrung auf überwiegend Insektenkost. Auf diese Weise leisten die Möwen einen beachtlichen Beitrag zur natürlichen Schädlingsbekämpfung.
Es sei in diesem Kapitel noch die Sturmmöwe *Larus canus* erwähnt, die zwar hauptsächlich an der Küste anzutreffen ist, aber auch sehr vereinzelt im Binnenland auf Äckern und Wiesen auftaucht. Sie ist deutlich größer als die Lachmöwe und besitzt gelblichgrüne Beine und einen ebensolchen Schnabel. Ihr Kopf ist rein weiß. Die Nahrung entspricht im großen und ganzen dem Spektrum der vorgenannten Art. Auch in bezug auf das Brutgeschäft sind die Daten in etwa vergleichbar.

Flußseeschwalbe

Sterna hirundo

Familie:	Seeschwalben – Sternidae
Status:	Sommervogel, Durchzügler
Größe:	35,5 cm
Besondere Kennzeichen:	Dunkle Schulterflecken; im Sommer schwarze Spitze am orangeroten Schnabel
Färbung:	Perlgrauer Mantel, restliches Gefieder weiß, Oberkopf und Nacken schwarz, Füße rot
Stimme:	Helles, fast kreischendes „kirräh“, „kirri-kirri“ und ein keckerndes „kikikikik“
Vorkommen:	An der Küste, auf Inseln; im Binnenland in sandigen Ebenen, an langsam fließenden Gewässern oder an Flußmündungen und flachen Teichen
Verbreitung:	Europa, Nordafrika, Innerasien, Nordamerika und nördliches Südamerika
Nest:	Kleine Vertiefung im Boden, meist mit einigen Halmen ausgelegt
Eier:	Gewöhnlich 3 Eier
Brut:	Brutzeit: Mitte Mai–Juli; Brutdauer: 21 bis 30 Tage; Koloniebrüter; 1 Jahresbrut; Junge sind Nestflüchter

Unter den bei uns anzutreffenden Seeschwalbenarten ist die Flußseeschwalbe noch relativ am häufigsten. Aber auch bei dieser Art tragen die schwindenden Lebensräume zu einem starken Bestandsrückgang bei. Die örtlich noch intakten Populationen dürfen nicht über den bundesweiten Rückgang dieser Art hinwegtäuschen. Heute gelingt es an manchen Orten, durch Anbieten von künstlichen, schwimmenden Nistplattformen den Seeschwalben neue Brutmöglichkeiten zu schaffen.
Im Binnenland trifft man die Flußseeschwalbe an langsam fließenden Flüssen, an Flußmündungen oder an Teichen. Die Tiere sind Koloniebrüter und errichten ihre Nester in flachen Vertiefungen am Boden, die sie meist mit einigen Hälmchen auspolstern. Bevorzugt werden Sand- oder Kiesuntergründe. In einigen Fällen werden auch Schwimmnester auf Wasserpflanzen errichtet. Die Eiablage erfolgt Ende April. Das Weibchen legt nur 2 Eier, die rund 24 Tage bebrütet werden. Während der von Kopfnicken begleiteten Balz werden auch des öfteren kleine Fischchen als „Werbegeschenke" von Partner zu Partner gegeben. Etwa 3 Wochen brauchen die Jungen, bis sie flügge sind. Das Brüten in Kolonien bringt für die Tiere viele Vorteile. Die Überwachung des Brutgebietes vor Raubfeinden ist durch die vielen Individuen wesentlich besser gewährleistet, als wenn nur ein einzelnes Tier sichern würde. Hinzu kommt, daß bei einem eventuellen Angriff auf die Kolonie eine gezielte Attacke aller Vögel auf den Feind erfolgen kann, was in vielen Fällen dazu führt, daß der Räuber von seinem Vorhaben abläßt. Die Nahrung der

Flußseeschwalben besteht überwiegend aus kleinen Fischchen, die durch Stoßtauchen ins Wasser erbeutet werden.
Vom Aussehen her der Flußseeschwalbe sehr ähnlich ist die Küstenseeschwalbe *Sterna paradisaea*. Sie besitzt jedoch, im Gegensatz zur Flußseeschwalbe, einen etwas längeren Schwanz, der auch bei zusammengelegten Flügeln die Flügelspitzen noch etwas überragt. Auch fehlt der Küstenseeschwalbe die schwarze Spitze des roten Schnabels, die bei der Flußseeschwalbe stets vorhanden ist. Während der Brutzeit liebt die Küstenseeschwalbe sandige, spärlich bewachsene Flachküsten oder entsprechende Inselchen. Ihre Nahrung erbeutet sie, ähnlich wie die Flußseeschwalbe, durch Stoßtauchen. Sie bevorzugt allerdings mehr die Seefische und kleinere Krebstierchen. Bei den großen Kolonien, in denen die Küstenseeschwalben brüten, handelt es sich oft um gemischte Kolonien, in denen sich ebenfalls Fluß- und Brandseeschwalben *Sterna sandvicensis* ansiedeln. Auch hier werden die 2 Eier etwa 23 Tage bebrütet, und es dauert rund 3 Wochen, bis die Jungen flügge sind. Genauso wie die Flußseeschwalbe steht die Küstenseeschwalbe auf der „Roten Liste" der in der Bundesrepublik vom Aussterben bedrohten Arten. Beide sind ganzjährig geschützt.

Uferschwalbe

Riparia riparia

Familie:	Schwalben – Hirundinidae
Status:	Sommervogel, Durchzügler
Größe:	12 cm, kleinste europäische Schwalbe
Besondere Kennzeichen:	Braunes Brustband auf der weißen Unterseite, kurzer Gabelschwanz
Färbung:	Erdbraune Oberseite, weiße Unterseite mit braunem Brustband. Junge sehen den Eltern ähnlich
Stimme:	„Tschrrip“ oder „tschrr“, Warnruf ein kurzes „britt“, zwitschernder Gesang
Vorkommen:	Offenes Gelände mit mehr oder weniger steilen Böschungen und Wänden aus Sand, Ton oder Lehm (Sand-, Kiesgruben, Ufermauern)
Verbreitung:	Europa und der größte Teil Asiens und Nordamerikas
Nest:	Eine waagerechte Röhre in der Wand endet in einer Nistkammer, die mit Halmen und Federn ausgepolstert ist
Eier:	Gewöhnlich 5 weiße Eier
Brut:	Brutzeit: Ende Mai–Juni, Brutdauer: 12 bis 14 Tage; 1 bis 2 Jahresbruten; Nestlingszeit: 16 bis 22 Tage; Koloniebrüter

Die Uferschwalbe ist die kleinste unserer europäischen Schwalbenarten. Während Rauch- und Mehlschwalbe sich den Siedlungsbereich des Menschen als neuen Lebensraum erobert haben, nutzt die Uferschwalbe die steilen Böschungen von Sand- und Kiesgruben und Torfstichen als Brutbiotop aus. In diese Wände gräbt sie sich mit Hilfe von Schnabel und Füßen eine etwa 60–80 Zentimeter lange Röhre in das Erdreich. Am Ende dieses Ganges wird die Nistkammer gebaut. Die Eiablage erfolgt dann etwa Mitte Mai. Fünf Eier werden rund 13 Tage lang bebrütet. Nach einer 18tägigen Nestlingszeit sind die Jungvögel flügge. Da die Uferschwalben gern gesellig leben, nisten sie stets in kleineren oder größeren Kolonien, und selbst bei der Nahrungssuche bleiben sie in Trupps zusammen.
Ihre Nahrung besteht aus Fluginsekten, die sie oft über dem Wasser im Fluge erbeuten. Früher fanden sich an den Prallhängen der Flüsse und Bäche genügend geeignete Nistmöglichkeiten. Heute ist diese Möglichkeit durch die Begradigung und den Ausbau der Wasserläufe nicht mehr gegeben. Die Uferschwalben sind deshalb auf die vom Menschen geschaffenen künstlichen Steilwände in Sand- und Kiesgruben angewiesen. Leider kommt es hier in verstärktem Maße zu Kollisionen mit den Freizeitaktivitäten des Menschen, die den Brutablauf behindern. Hilfestellung kann durch die Schaffung neuer künstlicher Steilhänge gegeben werden. Die Uferschwalbe ist eine gefährdete Art der „Roten Liste“ und vollständig geschützt.
Während die Uferschwalbe eine braune Oberseite, eine weiße Unterseite und ein braunes Brustband besitzt, ist

die Mehlschwalbe *Delichon urbica* auf der Bauchseite rein weiß und auf der Oberseite schwarzblau. Das Nest der Mehlschwalbe wird aus einem Gemisch von feuchter Erde und Speichel als halbkugeliges Mörtelnest an Außenfassaden von Gebäuden errichtet. Meist brüten die Mehlschwalben in lockeren Kolonien. Die 5 Eier werden etwa 13 Tage lang bebrütet. Nach rund 22 Tagen verlassen die Jungen dann zum ersten Mal das Nest. Sie kehren aber noch einige Zeit zum Heimatort zurück, wo das Weibchen, bald nachdem die ersten Jungvögel das Nest verlassen haben, mit der zweiten Brut beginnt. Später schließen sich die Jungen zu größeren Flugtrupps zusammen. Im Oktober dann verlassen uns die Schwalben endgültig und ziehen in ihr Winterquartier nach Mittel- oder Südafrika.
Ebenfalls ein Bewohner unserer Dörfer ist die Rauchschwalbe *Hirundo rustica*. Sie hat eine metallisch-blaue Oberseite, eine rote Kehle und eine rote Stirn. Die Unterseite ist weiß. Ihr Schwanz ist tief gegabelt, wobei die beiden äußeren Federn die anderen weit überragen. Ihr Nest errichtet sie gewöhnlich im Innern von Gebäuden, mit Vorliebe in Viehstallungen.

Schafstelze

Motacilla flava

Familie:	Stelzen – Motacillidae
Status:	Sommervogel, Durchzügler
Größe:	Etwa Sperlingsgröße, mit langem Schwanz
Besondere Kennzeichen:	Blaugraue Kappe und Wangen mit weißem Überaugenstreif und weißem Kinn
Färbung:	Oberseite olivgrün, Unterseite gelb, Männchen im Brutkleid: Unterseite satt dottergelb. Beim Weibchen sind alle Partien blasser
Stimme:	Wohltönendes „psiih“ oder ein rauheres „zier“. Gesang zwitschernd: „zip-zip-zipsi“, individuell abweichend
Vorkommen:	Feuchte oder sumpfige Wiesen und Verlandungszonen an Flußufern, Teichen und Seen. Auch auf nicht zu trockenen Feldern und Viehweiden
Verbreitung:	Ganz Europa mit Ausnahme von Island und Schottland; Nordwestafrika; Mittel- und Nordasien; Westalaska
Nest:	In einer Bodenvertiefung unter überhängendem Gras. Halme, dürre Gräser, Würzelchen und Haare dienen als Nistmaterial
Eier:	5–6 weißlich-braun melierte Eier, die fast einfarbig wirken
Brut:	Brutzeit: Mai–Juni, Brutdauer: 13 Tage. Das Weibchen brütet alleine; 1–2 Jahresbruten, Nestlingszeit etwa 13 Tage

Von der Schafstelze gibt es, je nach geographischer Verbreitung, eine Vielzahl von Rassen, die sich hauptsächlich durch die unterschiedliche Kopffärbung der Männchen voneinander unterscheiden. Im Volksmund wird die Schafstelze des öfteren auch als gelbe Bachstelze bezeichnet.

Ihr Hauptlebensraum befindet sich in der Nähe von Gewässern, auf feuchten Wiesen oder in Sümpfen. Hier sammelt sie von den Pflanzen Insekten ab oder erbeutet sie sogar im Flug. Weidet Vieh auf den Wiesen, so hält sich die Schafstelze gern in seiner Nähe auf und liest sogar vom Rücken der Tiere die Insekten ab. Von dieser Verhaltensweise leitet sich der Name Schafstelze ab. Das Nest der Schafstelze befindet sich immer am Boden. Hier liegt es gut getarnt unter einem Grasbüschel oder unter einer Erdscholle versteckt. Die Eizahl schwankt von 5–6 Eiern je Brut. Häufig können zwei Jahresbruten beobachtet werden. Nach einer Brutdauer von 13 Tagen, in denen nur das Weibchen brütet, schlüpfen die Jungen. Während dieser Zeit verhalten sich die Altvögel sehr ruhig, um das Vorhandensein ihres Nestes nicht zu verraten. Mit dem Schlüpfen der Jungvögel werden sie wieder lebhafter. Die Fütterung der Jungtiere besorgen beide Elternteile. Das Männchen unserer einheimischen Rasse besitzt eine olivgrüne Oberseite und einen grauen Kopf mit einem weißen Überaugenstreif. Seine Unterseite ist leuchtend gelb gefärbt. Das Weibchen ist in allen Partien blasser.

Der Schafstelze ähnlich ist die Gebirgsstelze *Motacilla cinerea*. Auch diese Art zeichnet sich durch einen langen Schwanz und gelbe Teile des Gefieders aus. Bei der Gebirgsstelze ist der Schwanz schwarz gefärbt, die Oberseite ist grau und die Bauchseite gelb. Im Sommer besitzt das Männchen zudem noch eine schwarze Kehle. Auch der Lebensraum dieser beiden Stelzenarten unterscheidet sich etwas, während die Schafstelze nicht unbedingt an das Wasser gebunden ist, zieht die Gebirgsstelze die unmittelbare Nähe von Flüssen und Bächen vor. Ihr Nest errichtet sie in Mauerspalten oder in Höhlungen unter Brücken.

Als letzter Vertreter der einheimischen Stelzen sei hier noch die Bachstelze *Motacilla alba* erwähnt. Sie besitzt einen ähnlichen Körperbau wie die Schafstelze, ist jedoch auffallend schwarz-weiß gefärbt. Die Bachstelze hält sich gerne in der Nähe menschlicher Siedlungen auf. Sie nistet hier auch in Neubauten, in Mauernischen und in anderen geeigneten Örtlichkeiten.

Teichrohrsänger

Acrocephalus scirpaceus

Familie:	Sänger – Muscicapidae
Status:	Sommervogel, Durchzügler
Größe:	13 cm, etwa meisengroß
Besondere Kennzeichen:	Augenstreif verwaschen bräunlich, weißlicher Augenring
Färbung:	Einfarbige braune Oberseite, gelbbräunliche Flanken und weiße Unterseite. Junge sehen den Eltern ähnlich
Stimme:	„Tschäk“, „tscharr“ und „skarr“ als Warnruf, Gesangsmotive werden oft 2–3mal wiederholt: „tschirri-tschirri-träk-träk-zerr-zerr-zerr“
Vorkommen:	Röhrichte und dichtbewachsene Ufer; oft genügen kleine Schilfsäume, verlandete Altwässer oder Torfstiche
Verbreitung:	Von Spanien und England im Westen bis nach Innerasien im Osten; von Südskandinavien im Norden bis nach Nordafrika im Süden
Nest:	Ein um mehree Halme geflochtenes Hängenest
Eier:	4 Eier; unregelmäßige dunkelgrüne Flecken auf grünlichweißem Grund
Brut:	Brutzeit: Ende Mai bis Ende Juni; Brutdauer: 10–12 Tage; 1 Jahresbrut, selten 2; Nestlingszeit 11–13 Tage

Dichtes Röhricht bildet den Lieblingsaufenthaltsort des Teichrohrsängers. In solchen Röhrichtbeständen, die durchaus nicht sehr groß sein müssen, errichtet er sein kunstvoll gewobenes Hängenest. Die Altvögel sammeln dazu Gräser und Schilfhalmstreifen, die sie geschickt um die dicht beieinander stehenden Schilfhalme wickeln, und so entsteht allmählich die typische tiefe Tassenform. Die Eiablage erfolgt gewöhnlich ab Ende Mai. Die 4 Eier werden von beiden Partnern 11 Tage land bebrütet. Nach 10–12 Tagen beginnen die Jungen bereits, kletternd das Nest zu verlassen, obwohl sie zu diesem Zeitpunkt noch nicht richtig fliegen können. Die Nester des Teichrohrsängers werden gerne vom Kuckuck parasitiert. Das heißt, während das Weibchen des Teichrohrsängers noch dabei ist, sein Gelege zu vervollständigen, legt das Kuckucksweibchen unbemerkt sein Ei in dieses Nest und entfernt dafür ein Ei des Teichrohrsängers. Schlüpft nun der junge Kuckuck, so wirft er als erstes die Eier des Teichrohrsängers oder dessen Junge aus dem Nest. Die Teichrohrsängereltern haben fortan alle Hände voll zu tun, um den Nimmersatt zufriedenzustellen. In der Regel wird nur eine Jahresbrut durchgeführt. Wird das Gelege allerdings zerstört, so können auch Nachgelege folgen.
Rein äußerlich ist der Teichrohrsänger von der verwandten Art, dem Sumpfrohrsänger *Acrocephalus palustris*, kaum zu unterscheiden. Zwar bevorzugt der Sumpfrohrsänger als Aufenthaltsort eher die dichte, hohe Krautvegetation und errichtet sein Nest mit Vorliebe im dichten Mädesüß- oder Brennesselbestand, aber es gibt auch durchaus Fälle, daß beide Arten dicht

nebeneinander vorkommen. In diesem Fall kann nur der Gesang als verläßliches Unterscheidungskriterium herangezogen werden. Während der Teichrohrsänger recht einförmig und wiederholend singt, ist der Gesang des Sumpfrohrsängers äußerst abwechslungsreich. Seine Strophen enthalten zahlreiche Nachahmungen anderer Vogelarten, was vom Lachen des Grünspechtes bis zum melancholischen Ruf des Großen Brachvogels reichen kann.

Ein weiterer Rohrsänger, der oberseits einheitlich bräunlich und unterseits heller gefärbt ist, aber einen größeren Körper hat, ist der Drosselrohrsänger *Acrocephalus arundinaceus*. Er erreicht fast die Größe einer Drossel und benötigt als Lebensraum ausgedehnte Schilfrohrbestände mit offenen Wasserflächen und einzelnen Büschen. Meist verrät er sich durch seinen lautstarken knarrenden Gesang, der sich etwa mit „karre-karre-krik-krig-krik" beschreiben läßt und stets von exponierter Stelle aus vorgetragen wird. Die Nahrung des Drosselrohrsängers setzt sich aus Mücken, Köcherfliegen, Eintagsfliegen, Libellen, Wasserläufern und ähnlichem zusammen.

Von den besprochenen Rohrsängerarten ist der Drosselrohrsänger auf Grund der immer weniger werdenden geeigneten Biotope am meisten gefährdet. Er gilt in der Bundesrepublik als vom Aussterben bedroht und ist daher auch ganzjährig geschützt.

Blaukehlchen

Luscinia svecica

Familie:	Sänger – Muscicapidae
Status:	Sommervogel, Durchzügler
Größe:	14 cm, etwa Rotkehlchengröße
Besondere Kennzeichen:	Rostbraune Schwanzwurzel; Männchen während der Brutzeit: leuchtend blaue Kehle mit schwarzem und rostrotem Saum
Färbung:	Oberseite beim Männchen und Weibchen olivbraun, Unterseite beim Männchen: weißliche Kehle mit etwas Blau mit schwarzer Begrenzung und braunem Brustband. Unterseite beim Weibchen: weißliche Kehle mit blaugrauer bis bräunlicher Umrandung
Stimme:	Sanftes „uit-uit", scharfes „tak" und gurgelndes „törrk". Gesang wird zögernd mit „dip-dip-dip" eingeleitet, wird dann schneller und von Imitationen gefolgt
Vorkommen:	Sumpfige Weidendickichte; mit Büschen oder Schilf bestandene Flußufer, Seen oder Gräben
Verbreitung:	Von Mitteleuropa bis zum Beringmeer; außerdem in Nordeuropa, Mittelspanien, Südwestfrankreich und Westalaska
Nest:	Es besteht aus Gräsern, Tierhaaren und Pflanzenwolle und wird in einer Mulde gebaut
Eier:	5–6 blaßgrüne Eier, die dicht aber fein rotbräunlich gefleckt sind
Brut:	Brutzeit: Ende April bis Juni; Brutdauer: 13–14 Tage; 1–2 Jahresbruten; Nestlingszeit: 13 Tage

Der schillernde Kehllatz, der von einem schwarzen und rostroten Band gesäumt wird, ist das unverwechselbare Kennzeichen des Blaukehlchens. Entwässerungen von Grünland und Mooren und umfangreiche Gewässerausbaumaßnahmen haben den Bestand des Blaukehlchens so stark reduziert, daß es in die Liste der vom Aussterben bedrohten Arten der Bundesrepublik Deutschland aufgenommen werden mußte.
Als Brutgebiet bezieht das Blaukehlchen mit Vorliebe die Ufer von Seen und Teichen, sumpfige Stellen entlang von Flüssen und Gräben und mit Strauchwerk bestandenes Moor- und Wiesengelände. Auch Auwälder mit Ulmen und Schilf werden gerne angenommen. Das Nest befindet sich fast immer in dichtem Gestrüpp, entweder am oder zumindest nicht allzuweit über dem Boden. Die 5–6 Eier werden ab Mitte April gelegt. Eine zeitliche Verschiebung kann je nach geographischer Lage eintreten. Die Brutdauer beträgt zwei Wochen. Etwa ebenso lange verbleiben die Jungen im Nest. Anschließend halten sie sich in der Bodenvegetation auf und werden dort so lange weitergefüttert, bis sie flügge sind. Oftmals wird in einem nun errichteten Nest eine zweite Brut durchgeführt. Jung- und Alttiere bleiben, allem Anschein nach, noch bis in den Herbst als Familienverband zusammen.
Die Wanderungen der Blaukehlchen finden ab Mitte März, Anfang April und im Spätsommer im August, September statt. Da die Blaukehlchen sehr scheu sind, bekommt man sie weniger häufig zu Gesicht als ihre Verwandten, die Rotkehlchen. Es ist vor allem der Gesang des Blaukehlchens, der seine Anwesenheit ver-

rät. Er erinnert etwas an den Gesang der Nachtigall, ist aber in der Tonlage wesentlich höher und weniger laut. Charakteristisch sind die zögernden Einleitungslaute, die sich mit einem „dip-dip-dip“ beschreiben lassen. Während die südliche Rasse des Blaukehlchens *Luscinia svecica cyanecula* einen weißen Fleck auf dem blauen Kehllatz hat, findet sich bei den Vertretern der nördlichen Rasse *Luscinia svecica svecica* ein roter Fleck. Bis auf ein Reliktvorkommen in den bayrischen Alpen ist diese Rasse in Skandinavien beheimatet. Wesentlich häufiger und auch öfter in unseren Gärten zu beobachten, ist das Rotkehlchen *Erithacus rubecula*. Da stets einige Exemplare dieser Art bei uns überwintern, kann man es ebenfalls am Futterhaus beobachten. In der Wahl seines Lebensraumes ist das Rotkehlchen nicht so sehr auf feuchte und nasse Landschaftsbestandteile angewiesen. Es findet sein Auskommen in Gärten, Laub-, Nadel- und Mischwäldern mit Unterholz. Das Nest errichtet es in Höhlen, Winkeln von Mauern oder am Grunde von Hecken. In einigen Fällen werden auch ausgefallene Neststandorte, wie z. B. Blechbüchsen, ausgewählt. Durch sein typisches Knicksen und durch die orangerot gefärbte Brust ist es leicht zu erkennen.

Beutelmeise

Remiz pendulinus

Familie:	Beutelmeisen – Remizidae
Status:	Teilzieher
Größe:	Etwa 11 cm
Besondere Kennzeichen:	Beim Männchen schwarze Augenmaske auffallend
Färbung:	Oberseite rotbraun mit aschgrauem Kopf, Unterseite rahmfarben
Stimme:	Scharfes langgezogenes „ziiieh", als Stimmfühlungslaut ein leises „si-si-si"
Vorkommen:	Sumpfgebiete, baum- und buschbestandene Ufer
Verbreitung:	Mittelmeerküste von Südspanien bis Südfrankreich; Italien; Süddeutschland; Osteuropa; Asien zwischen dem 30. und 55. Breitengrad
Nest:	Das beutelförmige Nest hängt an Außenzweigen von Büschen und Bäumen. Es ist aus feinen Pflanzenfasern geflochten und mit der Samenwolle von Pappeln und Weiden verbaut
Eier:	6–7 mattweiße Eier
Brut:	Brutzeit: Mitte April–August; Brutdauer: 12–14 Tage; 2 Jahresbruten; Nestlingszeit: 15–16 Tage

Ein wahrer Meister im Nestbau ist die Beutelmeise. Aus feinen Pflanzenfasern und Samenwolle von Weide, Pappel, Rohrkolben und Schilf baut sie sich ihr beutelförmiges Nest. Dieses Kunstwerk errichtet sie meist am Ende eines Zweiges, bevorzugt dicht über dem Wasser. Das Männchen beginnt alleine mit dem Nestbau und versucht während der „Bauzeit", durch seinen Werbegesang ein Weibchen auf sich aufmerksam zu machen. Bleibt sein Werben ungehört, so verläßt es das halbfertige Nest und beginnt an anderer Stelle ein neues. Sobald sich ein Weibchen einstellt, beteiligt sich dieses am Nestbau. Die kunstvollen, recht voluminösen Nester werden leider zu gerne von Sammlern von den Zweigen geschnitten. Da die Beutelmeisen ohnehin durch das Verschwinden der Auen in ihrem Bestand nicht mehr stabil sind, tragen solche Beeinträchtigungen zu einer weiteren Gefährdung bei. So steht die Beutelmeise inzwischen auf der Liste der potentiell bedrohten Arten in der Bundesrepublik Deutschland. Sie ist ganzjährig geschützt.
Beutelmeisen halten sich bevorzugt in mit Schilf und Rohrkolben bewachsenen Weidendickichten, Bruch- und Auwäldern, an Seen und an Altwässern auf. Ab Mitte April beginnt das Weibchen mit der Eiablage. 6–7 Eier werden normalerweise in den eiförmigen Bau gelegt. Nur das Weibchen brütet das Gelege aus. Etwa nach 13 Tagen schlüpfen die Jungvögel. Deren Aufzucht erfolgt nur durch das Weibchen. Die Nahrung besteht überwiegend aus Insekten. In der Zeit, in der sich das Weibchen um die Jungen kümmert, baut das Männchen schon ein neues Nest und verpaart sich mit

einem neuen Weibchen. Im Winter schließen sich die Beutelmeisen zu kleinen Trupps zusammen und durchsuchen die Ufervegetation nach Nahrung. Hierbei bevorzugen sie eindeutig Rohrkolben- und Schilfsamen.

Durch die schwarze Gesichtsmaske ist die Beutelmeise meist sehr leicht zu bestimmen. Sie ist übrigens die einzige bei uns heimische Vertreterin der Beutelmeisen (Remizidae).

Charakteristisch an der Schwanzmeise *Aegithalos caudatus* ist der überlange Schwanz. Von den rund 14 cm Körperlänge entfallen allein 8 cm nur auf ihn. Bevorzugte Aufenthaltsorte der Schwanzmeise sind Wälder mit Unterholz, Weidepflanzungen, Parks und Gärten mit vielen Sträuchern. Die Nahrung besteht aus Blattläusen, Schmetterlingseiern, Fliegen, Motten und Spinnen. Schwanzmeisen bauen ebenfalls kunstvolle, eiförmige Nester. Das Nest der Schwanzmeise besteht jedoch aus Moos und Flechten und wird für gewöhnlich in Dornen, Gebüsch oder Waldrebenranken angebracht, gelegentlich aber auch hoch in den Bäumen. Die Eiablage erfolgt bereits Anfang April. Im Durchschnitt werden 8–10 Eier gelegt, nach einer Bebrütungsdauer von 13 Tagen schlüpfen die Jungen aus, die nach gut zwei Wochen das Nest verlassen.

Rohrammer

Emberiza schoeniclus

Familie:	Ammern – Emberizidae
Status:	Sommervogel, Durchzügler, Wintergast
Größe:	15 cm
Besondere Kennzeichen:	Männchen im Brutkleid: schwarzer Kopf und schwarze Kehle, weißes Halsband und weißer Bartstreif; auffallend weiße Steuerfedern
Färbung:	Männchen: Oberseite braun mit schwarzen Streifen, Unterseite weißlich mit schwarzgestreiften Flanken. Weibchen: brauner Kopf mit hellem Überaugenstreif und schwarzweißem Bartstreif. Oberseite wie beim Männchen, Unterseite gelblichbraun und schwarze Streifen an Brust und Flanken
Stimme:	Gedehntes „zieh“, Warnruf „tschit“; langsam beginnender Gesang, der mit einem schnelleren „zja-ti-tai-zississ“ endet
Vorkommen:	Rohr- und schilfbestandene Gewässer, Seggenwiesen, Wattwiesen
Verbreitung:	Europa, außer Island, Sardinien und dem Süden der Balkanhalbinsel
Nest:	Auf oder niedrig über dem Boden in dichter Vegetation. Aus Halmen und Moos
Eier:	5–6 graubraune bis graugrüne Eier mit schwarzen Flecken und Schlieren
Brut:	Brutzeit: Ende April–Juni; Brutdauer: 13 bis 14 Tage; 2 (bis 3) Jahresbruten; Nestlingszeit: 11 bis 13 Tage

Die Rohrammer ist die kleinste der bei uns brütenden Ammern. Sie bevorzugt sumpfiges Gelände, das keine allzu großen Ausdehnungen aufweisen muß. Wir finden sie entlang von Wasserläufen und Gräben, Seen, Teichen, Rohrkolbenbeständen oder auf feuchten Wiesen. Das Männchen zeichnet sich durch einen schwarzen Kopf und eine schwarze Kehle mit einem weißen Halsband aus. Im Winter – im Ruhekleid – ist diese Zeichnung nicht mehr so deutlich zu erkennen. Die Oberseite ist dunkelbraun mit schwarzen Streifen und mit einem scharf abgesetzten weißen Bartstreif. Das Weibchen ist mehr braun- und rostfarben, besitzt einen gelblichen Augenstreif und einen weißbräunlichen Bartstreif.
Das Nest wird dicht über dem Boden gebaut. Nur das Weibchen ist mit der Errichtung der Niststätte beschäftigt. Als Standorte werden Seggenbulten und umgeknicktes Schilf bevorzugt. Die Eiablage erfolgt Ende April. 5–6 Eier sind die durchschnittliche Gelegestärke. Sie werden überwiegend vom Weibchen bebrütet. Nach rund 13 Tagen schlüpfen die Jungen. Sie verlassen im Alter von etwa 12 Tagen das Nest und halten sich bis zum Flüggewerden in der näheren Umgebung auf. In der Regel finden zwei, zuweilen aber auch drei Jahresbruten statt.
Die Nahrung der Rohrammer besteht überwiegend aus Insekten und ihren Larven. In den Wintermonaten werden Sämereien von Wasserpflanzen und Gräsern verspeist. Während der Zugzeit in den Monaten Februar-März und Oktober-November trifft man die ziehenden Rohrammern verstärkt auf Wiesen und Feldern an.

Oft kann man sie in den Herbstmonaten an den Stoppeln frischgemähter Felder herumturnen sehen.
Ebensolche Feldfluren mit Hecken und Gräben bilden den beliebtesten Aufenthaltsort für die Goldammer *Emberiza citrinella*. Sie ist überall noch recht häufig bei uns anzutreffen. In ihrem Aussehen ist sie leicht von der Rohrammer zu unterscheiden. Kopf und Unterseite haben eine zitronengelbe Farbe, die Oberseite ist rotbraun mit dunklen Streifen. Ihre Nahrung besteht vorwiegend aus Grassamen, Körnern und Beeren. Das Nest der Goldammer befindet sich entweder am Boden in einer kleinen Vertiefung oder in einem Busch in geringer Höhe. Die Eiablage erfolgt im April. Nach 13 Tagen Brutzeit schlüpfen die Jungen. Sie werden nun mit Insekten und Spinnen sowie Schnecken gefüttert. Erst später erfolgt die völlige Umstellung auf Sämereien.
Wesentlich unauffälliger gefärbt als die Goldammer ist die Grauammer *Emberiza calandra* mit ihrem erdfarbenen Gefieder. Sie bewohnt ausgedehnte Ackerlandschaften. Als Singwarte benutzt sie vorwiegend Leitungsdrähte. Ihr Nest errichtet sie in einer Bodenvertiefung im Feld. Auch hier baut, wie bei der Rohrammer, das Weibchen allein das Nest.

Übersicht über die Mitteleuropäischen Vogelordnungen und -familien sowie die in diesem Buch beschriebenen Arten

Seetaucher (Gaviiformes)

Wasservögel mit kurzen Flügeln und verkümmertem Schwanz. Beine setzen weit hinten am Körper an. Daher ist die Körperhaltung an Land ähnlich wie bei Pinguinen. Schnabel spitz und gerade, Füße mit Schwimmhäuten. Fliegen schlecht, bewegen sich an Land unbeholfen, schwimmen und tauchen aber vorzüglich. Bei uns nur als Durchzügler oder Wintergäste an größeren Gewässern.
Familie: Seetaucher (Gaviidae).

Steißfüße (Podicipediformes)

Ähnlich Seetaucher, jedoch befinden sich an den Füßen keine Schwimmhäute, sondern voneinander getrennte Hautsäume. Einige Arten als Brutvögel bei uns, andere Durchzügler und Wintergäste.
Familie: Lappentaucher (Podicipedidae).
Arten: Haubentaucher *Podiceps cristatus,* Zwergtaucher *Tachybaptus ruficollis,* Schwarzhalstaucher *Podiceps nigricollis,* Rothalstaucher *Podiceps griseigena,* Ohrentaucher *Podiceps auritus.*

Röhrennasen (Procellariiformes)

Marine Vögel mit langen, schmalen Flügeln, kräftigem Schnabel mit hakiger Spitze und röhrenförmig ausgezo-

gener Nasenöffnung. Füße mit Schwimmhäuten. Ausgesprochene Langstreckenflieger der Hochsee; nur ausnahmsweise Irrgäste im Binnenland.
Familien: Sturmschwalben (Hydrobatidae) und Sturmvögel (Procellariidae).

Ruderfüßler (Pelecaniformes)

Große bis sehr große Wasservögel mit kleinem Kopf und langem, seitlich gefurchten Schnabel und mehr oder weniger ausgeprägtem Kehlsack. Alle Zehen sind durch eine einzige, bis zu den Spitzen reichende Schwimmhaut verbunden. Nur eine Art brütet bei uns, die meisten sind Irrgäste.
Familien: Tölpel (Sulidae), Kormorane (Phalacrocoracidae), Pelikane (Pelecanidae).

Schreitvögel (Ciconiiformes)

Große bis mittelgroße Sumpfvögel mit meist langen Beinen und Hals. Vorderzehen an der Basis durch einen schmalen Hautsaum miteinander verbunden. Schnabel lang und konisch. Einige Arten bei uns als Brutvögel.
Familien: Reiher (Ardeidae), Störche (Ciconiidae), Ibisse (Threskiornithidae).
Arten: Graureiher *Ardea cinerea,* Silberreiher *Casmerodius albus,* Purpurreiher *Ardea purpurea,* Weißstorch *Ciconia ciconia,* Schwarzstorch *Ciconia nigra.*

Flamingos (Phoenicopteriformes)

Vom Aussehen ähnlich wie Schreitvögel. Schnabel jedoch in der Mitte fast rechtwinklig gebogen und als

Filterapparat entwickelt. Brüten in tropischen und subtropischen Zonen, bei uns nur Irrgäste.
Familie: Flamingos (Phoenicopteridae).

Entenvögel (Anseriformes)

Vögel der Meeresküsten und der Gewässer des Binnenlandes. Relativ kurzbeinig, mit einer durchgehenden Schwimmhaut an den Vorderzehen. Schnabel flach und breit, mit vielen Tastsinneszellen und einem Filterapparat aus querstehenden Hornlamellen. Einige Arten bei uns als Brutvögel, andere Durchzügler, Wintergäste oder Irrgäste.
Familie: Entenvögel (Anatidae).
Arten: Höckerschwan *Cygnus olor,* Singschwan, *Cygnus cygnus,* Zwergschwan *Cygnus bewickii,* Trauerschwan *Cygnus atratas,* Graugans *Anser anser,* Saatgans *Anser fabalis,* Kanadagans *Branta canadensis,* Bläßgans *Anser albifrons,* Zwerggans *Anser erythropus,* Nonnengans *Branta leucopsis,* Stockente *Anas platyrhynchos,* Reiherente *Aythya fuligula,* Tafelente *Aythya ferina,* Schnatterente, *Anas strepera,* Bergente *Aythya marila,* Moorente *Aythya nyroca,* Kolbenente *Netta rufina.*

Greifvögel (Falconiformes)

Große bis mittelgroße Vögel mit gebogenem Schnabel und kräftigen Fängen mit spitzen, krummen Krallen. Ausgezeichneter Gesichtssinn. Gute Flieger, nur am Tage jagend. Vorkommen in Wäldern, Siedlungen, der freien Flur, aber auch an Gewässern.
Familien: Greife (Accipitridae), Falken (Falconidae).

Hühnervögel (Galliformes)

Vögel von über Haushuhngröße und kleiner. Durch kurze, runde Flügel schwerfälliger Flug. Durch kräftige Beine gute Läufer. Schnabel leicht gekrümmt. Nahrung überwiegend pflanzlich. Mehrere Arten bei uns Brutvögel.
Familie: Hühnervögel (Phasianidae).

Rallenvögel (Gruiformes)

Kleine bis sehr große Arten: Steppen- oder Sumpfbewohner. Kraniche mit langem Hals und kürzeren Beinen, Zehen mit Schwimmlappen. Trappen hochbeinig und plump.
Familien: Laufhühnchen (Turnicidae), Kraniche (Gruidae), Rallen (Rallidae), Trappen (Otidiae).
Arten: Bleßralle *Fulica atra,* Teichralle *Gallinula chloropus,* Kranich *Grusum grusum.*

Watvögel (Charadriiformes)

Zu den Sumpf- und Strandvögeln gehört eine Reihe von verschiedenen Familien, deren Angehörige fast alle an Sumpf- und Wasserbiotope gebunden sind. Sie sind durchweg gute Flieger mit meist langen, schmalen und zugespitzten Flügeln. Manche Familien haben Schwimmhäute an den Füßen, andere Schwimmlappen. Die bei uns vorkommenden Arten brüten in Feuchtgebieten des Binnenlandes oder an der Küste. Die meisten kommen jedoch auf dem Durchzug bei uns vor.
Familien: Austernfischer (Haematopodidae), Regen-

pfeifer (Charadriidae), Schnepfenvögel (Scolopacidae), Wassertreter (Phalaropodidae), Stelzenläufer (Recurvirostridae), Triele (Burhinidae), Brachschwalben (Glareolidae), Raubmöwen (Stercorariidae), Möwen (Laridae), Seeschwalben (Sternidae), Alken (Alcidae).
Arten: Flußregenpfeifer *Charadrius dubius,* Sandregenpfeifer *Charadrius hiaticula,* Seeregenpfeifer *Charadrius alexandrinus,* Grünschenkel *Tringa nebularia,* Rotschenkel *Tringa totanus,* Dunkler Wasserläufer *Tringa erythropus,* Lachmöwe *Larus ridibundus,* Schwarzkopfmöwe *Larus melanocephalus,* Sturmmöwe *Larus canus,* Flußseeschwalbe *Sterna hirundo,* Küstenseeschwalbe *Sterna paradisaea,* Brandseeschwalbe *Sterna sandvicensis.*

Taubenvögel (Columbiformes)

Mittelgroße Vögel mit mittellangen, zugespitzten Flügeln und kurzen Beinen. Schnabel relativ kurz, an der Basis aufgetrieben und mit einer Wachshaut um die Nasenöffnung. Vorkommen in Wäldern, in Parks und in Siedlungen.
Familie: Tauben (Columbidae).

Kuckucksvögel (Cuculiformes)

Schlanke, meist langschwänzige Vögel. Zwei Zehen sind nach vorn, zwei nach hinten gerichtet. Viele Arten sind Brutparasiten.
Familie: Kuckucke (Cuculidae).

Eulenvögel (Strigiformes)

Kleine bis große Vögel mit großem, rundem Kopf, oft mit Federbüscheln. Augen nach vorn gerichtet. Schnabel von der Basis an abwärts gekrümmt. Füße kräftig, mit spitzen Krallen. Vorwiegend Nachtjäger mit lautlosem Flug. Mehrere Arten bei uns Brutvögel.
Familie: Eulen (Strigidae).

Schwalmartige (Caprimulgiformes)

Rindenfarbige, langflüglige, meist dämmerungs- und nachtaktive Vögel. Beine zum Laufen ungeeignet. Schnabel kurz und breit, tief gespalten; zum Insektenfang im Fluge an der Basis mit reusenartigen Borsten. Eine Art ist Brutvogel.
Familie: Ziegenmelker (Caprimulgidae).

Seglervögel (Apodiformes)

Hervorragende Flieger mit langen, gebogenen Flügeln. Schnabel kurz, breit und tief gespalten, zur Jagd von Fluginsekten geeignet. Beine kurz und nur zum Anheften an Mauern und Felsen.
Familie: Segler (Apodidae).

Rackenvögel (Coraciiformes)

Höhlenbrüter mit meist recht großem Schnabel von unterschiedlicher Form. Die mittlere Vorderzehe ist teilweise mit der Außenzehe verbunden. Einige Arten bei uns Brutvögel, andere Irrgäste.

Familien: Eisvögel (Alcedinidae), Bienenfresser (Meropidae), Racken (Coraciidae), Wiedehopfe (Upupidae).

Spechtvögel (Piciformes)

Höhlenbrüter mit starkem, meißelförmigem Schnabel. Füße zum Klettern mit zwei nach vorne und zwei nach hinten gerichteten Zehen. Zunge schlank, weit vorstreckbar, mit Widerhaken an der Spitze. Mehrere Arten als Brutvögel bei uns.
Familien: Spechte (Picidae), Wendehälse (Jyngidae).

Sperlingsvögel (Passeriformes)

Kleine bis mittelgroße Arten. Harter, verschiedenartig geformter Schnabel ohne Wachshaut. Hinterzehe länger und kräftiger als die vordere Innenzehe. Dieser Ordnung gehören ca. ⅖ der bei uns vorkommenden Arten an.
Familien: Lerchen (Alaudidae), Schwalben (Hirundinidae), Stelzen (Motacillidae), Würger (Laniidae), Seidenschwänze (Bombycillidae), Wasseramseln (Cinclidae), Zaunkönige (Troglodytidae), Braunellen (Prunellidae), Grasmücken (Sylviidae), Sänger (Muscicapidae), Dickschnabelmeisen (Paradoxornithidae), Schwanzmeisen (Aegithalidae), Beutelmeisen (Remizidae), Meisen (Paridae), Spechtmeisen (Sittidae), Mauerläufer (Tichodromadidae), Baumläufer (Certhiidae), Ammern (Emberizidae), Finken (Fringillidae), Sperlinge (Passeridae), Stare (Sturnidae), Pirole (Oriolidae), Rabenvögel (Corvidae).

Arten: Uferschwalbe *Riparia riparia,* Mehlschwalbe *Delichon urbica,* Rauchschwalbe *Hirundo rustica,* Schafstelze *Motacilla flava,* Bachstelze *Motacilla alba,* Gebirgsstelze *Motacilla cinerea,* Teichrohrsänger *Acrocephalus scirpaceus,* Sumpfrohrsänger *Acrocephalus palustris,* Drosselrohrsänger *Acrocephalus arundinaceus,* Blaukehlchen *Luscinia svecica,* Rotkehlchen *Erithaeus rubecula,* Beutelmeise *Remiz pendulinus,* Schwanzmeise *Aegithalos caudatus,* Rohrammer *Emberiza schoeniclus,* Goldammer *Emberiza citrinella,* Grauammer *Emberiza calandra.*

Literaturhinweise

Biotopführer

Aichele, D. u. R.; Schwegler, H. u. A., 1974, Seen, Moore, Wasserläufe, Franckh'sche Verlagshandlung, Stuttgart.
Engelhardt, W., 1980, Was lebt in Tümpel, Bach und Weiher, Franckh'sche Verlagshandlung, Stuttgart.
Kabisch, K.; Hemmerling, H., 1982, Tümpel, Teiche und Weiher, Oasen in unserer Landschaft, Landbuch-Verlag GmbH, Hannover.

Vogelbestimmungsbücher

Arnhem, R., 1980, Der große Kosmos-Naturführer: Die Vögel Europas, Franckh'sche Verlagshandlung, Stuttgart.
Brunn; Singer; König, 1979, Der Kosmos-Vogelführer. Die Vögel Deutschlands und Europas in Farbe, Franckh'sche Verlagshandlung, Stuttgart.
König, C., 1966, 67 u. 70, Europäische Vögel Bd. 1–3, Belser Verlag, Stuttgart.
Peterson, R.; Mountfort, G.; Hollom, P. A. D., 1976, Die Vögel Europas, Parey Verlag, Hamburg.
Pforr, M.; Limbrunner, A., 1980, Ornithologischer Bildatlas der Brutvögel Europas, Bd. 1 u. 2, Parey Verlag, Hamburg.

Spezielle Literatur über Wasservögel

Bauer, K. M.; Blotzheim, G. v., 1966–82, Handbuch der Vögel Mitteleuropas, Bd. 1–9, Akademische Verlagsgesellschaft, Frankfurt.
Makatsch, 1983, Die Limikolen Europas, Verlag Neumann-Neudamm, Melsungen.
Scott, P., 1961, Das Wassergeflügel der Welt, Parey Verlag, Hamburg.

Brutbiologie

Harrison, C., 1975, Jungvögel, Eier und Nester der Vögel Europas, Parey Verlag, Hamburg.
Hoeher, S., 1973, Gelege der Vögel Mitteleuropas, Verlag Neumann-Neudamm, Melsungen.

Vogelschutz

Jorek, N., 1980, Vogelschutz-Praxis, Herbig Verlag, München.
Pfeifer, S., 1980, Taschenbuch für Vogelschutz, Verlag Strobach, Frankfurt.
Ruge, K., 1982, Helft den bedrohten Vögeln, Otto Maier Verlag, Ravensburg.
Thielcke, G., 1975, Hilfe für Wasservögel, Kilda Verlag, Greven.